초기 기독교와 로마 사회

초기 기독교와 로마 사회

초판 발행 2016년 6월 30일
개정판 1쇄 2025년 2월 27일

지은이 이상규
펴낸이 허태영
펴낸곳 에스에프씨(SFC)출판사
등 록 서초구 제 2024-000047호
　　　(06593) 서울특별시 서초구 고무래로 10-5 2층 SFC출판부
　　　Tel (02)596-8493
홈페이지 www.sfcbooks.com **이메일** sfcbooks@sfcbooks.com

ISBN 979-11-989050-6-2 (93230)

값 33,000원

잘못 만들어진 책은 언제든지 교환해 드립니다.

ΙΧΘΥΣ

초기 기독교와 로마 사회

로마 제국 하에서의 기독교

이상규 지음

SFC

차례

추천의 글 *7*
서문 *9*

제1부 기독교의 형성

1장 바울공동체의 사람들 *13*
2장 노예제도와 기독교 *37*
3장 초기 그리스도인들은 어떤 신분의 사람들이었을까? *53*
4장 초기 그리스도인들은 어디서 모였을까? *73*
5장 초기 교회에서의 간호와 치유사역 *97*
6장 사도교부들의 가르침과 의의 *115*
7장 교회의 교사들 *137*
8장 '다른 전통'과 이단들 *157*

제2부 기독교의 확산과 복음의 변증

9장 그리스-로마의 종교적 상황 *177*
10장 로마 제국에서의 기독교의 확산 *209*
11장 초기 기독교의 복음의 변증 *237*
12장 요세푸스는 초기 기독교를 어떻게 이해했을까? *255*
13장 로마 역사가들은 초기 기독교를 어떻게 보았을까? *279*
14장 몬타누스파(Montanism)의 거짓계시 운동 *301*

제3부 로마 제국의 종교정책과 기독교

15장 로마 제국의 종교적 상황과 '종교의 자유' *321*

16장 초기 기독교 교회에서 '증거'와 '순교' *337*

17장 초기 3세기 로마 제국 하에서의 박해와 순교 *359*

18장 초기 교회가 본 군복무와 전쟁 *383*

제4부 초기 기독교의 기독론 논쟁

19장 니케아 회의와 기독론 논쟁 *403*

20장 니케아 회의 이후의 기독론 논쟁 *419*

21장 칼케돈 회의의 기독론과 그 이후의 논쟁 *433*

22장 아우구스티누스는 어떤 교부였을까? *451*

추천의 글

깊은 계곡에서 맑게 솟아나는 샘물(深泉) 같은 이상규 교수님은 늘 '연원'(淵源)에 대해 관심이 깊었습니다. 그런 분이 역사학자가 된 것은 어쩌면 행운이요, 어쩌면 필연이고, 기독교적으로 말하자면, 하나님의 섭리(攝理)이기도 합니다. 누구나 현실을 살아가는 것도 벅찬데, 어찌 멀고 먼 옛적의 기원(起源)에까지 관심을 가지며 살 수 있겠습니까? 그렇지만 성경은 늘 우리에게 근원(根源)을 잊지 않도록 가르칩니다. 우리 믿음의 조상 아브라함은 '복의 근원'으로 부름을 받았습니다(창 12:2). 이삭은 우물만 파면 샘의 근원을 얻었습니다(창 26:19). 엘리사는 여리고의 물 근원을 치료하였습니다(왕하 2:21). 시편의 시인은 우리의 모든 근원이 시온에 있다고 노래합니다(87:7). 이사야 선지자는 장차 메시아가 우리를 '샘물 근원'으로 인도하실 것이라고 약속합니다(49:10). 그래서 우리 예수님은 우리 '구원의 근원'이 되셨습니다(히 5:9). 문명사적 관점으로 본다면, 르네상스는 인류 문화의 근원이 그리스와 로마의 '연원으로'(*Ad Fontes*) 돌아가는 운동이었습니다. 교회사적 관점으로 본다면, 종교개혁은 모든 권위의 원천인 성경말씀으로 돌아가는 운동이었습니다(*Sola Scriptura*).

내년이면 종교개혁 500주년을 맞이하는 이 시점에 이상규 교수님이 『초기 기독교와 로마 사회』라는 책을 출간했습니다. 사실 교회사는 온갖

미시적인 사건들, 인물들, 연도들, 논쟁들로 가득할 수 있지만, 이 책은 보다 큰 그림에서 교회사를 다루고 있습니다. 저자는 근현대 문명의 원천인 로마 제국의 폭넓은 사회적 상황에서 초기 기독교가 어떤 실제적인 모습을 형성하며 자라갔는지 밝혀줍니다. 사회사적 관점에서 원시 기독교와 초기 기독교를 살피는 저자의 연구는 2002년부터 시작되었는데, 그 결실을 이제야 맺게 되었습니다. 역사 서술에서 가장 중요한 것이 사관(Perspective)과 시야(Spectrum)인데, 저자는 이 점에서 교회사 연구에 새로운 기여를 하고 있습니다.

무엇보다도 이상규 교수님의 글은 한국신학정보연구원이 오랫동안 발간해 온 「헤르메네이아 투데이」(*Hermeneia Today*)에 연재되면서 그 씨앗이 뿌려졌는데, 이제 책으로 그 열매를 맺게 된 것에 대하여 주님께 영광을 돌립니다(*Soli Deo Gloria*).

2016년 6월 13일
김정우 교수(총신대학교 신학대학원 구약학 교수,
대한성서공회 번역자문위원장, 한국신학정보연구원 원장)

서문

이 책은 초기 3세기 동안의 기독교 역사에 관한 연구로서, 로마 제국이라는 정치, 종교적 상황에서 기독교가 어떻게 형성되고 발전되었는가 그리고 어떻게 자기 정체성을 확립해 갔는가를 다룬 책입니다. 곧 초기 기독교가 처한 사회적 상황, 기독교에 대한 반대와 박해, 기독교에 대한 변호와 변증, 교부들의 활동과 기독론 교리의 형성, 초기 기독교가 처한 종교적 상황, 그리고 이단과 거짓계시운동들의 발현 등을 취급했습니다. 또 당시 로마와 유대 문필가들이 기독교회를 어떻게 인식했는지에 대해서도 주목하였습니다. 특히 초기 기독교에서 중요한 신학적인 관심사였던 기독론의 형성과정을 정리하는 한편, 초대교회 최대의 신학적 성취라고 불리는 아우구스티누스의 생애와 신학을 정리하였습니다.

필자는 그동안 기원 혹은 연원에 대한 관심 때문에 초기 기독교에 대해 공부하고 싶었으나, 그럴 기회를 가질 수가 없었습니다. 그러던 중 2002년에 연구년을 맞아 호주 시드니의 맥콰리대학교(Macquarie University) 고대사학부와 초기기독교연구소(Society for the Study of Early Christianity)에서 연구할 수 있는 기회를 가졌고, 2003년에는 학교를 휴직하고 일 년 더 호주에 체류할 수 있게 되었습니다. 이 기간 동안 크리스 포브스(Chris Forbes), 알라나 놉스(Alanna Nobbs), 켄 페리(Ken Parry)

교수, 그리고 목사이자 연구원이었던 그렉 폭스(Greg Fox) 박사 등과 교제하면서 초기 기독교의 사회적 상황에 대해 공부할 수 있게 되었습니다. 특히 에드윈 저지(Edwin Judge) 교수와의 만남은 내게 큰 축복이었습니다. 로마 사회사 전공의 에드윈 저지 교수와 만나 나눈 학문적 대화는 신학교육 기관에서 배우지 못한 여러 측면들을 깨닫는 기회가 되었고, 초기 기독교를 사회사적 관점에서 헤아릴 수 있는 안목을 얻게 되었습니다.

굳이 이 책의 특징을 말한다면, 초기 기독교를 사회사적인 관점에서 접근한 점이라고 할 수 있습니다. 그리고 만일 이런 접근이 초기 기독교회의 실상에 대해 새로운 안목을 제시하고 있다면, 그것은 전적으로 에드윈 저지 교수로부터 얻은 영감의 결실이라고 할 수 있습니다. 이런 점에서 저지 교수에게 감사하지 않을 수 없습니다.

필자는 맥콰리대학교에서 공부하면서 한 가지씩 문서로 정리하기 시작했는데, 이때 총신대학교 구약학 교수이자 한국신학정보연구원장인 김정우 박사는 자신이 편집, 발행하는 「헤르메네이아 투데이」(*Hermeneia Today*)에 연재할 수 있도록 배려해주었습니다. 그래서 필자는 2002년 「헤르메네이아 투데이」 제19호(2002, 여름호)부터 2010년 봄에 발간된 제49호까지 23회에 걸쳐 초기 기독교와 관련된 논문을 연재할 수 있었습니다. 그리고 그 결과로 초기 기독교에 대한 연구를 한 권의 책으로 출판하게 된 것입니다. 이런 점에서 그의 사려 깊은 우정에 대하여 감사하지 않을 수 없습니다.

이 책은 여러 가지 점에서 부족하고 보충되거나 보완되어야 할 점이 적지 않다고 생각합니다. 그럼에도 불구하고 초기 기독교와 기독교가 처한 로마 사회의 역사-문화적인 환경, 그리고 그런 상황에서 기독교회가 견지해왔던 신앙정신이 어떠했는지를 알고자 하는 이들에게 작은 안내가 되기를 바랍니다.

2016년 6월 10일

제1부
기독교의 형성

{ 1장 }

바울공동체의 사람들

1. 교회의 설립

예수님의 삶과 가르침은 교회 설립의 배경이자 기초가 된다. 교회는 예수 그리스도의 생애와 가르침을 전파하는 데서부터 시작되었기 때문이다. 곧 그분의 생애와 사역, 천국 복음의 전파, 십자가와 부활, 그리고 부활 이후 오순절의 성령 강림은 교회 탄생의 직접적인 시작이었다. 특히 오순절에 있었던 언어의 일치 사건(행 2:1-4)은 언어의 장벽은 물론, 사회적 계층과 민족의 한계를 넘어서 전파되어야 할 복음의 보편성을 보여주었다. 오순절 성령을 체험한 이후 제자들의 삶은 달라졌다. 그리고 그들이 십자가의 증인으로 예수 그리스도의 대속적 죽음과 부활을 전파했을 때 회심의 역사가 일어났고, 이로부터 예루살렘 교회가 시작되었다. 그래서 아우구스티누스는 오순절을 교회의 생일(*dies natalis*)이라고 불렀다. 따라서 기독교는 관념이나 사색의 종교가 아니라 역사의 한 시점에 이 땅에 오신 예수 그리스도의 삶과 가르침에 기초한 '역사의 종교'이다.

역사적으로 기독교회는 1세기 유대교 배경, 그리스 문화적 환경, 그리고 로마의 정치적 상황 가운데서 설립되었고, 이후 점차 여러 지역으로 확산되었다. 그와 함께 복음의 가르침을 따르던 제자들은 예수님을 주님 (κυριος)이라고 부르면서 전혀 새로운 삶을 추구하였다. 그래서 사람들은 이들을 '그리스도인'이라고 불렀으며(행 11:26), 후일에는 유대교와의 구별을 위해 '나사렛파'(Nazaraeans)라고 부르기도 했다.

사도행전은 교회의 설립 이후 첫 삼십 여 년간의 역사를 보여주는 최초의 교회사라고 할 수 있다. 여기에는 복음의 전파 과정이 바울의 1차(행 13:4-14:26), 2차(15:36-18:22), 3차(18:23-21:14) 전도여행을 통해 소개되어 있다. 기독교는 처음 예루살렘을 중심으로 소아시아 지역으로 확산되었다가, 이후 안디옥을 거점으로 아시아와 유럽으로 전파되어 당시 제국의 수도였던 로마에까지 전파되었다. 예루살렘에서 시작된 기독교 복음이 사회적 계층, 인종적 한계, 그리고 문화적 장벽을 넘어 이방 세계로 확산된 것이다. 복음 전파의 과정은 지리적으로 보면 동쪽에서 서쪽으로 전파되는 서진(西進)의 과정이었다. 그러면 이런 복음 전파의 과정에서 바울의 사역에 동참하거나 이를 후원했던 이들은 어떤 부류의 사람들이었을까?

2. 바울공동체의 사람들은 어떤 부류의 사람들인가?

사도행전과 바울서신을 종합적으로 고려해볼 때, 바울이 알고 있었거나 그와 동역했던 이들로서 구체적으로 이름이 거명된 사람은 약 여든 명에 이른다. 이들은 초기 그리스도인들이자 바울과 관련된 바울공동체의 사람들이었다. 그러면 이들은 어떤 부류의 사람들, 또는 어떤 신분의 사람들이었을까? 그리고 이들의 인종, 신분, 성별이 함의하는 의의는 무엇일까? 이런 호기심을 가지고 바울공동체의 사람들에 대해 살펴보자.

1) 로마서 16장에 나타난 바울 주변의 사람들

로마서는 흔히 세 부분으로 구성되어있다고 말한다. 첫 부분(1:1-3:20)에서는 '인간의 죄와 비참'에 대해, 두 번째 부분(3:21-11:36)에서는 '예수 그리스도를 통한 구원'에 대해, 마지막 세 번째 부분(12:1-16:27)에서는 '구원받은 성도의 삶'의 문제에 대해 언급하고 있다. 그래서 하이델베르그 교리문답(Heidelberg Catechism, 1563)도 이러한 로마서의 구조에 따라 세 가지 주제로 구성되어있다. 그런데 로마서에는 이런 기독교의 기본 교리와 삶에 대한 가르침 외에도 한 가지 중요한 정보를 제공하고 있는데, 그것이 바로 로마서 16장이다.

어떤 점에서 로마서는 15장으로 끝난다고 해도 큰 무리는 없을 것이다. 이 점은 로마서 16장에 대한 그간의 상대적 무관심에서도 잘 드러난다. 교부시대부터 로마서 16장은 하찮은 인사말 정도로 보아 무시되어왔다. 성경학자들이나 주석가들도 로마서 16장은 단순한 문안인사 정도로 치부하여 특별한 관심을 두지 않았다. 그러나 최근에 와서 로마서 16장에 대한 관심이 새롭게 일고 있다. 초기 기독교 공동체 구성원들의 사회적 신분에 대한 사회사적 관심이 일기 시작하면서 로마서 16장이 새로운 관심을 얻기 시작한 것이다. 특히 로마서 16장 연구에 새로운 빛을 던져준 인물이 호주의 고대 사학자이자 로마 사회사를 전공한 에드윈 저지(Edwin Judge) 교수이다.[1] 그는 바울 주변의 인물들에 대한 사회사적 연구를 통해 초기 기독교 공동체의 성격을 규명하려고 시도했는데, 그의 연구는 후대의 고대 사학자와 신약학자들 혹은 고대 교회사가들에게 큰 영향을 끼쳤다.

---

1. 바울과 그 주변의 인물에 대한 사회사적 그리고 인물중심적(prosopographical) 연구를 시도한 선구자적 인물은 Edwin Judge였다. 그의 "The Early Christians as a Scholastic Community: Part II," *The Journal of Religious History*, vol. 1, no. 3(June, 1961), 125-137이 이를 잘 보여준다.

로마서 16장은 일종의 추신(追伸)으로서, 로마에 있는 성도들에게 보내는 바울의 문안인사이다. 그런데 다드(C. H. Dadd)를 비롯한 일부 학자들은 매우 그럴듯한 근거로 로마서 16장이 본래 로마서의 일부가 아니라 에베소에 보내는 다른 편지의 일부였다고 주장하기도 한다. 즉 로마서 16장의 수신지가 본래 로마가 아니라 에베소였다는 것이다.[2] 하지만 헤리 갬블(Harry Y. Gamble)이 분명하게 말하고 있듯이 이 주장은 옳지 않다.[3]

로마서 16장에서 바울은 그가 알고 있거나 과거에 함께 일했던 스물여섯 명을 거명하면서 일일이 문안한다.[4] 그리고 구체적으로 거명되지 않은 두 사람이 더 있는데, 그들은 루포와 '그 어머니'(16:13), 그리고 네레오와 '그 자매'(16:15)이다. 그런데 추신으로서 로마서 16장은 단순히 문안인사일 뿐만 아니라, 거명된 사람들에 대한 부가적 언급을 통해 초기 바울 공동체에 속했던 사람들의 인종, 가족 배경, 직업, 사회적 신분과 지위 등에 대해 중요한 정보를 주고 있어 소위 프로소포그래피(prosopography)

---

[2] 이런 주장을 대표하는 학자들로는, C. H. Dadd(*The Epistle to the Romans*, 1932), T. W. Manson(*St. Paul's Letter to the Romans and Others*, 1948) 등이 있다.

[3] Harry Y. Gamble, *The Textual History of the Letter to the Romans*(PhD Thesis, Yale University, 1971). 이 논문은 1977년 Eerdman 출판사에 의해 동일한 제목으로 출판되었다.

[4] 로마서 16장에서 언급되는 26명은 다음과 같다. "브리스가(Prisclla), 아굴라(Aquila), 에베네도(Epenetus), 마리아(Mary), 안드로니고(Andronicus), 유니아(Junia/Junias), 암블리아(Ampliatus), 우르바노(Urbanus), 스다구(Stachys), 아벨레(Apelles), 아리스도불로(Aristobulus), 헤로디온(Herodion), 나깃수(Narcissus), 드루배나(Tryphena), 드루보사(Tryphosa), 버시(Persis), 루포(Rufus), 아순그리도(Asyncritus), 블레곤(Phlegon), 허메(Hermes), 바드로바(Patrobas), 허마(Hermas), 빌롤로고(Philologus), 율리아(Julia), 네레오(Nereus), 올름바(Olympas)." 이 26명 중에서 바울이 개인적으로 만나지 못했거나 잘 알지 못했던 이들은 아순그리도, 블레곤, 허메, 바드로바, 허마, 빌롤로고, 율리아, 네레오, 올름바 등 9명인데, 이들은 Peter Lampe에 의하면 브리스길라와 아굴라를 통해 소개받았던 인물들로서, 바울과 개인적인 친분이 없었기 때문에 특별한 언급없이 이름만 거명된 것으로 보인다. Lampe, "The Roman Christians of Romans 16," in *The Romans Debate* (Edinburgh: T&T Clark, 1991), 220.

의 기초가 된다. 그들은 다양한 인종적 배경을 지닌 인종적 다양성(ethnic diversity)을 보여줄 뿐만 아니라, 여러 신분의 사람들로 구성된 사회적 다양성(social diversity)도 보여준다. 게다가 남자와 여자들로 구성되어 성(性)의 경계까지 극복한 공동체였음을 보여준다. 다시 말해 그들은 유대인과 이방인, 자유인과 노예, 그리고 남자와 여자가 다 함께 그리스도 안에서 한 가족이라는 사실(갈 3:28)을 보여준다.

당시 로마에 교회가 하나만 있었던 것은 아니다. 바울은 고린도(고전 1:2, 고후 1:1, 롬 16:23), 겐그레아(롬 16:1), 라오디게아(골 4:16, 계 1:11, 3:14 참고), 그리고 데살로니가(살전 1:1, 살후 1:1)에 있는 그리스도인들을 거론할 때와 마찬가지로, 로마에 있는 그리스도인들을 이야기할 때도 한 교회의 회중(ἐκκλησία)만을 가리키지 않았다.[5] 로마서 16장을 살펴보아도 당시 로마의 그리스도인들은 여러 다른 장소에서 정기적으로 회집했음을 알 수 있다.

한편 로마서 16장의 명단을 보면 로마교회의 교인들 중에는 인종적으로 유대인과 그리스인들이 혼재하고 있었음을 알 수 있다. 특히 다섯 사람은 분명히 유대인의 후예이거나 유대교에서 개종한 이들로 보이는데, 곧 브리스길라와 아굴라 외에 다른 세 사람, 안드로니고, 유니아(16:7), 헤로디온(16:11)이 그들이다. 바울이 이 세 사람에 대해 '내 친척(kinsmen, συγγενης)'이라고 말하는 것에서도 이들이 유대인임을 확인할 수 있다.

또 스물여섯 명의 명단을 보면, 로마교회 교인 가운데 사회적 신분상으로 노예(slave), 해방된 노예(freed [wo]men), 그리고 자유인(free people)도 있었다는 사실을 알 수 있다. 람페(Peter Lampe)는 암블리아, 헤로디온, 드루배나, 드루보사, 버시, 네레오가 노예이거나 노예였다 해방된 이들

---

5. 로마서 1:7 참고, "로마에 있는 모든 자에게"(πᾶσιν τοῖς οὖσιν ἐν Ῥώμῃ).

이었다고 추측한다. 또 마리아, 유니아, 율리아는 해방된 노예 여성이거나 노예 신분으로부터 해방된 이의 후손이라고 주장한다.[6] 반면에 브리스가(Prisclla), 아굴라(Aquila), 우르바노(Urbanus), 루포(Rufus)는 노예 신분을 배경으로 하는 인물이 아니었다. 바울은 브리스길라와 아굴라, 그리고 우르바노를 동역자라고 불렀다(롬 16:3,9). 이렇게 볼 때, 로마서 16장에서 언급되고 있는 스물여섯 명 가운데 절반 정도가 노예와 관련된 인물로 간주될 수 있다.[7] 이들 외에도 바울이 아리스도불로(16:10)와 나깃수(16:11)에게 속한 노예들에게도 문안하고 있음을 볼 때, 다수의 노예들이 초기 기독교 공동체의 일원이었음을 알 수 있다.

로마서 16장에 기록된 인물들, 곧 '로마에 있어 하나님의 사랑하심을 입고 성도로 부르심을 입은 자들'(롬 1:7)을 성별로 구분하여 볼 때, 그들 가운데는 다수의 여성들이 있었음을 알 수 있다. 즉 뵈뵈(Phoebe), 브리스가(Prisclla), 마리아(Mary), 드루배나(Tryphena), 드루보사(Tryphosa), 버시(Persis), 율리아(Julia)가 여성이었으며, 아마도 유니아(Junia/Junias) 역시 여성이었을 것으로 보인다.[8] 또 바울이 구체적으로 거명하지는 않으나,

---

6. Lampe, "Iunia/Iunias," 32-34. P. Oakes, *Rome in the Bible and the Early Church* (Baker, 2002), 113.

7. 그러나 Peter Lampe는 로마서 16장에 언급된 인물가운데서 2/3 정도가 노예적 배경의 인물들이라고 말한다. "… more than two thirds of the people for whom we can make a probability statement have an affinity to slave origins," Lampe, "The Roman Christians of Romans 16," 228. 약간 다른 견해도 있다. 26명 중 11명이 노예이거나 노예출신이라고 보는 견해인데, 그리스어를 사용하는 그리스도인들이라고 할 수 있는 라틴어 이름을 가진 4사람은 이전에 노예였거나 노예의 후손이라고 본다. 이들이 마리아(16:6), 유니아(16:7), 암블리아(16:8), 그리고 율리아(16:15)이다. 또 6명의 그리스 이름의 사람들은 로마에서 흔한 노예이름의 소유자라는 점에서 노예적 배경의 인물로 보기도 한다. 이들은 아순그리도(16:14), 블레곤(16:14), 빌롤로고(16:15), 허메(16:14), 네레오(16:15), 드루배나(16:12), 드루보사(16:12)이다. 참고 이상규, "초기 로마교인들은 어떤 사람들이었을가?" 「교회와 신앙」 58호(2002. 10. 15).

8. '유니아'가 여성(Junia)인가 남성(Junias, 이것은 Junianus의 단축형이다)인가에 대해서는 격

'루포와 그 어머니'(16:13), '네레오와 그 자매'(16:15)와 같은 여성도 언급되어있다. 정리해보면, 로마서 16장에서 거명된 스물여섯 명 가운데서 남성이 열여덟 명이고, 여성이 여덟 명이다.

로마서 16장에서 언급되고 있는 스물여섯 명의 인물들과 관련하여 한 가지 흥미로운 사실은 브리스길라와 아굴라 등에게서 예시되듯이 이들의 이동성(mobility), 곧 이들의 이동과 이주가 초기 기독교회의 확산에 영향을 주었다는 사실이다. 스물여섯 명 중 사분의 삼정도가 나름대로 이유가 있어 동부지중해 또는 동방 지역에서 살다가 로마로 이주한 사람들이었다. 예컨대, 에베네도(Epenetus)는 아시아에서 첫 개종자였는데(롬 16:5), 이 당시에 로마에 와있었고, 안드로니고(Andronicus)와 유니아(Junias, Junia, 롬 16:7) 또한 로마가 아닌 다른 곳에서 바울과 함께 투옥된 일이 있었는데, 당시에 로마에 와 있었다(롬 16:7). 아마도 이들은 사마리아나 유다지방에 얼마간 거주했던 것으로 보인다.[9] 아굴라(롬 16:3) 역시 본래 본도(Pontus) 출신이었고(행 18:2), 뵈뵈(롬 16:1-2)는 아가야 지방의 항구도시인 겐그레아 출신이었다. 또한 바울은 암블리아(Ampliatus, 롬 16:8), 스다구(Stachys, 롬 16:9), 버시(Persis, 롬 16:12) 등에게도 개인적으로 문안하였는데, 이들은 모두 로마가 아닌 다른 곳, 아마도 동부 지역에서 접촉하고 알게 된 것으로 보인다.[10]

한 논쟁이 있다. 로마서 16:7, "내 친척이요, 나와 함께 갇혔던 안드로니고와 유니아에게 문안하라"에서 유니아는 대격인데, 이는 여성형인 Ἰουνίαν일수도 있고 남성형인 Ἰουνιᾶν일 수도 있다. 엑센트를 가지고 구별할 수 있으나 초기사본(대문자사본)에서는 불가능하다. 2세기 말 혹은 3세기 초의 파피루스 사본 p^{46}에서는 다른 이름 IOYΛIAN으로 나타난다. 교부들은 유니아를 여성으로 보는 견해가 지배적이었고, Old Latin, Vulgate, Sahidic과 Bohairic도 여성으로 번역했다. 그러나 Nestle-Aland 27판은 여전히 남성으로 보고 있다. cf. Oakes, 118-9.

9. J. Thorley, "Junia, a Woman Apostle," 18. P. Oakes, 106.

10. Oakes, 106.

바울공동체의 인물들에 대해 깊이 연구한 람페(Lampe)는 로마에서 발견되는 비문이나 비명 등에 대한 비명학적(碑銘學的, epigraphic) 혹은 금석학적(金石學的) 연구를 통해서, 로마서 16장에서 언급되고 있는 십여 명의 이름이 당시 로마에서 매우 희귀한 이름들이었다는 점을 들어, 이들은 타지(아마도 그리스 동부, Greek East)로부터 이주해 왔을 것이라고 결론짓는다. 그들은 스다구(Stachys, 롬 16:9), 아벨레(Apelles, 롬 16:10), 헤로디온(Herodion, 롬 16:11), 버시(Persis, 롬 16:12), 블레곤(Phlegon, 롬 16:14), 바드로바(Patrobas, 롬 16:14), 허마(Hermas, 롬 16:14), 아순그리도(Asyncritus, 롬 16:14), 빌롤로고(Philologus, 롬 16:15), 올름바(Olympas, 롬 16:15) 등이다.[11]

2) 서신서에 나타난 바울공동체의 사람들

로마서 16장 외에도 바울과 그의 동역자가 쓴 서신서들을 보면 로마서에서 언급된 서른여 명의 사람들을 포함하여 예순다섯 명이 거명되고 있음을 알 수 있다.[12] 이들은 바울의 동역자 혹은 그의 대리인들로서 그와 함께 여행했던 사람들이다. 이들 중 일부는 사도행전에서도 언급되는데, 사도행전에서는 이들 외에도 열세 명의 다른 이름들이 더 언급되고 있다. 따라서 복음서를 제외한 사도행전 이후의 바울서신(목회서신은 제외)에서 바울과 직간접적으로 알고 있거나 교제했던 이들은 약 여든 명에 이른다

---

11. Lampe, *Die stadtrömischen Christen in den ersten beiden Jahrhunderten: Untersuchungen Sozialgeschichte* (Tübingen: JCB. Mohr, 1989), 140. Oakes, 107.
12. 믹스, 『바울의 목회와 도시 사회』, 105. 고린도교회에 속한 17명의 이름을 확인할 수 있는데, 이들 중 9명은 여행 중의 인물이었다. 또 17명 중 8명은 라틴 이름을 가진 이들이었다. 말허비, 『초기 그리스도교의 사회적 이해』, 112.

고 볼 수 있다. 이들을 우리는 '바울공동체의 사람들'이라고 부른다.[13] 그러면 이들은 어떤 부류의 사람들이었을까? 이들은 직업이 무엇이었고, 또 바울과 어떤 관계를 맺고 있었을까?

성경은 이 사람들에 대해서는 대부분 이름 외에는 사회적 지위나 신분 등 다른 어떤 정보도 제시하지 않는다.[14] 심지어 어떤 사람은 이름조차 확인할 수 없는 경우도 있다. 그러나 그 밖의 인물에 대한 기록은 인물 확인을 위한 중요한 자료(prosopographic evidence)가 되며, 바울공동체의 사회적 신분을 헤아리는 데도 중요한 단서를 제공한다.

그런데 호주의 에드윈 저지(Edwin Judge)는 이 여든 명 가운데서 마흔 여명은 바울의 선교활동을 후원한 것으로 보고, 이들을 '부유하고 교양 있는 사회적 엘리트들'로 추정한다.[15] 이에 비해 다른 마흔 여명은 직업과 관련하여 바울을 따르던 사람들로서 바울과 함께 여행하거나 선교하면서 직

---

13. 바울과 그의 동역자들에 대한 대표적인 연구로는 Earle E. Ellis, "Paul and His Co-workers," *New Testament Studies*, XVII(1971), 437-452, Peter Lampe, *Die stadtrömischen Christen in den ersten beiden Jahrhunderten*과 그의 논문 "The Roman Christians of Romans 16," 그리고 Gottfried Schille, *Did urchristliche Kollegialmission* (Zurich, 1967) 등이 있다.

14. 이런 부류의 사람들로는 골로새의 아킵보(몬 1,골 4:17), 아리스다고(몬 24, 골 4:10, 행 19:29, 20:4, 27:2), 데마(몬 24, 골 4:14), 에바브라(몬 23, 골 1:7, 4:12), 빌립보의 에바브로디도(빌 2:25, 4:18), 야손(롬 16:21, 행 17:5. 데살로니가의 야손과 동명이인임), 유스도라 하는 예수(골 4:11), 소시바더(롬 16:21, 행 20:4에서는 '소바더'로 표기되어있음), 소스데네(고전 1:1, 그가 행 18:17에서 언급하고 있는 고린도의 회당장 소스데네와는 동명이인으로 간주된다), 두기고(골 4:7 엡 6:21, 행 20:4), 우르바노(롬 16:9), '바울과 멍에를 같이한' 무명의 인물(빌 4:3), 이름을 알 수 없는 두 명의 '형제들'과 구제헌금에 관련된 '교회의 대표들'(고후 8:18ff, 22ff) 등이다(믹스, 105-6). 믹스는 바울공동체의 인물로서 사회적 지위를 알 수 없는 인물로 디모데와 디도까지 포함하고 있으나, 그들에 대해서는 가능한 정보가 많으므로 여기서는 제외하였다.

15. Judge, "The Early Christians as a Scholastic Community," *The Journal of Religious History*, vol. 1, no. 3 (June, 1961), 130.

접적으로 바울의 통제 아래 있었던 사람들로 추정한다.[16] 이들 바울 주변의 사람들에 대해서는 이미 에드윈 저지의 탁월한 논문이 있으므로 여기서 다시 논의할 필요는 없을 것 같다.

3. 바울공동체의 사람들

바울공동체에 속한 모든 사람들에 대해 다 언급할 수는 없으므로, 여기서는 로마서 16장에 나오는 몇 사람에 대해서만 당시 사회적 상황에 대한 최근의 연구결과를 반영하여 그들이 어떤 부류의 사람들이었는지를 살펴보자.

비록 바울이 여러 인물들에게 문안하지만, 그렇다고 바울이 그들을 개인적으로 다 알고 있었다고 단정할 수는 없다. 일부 사람들에 대해서는 단지 그 이름만 듣고 알고 있었을 것이다.

1) 뵈뵈

로마서 16장 서두에는 한 여성이 거명된다. 고린도에 인접해있는 겐그레아 교회의 '뵈뵈'(Phoebe)라는 여성이다. 그러면 그는 어떤 사람이었을까? 그에 대해서는 성경에서 단 한 번 언급된다(롬 16:1-2). 그 이름의 뜻은 '순수함'이다. 우리가 이 여성에 대해 알 수 있는 정보는 그가 고린도의 동쪽에 있는 도시인 겐그레아 교회의 '일꾼'이라는 것과, 바울과 여러 사람의 '보호자'가 되었다는 것뿐이다. 아마도 그는 바울의 2차 전도여행 때(행 18:18) 만난 것으로 보인다. 그런데 한국의 간호사(看護史)에서 이 여성이

---

16. 말허비, 73.

'간호사'로 지칭되고 있는 점은 흥미로운 일이 아닐 수 없다.[17]

바울은 그를 가리켜 '우리 자매 뵈뵈'(Phoebe or sister), 혹은 '겐그레아 교회의 일꾼(servant)'이라고 말한다. 여기서 '일꾼'이란 디아코노스(διάκονος)로서, '집사'라고도 번역될 수 있다. 칼빈은 이를 사역자에 대한 칭호로 해석하여 집사라고 확정했다. 그러나 리델보스는 이를 집사직으로 확정할 수 있을지 의문을 표시했다. 이 '일꾼'이라는 말이 빌립보서 1장 1절에서처럼 직책을 말하는 것인지 아니면 보다 일반적인 의미에서 '도움을 주는 자'를 말하는 것인지에 대한 논의는 초기 기독교 공동체에서 여성의 역할문제와 관련하여 끊임없는 논쟁을 불러일으켰다.

뵈뵈가 어떤 여성이었는지에 대해 알 수 있는 중요한 단서는 "그가 여러 사람과 나(바울)의 '보호자'가 되었다"(롬 16:2)는 바울의 언급이다. NIV에서는 이 부분이 "she has been a great help to many people, including me"로 번역되었지만, 이것은 정확한 번역이라고 볼 수 없다. 왜냐하면 여기서는 '보호자'라는 단어가 '도움' 혹은 '도움을 주는 자'로 해석되어 뵈뵈에 대한 특별한 호칭이 일반화됨으로써 그 의미를 드러내지 못하기 때문이다. 개역개정성경에서 '보호자'라는 말로 번역된 그리스어는 프로스타티스(προστάτις, 남성의 경우는 προστάτης)인데, 문자적으로 이 단어는 '~앞에 서다'는 뜻으로서 '후견인'(patroness, 남성의 경우는 Patron)을 지칭하는 단어이다. 그러면 '후견인'이란 무엇인가?

이 개념을 정확하게 파악하기 위해서는 로마서가 기록될 당시 로마 사

---

17. 이영복, 『간호사』(수문사, 1999), 29. 이영복 교수는 이렇게 쓰고 있다. "바울의 여(女)사도 뵈베(Phoebe)는 로마로 파견되어 병자를 돌보고 위로하는 방문간호사의 일을 해서 자기 가족 외의 사람을 간호하는 사회봉사(community service)로서의 간호를 시작했다" 뵈뵈가 간호사로 활동했다는 점을 확인할 수 없다는 점은 이상규, "뵈뵈는 최초의 간호사였는가?" 『그리스로마적 상황에서의 기독교』(한들출판사, 2006), 46-50을 참고할 것.

회에 있었던 후견인과 하속인의 관계, 곧 후견인(Patron)-하속인(Client) 관계를 이해해야만 한다. 1세기 당시 로마 사회에서 후견인이란 휘하의 사람들(client)의 법적, 경제적 후원을 담당하는 이들을 칭하는 표현이었다. 예컨대, 노예를 소유한 주인은 노예의 법적, 경제적 후견인으로서의 역할을 했다. 비록 해방된 노예라 할지라도 후견인의 휘하에서 보호를 받았다. 또 어떤 사회 집단의 후견인은 그 사회 구성원들(social dependents)을 경제적으로 지원하기도 했다. 초기 기독교 공동체에는 다수의 하층민들과 함께 상당한 영향력을 행사하는 이들도 있었는데, 이 영향력 있는 소수의 후견 아래에서 교회 공동체가 운영되었다. 따라서 초기 기독교에서도 후견인-하속인의 관계가 중요한 역할을 했다. 그 한 예로서 뵈뵈가 바울과 여러 사람들의 '보호자', 곧 후견인 역할을 한 것이다

이러한 당시의 사회제도를 이해한다면, 바울과 여러 사람들의 '보호자'였던 뵈뵈의 신분과 직업을 헤아려볼 수도 있다. 즉 뵈뵈는 독립적 부양능력을 지닌 여성으로서 바울의 여행 경비를 부담하는 등 재정적인 후원을 했을 뿐만 아니라, 초기 바울공동체의 여러 사람들의 사역을 후원했던 여성이었다고 볼 수 있다. 또한 뵈뵈는 바울의 요청으로 고린도에서 로마까지 여행하고 로마서를 전달하기도 했는데, 이 또한 그녀에게 상당한 재산이 있었으며, 또 그 먼 길을 여행할 수 있을 만큼 사회적 신분이 높은 여성이었음을 암시해준다. 뿐만 아니라 당시에는 대개 먼 길을 혼자 여행하기보다 남편과 함께 여행했을 가능성이 크므로 그녀는 과부가 아니었을 가능성도 높다. 종합적으로 살펴볼 때, 뵈뵈는 바울의 사역을 후원했던 바울공동체의 중심인물이었다고 할 수 있다.

2) 브리스길라와 아굴라

브리스길라와 아굴라는 바울공동체의 중요한 인물로서 바울의 친근한

동역자였다. 이들에 대해서는 성경에 여섯 번 언급되어있다(행 18:1-3, 18, 26, 롬 16:3-5, 고전 16:19, 그리고 딤후 4:19). 그런데 흥미로운 것은 언제나 이 부부가 함께 거명되었고, 네 번에 걸쳐 아내인 브리스길라의 이름이 남편 아굴라보다 먼저 언급되었다(행 18:18, 26, 롬 16:3, 딤후 4:19). 이는 브리스길라가 남편보다 가족관계에서나 교회 공동체에서 더 중요한 인물이었음을 암시한다.[18]

'아굴라'라는 라틴어 이름은 '독수리'라는 뜻으로서, 당시 사회에서 흔한 이름이었다. 그는 본도 출신의 유대인으로서(행 18:2), 직업은 바울과 동일하게 장막 만드는 일이었다. 이것이 후일 바울과의 교제를 더욱 친밀하게 한 것으로 보인다(행 18:3). 분명하지는 않지만, 그는 유대인 노예였다가 자유인이 되었고, 나중에 로마의 시민권자인 브리스길라와 결혼한 것으로 추측된다. '브리스길라'(Πρίσκιλλα)는 '브리스가'(Πρισκαί)의 확장형인데, 둘 다 로마식(라틴어식) 이름으로서 그 뜻은 '존경할 만한 이'라는 뜻이다. 그는 유대인은 아니었을 가능성이 높다.

이들에 대한 정보도 많지는 않다. 다만 본도 출신인 아굴라가 로마에 거주하다가 아내와 같이 고린도로 옮겨갔고, 다시 에베소에 이주하였고, 그 후 다시 로마로 이주하였다가 또 다시 에베소로 이주하였다는 정도뿐이다. 하지만 이러한 정보만으로도 몇 가지를 추측해볼 수는 있다.

소아시아 북부인 본도 출신인 아굴라가 어떻게 로마에 가서 살게 되었는지는 알 수 없다. 다만 어떤 이는 아굴라가 로마에서 노예로 있다가 자유를 얻지 않았을까 추측할 뿐이다. 여하튼 그는 로마에서 결혼하여 살다가 49년쯤 고린도로 이주하였다. 로마의 역사가 수에토니우스(Gaius Suetonius, 69-c.140)는 『클라우디우스의 생애』(*Life of Claudius*)에서 "유대

---

18. Oakes, 118.

인들이 크레스투스(Chrestus)의 선동으로 계속 문제를 일으키므로 그들을 로마에서 추방했다"(*Iudaeos impulsore Chresto assidue tumultuantes Roma expulit*) 라고 기록하고 있는데, 이때가 49년쯤으로서 당시 유대인 추방령에 의해 아굴라와 브리스길라도 로마를 떠나 고린도로 이주하였던 것으로 보인다.

고린도에서 이들 부부는 바울을 만나게 된다. 당시 바울은 2차 전도여행 중이었다. 그런데 이들 부부가 바울에 의해 회개했다는 언급이 없는 것으로 보아 이들은 이미 그리스도인이었던 것으로 보인다. 아마도 바울을 통해 기독교에 대해 보다 깊게 이해하게 되었을 것이다. 그래서 이들은 곧 바울의 동역자가 되어 복음을 위해 일하게 된다.

이들 부부는 바울을 따라 겐그레아를 거쳐(행 18:18) 에베소로 갔다(행 18:18-19). 에베소에서 이들은 아볼로라는 학식이 깊고 성경에 능한 사람(행 18:24)을 만나게 되는데, 당시 이들은 그에게 '하나님의 도'를 가르치고 해설할 만큼 많이 성장해 있었다. 특히 이곳에서 브리스길라와 아굴라는 자신의 집을 교회 처소로 제공한 것으로 보인다(고전 16:19). 바울이 에베소에서 고린도전서를 기록할 때, "아굴라와 브리스가와 및 그 집에 있는 교회가 주안에서 너희에게 문안하고…"라고 한 것을 보면, 고린도전서가 기록될 때까지 이들 부부는 에베소에 남아있었던 것이 분명하고, 바울 역시 이들 부부의 집에 기거했을 것이다. 이처럼 이들 부부는 바울을 위해서 모든 것을 아끼지 않았다(롬 16:4).

이후 브리스길라와 아굴라 부부는 다시 로마로 돌아간 것이 분명하다. 바울이 3차 전도여행 중 고린도에서 로마서를 기록할 당시 이들 부부는 로마에 있었다. 그래서 바울은 로마서 16장에서 이들 부부에게도 문안한 것이다(롬 16:3-5). 이들 부부는 로마에서도 자기의 집을 교회로 제공하고 있었다(롬 16:5). 그리고 바울이 그의 최후의 서신을 마감하는 결론 부분(딤후 4:19)에서 다시 아굴라와 브리스길라에게 문안하는 것을 보면, 이들 부

부는 그 후 또다시 에베소로 이주했음을 알 수 있다.[19]

이상의 내용을 종합해 볼 때, 브리스길라와 아굴라 부부는 비교적 안정된 중류층 이상의 부부로서 바울과 그 동역자들의 후견인 역할을 했던 것으로 보인다. 동시에 이들은 바울의 동역자로서 바울과 교제가 깊었던 것으로 보인다. 정리하면, 브리스길라와 아굴라 부부는 신약에 나타난 가장 아름다운 부부로서 복음을 위해 함께 동역하였고, 가는 곳마다 자기의 집을 교회로 제공할 만큼 헌신된 인물이었으며, 바울과 그 동역자들을 선대하고 지원하기 위해 생명의 위협까지도 감내했던 바울공동체의 중심인물이었다고 할 수 있다.

3) 안드로니고와 유니아

로마서 16장에 언급된 또 한 쌍의 바울공동체의 인물은 안드로니고(Andronichus)와 유니아(Junia)이다. 이들 역시 성경에서는 오직 로마서 16장 7절에서만 언급되는 인물이지만, 이들도 바울공동체의 초기 인물이었음이 틀림없다. 이들에 대한 로마서의 기록은 다음과 같다. "내 친척이요 나와 함께 갇혔던 안드로니고와 유니아에게 문안하라. 저희는 사도에게 유명히 여김을 받고 또한 나보다 먼저 그리스도 안에 있는 자라"

여기서 안드로니고와 유니아가 같이 언급되는 것을 볼 때, 이들 또한 부부였을 가능성도 있지만, 또 한편으로는 두 사람 모두 남자였을 가능성도 있다. 로마서 16장에서 바울은 자신과 관련 있는 이들에게 문안하면서 두 사람을 짝을 지어 같이 언급하는데, 아굴라와 브리스길라(16:3), 빌롤로고와 율리아(16:15)가 그런 경우이다. 이 경우 앞에 언급된 사람은 남

---

19. Lightfoot에 의하면, 이 당시 유대인들은 유랑자의 삶을 살았는데, 유대인이었던 아굴라도 예외가 아니었다고 말한다. Lightfoot, *Biblical Essays*, 299.

자, 뒤에 언급된 사람은 여자로서 부부였음을 알 수 있다. 하지만 울르바노와 스다구(16:9), 드루배나와 드루보사(16:12)의 경우도 있는데, 이 경우 전자는 둘 다 남자이고, 후자는 둘 다 여자이다. 따라서 바울이 두 사람을 같이 짝을 지어 언급한다고 해서 반드시 그들이 부부였다고 볼 수는 없다. 안드로니고는 그리스식 남자 이름이지만, 유니아는 남자('Ἰουνιᾶς)인지 여자('Ἰουνία)인지 분명치 않다. 하지만 유니아라는 이름이 로마인들에게 흔한 여자 이름이었던 것으로 보아 유니아는 여자였을 가능성이 높다. 그럴 경우 이 두 사람 역시 부부였을 가능성도 높다. 그러나 유니아를 유니아스(Junias)라고 본다면, 이는 남자 이름으로서 그는 안드로니고와 비슷한 길을 갔던 그리스도인이었을 것이다. 그러나 남자의 이름으로 유니아스는 흔한 이름은 아니었다.[20] 남자 이름이라면, 이는 허메(Hermas, 16:14), 바드로바(Patrobas, 16:14), 올름바(Olympas, 16:15)와 마찬가지로 로마서 16장에 언급된 남자 이름으로는 좀 색다른 이름이라고 할 수 있다.

로마서 16장 7절은 안드로니고와 유니아에 대해 네 가지 정보를 담고 있다. 첫째는 그들이 바울의 인척이었다는 점, 둘째는 바울과 함께 투옥된 사실이 있다는 점, 셋째는 사도들에게 유명히 여김을 받았다는 것, 마지막으로는 바울보다 먼저 신앙을 가졌다는 것이다. 이들이 바울보다 먼저 신앙을 가졌다는 점으로 미루어보아 이들은 초창기 예루살렘 교회에 참여했을 것이고, 따라서 그리스파 유대인이었을 가능성이 높다. 이들은 로마교회의 창립교인이었을지도 모른다.

로마교회의 기원에 대해서는 아무런 정보가 없다. 따라서 몇 가지 기록과 고고학적 발견을 통해 그 기원이나 연원을 짐작해볼 수밖에 없는데, 사

---

20. William Sanday & Arthur Headlam, *A Critical and Exegetical Commentary on The Epistle to the Romans* (Edinburgh: T&T Clark, 1971), 422.

도행전 2장 10절에 보면, 오순절을 지키기 위해 예루살렘에 모여든 사람들 가운데는 로마에서 온 사람들도 있었다. 즉 '로마로부터 온 나그네 곧 유대인과 유대교에 들어온 사람들'이었다. 이들은 유일한 유럽인들로서 베드로의 설교를 듣고 신앙을 갖게 되었고, 로마로 돌아가 신앙 공동체를 형성하는 데 기여했을 가능성이 높다.

개역개정성경은 안드로니고와 유니아가 '사도들에게 유명히 여김을 받았다'고 번역하고 있으나, 이 부분의 그리스어 οἵτινές εἰσιν ἐπίσημοι ἐν τοῖς ἀποστόλοις는 두 가지 의미로 해석이 가능하다. 즉 사도들에게 잘 알려져 있다는 의미로도 해석이 가능하지만, 또 한편으로는 사도들 중에서 유명하다는 의미로도 해석이 가능하다(those of mark among the Apostles). KJV(noted among the apostles)나 NIV(outstanding among the apostles)는 후자의 번역을 따르고 있고 다수의 학자가 이 견해를 지지한다.

사도의 개념에는 광의의 개념과 협의의 개념이 있는데, 광의의 개념에서 그리고 전도자로 활동했다는 점에서, 이들 역시 사도의 호칭을 받았던 것으로 보인다(고후 8:23, 빌 2:25). 여하튼 이들은 바울을 비롯한 사도들에게 잘 알려져 있었으며, 믿음과 봉사에서 두드러지는 인물이었던 것으로 보인다.

한편 안드로니고와 유니아가 언제 바울과 함께 투옥되었는지는 알 수 없다. 따라서 이것을 문자적으로 받아들이기는 어렵다. 사실 바울은 빌립보에서의 경우처럼(고후 11:23), 장기간 투옥된 적은 없었다. 따라서 안드로니고와 유니아가 동시에 바울과 함께 투옥되었다는 의미는 아닌 것 같다. 가령 바울은 아리스다고와 에바브라를 자기와 '같이 갇힌 자'(골 4:10, 몬 23)라고 표현했으나, 사실 그들과 함께 투옥된 일은 없었다. 따라서 안드로니고와 유니아의 경우도 다만 복음을 위해 고난의 여정을 함께했던 점을 상기시키는 표현이라고 볼 수 있다. 마지막으로 바울이 안드로니고와 유니아를 가리켜 '내 친척이라'(τοὺς συγγενεῖς μου)고 했는데, 이는 로마서 9장 3절 등에서 보는 바처럼 좁은 의미에서 인척(kinsmen)이라는 의미라기보다는 '동족' 혹은 '동향인'(fellow-countrymen)이라는 의미로 쓴 것으로 보인다(롬 16:10, 21 참고). 친척으로 번역된 그리스어 '쉰게네스'는 11절의 '내 친척 헤로디온에게'와 21절의 '나의 친척 누기오'에서도 사용되는 것으로, 로마서 16장에서만 세 번 사용되고 있다. 따라서 이 단어는 인적 관계에서의 친척보다는 동향인의 의미로 사용되었을 것이다.

정리하면, 안드로니고와 유니아는 바울의 동향인으로서 바울보다 앞서 기독교 신앙을 가진 사람들로 복음을 위해 투옥되기까지 했던 전력이 있었고, 사도들에게 잘 알려진 바울의 동역자이자 바울공동체의 초창기 인물이었을 것이다.

4) 암블리아, 우르바노

암블리아(Ampliatus)는 성경에서 단 한 번, 로마서 16장 8절에서만 언급되는 인물이다. 그에 대한 정보는 전혀 없다. 다만 바울이 그를 가리켜 '주 안에서 내 사랑하는 암블리아'라고 말하고 있을 뿐이다. 따라서 그가 어떤 사람이었는지는 알 수 없다. 그러나 그의 이름을 통해 그의 신분을 대략적으로 추측할 수는 있을 뿐이다. 먼저 암블리아라는 이름은 라틴식 이름이다. 그리고 흔히 암블리아스('Αμπιᾶς)는 암블리아토스('Αμπλιᾶτος)의 축약형으로 보는데, 이 이름은 로마 노예들의 이름으로 매우 흔한 것이었다고 한다.[21] 곧 이 이름은 고대 비문에서나 로마 제국의 공식 문서에서 노예의 이름으로 자주 언급된다. 따라서 암블리아는 동방지역 어디선가 바울

---

21. Lietzmann, 1933, 125ff.

을 알게 되어 믿음을 갖게 되었다가 로마에 와서 살게 된 노예 신분의 사람이었을 것으로 짐작된다.

로마서 16장 9절에 나오는 우르바노(Urbanus) 역시 라틴식 이름을 가진 노예 신분의 그리스도인이었을 가능성이 매우 높다. 그의 이름 또한 노예들에게 흔한 이름이었기 때문이다. 그는 본래부터 로마에 살았던 것으로 보인다. 바울은 그에 대해서 '그리스도 안에서 우리의 동역자'라고 부르는데, 이렇듯 암블리아와 우르바노는 노예이거나 해방된 노예 그리스도인으로서 바울의 사역을 돕거나 후원했던 인물이었을 것이다.

바울공동체의 사람들 중에는 노예이거나 해방된 노예(freed man)들이 적지 않았다. 가령 '쓸 만한 자'라는 의미의 '오네시모'는 가장 흔한 노예 이름이었는데, 그가 노예였다는 사실은 빌레몬서를 통해서도 분명히 알 수 있다. 또 고린도에서 에베소에 있는 바울에게 고린도교회의 상황을 전해주었던 '글로에의 집' 사람들(고전 1:11)도 노예이거나 자유인이 된 노예들, 혹은 두 가지 모두에 해당하는 사람들이었다. 또 루포(롬 16:9), 빌롤로고(롬 16:15), 에바브로디도(빌 2:25), 그리고 유두고(행 20:9) 등도 노예들이었으며, 나깃수(롬 16:11)는 해방된 노예였다. 특히 로마서 16장의 더디오(22절), 구아도(23절) 역시 노예들이었다. 왜냐하면 '더디오'라는 말은 라틴어로 셋째라는 뜻이고, '구아도'는 넷째라는 뜻인데, 이는 첫째라는 이름의 '프리모', 둘째라는 의미의 '세군도'와 함께 노예들의 흔한 이름이었기 때문이다. 흔히 노예들에게는 별도의 이름을 주지 않고 첫째 놈(프림), 셋째 놈(더디오) 등의 서수식(序數式) 이름을 빈번히 사용했다.

초기 바울공동체에는 이처럼 하층 신분의 사람들이 다수를 차지했다. 하지만 이들은 나중에 언급되는 중산층 또는 상류층의 사람들과 함께 아름다운 조화를 이루면서 하나님의 나라를 위해 동역하였다. 에드윈 저지 교수는 초기 바울공동체에서 비록 하층집단이 다수를 차지하고 있긴 했지만, 그런 가운데서도 여러 계층의 사람들이 혼재했던 '혼합된 공동체'(mixed community)였다고 주장한다. 암블리아나 우르바노도 이런 바울공동체의 사람들로서, 비록 사회적 신분은 미천했으나 복음 안에서 사회적 신분의 장벽을 넘어 복음을 위해 주 안에서 동역자로 일할 수 있었다. 그러했기에 바울은 이들을 '주 안에서' 복음을 위해 함께 일했던 '우리의 동역자'라고 호칭했던 것이다.

5) 루포

바울공동체의 인물들 중에서 루포(Ruphus)는 특별히 흥미로운 인물이다. 그가 예수님의 십자가를 진 구레네 사람 시몬의 아들들 가운데 하나가 아닐까 하는 추측 때문이다. 이것이 사실이라면 성경은 루포에 대해 두 번 언급하는데, 곧 마가복음 15장 21절과 로마서 16장 13절이다. 마가복음을 기록한 마가는 이렇게 쓰고 있다. "마침 알렉산더와 루포의 아비인 구레네 사람 시몬이 시골로서 와서 지나가는데 저희가 억지로 같이 가게 하여 예수의 십자가를 지우고…." 여기서 마가는 구레네인 시몬을 '알렉산더와 루포의 아비'라고 밝힌다. 그렇다면 루포는 구레네 시몬의 아들이자 알렉산더의 형제인 셈이다. 그런데 마가복음이 로마에서 기록되었다는 사실을 고려해볼 때, 이 책이 기록될 당시 루포와 알렉산더는 이미 로마교회공동체에서 널리 알려진 인물이었을 것이다. 그래서 구레네 시몬을 말하면서 그의 아들의 이름을 거명하는 것이다. 비록 그의 이름이 노예들에게서 흔한 이름이긴 했지만, 그렇다고 그를 노예로 볼 근거는 빈약하다.

또 로마서 16장 13절도 루포에 대해 이렇게 기록한다. "주 안에서 택하심을 입은 루포와 그 어머니에게 문안하라. 그 어머니는 곧 내 어머니니라" 여기서는 루포를 '주 안에서 택하심을 입은'이라고 말하는데, 이는 성도로 부르심을 입은 하나님의 백성(chosen of God, 엡1:4)이라는 의미보다는 하나님의 교회를 위해 특별히 부름을 받은 특출한(eminent) 인물이라는 의미로 보는 것이 옳다. 이 문맥에서 바울이 그를 가리켜 '주 안에서'(엔 큐리오, ἐν Κυρίῳ)라고 한 것 또한 '그리스도인으로서 특출하다'는 점을 강조하는 것이다(요이 1, 벧전 2:6). 위의 두 성경 기사를 종합해서 볼 때, 루포는 로마 교회의 중요한 인물로 활동하고 있었던 것으로 보인다.

한편 이 본문에서 바울은 루포의 어머니, 곧 구레네 사람 시몬의 부인을 '내 어머니'라고까지 말하는데, 이에 대해 웨인 믹스(Wayne A. Meek)는 루포의 어머니가 바울의 후원자 역할을 했기 때문이라고 해석한다. 여기서 말하는 '후원자'라는 말은 이미 앞에서도 설명했지만, 바울의 후견인의 역할을 했다는 뜻이다. 즉 그는 안디옥교회에서부터 바울을 자신의 아들처럼 보살폈고, 또 바울의 여행경비를 부담하는 등 경제적으로 바울을 후원했을 것이다. 따라서 그는 어느 정도 재산을 가지고 있었음을 알 수 있다. 어떤 이유에서인지는 몰라도 지금은 그가 로마에 와있기 때문에 바울이 그에게 애정어린 인사를 보내고 있다.

6) 가이오, 그리스보, 에라스도

바울공동체의 인물 중 사회적 신분이나 지위를 알 수 있는 사람이 몇 명 있는데, 가령 로마서 16장 23절에 나오는 가이오가 그런 경우이다(고전 1:14). 바울은 고린도에 살고 있는 그를 가리켜 '나와 온 교회를 돌보아주는'이라고 말하는데, 이는 그가 바울만이 아니라 고린도에 있는 신앙공동체의 회원들이 같이 모일 수 있는 상당히 넓은 주택을 소유한 자였음을 암시한다. 그래서 타이센(Theissen)은 가이오가 상당한 재산을 소유한 자였을 것이라고 말한다.

신분을 알 수 있는 또 다른 인물이 그리스보인데, 그는 회당장이었다(행 18:8, 고전 1:14). 그는 회당의 유지비용을 지불할 뿐만 아니라 회당 건물까지 소유한 상당한 재산가였던 것으로 보인다.

에라스도(Erastus)라는 인물에 대해서도 우리는 보다 분명하게 알 수 있는 정보가 있다. 바울은 에라스도에 대해서만큼은 기독교 공동체에서만이 아니라 그 도시에서의 역할 및 지위에 대해서까지 언급하고 있다. 에라스도의 공식적인 직함은 고린도시 재무관(ὁ οἰκονόμος τῆς πόλεως)이었다. 물론 이 직함의 정확한 의미가 무엇인지는 아직 불분명하다. '재무'로 번역되는 '오이코노모스'는 보통 '청지기'(steward)로 번역되는데(눅 12:42, 고전 4:2, 갈 4:2 등), 누가복음 16장 1절과 로마서 16장에서는 특별히 '재무'로 번역되었기 때문이다. 사실 그리스어에서 말하는 '이 시의 재무관'이라는 직함에 해당하는 공식적인 라틴어 명칭이 무엇인지에 대해서는 오랜 논쟁이 있어왔다. 어떤 이들은 이 용어가 시의회의 고위직 간부를 칭했다고 해석하는가 하면, 어떤 이들은 단지 보잘것없는 회개직원에 불과했다고 주장하기도 한다.

심지어 어떤 이들은 시가 주관하는 노예, 곧 관노(官奴)였을 것이라고 추정하기도 한다.[22] 이런 주장을 하는 대표적인 학자는 웨인 믹스(W. Meeks)이다. 그는 '재무관'이라는 직함이 그리스 시대와 로마 시대 여러 묘비명, 특히 소아시아에 있는 묘비명에 많이 나타나기 때문에 이 직함이 공공재산을 관리하고 담당했던 고위관직을 언급하는 것이기도 하겠지만, 그보다는 관노를 의미하는 것이었을 가능성이 높다고 주장한다. 이에 반해 타이센은 에라스도가 맡고 있던 직책은 로마시대의 재무관(quaestor)에 상응하는 직책으로서, 당시 시에서 '명예로운 직책'(*cursus honorum*)에 해당

---

22. 에라스도가 관노였을 것이라는 주장에 대해서는 이견이 있다. 바울이 에라스도를 언급하면서 특히 '이 성의 재무'(city's director of public works)라고 지칭하는 것을 보면, 이 직함이 매우 중요한 것이었음을 알 수 있다. 만일 이 직함이 별것 아닌 것이었다면, 바울이 특별히 에라스도를 이 직함으로 소개하지 않았을 것이다.

했을 것으로 본다. 따라서 에라스도는 로마시민권자로서 자유인이었을 뿐만 아니라 상당한 재산의 소유자였을 것이라고 주장한다.

에라스도의 직위의 정확한 역할이 무엇이었는지는 확실치 않더라도 그가 상업 활동을 통해 상당한 부를 축적한 고린도시의 자유인이었던 것은 확실해 보인다. 그런 그가 고린도에서 신자가 되어 바울공동체의 일원이 된 것이다. 사도행전 19장 22절에서 바울은 "자기를 돕는 사람 중에서 디모데와 에라스도 두 사람을 마게도냐로 보내고…"라고 기록했고, 디모데후서 4장 20절에서는 "에라스도는 고린도에 머물렀고…"라고 기록했는데, 여기서 말하는 에라스도와 로마서에서 말하는 에라스도는 동일인이었을 것이다. 따라서 에라스도는 바울과 함께 여행하며 그의 사역을 도운 중요한 동역자였다고 하겠다.

{ 2장 }
노예제도와 기독교

1. 파울로스 둘로스(Παύλος δούλος)

로마서 1장 1절에서 바울은 자기 자신을 '예수 그리스도의 종'이라고 소개한다. 한 번도 방문한 적이 없는 로마교회 성도들에게 자신을 소개하면서 스스로를 노예라고 말하는 것은 흥미로운 일이 아닐 수 없다. 물론 바울은 빌립보서에서도 자신을 종이라고 말한 적이 있다(빌 1:1). 바울이 이와 같이 서신의 수신자들에게 자신을 '사도'라고 말하기 전에 '종'이라고 소개한 것은 사회적 신분 이미지를 통해 그리스도에 대한 깊은 헌신을 보여주기 위한 것으로 보인다. 개역개정판에서는 로마서 1장 1절부터 7절이 네 개 문장으로 나누어져 있지만, 사실 그리스어 본문에서는 아흔세 개의 단어로 구성된 한 문장으로 되어있다.

로마서의 서두에 처음 나오는 단어가 '파울로스'이고, 두 번째 단어가 '둘로스'(노예)이다. 말하자면 바울은 지금 로마에 있는 성도들에게 자신을 예수 그리스도의 노예로 소개하면서 서신을 시작하는 것이다. 당시 로마 사회에서 노예가 무엇이고 또 어떤 신분이었기에 자신을 노예라고 소개하는 것일까? 당시 노예는 주인에게 온전히 메여있는 자요, 오직 주인에게 복종할 자유밖에 없는 비천한 신분이었다. 따라서 바울이 자신을 '예수 그리스도의 종'이라고 인식하는 것만으로도 가슴 뭉클한 감동을 준다. 도대체 예수가 누구이며, 복음이 무엇이기에 예수와 그의 복음을 대적했던 자긍심 많고 교만했던 한 사람을 변화시켜 예수의 노예가 되게 했을까? 정통 유대교 출신이자 율법으로는 흠이 없던 자요, 샴마이, 힐렐과 더불어 당대 최고의 학자였던 가말리엘 문하에서 공부한 그가 다른 어떤 것으로도 자신을 내세우지 않고 오히려 자신을 그리스도의 종이라고 고백하는 사실에서 복음의 위대성을 발견하게 된다.

바울이 자신을 '종'이라고 말했을 때, 이 말의 의의를 보다 분명히 이해하기 위해서는 로마 사회의 노예제도를 이해하는 것이 도움이 될 것이다. 신약의 본문을 그 시대의 빛으로 이해한다면, 본문(text)과 우리를 격리시키는 '세월의 간격'을 어느 정도 해소할 수 있게 된다.

바울이 자신을 그리스도의 종이라고 말한 경우 외에도 성경에는 종과 상전의 문제를 비롯해 당시 노예제도에 근거한 여러 본문들이 있다. 예컨대, 백부장의 종(마 8:5-13, 눅 7:1-10), 대제사장의 종(마 26:51, 막 14:47, 눅 22:50, 요 18:10, 18, 26), 식사 시중을 드는 종(눅 17:7), 옷장을 관리하는 종(눅 15:22), 주인의 전갈을 알리는 종(마 22:3-10, 눅 14:17-24), 재산을 관리하는 종(마 24:45-51, 눅 12:42-46), 주인으로부터 투자 자본을 받은 종(마 25:14-30, 눅 19:12-27) 등이 그것이다. 또 '종이 그 상전보다 높지 못하며'(마 10:24), '한 사람이 두 주인을 섬기지 못할 것이니'(마 6:24, 눅 16:13) 등과 같은 말씀이나, '너희 중에 크고자 하는 자는 너희를 섬기는 자가 되어야 하리라'(마 20:26, 막 10:43)와 같은 경구도 노예제도를 근간으로 하고 있다. 서신서에서도 '자유인과 노예'라는 맥락에서 비유가 사용되기도 한다(롬 6:6, 14:4, 갈 4:3, 9, 딛 3:3, 벧전 2:18, 벧후 2:19 등). 따라서

1세기 당시 로마 사회에서의 노예제도를 이해한다면, 신약의 본문을 보다 선명하게 이해할 수 있을 것이다. 노예제도는 당시 로마 사회를 지탱하는 기본적인 사회 구성요소였기 때문이다.

2. 로마 사회의 노예제도

노예제도[1]는 고대사회의 두드러진 특징이었는데, 로마 제국의 경우는 주전 3세기부터 노예제 사회였다고 볼 수 있다.[2] 당시 사회의 모든 사람은 자유인이든 노예이든 어느 하나에 속하였다. 자유인은 두 종류로 구분되었다. 자유인으로 태어난 자(*ingenui*)이거나 아니면 노예였다가 '*자유를 얻은 자*'(리베르티니, *libertini*)였다. 즉 해방된 노예들은 리베르투스(*libertus*, 남성)나 리베르타(*liberta*, 여성)가 될 뿐 아니라 로마 시민이 되었던 것이다. 하지만 노예의 경우는 모두 신분이 동일했다.

로마에서 노예의 수는 주전 1세기와 주후 1세기에 최고조에 달했다. 말하자면 1세기 기독교는 노예제도가 중층적인 사회현상으로 현존하는 시대에 형성되었다고 할 수 있다. 로마법에 의하면, 노예들은 법의 보호를 받을 수 있는 인격적인 존재가 아니라 주인의 재산이었다. 그들에게는 법적 권리가 없었다. 따라서 법적으로는 사람이 아니었다. 노예는 한 개의 '물

---

1. 고대사회에서의 노예제도에 관해서는 다음의 책을 참고하라(출판 연대순). R. H. Barrow, *Slavery in the Roman Empire* (London, 1928); W. Westermann, *The Slave Systems of Greek and Roman Antiquity* (Phila: American Philosophical Society, 1955); M. I. Finley (ed.), *Slavery in Classical Antiquity* (Cambridge, 1960); S. Bartchy, *First-Century Slavery and 1 Corinthians 7:21* (Missoula, Mont., 1973); J. Vogt, *Ancient Slavery and the Ideal of Men* (Oxford, 1974); K. Hopkins, *Conquerors and Slaves* (Cambridge, 1978); T. Wiedemann, *Greek and Roman Slavery: A Source Book* (Baltimore, 1981); 그리고 F. 라우프(박영옥역), 『고대 노예제도와 초기 그리스도교』(한국신학연구소, 1991).

2. Finley, M. I., *Ancient Slavery and Modern Ideology* (NY. 1980), 86.

건'(*res*)이었지 인격이 아니었다. 그리스 철학자들은 노예는 인간보다 못한 존재로 생각했다.[3] 심지어 아리스토텔레스조차도 노예를 '*살아있는 재산*'(living property)[4] 또는 '*살아있는 도구*'(living tool)로 보았다.[5] 로마의 군인이자 정치가였던 바로(Varro, 116-27 BC)의 말도 이와 다르지 않다. 그는 노예를 '*말하는 도구*'(articulate instruments)라고 했다.[6] 노예는 토지나 가축과 같은 재산(*mancipia*)의 형태였다. 따라서 소유 혹은 소유권 취득을 의미하는 라틴어 *mancipium*이 매매된 노예를 칭하는 전문용어가 되었다. 노예는 주인의 이익을 위해 이용되는 상품이었고, 노예 소유주는 소유한 노예의 수에 비례하여 사회적 지위도 높아졌다.

그렇다면 누가 어떻게 노예가 되었을까? 노예가 되는 방식은 다양했지만, 그 중에서도 절대 다수는 전쟁 포로들이었다. 당시에는 강한 민족이 타민족과의 전쟁에서 승리했을 때, 패전국의 사람들을 포로로 잡아 왔다. 그래서 패자는 승자의 노예로 전락했다. 로마 제국 역시 인접한 나라들과의 전쟁에서 승리하면 현지인들을 노예로 데려왔다. 어떤 면에서 학살하는 대신 노예로 삼아 살려두는 것(*servare*)이 보다 도덕적으로 보일 수도 있지만, 사실 이것은 근본적으로 노동력을 이용하기 위한 조치였을 뿐이다.[7] 이 밖에도 해적이나 산적들로부터 잡혀온 자, 유기된 아이들, 채무자에 의

---

3. 그리스인들은 4종류의 자유를 정의했는데, 이 자유는 노예들이 누리지 못하는 자유였다. 그것은 법적문제에서 자신이 대표가 될 수 있는 자유, 불법적인 체포에 대해 자신을 보호할 수 있는 권리, 자신이 원하는 곳에서 일할 수 있는 자유, 그리고 이동할 수 있는 자유였다. Everett Ferguson, *Backgrounds of Early Christianity* (Eerdmans, 1987), 46.

4. *Politics*, I. ii. 4-5, 1253b

5. *Nicomachean Ethics*, VIII. ii; F. 라우프(박영옥역), 『고대 노예제도와 초기 그리스도교』, 16.

6. *On Agriculture* 1. 17. 1; Wiedemann, 17.

7. 노예들을 칭하는 라틴어 Servi는 학살하는 대신 구출한다는 뜻의 동사 Servare에서 온 명사이다. Wiedemannn, T., *Greek and Roman Slavery* (Croom Helm, 1981), 15.

해 팔려간 아이들이 노예가 되었고, 또 법정에서 노예로 전락한 자들, 혹은 노예 어머니로부터 태어난 노예들(*vernae*)도 있었다. 당시 아이들은 어머니의 신분을 계승했기 때문에 어머니가 노예이면 그 아이도 노예로 간주되었다.[8]

노예들은 하나의 동일 집단이 아니었다. 출신 국적도 다양했고 이들이 수행한 기능도 다양했다. 노예들은 광범위한 분야, 곧 농업과 목축업, 상업과 공업, 가내 사역과 사적인 봉사, 혹은 의학과 교육, 심지어 군사(軍事)에 이르기까지 노동력을 제공해야 했다. 따라서 비록 사회적 신분은 노예였다 할지라도 상당한 계층적인 차이가 있었다. 도시 노예들(urban slaves)과 농촌 노예들(rural slaves)의 생활환경이 크게 달랐으며, 노예 소유주의 직업과 사회적 지위에 따라 노예들의 처우도 다양한 격차가 있었다. 노예 중 가장 비참한 경우는 광산 노동자들이었다. 그들의 필요나 복지는 전혀 배려되지 않았다. 다만 인간 에너지처럼 소모되었을 뿐이다. 그들의 삶이란 기혹하고 의미 없는 생존 그 자체였다. 이에 반해 로마의 부유한 고관들의 노예는 로마의 '자유로운' 도시빈민보다 물질적으로 오히려 나은 상태였다. 또한 비록 노예 신분이라 해도 제국의 왕실에서 일한 노예들은 '가이사의 가속'(*familia Caesaris* 혹은 *Caesariani*)으로 불리는 '특권층'에 속하기까지 했다. 이들은 상대적으로 높은 사회적 지위와 대우를 받았다.

비록 일부 특권을 누리는 노예가 있었다 할지라도 그들의 법적 지위는 살아있는 물건으로서 주인의 재산에 지나지 않았다. 키게로(Cicero, 106-43 BC)는 노예 스스로는 자신의 보다 높은 처우를 의식하고 있었을지라도, 주인의 관점에서 본다면 그들은 누구라도 고려할 가치가 없는 한낱 노

---

8. Finley, "Aulus Kapreilius Timotheus, Slave Trader," *Aspects of Antiquity: Discoveries and Controversies* (Viking Press, 1960), 166.

예였을 뿐이라고 지적하는 기록을 남겼다.[9] 즉 노예 집단에서 어떤 노예들은 스스로 지위가 높다고 생각했을지 모르지만, 그럼에도 그들은 그저 노예였을 뿐이라는 것이다. 노예들은 주인의 소유물이었고, 노예의 미덕은 주인에 대한 충성(*fides*)과 복종(*obsequium*)이었다.

물론 노예들도 '인도주의'라는 은전을 얻은 경우가 없지 않았다. 그러나 대부분의 노예들은 가혹한 대우를 받고 잔혹하게 취급되었다. 이를 증명해주는 실례들은 당시의 문헌에서 쉽게 발견된다. 주인은 노예의 신분을 고정화하고, 소유권을 표시하기 위해 노예의 귀에 구멍을 뚫고 귀고리를 착용케 했다.[10] 거기에 주인의 이름과 주소를 새겨 두었는데, 이것이 여성들의 귀걸이의 연원이 되었다. 또 어떤 주인들은 노예의 신체에 종의 신분을 의미하는 낙인(烙印)을 찍어 영원히 지워지지 않도록 했다. 바울이 갈라디아서 말미(6:17)에서 "내 몸에 그리스도의 흔적을 가졌노라"고 했을 때 '그 흔적'(τὰ στίγματα)이란 노예의 신체에 찍힌 낙인을 염두에 두고 한 말로 해석된다. 병든 노예들을 그냥 버리는 일도 흔한 일이었다. 이 점은 클라우디우스(Claudius, 재임기간 41-54) 황제가 주인이 버린 병든 노예들에게 자유를 허락한다는 인도주의적 칙령을 내린 일에서 엿볼 수 있다.

세네카의 기록에 의하면, 클라우디우스 황제 때 노예에게 자유인과 다른 획일적인 복장을 입히자는 제안이 상정되었으나, 원로원의 반대로 무산된 일도 있었다.[11] 그럴 경우 노예들 스스로가 그 다수성(多數性)을 인지

---

9. atque ut in magna familia seruorum sunt alii lautiores ut sibi uidentur serui sed tamen serui, …… (Cicero, *Para. Stoic*, 5.36).

10. 종의 귀에 귀걸이를 착용케 하여 종의 신분을 고정화한 최초의 성경 기록은 출애굽기 21장 6절이다. "… 상전이 그를 데리고 재판장에게로 갈 것이요. 또 그를 문이나 문설주 앞으로 데리고 가서 그것에다가 송곳으로 그 귀를 뚫을 것이라. 그가 영영히 그 상전을 섬기리라"

11. Seneca, *De Clementia*, 1.24.1 "Dicta est aliquando a senatu sententia, ut servos a liberis cultus distingueret: deinde apparuit, quantum periculum immineret, si serui nostri

하고 반란을 일으킬 수도 있다고 판단했기 때문이다. 실제로 주전 140년에서 70년 시기에 로마에서는 세 차례의 심각한 노예 반란이 있었는데, 처음 두 건(c. 135-132 BCE)은 시실리아에서 발생하였고, 세 번째는 이탈리아에서 일어났다. 세 번째 경우(73-71CE)는 스파르타쿠스(Spartacus)의 지도력 하에서 일어난 가장 심각한 반란이었다. 이 반란은 압제에 대한 무산계층의 저항을 상징하는 것으로 간주되는데, 당시 노예들에게 그만큼 불만이 많았음을 보여준다.[12] "어떤 사람의 적(敵)의 수는 그가 소유한 노예의 수와 같다"는 로마의 격언[13]은 주인과 노예 간의 적대감이 어떠했는지를 보여주는 대목이다.

로마의 정치는 왕정기, 공화정, 제정기라는 세 차례의 시기로 나뉘는데, 제정기(帝政期)에 노예 반란이 상대적으로 적었다. 이는 그 시기에 노예에 대한 처우가 개선되었기 때문이 아니라 노예들에 대해 보다 조직적인 통제가 있었기 때문이다. 반란은 쉽게 밀고되었으며, 혹 반란이나 이에 준하는 행위를 할 경우 그 가속 노예들에게 연대책임을 물어 집단으로 학살하거나 가혹한 형벌이 주어졌다. 따라서 노예 스스로 반란을 통제하기까지 했다. 그럼에도 불구하고 반란의 가능성은 항상 있었다. 자유에 대한 갈망은 모든 살아있는 존재의 본성적 욕망이기 때문이다.

바울이 고린도교회에 보낸 편지(고전 7:21)나 빌레몬에게 보낸 편지에서도 암시되듯이, 노예상태에서 도망하는 것이 그들의 공통된 열망이었다. 그래서 도망가는 노예들을 잡아들이는 전문적인 노예잡이꾼들(*fugitivarii*)

---

numerare nos coepissent."

12. Wiedemann, 12.

13. Salmon, E. T., *A History of the Roman World, From 30 BC. to AD 138* (London: Methuen & Co, 1975), 70.

이 생겨나기도 했다.[14] 이로 보건대 바울이 도망갔던 노예 오네시모를 주인인 빌레몬에게 돌려보낼 때, 두기고를 동행하게 한 것은 전문적인 노예잡이꾼에게 잡혀가지 않게 하기 위한 안전장치였을 것이다.

노예 소유주는 노예들의 도주를 예방하려고 그들에게 철제 목걸이를 착용케 했다. 그 목걸이에는 체포된 경우 주인에게 돌려지도록 하기 위한 지시문이 새겨져 있었다. 로마법에는 노예들을 매매할 때, 그 노예에게 도주성향이 없음을 보장하도록 되어있었다. 도주한 선례가 있다든가, 범죄 경력이나 범죄성향을 지녔다고 간주되는 노예는 상품으로서의 가치가 떨어졌다.

노예들에게는 주인의 생명을 지키는 의무가 있었다. 따라서 만일 주인이 피살되면 그 휘하의 노예들 역시 주인의 목숨을 보호하지 못한 책임으로 전원 피살되었다. 가령 타키투스의 기록을 보면,[15] 네로황제 치하에서 원로원 의원이었던 페다니우스 세쿤두스(Pedanius Secundus)가 61년 피살되었는데, 그에게 있었던 사백 명의 노예들 역시 주인의 생명을 지키지 못했다는 이유로 전원 피살되었다. 2세기 말엽의 것으로 추정되는 최근에 발굴된 비문(碑文, epitaph)에는 한 노예의 십자가 처형이 기록되어 있는데, 아미존(Amyzon)이란 지역에서 주인을 살해한 혐의로 이 노예는 산채로 십자가형에 처해져 야생동물의 밥이 되게 했다는 내용이다.[16]

이와 같은 노예제도 하에서 살고 있던 로마교회 성도들에게, 그리고 여전히 노예로 살아가고 있던 이들에게 자신 또한 노예라고 말하는 바울의 서신(롬 1:1)은 그리스도인들에게 심정적인 일체감을 심어주기에도 적합했

---

14. 이 점에 대한 최근 발견된 파피루스 문서에 대한 중요한 정보는 S. R. Llewelyn, *New Documents Illustrating Early Christianity* Vol. 8, (Eerdmans, 1998), 26ff.를 참고할 것.

15. *Complete Work of Tacitus*, 344; Tacitus, *Annals* 6.11.3.

16. S. R. Llewelyn, *New Documents Illustrating Early Christianity* Vol. 8, (Eerdmans, 1998), 1.

을 것이다.

노예들이 노예상태에서 해방될 수 있는 가장 흔한 형태는 '신의 이름으로 주어지는 해방'(sacral manumission)이었는데, 이것은 이교사원에서 노예들이 신에게 바친 기금으로 대가를 지불하고 그 신의 이름으로 해방되는 것이었다. 이 외에도 노예는 상당한 금액의 대가를 지불하고 자유케 될 수 있었다. 어떤 이들은 이런 형태가 신약에서 구속(救贖) 혹은 대속(代贖)을 칭하는 용어(갈3:13, 4:5, 고전6:19, 7:22-23)의 배경이 되었다고 보기도 한다.

3. 노예와 초기 기독교

로마 제국에서 노예의 수가 얼마였는지는 정확하게 알 수 없다. 이에 대해 신뢰할만한 자료가 없기 때문이다. 그러나 당시 로마 인구의 상당한 비중이 노예였다는 점에 학자들의 의견이 일치한다. 퍼거슨(Everett Ferguson)은 그의 『초기 기독교회의 배경』에서 로마시의 거주자 다섯 명당 한 명, 곧 로마시 인구의 20%가 노예였던 것으로 추산했다.[17] 어떤 이는 로마시 인구 백만 명 중 노예 인구가 약 30%에 달했다고 지적한다. 노예들의 수가 상당한 정도였다는 점은 의심의 여지가 없다. 앞에서도 언급했듯이 노예들에게 노예임을 나타내는 구별된 복장을 입도록 하자는 안건이 원로원에 상정되었다가 그럴 경우 노예들이 자기들의 수가 얼마나 많은지를 알게 해준다는 점 때문에 부결되었다는 사실[18] 역시 노예의 수가 현저했다는 증거이다.

이런 점을 고려해볼 때, 기독교 신자들 중에 노예들이 많았다는 사실은

---

17. Everett Ferguson, 46.

18. Seneca, *De clementia*, I, 24. 1

여러 가지 정황으로 보아 분명해 보인다. 그리스도인이 된 노예들에는 가속(家屬) 노예(οἰκότης, 눅 16:13, 행 10:7, 롬 14:4, 벧전 2:18)가 많았는데, 가속노예 혹은 가정노예란 가정 단위의 노예로서 가부장(pater familias)의 휘하에 있는 노예를 의미했다. 또 기독교가 도시 중심의 종교로 시작되었기 때문에 초기 기독교 신자가 된 이들 중에는 도시 노예들이 많았다.

바울이 유독 로마서 서두에서 자신을 예수 그리스도의 '종'이라고 칭한 것은 로마교회 교인의 다수가 종이었다는 사실을 암시한다. 로마서의 수신지인 로마에는 적어도 세 개처 이상의 가정교회가 있었다. 바울이 다른 지역에 편지를 보낼 때는 수신자를 '교회'(살전 1:1. 살후 1:1 등) 혹은 '하나님의 교회'(고전 1:2, 고후 1:1 등)라고 했지만, 로마서에서는 수신자를 '교회'라 하지 않고 '성도'라고 불렀다. 로마교회에 속한 그리스도인 중에 노예가 적지 않았다는 점은 로마서 16장에 언급된 이름들에서도 유추해 볼 수 있다. 예컨대, 라틴식 이름 율리아는 '해방'이라는 라틴 이름을 얻은 그리스인 노예로 판단되며, 빌롤로고와 네레오는 로마에서 흔한 노예의 이름으로 역시 노예였을 가능성이 높다.

기독교 공동체에 노예가 다수 포함되어있었다는 증거는 이것 외에도 몇 가지 분명한 증거가 있다. 고린도전서 7장 21절 이하의 본문도 그 중 하나이다.[19] 바울은 빌립보교회에 보낸 편지 말미에서 '특별히 가이사 집 사람 중 몇'(4:22)에게 문안하라고 부탁하고 있는데, 여기서 지칭된 사람들은 황제 일가에 속한 이들이 아니라 노예였거나 해방된 노예였음이 분명하다. 이렇듯 황제 휘하에 있는 사람들 중에 그리스도인이 있었다는 사실은 놀라운 일이 아닐 수 없다. 이런 점에서 노예들이 이곳저곳으로 팔려간 것이

---

19. 이 점에 대해서는 S. Scott Bartchy, *Mallon chresai: First Century Slavery and the Interpretation of 1 Corinthians* 7:21을 참고할 것.

1세기가 다 가기 전에 로마 제국 전역에 기독교가 소개된 배경이 되었다는 스티븐 니일(S. Neill)의 주장[20]은 설득력이 있다.

'노예들'(slaves, δοῦλοι) 혹은 '노예신분'(slavery, δοῦλεια)이라는 용어는 신약에 빈번히 나타난다. 빌레몬서에 나오는 오네시모(ονήσιμον)는 '쓸 만한 놈'(beneficial)이라는 뜻으로서 노예들에게 흔한 이름이었다. 로마에서는 주인이 종의 이름을 임의로 명명했는데, 그 중 한 방법이 주인의 이름 뒤에 접미어 -por('boy')를 붙이는 것이었다고 한다. 가령, 주인이 이름이 Marci라면, 그의 종은 Marcipor로 불렸다는 것이다.[21]

로마 제국의 서부지역에서는 그리스식 이름 자체가 노예의 신분을 암시했다고 한다. 그 중 흔한 이름이 유두고(Eutychus, 행 20:9), 허메(롬 16:14), 빌롤로고(Philologus, 롬 16:15), 에라스도(Erastus, 롬 16:23), 에바브로디도(Epaphroditus, 빌 2:25), 그리고 두기고(Tychicus, 골 4:7) 등이다. 누가복음의 기자인 누가[22]도 노예이거나 해방된 노예일 가능성이 높다. 당시 기술자나 장인, 특히 의사는 교육받은 노예들의 주된 직업이었다.

라틴식 노예 이름은 사실이든 가상이든 출신 민족을 가리키는데, 버시(Persis, 페르시아 인, 롬16:12), 아가이고(Achaicus, 아가야인, 고전 16:17) 등이 그렇다. 라틴어 계통의 노예 이름으로 빈번한 것으로는 브드나도(Fortunatus, 고전 16:17), 암블리아(Ampliatus, 롬16:8), 우르바노(Urbanus, 롬16:9), 두루배나(Tryphaena, 롬16:12), 루포(Rufus, 롬16:13) 등이 있다.

특히 라틴어 이름 중에는 첫째, 둘째 등과 같이 노예 이름을 서수로 표

---

20. 스테븐 닐, 『기독교선교사』(성광문화사, 1985), 27-43를 참고할 것.

21. Wiedemann, 34.

22. 누가의 이름을 라틴식으로 말하면 Lucanus, 그리스어로는 Λουκας이다. 이는 별명 혹은 애칭일 가능성이 높다.

시한 경우가 많았다. 즉 첫째라는 의미의 '프리모'(Primus), 둘째라는 의미의 '세군도'(Secundus), 셋째라는 의미의 '더디오'(Tertius, 롬16:22), 넷째라는 의미의 '구아도'(Quartus, 롬16:23) 등이다. 이상의 인물들이 신약에 언급되고 있지만, 이들이 모두 노예였거나 노예출신이었다고 단정할 수는 없다. 다만 그 이름들이 노예들에게서 흔한 이름이었다는 것은 사실이다. 이름들에 대한 연구로 1세기 기독교 공동체의 신분 구성을 추론한 에드윈 저지(Edwin Judge)의 연구 결과에 대해서는 후에 소개하고자 한다.

4. 기독교는 노예제도 폐지에 유의했는가?

그러면 바울이나 초기 기독교회는 노예제도에 대해 어떤 태도를 취했을까? 초기 기독교회는 구체적으로 사회구조나 사회문제를 개혁하려는 시도를 했었는가? 이 점에 대해서는 상반된 견해가 상존한다. 즉 초기 기독교회는 노예제도의 개선이나 폐지에 무관심했다는 부정적인 평가가 있는가 하면, 바울과 초기 기독교는 비록 시간적인 간격은 있을지라도 점진적으로 노예제도의 폐지에 기여했다는 주장도 있다.[23]

비록 상반된 견해가 있지만, 초기 기독교는 사회구조의 개혁이나 개선에 직접적이거나 구체적인 시도를 거의 하지 않았다고 보는 것이 공정한 평가일 것이다. 도리어 기존 체제를 묵인하는 듯한 인상을 주는 것이 사실이다. 노예제도의 경우만 보더라도, 초기 기독교가 노예제도 자체에 도전한 일은 없으며, 노예제도에 대한 로마의 태도변화를 초래하기 위해 어떤 영향력을 행사한 적도 없다.[24] 도리어 기존의 체제 하에서 그 체제를 인정

---

23. F. 라우프, 11-12.
24. 당시 그리스도교회가 노예제도 폐지를 주장한다는 것은, 앨버트 벨에 의하면, 마치 오늘날

하는 가운데 필요한 교훈을 하고 있는 것으로 보인다. 예컨대, 빌레몬서 5절에서 9절, 골로새서 3장 22절에서 41절, 디모데전서 6장 1절에서 2절, 베드로전서 3장 18절 이하의 본문이 이런 점을 반영한다.

하지만 바울이나 초기 기독교가 노예제도 개선과 같은 사회구조적 혁신에 무관심했다고 비판할 때 간과해서는 안 될 것은 그 당시의 사회이념이나 세계관이 어떠했는가를 짚어보는 것이다. 초기 기독교 시대에는 회귀론적인 역사관이 중요한 가치였다. 즉 그들에게는 과거가 중요한 표준이었다. 새로움은 낯선 가치였고, 과거와 동일한 것이 최상의 것이었다. 이처럼 과거가 낫다는 의식은 '새로운 것'(res novae)에 대해 부정적인 견해를 갖게 했다. 다시 말해 로마 사회에서는 사회개혁이라는 개념 자체가 없었다. '새로운 것'은 혁명이요, 부정적인 것이었고, 위험한 것이었다. 바울이 사회개혁에 무관심했던 것은 그 시대의 가치나 세계관의 측면에서 이해해야만 하는 것이다.

설령 바울이나 초기 기독교가 사회개혁에 무관심했다 하더라도 사회개혁이나 사회구조의 재편(restructuring)은 기독교에서 시작되었다고 볼 수 있다. 바울은 노예제도 그 자체의 폐지나 변개에 관심을 표명하지 않았다고 볼지라도, 그리스도의 사랑 안에서 대하라고 강하게 권하고 있다. 즉 노예제도 자체에 대해서는 언급하지 않았지만, 노예를 형제로 영접하라고 권했으며(몬 1:16), 그리스도 안에서 종이나 자유자나 구분 없이 동일하다는 사실을 강조했고(고전 12:13, 갈 3:28, 골 3:11), 또 노예를 혹사시키지 말고

자동차 사용을 금지하자고 주장하는 것과 동일한 것이었다고 해석한다. 노예는 당시 사회에서 매우 필요한 존재였고, 사회의 근간이 되는 제도였으므로 당시 어느 누구도 당시 사회구조에 역행하여 노예제도의 폐지를 주장할 수 없었다고 해석한다(Albert A. Bell,『신약시대의 사회와 문화』, 345). 도리어 그리스도인들이 할 수 있는 일이란 노예를 인간으로 대우해 주는 일이었다고 주장한다. 참고, Barclay, J. M. G., "Paul, Philemon, and the Dilemma of Christian Slave-ownership," *New Testament Studies* 37(1991), 161-186.

(엡 6:9), 공평하게 대우해야 한다(골 4:1)고 가르쳤다.

그런데 바울은 노예에 대해서도 양심적으로 자기의 의무를 다하라고 했다(골 3:22). 에베소서 6장 5절에서 바울은 "종들아 두려워하고 떨며 성실한 마음으로 육체의 상전에게 순종하기를 그리스도에게 하듯 하라"고 했고, 디도서 2장 9절에서도 "종들로는 자기 상전들에게 범사에 순종하여 기쁘게 하고 거슬러 말하지 말며, 떼어먹지 말고 오직 선한 충성을 다하게 하라"고 했다. 베드로 역시 베드로전서 2장 18절에서 "사환들아(*oiketai*), 범사에 두려워함으로 주인들에게 순복하되 선하고 관용하는 자들에게만이 아니라 또한 까다로운 자들에게도 그리하라"고 했다.

물론 이러한 교훈은 직접적으로 그리스도인 노예들에게 하신 말씀이고, 이것은 '범사에 우리 구주 하나님의 교훈을 빛나게 하려 함이라'(딛 2:10)는 말씀처럼 근본적으로 기독자적 생활 원리를 보여주기 위한 것이었다. 그러나 노예제도 자체가 안고 있는 문제나 구조 자체의 개변에 대해서는 언급이 없다. 다시 말해 노예에 대한 학대는 거부했지만, 노예제도 자체는 거부하지 않았다는 것이다.[25] 기껏해야 바울이 '모든 신자들은 그리스도 안에서 동등하다'고 말하는 정도였을 뿐이다(고전 12:13). 하지만 이것 역시도 자유인과 노예가 동일할 수 없다는 당시의 인식을 보여주는 것일 뿐 아니라, 이런 정도의 생각조차도 당시 신자들에게 지배적이지 않았음을 시사해 줄 뿐이다. 그래서 에른스트 트뢸취는 '예수나 초대교회는 모두 사회개혁에 무관심했다'고 주장한 것이다.[26]

이상을 종합적으로 평가해 본다면, 바울이나 초기 기독교는 사회구조

---

25. 1세기에 노예제도에 반기를 들고 노예 소유나 노예제도를 거부한 유일한 집단은 에세네파로 알려져 있다.

26. A. J. 말허비, 『초기 그리스도교의 사회적 이해』(대한기독교서회, 1994), 20.

나 제도의 개혁에 우선순위를 두기보다 보편적인 사랑과 사랑의 실천을 통해 점진적으로 세상을 변화시키고자 했다. 그렇다 하더라도 바울이 과거 지향적인 사회 분위기 속에서 새로운 사회를 말했다는 것 역시 부인할 수 없다. 그가 말하는 새로운 사회는 당시의 가치와 다른 것이었다. 어쩌면 새 하늘과 새 땅에 대한 기대 때문에 바울이 현실의 문제에 무관심했는지도 모른다.

{ 3장 }

초기 그리스도인들은
어떤 신분의 사람들이었을까?

1. 문제와 과제

　　AD 30년경 예루살렘에서 신약교회가 출현한 이후 초기 기독교공동체에 속했던 신자들의 사회적 신분은 어떠했을까? 이들은 하층계급의 사람들이 다수였을까? 아니면 비교적 안정된, 주택을 소유한(house holder) 중산층 이상의 사람들이 다수였을까? 아니면 다양한 계층의 사람들로 구성된 혼합된 집단이었을까? 이와 관련된 문제들은 독일의 파피루스 연구의 대가였던 아돌프 다이스만(G. Adolf Deissmann, 1866-1937) 이후 오늘에 이르기까지 중요한 논쟁점이 되었다. 또 이와 관련된 토론들이 신약과 초기 기독교에 대한 사회과학적 연구를 촉진하는 계기가 되었다.

　　사도행전과 바울서신을 종합적으로 고려할 때, 바울이 알고 있었거나 바울과 동역했던 이들로서 구체적으로 거명되는 이들은 약 여든 명에 이른다. 이들 가운데서 바울과 그의 동역자가 쓴 서신서에 등장하는 인물은 로마서에서 언급된 서른 여명의 사람들을 포함해 모두 예순다섯 명이다.¹ 이들은 바울의 동역자 혹은 바울의 대리인들로서 바울과 함께 여행했던 사람들이었거나 기타 여러 형식으로 바울과 관련된 이들이었다. 어떤 점에서 최초의 그리스도인들이었다고 할 수 있는 이들은 '바울공동체의 사람들'이라고도 볼 수 있다.² 그렇다면 이들은 어떤 부류 또는 어떤 신분의 사람들이었을까? 그리고 이들의 인종, 신분, 성별이 함의하는 바는 무엇일까? 이런 인물들의 인적 배경을 연구하는 소위 프로소포그래피(prosopography)는 초기 기독교에 대한 사회학적 연구를 촉진시켜왔다.³

---

1. 믹스, 『바울의 목회와 도시 사회』, 105. 고린도교회에 속한 17명의 이름을 확인할 수 있는데, 이들 중 9명은 여행 중의 인물이었다. 또 17명 중 8명은 라틴 이름을 가진 이들이었다. 말허비, 『초기 그리스도교의 사회적 이해』, 112.

2. 바울과 그의 동역자들에 대한 대표적인 연구로는 Earle E. Ellis, "Paul and His Co-workers," *New Testament Studies*, XVII(1971), 437-452, Peter Lampe, *Die stadtrömischen Christen in den ersten beiden Jahrhunderten*과 그의 논문 "The Roman Christians of Romans 16," 그리고 Gottfried Schille, *Did urchristliche Kollegialmission* (Zurich, 1967) 등이 있다.

3. 성경과 교회 혹은 신학과 역사를 그 교회가 처한 사회-경제적 상황의 빛으로 읽고자 하는 사회학적 연구는 우리 시대의 중요한 경향이 되고 있다. 물론 이러한 경향성은 막스 웨버(Max Weber)를 비롯한 사회학자들로부터 빚을 지고 있지만, 이것은 교회와 그 신학을 신학사적 또는 교리중심적인 관점에서가 아니라 '사회현상'으로 이해하고 기술하려는 경향성을 반영하는 것이다. 이런 경향성은 신약연구와 초기 기독교공동체에 대한 연구에서 시작되었지만, 이후 교리사 혹은 역사신학 전 분야의 연구에도 영향을 준 것으로 보인다.

  신약과 1세기 기독교에 대한 사회학적 접근은 이미 1920년대부터 셜리 케이스(Shirley Jackson Case, 1872-1947)와 셔일러 매튜스(Shailer Mathews, 1863-1941) 등 소위 '시카고 학파'에 의해 강조되어 왔고, 에른스트 로메이어(Ernst Lohmeyer), 아돌프 다이스만(Adolf Deissmann), 에른스트 폰 도프쉬츠(Ernst von Dobschutz) 등에 의해 보다 발전되었다. 로메이어는 특히 초대교회 시대에 대한 사회학적 연구를 시도하여 그리스-로마세계와 초대 교회의 사회, 경제적 상황을 제시하고자 했다. 그는 기독교를 이 사회적 콘텍스트 안에서 이해하려고 시도하였다[Ernst Lohmeyer, *Soziale Fragen im Urchristentum* (Darmstadt, Germany, 1973)]. 초기 기독교공동체와 고대교회에 대한 사회학적 접근을 시도한 이들은 "원시 그리스도교의 모든 측면들, 곧 원시 그리스도교의 외부 현상 뿐 아니라 케리그마적 신앙 그 자체도 사회문화적 요소와 직결되어있다"고 보아 신앙과 역사는 이분법적으로 분리해서 생각할 수 있는 성질의 것이 아니라고 이해했다.

  최근 30년 이래로 이런 '사회학적' 경향은 보다 두드러졌고, 교회나 신학적 문제는 그 시대적 정황으로부터 독립적으로 해명할 수 없다는 주장이 강하게 제기되었다. 이런 입장을 대표

여기에서는 1세기 기독교공동체, 곧 바울공동체에 속했던 이들의 사회적 신분과 관련해서 독일의 신약학자 아돌프 다이스만과 호주의 로마사학자 에드윈 저지와의 대립된 견해, 그리고 저지 이후 서구학자들이 발전시킨 논의를 개관한 후, 로마교회 구성원들을 중심으로 초기 기독교공동체 구성원의 인적 구성에 대해 고찰하고자 한다. 이를 통해 초기 기독교와 사회에 대한 그간의 연구결과를 확인하고, 초기 기독교회의 성격을 규명하고자 한다.

2. 초기 기독교공동체 구성원들은 사회적 약자들이었을까?

1세기 바울공동체, 특히 고린도교회를 구성했던 사람들의 사회적 신분의 문제와 그들 상호간의 사회적 관계는 어떠했을까? 이것과 당시 고린도교회의 내분과 대립, 분파 간에 어떤 상관관계가 있지 않을까? 이런 질문에 대해 바울은 중요한 단서를 제공하고 있는데, 그 중 하나가 고린도전서 1장 26~29절의 본문이다.

> 형제들아 너희를 부르심을 보라. 육체를 따라 지혜 있는 자가 많지 아니하며, 능한 자가 많지 아니하며, 문벌 좋은 자가 많지 아니하도다. 그러나 하나님께서 세상의 미련한 것들을 택하사 지혜 있는 자들을 부끄럽게 하려하시고, 세상의 약한 것들을 택하사 강한 것들을 부끄럽게

하는 학자들로는 로버트 그랜트(Robert M. Grant), 게이거(J. G. Gager), 에드윈 저지(Edwin Judge), 말허비(A. J. Malherbe), 타이슨(Gerd Theissen), 해롤드 레무스(Harold Remus) 등이 있다. 교회와 신학을 사회학적 관점에서 접근한다는 말은 기독교 자체를 하나의 '사회현상'으로 이해한다는 것을 의미한다. 기독교의 기원에 대한 문제를 포함하여 신학과 교회에 대한 사회사적(social history) 연구는 비록 환원주의적 오류 혹은 '신학적 관점'을 배제한다는 비난에도 불구하고 신약본문의 역사적 정황을 해명하는데 유익한 도움을 주고 있다.

하시며, 하나님께서 세상의 천한 것들과 멸시 받는 것들과 없는 것들을 택하사 있는 것들을 폐하려 하시나니, 이는 아무 육체라도 하나님 앞에서 자랑하지 못하게 하려하심이라.

물론 이 본문은 약한 자들을 통해 강한 자들을 부끄럽게 하신다는 하나님의 능력과 인간의 무능을 말하려는 것에 그 목적이 있지만, 또 한편으로 이 본문에는 바울의 의도와 상관없이 초기 고린도교회를 구성했던 사람들의 사회적 신분에 대해 중요한 암시를 제공하고 있다. 우선 26절에서 말하는 '지혜 있는 자(σοφοὶ)가 많지 아니하며'는 학식이 있는 자가 많지 않음을, '능한 자(δυνατοί)가 많지 아니하며'는 권력 있는 자가 많지 않음을, '문벌 좋은 자(εὐγενεῖς)가 많지 않다'는 것은 좋은 가문의 사람이 많지 않다는 것으로 해석할 수 있다. 또 27절의 '미련한 것들', '약한 것들', 28절의 '천한 것들', '멸시받는 것들', '없는 것들'도 동일한 맥락에서 이해될 수 있다. 흥미로운 사실은 27절, 28절에서 비천함을 말하는 '미련한 것들'(τὰ μωρὰ)과 같은 단어가 중성으로 사용되었다는 점이다. τὰ μωρὰ는 남성으로 사용된 26절, 27절의 τοὺς σοφοὺς와 구별된다. τὰ μωρὰ와 같은 중성은 하나님이 택하신 자가 다양한 부류의 신분이 비천한 신분의 사람임을 강조한다. 비록 중성이지만 그것이 사람을 칭한다는 사실은 부차적인 문제다.[4] 28절의 '천한 것들'(ἀγενῆ)은 26절의 '문벌 좋은 자'(εὐγενεῖς)와 반대 개념이다. 이런 점에서 이 본문은 초기 고린도교회 공동체를 구성했던 인물들은 사회적으로 비천한 계층의 사람들이 다수를 차지하고 있었음을 암시한다. 그렇다면 고린도교회 구성원들은 노예 혹은 노예였다가 해방된 사람들(Freedman), 하층계급의 자유인들, 다양한 국적을 가진 비로마인들

---

4. F. W. Grosheide, *The First Epistle to the Corinthians* (Eerdmans, 1976), 51.

등 로마 제국의 혜택을 받지 못하는 이들(disprivileged person)이었을 것이다.

학자들 간에 이견이 없지 않으나 대체적으로 고린도전서는 55년에서 57년경에 기록된 것으로 판단한다. 비록 필립 휴스(Philip E. Hughes)는 57년 가을이라고 단정적으로 말하지만,[5] 기록연대나 정확한 시기에 대해서는 누구도 확정적으로 말할 수 없다. 문제가 되는 부분은 예루살렘 교회가 탄생한지 약 삼십 년이 경과한 시점에서 고린도교회의 구성원들의 사회적 신분이 어떠했는가를 보여준다는 점이다. 이 점은 비단 고린도교회만이 아니라 초기 기독교공동체의 일반적인 현상이었고, 또 이런 하층민 중심의 기독교공동체가 그 후 백 년 이상 계속된 것으로 보인다. 그런데 이런 확신에 기여한 사람은 다름 아닌 이교도였던 켈수스(Celsus)였다.[6] 마르쿠스 아우렐리우스(Marcus Aurelius) 황제 재위기간(주후 161-180년) 중에 활동했던 켈수스는 170년경에 『참 말씀』(Ἀληθὴς Λόγος)이라는 기독교를 비난하는 책을 썼다. 비록 이 책이 오리게네스의 인용을 통해 단편적으로 남아있긴 하지만, 이 책의 내용을 헤아리는 데 특별한 장애물은 없다. 왜냐하면 켈수스의 책이 나온 지 약 칠십 년 후 오리게네스는 이 책을 비판하는 『켈수스 반박론』(Contra Celsum)를 썼는데, 이 글을 통해 켈수스의 기독교 비판을 충분히 읽을 수 있기 때문이다. 켈수스의 비판은 당시 그리스도인들의 사회적 위치를 헤아리는 데 많은 도움을 준다.[7]

---

5. Philip E. Hughes, *The Second Epistle to the Corinthians* (Eerdmans, 1977), xxxv.

6. 켈수스는 기독교의 기본적인 가르침에 대해 익숙히 알고 있었던 것으로 보이며, 그것도 단순히 신약성경을 통해 아는 것 이상으로 기독교에 대해 알고 있었던 것으로 보인다. 또 그는 변증가 유스티누스를 알고 있었던 것으로 보인다. John G. Cook, *The Interpretation of the New Testament in Greco-Roman Paganism* (Tübingen: Mohr Siebeck, 2000), 7.

7. 그의 작품은 그와 동일하게 기독교에 적대적이었던 프론토(M. Conelius Fronto, ca. 100-166)의 비판서가 나온 이후에 발표된 것으로 보인다. 그의 기독교 비판서가 가지는 의의에 대

이 자들의 지령이란 이런 것들이다. "교육받은 자, 지혜로운 자, 유식한 자를 가까이 하지 말라. 우리에게 이런 능력이란 악과 같은 것들이다." 이 자들 스스로가 이런 사람들을 자기네 하나님이 귀하게 여기지 않으신다는 점을 인정하고 있다는 사실을 가지고, 이 자들은 '어리석고'(ἠλιθίους), '멸시받고'(ἀγεννεῖς), '바보스러운'(ἀναισθήτους) 사람들, 그리고 노예나 부녀자, 어린 아이들만을 원하고, 또 이들에게나 '설득할 수 있다'(πείθειν)는 것을 스스로 증명하고 있다.[8]

또 켈수스는 그리스도인들은 무식하고 비천한 계층의 사람들임을 비판하면서 다음과 같이 말했다.

개인들의 가정에서도 우리들은 옷감과 자갈을 가지고 일하는 자들, 즉 가장 무식하고 교양이 없는 자들을 찾아볼 수 있다. 집안의 가장 앞에서는 이들은 아무 말도 감히 못한 채 침묵을 지킨다. 그러나 기회만 있으면 어린 아이들과 혹은 무지한 여인들을 황당한 이야기로 유혹한다. … 따라서 네가 진정 진리를 알기 원한다면 스승들과 아버지를 떠나 여인들과 아이들을 좇아 목공소나 철공소 혹은 여인들의 방으로 가라. 거기서 완전한 생활의 지혜를 배우라. 이것이 소위 그리스도인들

해 로버트 그랜트(Robert Grant)는 다음과 같이 말한다. "켈수스의 작품이 갖는 의의는 그가 2세기 기독교에 대해 탐구했으며, 오리게네스가 인정하는 것 그 이상으로 당시 기독교에 대해 잘 알고 있었다는 사실이다. 그의 기독교 비판은 중상모략이나 추문에 근거하지 않고 2세기 말의 개화된, 철학적으로 눈을 뜬 그러면서도 종교문제에 있어서 변화에 관용적이지 않는 친 그리스-로마적 안목에서 기록되었다는 점이다. 사실 이 작품은 2세기 변증가들에게는 직접적인 의미를 주지 못했다. 오리게네스가 70년 후 이 책에 대해 응답하기 이전까지 그리스도인과 이교도 양자 간의 대화는 이루어지지 못했다." Robert Grant, *Greek Apologists*, 138-39.

8. Origen, *Against Celsus*, 3: 44. 이 주제는 3:48, 49, 50, 52 그리고 3:55에서 계속되고 있다.

이 자기들을 좇는 자들을 기만하는 방법이다.[9]

켈수스는 기독교 신앙은 사회적 신분으로는 하층계급, 성적으로는 여성, 연령으로는 어린아이들에게 더 매력적이라고 지적하면서, 그리스도인들은 모든 '똑똑한 사람들'(σόφον)을 '그들의 신앙교리에서'(τοῦ λόγου τῆς πίστεως) 다 몰아내고, 무지하고 별 볼일 없는 사람들만을 불러들이고 있다고 비판했다.[10] 오리게네스의 인용을 통해 단편적으로 남아 있는 이 켈수스의 비난이 다소 과장된 것임을 감안하더라도 켈수스는 기독교가 항상 낮은 계층의 운동이었다고 확신했다.[11] 그래서 예수님 자신도 그의 제자들을 세리와 어부들 등 당시의 기본적인 교육도 받지 못한 이들 중에서 택할 수밖에 없었다고 보았다.[12] 비록 이런 점은 2세기 기독교 변증가들이 대답하지 않으면 안 될 기독교에 대한 비판이자 조롱임이 분명했지만, 다른 한편으로 이것은 초기 기독교공동체를 형성했던 이들의 사회적 위치를 헤아리는 데 도움을 준다. 켈수스와 동시대인으로 변증가였던 미누키우스 펠릭스(Minucius Felix)는 "우리들 중 많은 이들이 가난하다고 불리는 것은 우리의 불명예가 아니라 영광입니다"[13]라고 말함으로써 초기 기독교공동체의 사회적 신분에 대한 켈수스의 비난을 부정하지 않았다.

초기 기독교가 하층민 중심의 공동체라고 말했던 사람으로는 켈수스

---

9. *Against Celsus*, 3: 55
10. John G. Cook, 83.
11. 켈수스의 기독교 비판에 대한 더 자세한 기록은 Robert L. Wilken, *The Christians as the Romans Saw Them* (Yale University Press, 1984), 94-125를 참고할 것.
12. Origen, *Against Celsus*, 1: 61, Wayne A. Meeks, *The First Urban Christians: The Social World of the Apostle Paul* (Yale University Press, 1983), 51.
13. *Octavius*, 36; 존 게이저, 『초기 기독교 형성 과정 연구』, 163에서 중인.

외에도 캐실리우스(Caecilius)가 있다. 비록 그의 실재성 여부에 대해 약간의 논란이 있어 그를 프론토(M. Cornelius Fronto, ca 10-166)와 동일인이라고 믿는 사람도 있지만, 마누키우스 펠릭스는 그의 책 『옥타비누스』(Octavius)에서 그를 이방인 비평가로 언급하고 있다. 캐실리우스는 켈수스와 마찬가지로 기독교에 매력을 느끼는 이들은 주로 하류층의 사람들이고 어리석은 여자들이라고 주장했다.[14]

이런 주장들이 사실이라면, 1세기 바울의 선교활동과 그의 신앙운동에 가담하였던 이들은 절대 다수가 하층민들로 구성된 비천한 계층의 사람들이었다고 볼 수 있다.

3. 1세기 그리스도인들의 사회적 신분의 문제

1) 아돌프 다이스만(Adolf Deissmann)의 견해

앞에서 언급했듯이 초기 기독교의 사회적 상황에 대해서는 특히 1920년대 이후 소위 시카고학파의 사회사적 접근이 시도되면서 보다 폭넓게 연구되었지만,[15] 기독교공동체의 사회적 신분의 문제와 관련된 선구적인 학자는 파피루스학의 대가인 아돌프 다이스만(G. Adolf Deissmann, 1866-1937)이었다. 하이델베르그대학(1895-1908)과 베르린대학(1908-34)의 신약학 교수였던 그는 1908년에 출판한 『고대근동으로부터의 빛』(Light From the Ancient East)[16]에서 초기 기독교공동체를 구성했던 이들의 절대다

---

14. Minuciu Felix, *Octavius*, 5:4, 8:4, *Celsus*, 3:55. cf. John G. Cook, 84.
15. 그 한 가지 실예가 애른스트 로메이어(Ernst Lohmeyer)의 『초기 기독교의 사회적 상태』(*Soziale Fragen im Urchrisrentum* (Darmstadt, 1973)이다. 이 작품에서 로메이어는 그리스-로마 세계와 초대교회의 경제, 사회적 상황을 추적했다.
16. 독일어판 원제는 *Das Urchristentum und die unteren Schichten* (Göttingen, 1908)인데, *Light from*

수가 하층계급의 사람이었다고 주장했다.

그는 1세기 신약성경 시대와 동시대의 것으로 확인되는 이집트에서 발견된 다양한 파피루스 문서들을 이용하여 밝혀낸 '그 시대의 일상'을 통해 이런 결론에 도달했다고 주장했다. 즉 금세기 초에 발견된 수천 종류의 파피루스 문서들은 비문이나 화폐, 정부통신문 등 공공문서(public documents)와는 달리 개인적인 서신, 편지, 계약문서 등 그 시대 사람들의 일상의 삶을 보여주는 사적인 문서인데, 이 문서의 언어는 교육받은 상류층의 언어가 아니라 보통사람들의 언어이며, 그 그리스어(dialect of Greek)는 고전적인 문어체 그리스어(the literary Greek of the classics)와 분명하게 다르다고 평가했다. 다이스만은 이 파피루스 문서들은 다음과 같은 세 가지 중요한 정보를 준다고 믿었는데, 첫째, 신약성경과 원시 그리스도교에 대한 정확한 언어학적 평가를 가능하게 한다. 둘째, 신약성경의 문학적 수준에 대한 바른 이해를 가능케 한다. 셋째, 사회사 및 종교사적 자료를 제공함으로써 원시 기독교와 그 시대의 세계에 대한 접촉점과 차이점을 이해할 수 있게 해 준다는 것이었다.[17] 다이스만은 다양한 파피루스 문서들을 신약성경의 어휘들과 비교하여 다음과 같이 평가했다. "대부분의 경우 우리 성경의 각 페이지에는 일반 대중적인 그리스어가 중심을 이루며, 전체적으로 평가할 때 신약성경은 보통(ordinary) 사람들의 책이었다" 그는 이런 사실에 근거하여 신약의 그리스어는 고전 그리스어가 아니라 일상적인 구어체 그리스어에 가깝고 일반 평민들이 사용하는 언어(ordinary language)였다는 점을 확인했다. 즉 신약성경에 사용된 그리스어의 성격과 문학형식을 통해 볼 때, 신약성경은 중하층 사람들에 의해 중

---

the Ancient East: The New Testament Illustrated by Recently Discovered Texts of the Graeco-Roman World (London, 1910)라는 제목으로 영역되었다.

17. Adolf Deissmann, *Light From the Ancient East* (Grand Rapids: Baker, 1965). 10.

하층 사람들을 위해 기록된 것이었다고 주장했다.[18] 그 이유는 신약의 많은 부분이 동시대의 세속 문학에서 발견되는 보다 세련된 고전적인 언어양식을 결여한 채 대중적인 평범한 양식만을 보여주고 있기 때문이라고 했다.[19]

이렇듯 다이스만은 신약성경의 그리스어가 고전 그리스어가 아니라 대중적인 그리스어였음을 증명했을 뿐만 아니라, 신약성경, 특히 바울서신들이 비문학적(nonliterary)이라고 주장하기도 했다. 여하튼 다이스만은 '복음서와 하층계급 사람들 간의 밀접한 내적 연관성'을 발견했고,[20] 그래서 다이스만은 하층계급 사람들이 바울의 선교대상이었고, 신약성경도 그들을 대상으로 기록되었다고 주장했다. 결국 그는 바울공동체를 구성했던 초기 기독교신자들 역시 비천한 계층의 사람들이었다고 주장했는데, 이는 켈수스의 주장을 뒷받침해주는 것이었다.

이와 같이 초기 기독교공동체 구성원들이 가난하고 무지하고 비천한 계층의 사람들이었다는 다이스만의 주장은 광범위하게 인정받으면서 비판 없이 수용되었다. 아마도 여기에는 두 가지 이유가 작용했던 것 같다. 첫째는 '공산당 선언'(1848)과 함께 당시 유럽학계가 약자들, 노동자들에 대해 지대한 관심을 보였기 때문이다. 하층의 무산계급에 대한 사회적인 관심 때문에 가난을 낭만화하는 경향이 있어 초기 기독교가 약자들로 구성되었다는 주장은 막시스트 역사가들이나 사회학자들에게 호감을 주기에 충분했다.

또한 영국에서 노동운동이 성공회와 다른 비교적 하층 계급의 메소디스트 배경에서 일어난 점 역시 다이스만의 주장이 당시 지적, 사회적 분위

---

18. *Ibid.*, 9

19. 캐롤라인 오시에크(김경진역), 『신약의 사회적 상황』 (CLC, 1995), 87ff.

20. E. A. Judge, "The Social Identity of the First Christians: A Quest of Method in Religious History," *Journal of Religious History*, XI. 2 (Dec. 1980), 204, ft. 13.

기에서 큰 공감을 얻을 수 있었음을 짐작케 한다. 실제로 엥겔스의 비서 출신인 막스주의 역사가 칼 카우츠키(Karl Kautsky)는 제1세대 그리스도인들을 프롤레타리아적 공동체로 해석했다. 그들은 교육받지 못한 이들이었으며, 압제받았던 공동체로서 대중들로부터 소외된 계층이라고 생각했다.[21]

다이스만의 주장이 비판 없이 받아들여졌던 또 한 가지 이유는 그것이 기독교계에서도 큰 지지를 받았기 때문이다. 분명 예수님도 목수였고, 그 제자들 역시 가난한 어부 출신이 다수를 이루었다. 예수운동은 약자들로부터 시작되었다. 그런데 이런 시골뜨기들이 결국 로마 제국의 박해를 이겨내고 제국의 종교로 자리했고, 급기야 유럽의 문화를 형성했다는 주장은 냉철한 과학적 추론을 압도하는 감동으로 받아들여졌던 것이다. 이것은 약자들을 통해 강한 자들을 부끄럽게 하시는 하나님의 능력과 역사를 보여줄 뿐 아니라, 기독교에 생명력을 부여하는 감동적인 사실이었다. 더욱이 그것이 대학자에 의해 학문적으로 확인되었다는 것은 이의를 제기할 수 없게 만들었다. 그래서 이때로부터 오십여 년간 누구도 이 주장에 이의를 제기하지 않았다.

2) 에드윈 저지(Edwin Judge)의 견해

그런데 오십 년이 지난 후 이런 주장에 반기를 든 학자가 호주 출신 로마사 전공의 고대사학자인 에드윈 저지(Edwin Judge)였다. 그는 지난 오십 년간 확고부동한 진리로 인식되어오던 아돌프 다이스만의 주장이 잘못된 해석에 근거하고 있다고 주장했다. 저지는 1960년에 출판한 『제1세기

---

21. Karl Kautsky, *The Foundations of Christianity* (NY, 1953), 274ff. 그는 예루살렘의 첫 기독교공동체는 프롤레타리아적인 성격을 지닌 공산주의 체제로서 예수가 가르친 사회적 복음과 동일했다고 보았다. 그러나 로마의 지배층이 교회로 유입되면서 점차 보수화 되었고 곧 공산주의는 포기되었다고 해석했다.

기독교집단의 사회적 유형』(*The Social Pattern of the Christian Groups in the First Century*)[22]이라는 책에서 초기 기독교공동체는 절대 다수의 하층민으로 구성된 집단이 아니라 오히려 여러 계층이 혼합된 집단(mixed community)이었으며, 이 집단은 후견인-가속인(Patron-Client) 관계에 따라 지도적 위치의 재정 후원자들로부터 큰 영향을 받았다고 주장했다.[23] 그는 제1세대 그리스도인들이 하층민 그룹이 아니라 혼합된 신분의 사람들로 구성되었다는 주장과, 로마 사회에 널리 퍼져 있었으나 좀처럼 고려되지 않았던 우의(*amicitia*)와 후견인-가속인의 의존 관계(*clienteia*)에 대한 중요성을 지적했다. 이를 근거하여 적어도 "기독교는 지역 후견인들이 그들의 사회적 구성원들(social dependents)을 지원하는 운동이었다"고 지적한 것[24]이다.

저지 교수는 1세기 바울공동체나 초기 기독교에 대한 논의나 연구에서 '사회 계급'(social class) 혹은 '교회와 국가'(church and state) 등의 사회 분석모델을 적용하는 것은 옳지 않다고 지적했다. 왜냐하면 '교회와 국가' 개념은 4세기 이후 발전된 개념이고, '사회계급' 개념은 19세기 이후 콩트(A. Comte)에 의해 비롯된 사회분석이론이기 때문이었다. 따라서 그는 이런 방식에 의존하지 않고 신약기록 당시의 제도를 추적함으로써 다이스만의 분석과 상반된 의견을 제시한 것이다.

저지는 고린도전서 1장 26절 이하에 나타난 고린도교회의 신분 구조에 대한 정보를 액면 그대로 받아들일 경우, "고린도교회는 지성인이나 정치

---

22. 이 책은 저자의 1957년 틴테일 신약강좌(Tyndale New Testament Lecture)에서 처음 발표된 논문으로서, 1958년 켐브릿지대학이 수여하는 헐시안 상(Hulsean Prize)을 수상하였다. 이 책은 1960년 영국 틴데일 출판사에 의해 단행본으로 출판되었다.

23 E. A. Judge, *The Social Pattern of the Christian Groups in the First Century* (London: The Tyndale Press, 1960), 49-60.

24. Judge, 8. (참고, W. Meeks, 52).

인이나 귀족들이 많지 않았음을 의미한다. 그러나 그 그룹이 이런 소수의 사람들에게 상당한 정도로 의존하고 있음을 드러내는 것"이라고 해석했다.[25] 또한 고린도전서 4장 8절, 10절 등과 다른 정황들을 고려해 볼 때, 고린도교회를 비롯해 초기 기독교공동체의 사회적 신분은 하층계급의 사람들이 중심을 이룬 것으로 볼 수 없다고 해석했다. 오히려 그는 고린도교회의 경우 사회적으로 안정된 이들이 회중을 압도하였고, 이들이 고린도교회의 문제를 야기했던 장본인들이었다고 주장했다.[26]

다이스만은 20세기 초에 발견된 다량의 파피루스 문서들의 그리스어가 신약성경에 사용된 언어의 성격을 해명하는 열쇠가 된다고 보지만, 저지는 이것 역시 잘못된 전제라고 보았다. 다이스만은 파피루스 문서들을 일반인들이 사용하는 일상의 언어라고 보고, 이것이 신약의 그리스어와 동일하다고 해석했다. 즉 신약은 '평이한'(common) 그리스어로 기록되었기 때문에 사도들도 평범한 사람들이었고, 그 책이 염두에 두고 있는 독자들도 하류층의 사람들이었다는 것이다. 그러나 저지는 '평이한' 그리스어가 평범한 사람들에 의해서만 사용된 것이 아니며, 당시의 전문인들이나 기술자들도 사용했던 용어라는 점에서 '평이한' 그리스어라고 말하기 보다는 '표준' 그리스어(standard Greek)라고 말하는 것이 적절하다고 주장했다.[27] 또 신약의 그리스어는 고전 그리스어는 아니지만 당시의 일상 언어보다 다소 격조 있는 언어였으며, 바울서신의 상당한 부분이 당시 사람들에게 결코 평범하지 않은 내용이었다고 보았다. 특히 다이스만은 신약이 고전 그리스어로 기록되지 않은 점을 주목한 반면, 저지는 신약이 기록될 당

---

25. *Ibid.*, 59.

26. *Ibid.*, 60.

27. E. A. Judge, "Athens and Jerusalem," *Past, Present and Future Ancient World Studies in Australia* (Australian society for Classical Studies, 1990), 94.

시 그 누구도 고전 그리스어를 사용하지 않았다는 점을 주목했다. 그는 고전 그리스어는 주전 500년 전에 사용된 것으로써 신약이 고전 그리스어로 기록되지 않았다는 점에 근거하여 신약이 염두에 둔 독자들이 하층민이었다고 추정하는 것은 잘못된 전제라고 보았다.

리드벡(L. Rydbeck)은 1967년에 발표한 그의 논문에서 이와 같은 저지의 견해에 동조했다. 리드벡은 신약성경이 기록된 당시의 과학적 문서들(scientific literature)과 신약성경을 비교함으로써 신약성경의 그리스어가 대중적인(popular) 언어였다는 다이스만의 주장에 반대하면서, 오히려 그것이 '전문적인 산문'('*Fachprosa*', professional prose)이었다고 평가했다.[28] 그 후 말허비(A. Malherbe)는 신약의 언어와 그 당시의 도덕적인 문서와의 유사성에 대해 광범위한 연구를 시도했다.[29]

저지는 1960년에 발표한 또 다른 논문, '학문적 공동체로서의 초기 기독교'(The Early Christians as a Scholastic Community)에서도 초기 기독교 공동체 구성원들의 절대 다수가 하층민이었다고 볼 수 없다고 주장했다.[30] 그는 흥미롭게도 바울공동체를 '학문적 공동체'(a scholastic community)로 규정했는데, 여기서 그가 말하는 '스콜라스틱'(scholastic)이란 말은 후기 중세에서 사용된 스콜라주의적 경향을 말하는 것이 아니라, 바울의 공동체는 공부하고 토론하고 논쟁하는 공동체였다는 점에서 규정한 용어였다. 대개 고대 종교는 제의나 의식을 주로 행하고 옳고 그름에 대한 논의나

---

28. E. A. Judge, "Social Group in the Church," *Paper presented at the Conference*, Society for the Study of Early Christianity within the Ancient History Documentary Research Centre of Macquarie University, Sydney, Australia (5, May 1994), 15.

29. *Ibid.*

30. E. A. Judge, "The Early Christians as a Scholastic Community, Part II," *Journal of Religious History* Vol. 1 No. 3 (June, 1960), 128-136,

토론은 거의 하지 않았다는 점에서 초기 기독교공동체와 현격하게 구별된다. 오히려 저지는 초기 교회가 전문적인 설교자들의 후원 아래 설립되었고, 또 그들의 후원 아래에서 운영되었다는 점에서 당시의 철학운동과 여러 가지 측면에서 공통점이 있었다고 주장했다.[31] 이런 점은 초기 기독교공동체에 '지혜 있는 자'(intellectuals)가 없지 않았음을 보여주는 반증이기도 하다. 저지는 바울의 선교활동을 후원해 준 것으로 추측되는 마흔 여명의 인물들에 대한 연령, 직업, 성격, 배경, 가족관계, 용모 등 프로소포그래피(prosopography)를 통해 그들은 모두, "부유한 사람들이었고 교양 있는 사회적 엘리트였다"고 평가했고,[32] 또 다른 약 마흔 여명의 다른 계층의 사람들이 바울공동체의 일원이었다고 봄으로써, 초기 기독교공동체는 절대 다수의 가난한 자나 하층민 중심의 집단이 아니라, 여러 계층의 다양한 신분의 사람이 혼재해 있던 혼합된 공동체(mixed community)였다고 보았다. 이와 같이 삼십 대 초반의 소장학자였던 저지 교수의 연구와 그의 저작『제1세기 기독교집단의 사회적 유형』은 곧 초기 기독교에 대한 역사적, 사회학적 연구를 불러일으키는 계기가 되었다.[33]

3) 저지 이후의 토론

초기 기독교공동체의 사회적 신분에 대한 저지 교수의 연구는 1970년대를 거치면서 보다 폭넓은 토론의 장을 열었을 뿐 아니라 광범위한 지지

---

31. *Ibid.*, 125.

32. *Ibid.*, 130.

33. 그의 책이 1964년 독일어로 번역되고(*Christliche Gruppen in nichtchristlicher Gesellschaft: Die Sozialstruktur christlicher Gruppen im ersten Jahrhundert*, Wuppertal, 1964), 체코 프라하의 저명한 신약학자였던 피터 포코니(Peter Pokorny)의 서평이 신약학 분야의 저널에 실리게 되면서[P. Pokorny, *Communio Viatorum*, Nos 3-4 (1964), 317ff.] 이 문제에 대한 신약학자들의 관심이 일기 시작했다.

를 받았다.[34] 특히 타이센(G. Theissen)은 1974년 다이스만과 저지의 상반된 주장을 심도 있게 검토한 저작을 발표했는데,[35] 그는 여기서 약간의 견해를 달리하지만 근본적으로는 저지의 견해를 지지했다.[36] 그의 연구 또한 신약의 사회적 상황에 대한 연구를 촉진시키는 계기가 되었다. 또 그리스인과 로마인과의 관계 아래에서 유대주의의 역사를 광범위하게 연구한 크라이지크(Heinz Kreissig)와 헹엘(M. Hengel) 역시 넓은 의미에서 저지 교수의 의견에 동의하는 저작을 발표했다.[37]

크라이지크는 사도행전과 바울의 서신, 그리고 헤르마스의 『목자』(*The Shepherd of Hermas*)등에 근거하여 초기 기독교는 도시 사회의 경제적으로 안정된 장인들과 실업가들 사이에서 더욱 활발하게 전파되어 갔다는 점을

---

34. 존 게이저(J. Gager)는 여전히 다이스만의 견해에 동조하지만, 저지 이후의 대부분의 학자들은 저지의 입장에 동조하고 있다. 예컨대, 빌헬름 벨너(Wilhelm Wuellner)는 그의 "The Sociological Implication of I Corinthians 1:26-28 Reconsidered," (*Studia Evangelica*, IV, Vol. CXII of Texte und Untersuchungen, Berlin, 1973, pp. 666-672)에서 고린도전서 1장 26-28절의 문법과 문학양식을 분석한 후 "고린도 교인들은 전반적으로 다소 부유한 부르조아 계층의 사람들이었다. 매우 가난한 사람들만이 아니라 적잖은 비율의 상류층 사람들이 혼재해 있었다"고 했다. 또 하인츠 크라이지크(Heinz Kreissig)는 제1세기 그리스도인의 사회적 지위에 관한 그의 논문에서 그리스도교가 프롤레타리아나 육체노동자나 영세한 농민들이라기보다는 경제적으로 안정된 도시 상인들이나 장인들 사이에서 성장하였다는 사실을 발견했다고 주장했다. A. J. 말허비(조태연역), 『초기 그리스도교의 사회적 이해』(대한기독교서회, 1994), 48-50의 더 자세한 기록을 참고할 것.

35. Gred Thessien, *The Social Setting of Pauline Christianity: Essay on Corinth* (Edinburgh, 1974).

36. 타이센은 바울공동체의 사회 계층 구조에 대해 말하면서 대부분이 하층민들이지만 상류계층의 사람들도 약간 있었으며, 이들은 그 이름을 거명할 수 있을 정도로 상당한 영향력을 행사했다고 주장한다. 그 실례로, 고전 1:14의 그리스보(행 18:8의 회당장이라고 봄), 고전 1:16의 스데바나의 집 사람, 고전 1:14의 가이오(롬 16:23), 롬 16:5의 브리스길라와 아굴라, 롬 16:25의 에라스도를 들고 있는데, 이들은 다 부유하고 영향력 있는 인물들이라고 한다. 케로라인 오시에크, 91ff.를 참고할 것.

37. M. Hengel, *Proverty and Riches in the Early Church: Aspects of a Social History of Early Christianity* (Philadelphia, 1974).

발견했다고 주장했다. 그는 다수의 노예나 비천한 신분의 사람들이 있었지만, 동시에 상류층의 개종도 빈번했다고 봄으로써 저지의 입장을 지지했다.

이와 함께 미국의 여러 대학에서 초기 기독교에 대한 광범위한 연구가 시도되었는데, 특히 흥미로운 점은 일반대학 종교학부나 사회과학자들에 의해 이 연구가 촉진되었다는 점이다. 이런 과정에서 사회학적 모델과 비교분석적 방법이 동원되었다. 이런 상황에서 나온 대표적인 학자가 게이저(J. G. Gager)와 말허비(A. J. Malherbe)[38]였다.

게이저는 '초기 기독교의 사회적 상황'이라는 부제를 지닌 그의 『왕국과 공동체』[39]에서 '사회적 세계'(social world)라는 용어를 사용하고 있는데, 이 용어는 기독교의 '거룩한 세계'(sacred cosmos)와 관련하여 기독교가 만들어 간 세계를 의미했다. 그는 사회학자 피터 버거(Peter Berger)의 이론, 곧 종교가 그 시대의 세계를 만들어 가지만, 그 시대의 세계가 없다면 어떤 형식의 사회적 실존도 있을 수 없다는 입장을 따르고 있다. 게이저는 우리가 살고 있는 '사회적 세계'가 우리의 실제적 경험을 결정한다고 보고 초기 기독교에 대해서도 사회사적 접근을 시도했다. 반면에 말허비는 초기 기독교에 대한 논의에서 게이저와 견해를 달리한다. 말허비는 "초기 기독교에 대한 사회학적 연구는 기독교공동체의 '거룩한 세계'(sacred cosmos)나 '상징적 세계'(symbolic universe)를 진술할 때 사회적 실제나 사회적 이론으로 접근하게 만드는데, 사회학적 이론이나 패러다임으로 초기 기독교공동체를 논하기 이전에 기독교공동체 본래의 실제적 상황이 어떠했는가를 추적하려고 노력해야 한다"고 보았다. 말하자면 현대의 사회

---

38. A. J. Malherbe, *Social Aspects of Early Christianity* (2nd ed., Philadelphia:, 1983).

39. J. Gager, *Kingdom and Community: The Social World of Early Christianity* (NJ: Prentice Hall, 1975).

학적 이론으로 접근하는 것은 초기 기독교공동체의 실상을 파악하지 못하게 할 위험이 있다고 본 것이었다. 즉 게이저는 초기 기독교공동체의 성격을 규명하는데 있어서 아돌프 다이스만의 견해에 더 큰 신뢰를 두고 있는데 반해, 말허비는 저지의 견해에 주목했던 것이다.

그 이후 예일대학교의 웨인 믹스(Wayne Meeks)의 연구가 주목할 만한데, 그가 1983년에 출판한 『초기 도시의 그리스도인들: 사도 바울의 사회적 세계』(The First Urban Christians: The Social World of the Apostle Paul)는 우리 시대의 논쟁적인 작품으로 상당한 찬사와 공격을 동시에 받았다. 믹스는 타이센보다 더 철저하게 초기 기독교공동체의 사회-경제적 상황을 분석하였는데, 논의의 방식이나 로마 제국 내의 도시들의 경제적 상황에 대한 분석 방법 등에서 이견을 보이긴 하지만, 넓은 의미에서 에드윈 저지의 견해와 크게 다르지 않았다.[40]

이와 같이 저지 이후의 토론은 어느 정도 합의에 도달했다고 볼 수 있는데, 곧 아돌프 다이스만의 견해가 더 이상 강력한 지지를 받지 못한다는 사실이다. 이것은 반대로 저지의 주장이 보다 광범위하게 인정을 받고 있음을 의미한다. 다시 말해 초기 기독교에는 다수의 하층민들이 있었지만 동시에 상당한 영향력을 행사하는 이들도 있었고, 이들의 후원 아래 교회 공동체가 운영되고 있었다는 것이다. 따라서 초기 기독교에는 후견인(Patron)-가속인(Client) 관계가 중요한 역할을 했음을 알 수 있는데, 그 한

---

40. 특히 그는 프로펨페인(προπεμψειν, 고전 16:6, 11, 고후 1:16)이란 단어를 사용하며 고린도교회가 바울의 선교여행경비를 부담할 수 있었다는 점을 암시해 주는 바울의 표현이나, 가정 교회처를 제공할 수 있었던 주택 소유자들, 브리스길라와 아굴라와 같은 안정된 상인 그룹 등을 근거로 초기 기독교공동체는 최하류의 사람과 최상층부의 계층이 없는 다양한 신분의 사람이 함께 했던 공동체로서 '신분적 불일치'(status inconsistency)가 높았고, '신분적 결정'(status crystallization)이 낮은 사람들이라고 주장했다. Wayne A. Meeks, 제2장(51-73), 특히 54-55, 68-69를 참고할 것.

예가 뵈뵈가 바울의 후견인 역할을 한 것이다.[41]

4. 종합과 평가

이상에서 우리는 신약학자들과 고대사학자들 그리고 사회학자들에 의해 전개된 제1세대 고린도교회 공동체를 구성했던 이들의 사회적 신분 문제와 그 이후 초기 기독교공동체 신자들의 사회적 신분의 문제에 대한 토론을 개관하여 보았다. 고린도전서 1장 26절 이하의 본문이 암시하는 바와 그 이후의 기독교와 이교적 기록을 그리스-로마적인 상황에서 고려해 볼 때, 바울공동체나 초기 기독교공동체의 사회적 신분은 다이스만이 생각했던 것보다 더 높은 신분의 사람들로 구성되어있었음이 분명하다.

에드윈 저지는 바울 주변의 여든 여명 가운데 마흔 여명은 바울의 선교활동을 후원한 것으로 추측하고, 이들은 "부유하고 교양 있는 사회적 엘리트들이었다"고 지적했다.[42] 하지만 그 역시 언급되지 않은 자가 다수라는 점을 고려해볼 때, 계층적인 다양성이 있는 것이 사실이긴 하지만, 여전히 하층 계급의 사람들이 다수였을 것으로 보았다. 이러한 견해는 초기 기독교의 성격을 해명하는 데 큰 도움을 준다.

이상에서 논의된 초기 기독교공동체의 사회 계층적인 특징이 갖는 의미는 무엇인가? 막스 베버(Max Weber)에 의하면, 계급과 신분은 사회적

---

41. 로마서 16장 1~2절에서 "겐그레아 교회의 일꾼으로 있는 우리 자매 뵈뵈 … 는 여러 사람과 나의 보호자가 되었음이니라"고 말하고 있는데, 개역한글성경에서 '보호자'란 의미의 그리스어 προστάτις(남성의 경우는 προστάτής)는 후견인, 곧 Patroness 이란 뜻이다. 즉 뵈뵈는 바울의 여행경비를 부담하는 등 후견인의 역할을 했다는 점을 알 수 있다.

42. Judge, "The Early Christians as a Scholastic Community," *The Journal of Religious History*, vol. 1, no. 3 (June, 1961), 130. 말허비, 73.

집단의 종교적 성향을 형성하는 데 중요한 요인이 된다고 주장하면서,[43] 비천한 신분의 사람들일수록 기존의 사회체제에 불만을 가지게 되고, 기존 질서로부터 이탈하려는 심리적 경향이 있어 새로운 종교운동에 더 적극적이라고 분석했다. 종교와 사회계층 간의 관계에 대한 베버의 분석에 의하면, 종교적 성향은 어떤 사회체제이든 하층으로 내려갈수록 강해진다고 한다. 즉 귀족이나 관료 혹은 사회적으로 안정된 계층은 종교적 신념에 있어서 대체적으로 과거 지향적이고 새로운 종교운동에 뛰어드는 경우가 드물지만, 반대로 노예들이나 하층계급의 집단들은 종교가 미래를 보장하는 미래지향적인 성격을 지닐 경우 그 종교에 대해 개방적이게 된다는 주장이다.[44] 따라서 초기 기독교공동체가 비천한 계층의 사람이 다수를 점했다는 주장은 기독교의 급속한 성장의 요인을 어느 정도 짐작케 한다.

하지만 에드윈 저지 이후 전개된 논의가 보여준 바처럼, 기독교 복음은 도시운동에서 시작하여 어떤 특정한 계층이나 신분의 사람들에게 만이 아니라 다양한 계층의 사람들에게 의미를 주었고, 비록 하층민이 다수를 점했다 할지라도 혼합된 집단의 공동체(mixed group)로 발전하였다고 볼 수 있다. 112년경 기록된 트라이아누스 황제에게 보내진 플리니우스(Pliny)의 편지에서도 기독교 복음은 도시에서 시작하여 농촌이 대부분으로 구성된 북서 소아시아와 비두니아 지역에까지 급속히 전파되었고, 신분의식(status awareness)을 극복하면서 '모든 연령층에게, 사회 각층에게, 남녀 모두에게, 그리고 도시나 농촌, 어디에서든지' 의미를 주는 새로운 운동으로 전개되었다고 했다. 정리하면, 초기 기독교공동체는 어느 특정 계급만이 아니라 다양한 신분의 공동체였으며, 이들이 그리스도 안에서 조화를 이루어갔던 것으로 보인다.

---

43. Max Weber, *The Sociology of Religion* (Boston: Beacon Press, 1964), 80-94.

44. *Ibid.*, 80-117.

4장

초기 그리스도인들은
어디서 모였을까?

- 첫 3세기 그리스도인들의 집회소와 예배: 가정교회에서 바실리카까지 -

1. 문제와 과제

초기 그리스도인들은 어디서 모여서 예배와 교제, 성례를 행하고 신앙의 길을 갔을까? 오늘의 예배당과 같은 집회소로서의 교회당은 언제부터 생겨났으며, 또 어떤 발전의 과정을 거쳤을까? 이와 같은 질문은 초기 그리스도인들의 예배, 신앙과 삶의 자리를 이해하는 데 유익한 정보를 제공할 것이다.

오늘날 우리가 말하는 공식적인 집회소로서 예배당 건물이 처음 발견된 것은 주후 256년 유프라테스강 상류 지역에 위치한 두라-유로포스(Dura-Europos)에서였다. 그리스인들은 고대도시 두라(Dura)를 유로포스(Europos)라고 불렀는데, 이곳은 영국군대에 의해 1920년 발굴되었다. 그 후 프랑스와 미국의 고고학자들에 의해 연구되기 시작하였는데, 이 발굴은 20세기의 발굴들 가운데서 가장 중요한 것으로 간주된다. 그런데 바로 이곳에서 그리스도인들의 정기적인 집회소로 짐작되는 교회당이 최초로 발굴되었다. 이 교회당 건물은 주후 256년 이전에 건축되었는데, 칼 볼

츠¹나 베인톤²은 주후 230년 혹은 232년경의 것으로 추정한다. 이 건물은 원래 주택이었으나 후일 교회당으로 개축된 것으로 보이는데, 욕조가 딸린 작은 세례실이 있어 이 집회소에서 세례도 베풀었던 것으로 보인다. 이 교회 유적은 현재 미국 예일대학 미술박물관에 소장되어있다.

처음 발견된 이 교회당이 주후 230년경에 예배 처소로 개조된 것으로 보인다 하더라도, 이것이 일반화된 것은 아니었기 때문에 당시 교회는 상당기간 동안 독립된 교회당 건물을 갖지 않았다고 볼 수 있다. 오시에크(Carolyn Osiek)와 발취(David L. Balch)는 적어도 첫 백오십여 년 동안 그리스도인 공동체가 예배를 위해 독립된 별도의 건물을 소유하지 않았으며, 단지 필요한 경우에만 기존의 이용가능한 장소를 이용했을 뿐이라고 주장했다.³ 브래들리 블루(Bradley Blue) 역시 그의 '사도행전과 가정교회'(Acts and House Church)라는 글에서 4세기 초, 곧 콘스탄티누스가 최초의 바실리카라는 교회당을 세우기까지 약 삼백여 년 동안 그리스도인들은 독립된 건물로서 교회당이나 예배 처소를 갖지 않고 가정집에서 회집하는 가정교회 중심으로 유지되어왔다고 주장했다.⁴ 이것은 블루가 그리스도인들의 집회소의 변천과정을 개괄적으로 설명하는 것이었지만, 초기 그리스도인들은 처음부터 교회당을 소유하지 않았다고 볼 수 있다. 예수님의 승천 후 제자들이 가정집을 중심으로 회집하고 바울의 개종자들이

---

1. 칼 볼츠(박일영 역), 『초대교회와 목회』(컨콜디아사, 1974), 97.
2. R. H. Bainton, *The Church of Our Fathers* (The Westminster Press), 3장 참고.
3. Carolyn Osiek and David L. Balch, *Families in the New Testament World* (Louisville: Westminster John Knox Press, 1997), 33. 이 점은 Richard Krautheimer가 그의 *Early Christian and Byzantine Architecture* (NY: Penguin Books, 1979), 24-25쪽에서 가정한 교회당 건축의 첫 단계의 기간과 일치한다고 보고 있다.
4. Bradley Blue, "Acts and the House Church," *The Book of Acts in Its Graeco-Romam Setting*, eds., David W. J. Gill and Conrad Gempf (Eerdmans, 1994), 120.

가정 중심의 공동체를 형성해 간 것은 회집할 다른 장소가 없었다는 불가피성 때문이 아니라(not by default alone) 그리스도인들의 모임에 유효한 장점들, 예컨대 안전이나 공동식사와 교제를 위한 주방이 있었기 때문이다.[5]

리차드 크라우다이머(Richard Krautheimer)는 기독교회의 설립에서 기독교가 로마 제국에서 공인받는 4세기 초까지(주후 30~313년)의 그리스도인들의 집회 처소, 곧 가정교회에서 바실리카까지는 3단계의 발전과정을 거쳐 왔다고 주장했다.[6] 첫 번째 시기는 대략 주후 150년까지로서, 이 급진적인 발전기에 그리스도인들의 집회소는 신자들의 가정집이었다. 두 번째 시기는 대략 주후 150년부터 250년 근간인데, 이 시기는 개인 주택을 개조하여 전적으로 집회소로 사용하는 시기였다. 세 번째 시기는 대략 주후 250년에서 313년까지인데, 콘스탄티누스에 의한 바실리카 교회당이 세워지기 전까지 사적이든 공적이든 큰 건물이나 홀이 집회소로 대두된 시기라고 했다. 이렇게 볼 때, 그리스도인들의 집회소는 개인의 가정집에서 개조된 가정집으로, 보다 넓은 홀이나 건물로, 그리고 바실리카 교회당으로의 변천을 거쳐 왔다고 할 수 있다. 이 글에서는 이런 집회소의 변천과정에 대해 고찰하되 첫 3세기에 국한하고자 한다.

2. 초기 가정교회

어떤 점에서 초기 그리스도인들은 처음부터 별도의 집회소를 생각하지

---

5. *Ibid.*, 121.

6. R. Krautheimer, "The Beginning of Christian Architecture," *Religious Review* 3 (1939), 144-59, Blue, 124에서 중인.

않았고, 자신들의 종교적인 활동을 위해 건축된 건물도 소유하지 않았다.[7] 물론 그럴 필요도 없었다. 교회는 믿는 자들로 구성되는 것이지 건물로 이루어지는 것이 아니었기 때문이다.[8] 이들에게 *에클레시아*는 이름 그대로 '모임'(會)이었지 건물이 아니었다. 여기에는 세 가지 이유가 있었다.

첫째, 초기 그리스도인들에게 시급한 과제는 제자 삼는 일, 곧 십자가와 부활의 도를 증거하는 것이었지 가시적 집회소로서 외견적인 교회당을 세우는 일이 아니었다. 이들에게 '교회'는 건물이 아니라 '그리스도의 몸'이요 성도들의 모임이었다. 따라서 이교의 관행처럼 신전(temple)과 같은 종교적 목적을 위한 별도의 건물 취득을 추구하지 않았다. 이것이 가정 중심의 신앙생활을 했던 주된 이유였다. 여기에 또 한 가지 영향을 준 것이 예수님의 재림에 대한 기대였다. 즉 임박한 재림에 대한 기대가 그들로 하여금 교회당을 요구하지 않게 만들었던 것이다. 때문에 신약성경 어디에서도 별도의 예배 처소에 대한 암시나 요구가 없다.

둘째, 이 당시 가정(house) 혹은 가문(household)은 하나의 기본적인 정치 단위였기 때문에 하나의 조직으로서 기능을 행사했다. 특히 가정집은 안전이 보장되어 있어서 신교(信敎)의 자유가 주어져 있지 않았던 시대에 회집하기 좋은 장점을 지니고 있었다.[9] 이 점은 기독교공동체의 존재 양식이나 발전에 지대한 의미를 던져준다. 한편 이 당시 '가문'이라고 할 때 그 가속(家屬)은 직계가족만이 아니라 노예나 해방된 노예, 일꾼, 때로는 소작

---

7. 이 점은 광범위하게 인정되고 있는데, 특히 A. J. Malherbe, *Social Aspects of Early Christianity*, 68-9, R. M Grant(김쾌상역), 『초기 기독교와 사회』(대한기독교출판사, 1992), 159을 보라.

8. Robert M. Grant, *Early Christianity and Society* (London: Collins, 1978), 149. 그랜트는 이런 입장의 견해를 피력하는 초기(교부) 문헌으로 Clemens, *Stramata*, VII, 28-29. Minucius Felix, *Octavius*, 32.1를 소개하고 있다.

9. Malherbe, 69.

인이나 동업자들까지 포함되는 광의의 조직이었다.[10] 따라서 이들에게 가정집은 그들의 안전과 공동식사, 상호 교제에 매우 유용한 환경이 되었다. 때문에 사도행전이나 바울의 선교 활동에서 가정 중심으로 전개된 복음 운동의 다양한 흔적들을 발견할 수 있다.[11]

셋째, 초기 그리스도인들, 특히 4세기 이전의 그리스도인 공동체는 탄압받는 공동체였기 때문에 교회 공동체 이름으로 합법적인 재산 취득이 용이하지 않았다. 신교(信敎)의 자유를 누리지 못했던 이들은 종종 정치적인 집단으로 간주되기도 했다. 예수의 추종자들은 안디옥에서 '그리스도인'(Χριστιανούς)으로 불렸는데, 이 말이 라틴어라는 점에서 로마인들에 의해 불린 이름임을 알 수 있다. 라틴어로 이 말은 그리스도당파(partisan of Christ)라는 정치적인 용어였다.[12] 초기 그리스도인들이 이런 이름으로

---

10. Wayne A. Meeks, *The First Urban Christians*, 75-76. 이 점을 보여주는 중요한 증거가 로마 군대 백부장이었던 '고넬료의 집'이었다. 고넬료는 '온 집으로 더불어'(σὺν παντὶ τῷ οἴκῳ αὐτοῦ) 하나님을 경외하던 사람으로서(행 10:2), '일가와 가까운 친구들'(τοὺς συγγενεῖς αὐτοῦ καὶ τοὺς ἀναγκαίους φίλους)을 모아 베드로의 설교를 듣게 했는데, 그가 이해한 '온 집'(πᾶς ὁ οἶκός)은 직계가족만이 아니라 그의 휘하의 종이나 노예까지 포함하는 가속 전부를 의미하는 것이었다. 가속을 의미하는 라틴어 familia는 법적 통제력을 지닌 이의 직계 가족만이 아니라 그 하속인을 포함했다. Carolyn & Balch, *Families in the New Testament World* (Westminster: John Knox Press, 1997), 287.

11. 그 예로 행 16:15, 31ff., 17:6, 18:1-8, 롬 16:3ff, 고전 1:14-16, 16:19, 몬 2 등을 들 수 있다.

12. '그리스도인'이란 말(Χριστιανούς, christianos)은 라틴어이다. 만일 그리스어였다면, 그리스도(christos)의 형용사형은 christesios 나 christites가 되었을 것이다. 물론 이 말은 존재하지 않지만, 문법적으로 말하면 그렇다는 것이다. 그런데 christianos로 된 것을 보면 이것은 로마식 표기임을 알 수 있고, 로마인들이 그리스도를 따르는 이들을 이렇게 불렀다는 것을 알 수 있다. 즉 그리스도인들을 정치적 당파 혹은 정치적인 집단(a political partisan)으로 이해했다는 의미이다. 이 점은 마치 아우구스투스(Augustus)를 따르는 이들을 아우구스티아노스(Augustianos, 혹은 Augustianus), 곧 아우구스투스의 정파(a political partisan of Augustus)로 불렸던 것과 마찬가지이다. 이것이 정치적인 용어였기에 신자들은 이 용어를 좋아하지 않았고, 적어도 2세기 중엽까지는 기독교공동체에서 이 용어를 사용한 흔적이 드물다.

불렸다는 사실 자체가 정치적인 집단으로 간주되었다는 중요한 증거이다. 그리스도인들은 저들의 불확실한 법적 지위 때문에 별도의 집회소로 예배당과 같은 재산을 취득하는 일은 시급한 것이 아니라고 보았다.

때문에 초기 그리스도인들의 집회소는 대개 개인주택이었다. 이것은 과거 중국에서처럼 탄압받는 시대에 교회가 생존할 수 있는 모델이기도 하다. 이후 신자들이 증가함에 따라 예배만을 위한 주택이 따로 필요하게 되었고, 그래서 앞서 언급한 두라-유로포스의 교회당이 발굴된 것이었다. 분명한 사실은 초기 기독교회는 가정교회로 출발하였다는 점이다.[13] 신약성경과 가버나움, 로마, 켄트(Kent)에서 발견된 고고학적 증거들이 이 점을 분명히 해준다.[14] 신약성경에도 여러 지역에 가정교회(*domus ecclesiae*)[15]가

---

13. 초기 기독교의 가정교회에 대한 연구의 선구적인 인물은 플로이드 필슨(Floyd V. Filson)인데, 그는 1939년에 발표한 "초기 가정교회의 의의"(The Significance of the Early House Churches, *Journal of Biblical Literature*, LVIII, 105-112)라는 논문에서 가정교회에 대한 연구는 5가지 점에서 사도시대의 교회를 이해하는 데 도움을 준다고 해석했다. 첫째, 그리스도교회의 예배가 유대교의 관행들로부터 지대한 영향을 받았음에도 불구하고, 가정교회는 사도시대 초기부터 유대와 뚜렷이 구분되는 그리스도교적 예배와 식탁교제를 가능케 했다는 점, 둘째, 가정교회는 바울서신과 초기 기독교 문서에 나타난 가정생활에 대한 관심이 얼마나 필요한 일인가를 확인시켜 주었다는 점, 셋째, 한 지역에 몇 개의 가정교회가 독립적으로 존재했다는 점은 사도 시대에 일종의 당파적 경향이 있었음을 암시해준다는 점, 넷째, 가정교회의 상황에 대한 연구는 초기 그리스도교 공동체 구성원들의 사회적 신분에 대한 빛을 던져 주고 있다는 점이다. 다섯째, 교회 정책의 변천과정은 가정교회에 대한 연구 없이는 이해될 수 없다는 점이 그것이다(F. Filson, 109-112). 종합적으로 말하면, 필슨은 가정교회에 대한 이해 없이는 사도시대의 교회상을 정확히 헤아릴 수 없다고 판단했다.

14. 이와 관련된 주요한 기록으로는 Bradley Blue, "Acts and the House Church," *The Book of Acts in Its Graeco-Romam Setting*, eds., David W. J. Gill and Conrad Gempf (Eerdmans, 1994), 19-22가 있다.

15. 문자적으로는 '교회의 집'(house of the church)이란 말인데, 이 용어를 처음 사용한 사람은 Adolf Harnack으로 알려져 있다. L. M. White, *Building God's House in the Roman World: Architectural Adaptation among Pagans, Jews and Christians* (John Hopkins University Press, 1990), 154. n 36. 흔히 이 용어는 개인 가정집(private house church)에서의 회집에 이은 가정교회의 두 번째 단계를 칭하는 용어로서 가정집을 개조하여 전적으로 집회를 위한 공간으

있었음을 보여주는 흔적들이 있다. 그러나 한 지역 내에 가정교회들의 수나 가정교회 상호간의 관계에 대한 정보는 매우 빈약한 실정이다.[16]

이 당시 예배는 매우 단순한 것이었다. 찬양과 기도, 성경(구약)을 읽고 해설하는 형식이었는데, 이는 유대교 회당에서 행하던 예배 형식을 따랐던 것으로 보인다. 예배 후에는 애찬을 나누는 친교가 있었고, 떡과 포도주로 성찬을 나누며 주님의 죽으심을 기념하였다(고전 11:17-34). 기독교 공인 이전에는 예배가 신자들의 가정에서 행해졌기 때문에 예배 후에 애찬을 나누는 것은 자연스런 일이었다. 그러나 이런 애찬은 곧 사라지고 점차 예배에 의식이 갖춰지기 시작하였다.

1) 예루살렘의 가정교회

사도행전 1장에서 5장 사이를 보면 첫 기독교공동체는 가정교회로 시작되었음을 알 수 있다. 특히 2장 43절에서 47절, 4장 32절에서 37절, 5장 12절에서 16절, 5장 42절 등은 개인의 집에 모였음을 보여준다. 누가는 예수의 제자들이 감람산에서 예루살렘으로 돌아와 "들어가 … 다락에 올라가니(εἰς τὸ ὑπερῷον) … 그 모임에는(ἐπὶ τὸ αὐτὸ, in one place) 약 백이십 명이 모였다"고 했다(행 1:13-15). 누가는 이곳을 마가라고도 하는 요한의 어머니 마리아의 집이라고 했는데, 이곳이 예수님의 승천 후 열한 제자들과 여인들, 그리고 예수의 어머니와 형제들이 모였던 다락방(행 1:13)이었다. 그들은 여기서 맛디아를 선출하였으며(행 1:26), 오순절의 성령강림이 있었던 곳도 바로 이 '집'이었다(행 2:2).

로 사용된 경우의 가정교회를 칭하는 용어로 사용되지만, *domus ecclesiae*, *oikos ekkesiae*, *titulus*는 근본적으로 동의어라고 할 수 있다. 이 중 titulus는 특히 법률적인 용어였다.

16. A. Harnack, *The Mission and Expansion of Christianity in the First Three Centuries* (NY, 1908), 442ff.

한편 누가는 사도행전 2장 1절의 '저희가 다 같이 한곳에 모였더니'에서 ἐπὶ τὸ αὐτὸ라는 표현을 사용한다. 그런데 누가가 이런 표현을 쓸 때는 그것이 (행 1:15, 2:1, 고전 11:20, 14:23에서 보는 바처럼) 의식적으로 어떤 장소에서 회집된 집단을 지칭하든지, 아니면 사도행전 2장 47절에서와 같이 일반적인 기독교공동체를 의미하든지 간에 궁극적으로 '기독교공동체의 모임'(the assembly of the Christian community)을 언급하는 것이었다. 이런 표현은 1, 2세기 교부들의 문헌에서도 계속 나타나는데, 누가가 이 표현을 통해 의도했던 바를 해명하는 데 도움을 준다.[17] 즉 이들이 회집했던 '한 곳'은 개인의 가정집이었음을 암시한다.

스데반의 순교 이후 바울의 기독교 박해를 묘사하는 사도행전 8장 3절의 문맥에서 바울이 '각 집마다 찾아다닌 것'(κατὰ τοὺς οἴκους εἰσπορευόμενος)과 '남녀를 끌어 간 것' 역시 가정교회였음을 보여준다.

사도행전 12장 12절에서는 마가라 하는 요한의 어머니 마리아의 집이 다시 등장하는데, 이곳은 예수님의 승천을 목격하고 돌아온 제자들이 모였던 바로 그 '집'이었다. 이곳 또한 은밀한 가정교회였음이 분명하다. 이곳은 '여러 사람이 모여 기도하던 곳'으로서 예루살렘의 그리스도인들의 집회소였다. 감옥에서 나온 베드로가 이곳으로 찾아간 것을 보면 이곳은 예루살렘의 주된 집회소였음을 암시하고,[18] 천사가 이곳까지의 길을 안내한

---

17. Bradley Blue, 132. 예를 들면 바나바 서신(The Epistle of Barnabas, 4.10)에서는 함께 모이는 신자들을 ἐπὶ τὸ αὐτὸ συνερχόμενοι라고 말했다. 이그나티우스는 '회집된 신자들'(assembled believers)을 칭하는 의미로 이 표현을 자주 썼다. 그는 에베소교인들에게 보낸 편지(Epistle to the Ephesians, 13.1)에서 함께 나아오는 신자들을 권면하면서 ἐπὶ τὸ αὐτό γίνεσθε라고 썼다. 마그네시아인들에게 보낸 서신(Epistle to the Magnesians, 7.1)에서도 신자의 '모임'에서의 조화를 강조하면서 ἐπὶ τὸ αὐτό μία προσευχή라고 썼다. 이 말은 하나의 공동 기도라는 의미가 아니고, "모임에서 하나의 기도가 있게 하라"(in the assembly, let there be one prayer)라는 뜻이다(Bradley Blue, 132, footnote 49).

18. F. F. Bruce, *The Book of the Acts* (Eerdmans, 1979), 251.

일이나(12:10), 로데라는 여종이 영접하러 나온 일(12:13), 그리고 그리스도인들이 이 집에 모여 있었다는 점(12:14-15)과 베드로가 놀란 성도들을 진정시킨 일(12:17), 특히 헤롯 아그립바의 군대가 출옥한 베드로의 수색에 실패한 점은 이곳이 예루살렘의 여러 가정교회 중 가장 중심이 되는 집회소이자 은밀한 가정교회였음을 보여준다.

베드로의 투옥 및 출옥과 관련한 본문에서 베드로가 이적적인 자신의 석방에 대해 보고한 후 "또 야고보와 형제들에게 이 말을 전하라 하고 떠나 다른 곳으로(εἰς ἕτερον τόπον) 갔다"(12:17)는 기록은 야고보가 중심이 된 다른 가정교회가 있었음을 보여주며, 또한 베드로가 다른 곳으로 갔다는 것은 제3의 가정교회가 있었음을 암시한다.[19]

흥미로운 사실은 예루살렘에 이와 같이 가정 중심의 그리스도인 집단이 다수 있었는데도 그들을 하나의 교회, 곧 예루살렘교회로 인식하고 있다는 점이다. 이는 누가가 장로 또는 감독을 해당 도시의 개별적 집단과 관련시키지 않고 그 도시 전체와 관련시키는 것을 볼 때 분명하다(행 14:23, 20:17).[20] 이 점은 바울의 경우에도 동일하다(딛 1:5). 바울이 한 도시, 특히 로마시의 경우에 복수의 가정교회가 있다는 점을 알았음에도 불구하고 개별적인 서신을 보내지 않고 하나의 서신을 그 도시에 보낸 것은 그 모든 가정교회가 하나의 로마교회를 구성하고 있다고 판단했기 때문일 것이다. 동시에 이 가정교회들은 서로 고립되어 있지 않고 연합되어 한 지역의 교회를 구성하고 있었음을 알 수 있다.

---

19. Filson, 106.

20. Malherbe, 70.

2) 이방 지역의 가정교회

가정교회에 대한 흔적은 사도행전 13장 이후에도 산재해 있지만,[21] 바울서신에는 보다 분명하게 초기 기독교공동체가 가정 중심의 교회를 형성하고 있었음을 보여준다. 가령 에베소에는 브리스길라와 아굴라가 중심이 된 가정교회가 있었다. 이 점은 바울이 "아굴라와 브리스가와 그 집에 있는 교회가 주 안에서 너희에게 문안한다"(Ἀσπάζεται ὑμᾶς ἐν κυρίῳ πολλὰ Ἀκύλας καὶ Πρίσκα σὺν τῇ κατ' οἶκον αὐτῶν ἐκκλησία, 고전 16:19)고 언급한 부분에서 분명히 알 수 있다.

고린도에는 하나의 지역교회와 여러 가정교회가 있었음을 알 수 있다. 바울은 고린도에서 그리스보와 가이오에게 세례를 주었다고 말하는데(고전 1:14), 그리스보는 회당장으로서 온 집으로 더불어 주를 믿었던 인물(행 18:8)임을 고려할 때, 그의 집이 가정교회로 제공되었을 가능성이 높다. 가이오 또한 로마서 16장 23절에 '온 교회 식주인'(the host of the all the church)으로 소개되는데, 이는 그가 바울에게만이 아니라 전체 교회에 호의를 베풀었던 인물이었으며, 또한 그의 집이 가정교회로 사용되었음을 보여준다. 또 바울은 고린도에 있을 때 스데바나 집 사람에게(τὸν Στεφανᾶ οἶκον) 세례를 베풀었는데(고전 1:16), 그는 스데바나의 집이 아가야 지방의 첫 열매였으며(고전 16:15), 또한 '성도 섬기기로 작정한 자'라고 언급한다. 이런 점에서 스데바나의 집도 가정교회로 제공되었음을 짐작할 수 있

---

21. '가정'은 바울의 목회사역의 거점이었음을 알 수 있다. 기독교에 대한 박해자였던 바울은 집집마다 들어가 그리스도인들을 끌어다가 옥에 가두었고(행 8:3), 회심한 후에는 다메섹의 유다의 집(행 9:11, 17), 데살로니가의 야손의 집(행 17:5), 드로아에 있는 집(행 20:8), 에베소의 여러 집(행 20:20), 가이샤라 빌립의 집(행 21:8), 예루살렘의 나손의 집(행 21:16)에 기거하며 가르치고 환대를 받았다. 이런 집들이 초기 기독교공동체의 집회장소였을 것이다. 참고, John Stambugh and David Balch, *The Social World of the First Christians* (SPCK, 1986), 139.

다. 이 외에도 바울은 데살로니가(살전 5:27)와,[22] 라오디게아에도 하나 이상의 가정교회(골 4:15)가 있었음을 알고 있었다.[23]

가정교회와 관련해 바울서신에서 가장 흥미로운 점은 바울이 로마에 적어도 세 개 이상의 가정교회가 있었다는 점을 알고 있었다는 점이다(롬 16:5, 14, 15).[24] 로마서 16장이 이에 대해 증거해준다. 잘 알다시피 여기서 바울은 자신이 알고 있거나 함께 일했던 스물여섯 명의 이름을 부르며 문안하는데,[25] 일반적으로 이 문안에서 적어도 세 개의 가정교회가 언급된 것으로 보인다.

첫째는 '브리스길라와 아굴라의 집에 있는 교회'(롬 16:6)이다. 이 교회는 지도자가 유대인이어서 아마도 유대인 그리스도인의 가정교회였을 것으로 보인다. 브리스길라와 아굴라는 바울처럼 장막을 만드는 사람으로서(행 18:3), 특정 지역에 정주(定住)하지 않고 여러 지역을 순회하였다.[26] 곧

---

22. 바울은 살전 5:27에서, "내가 주를 힘입어 너희를 명하노니, 모든 형제에게 이 편지를 읽어 들리라"(ἀναγνωσθῆναι τὴν ἐπιστολὴν πᾶσιν τοῖς ἀδελφοῖς)고 말하고 있는데, 이것은 바울이 데살로니가 시내에 하나 이상의 가정교회 그룹이 있었다고 인식한 것으로 해석할 수 있다. 특히 말허비는 데살로니가 시내에는 적어도 두 개 이상의 서로 다른 가정교회 그룹이 있었다고 확신하고 있다. 말허비, 『초대기독교의 사회적 이해』(대한기독교서회, 1994), 146. 각주 28. 참고.

23. Malherbe, 70, Ernst Lohmeyer, *Die Briefe an die Kolosser und an Philemon* (Göttingen, 1956), 169ff. W. G. Kümmel, *Introduction to the New Testament* (Nashville, 1965), 238. 큄멜은 골로새서 4장15, 17절과 빌레몬서 2절에 근거하여 골로새에는 두개의 가정교회가 있었다고 주장한다. 큄멜은 눔바(Nympha, 골 4:15)가 골로새 시내에 살았다고 보지만, 대다수의 학자들은 그는 라오디게아에 살았다고 보고 있다.

24. E. A. Judge, *The Social Pattern of the Christian Groups in the First Century* (London: The Tyndale Press, 1960), 36; Malherbe, 70; Sanday & Headlam, *Epistle to the Romans*, 421을 참고할 것.

25. 바울과 그의 동역자들에 대한 정보를 위해서는 Earle E. Ellis, "Paul and His Co-Workers," *New Testament Studies*, XVII (1971), 437-452, P. Lampe, "Roman Christians," 216-230을 참고할 것.

26. 브리스길라와 아굴라에 대한 성경 기록으로는 행 18:1-3, 18, 26, 고전 16:19, 롬 16:3 등이 있다.

본도에서 출생한 그들은 로마에 거주하다가 클라우디우스 황제에 의한 유대인 추방령에 따라 고린도로 이주하였고(행 18:2), 이후 다시 에베소로 옮겨갔다가(행 18:18), 다시 로마로 돌아간 것으로 보인다. 사도 바울은 고린도에서 이들 부부와 접촉했는데, 이들의 집은 이주하는 곳마다 가정교회로 이용되었다. 둘째는 아순그리도, 블레곤, 헤메, 바드로바, 허마, 그리고 그들의 형제들을 포함하는 가정교회이다(롬 16:14). 이들 모두의 이름이 그리스어라는 점에서 이들은 유대인이 아니었던 것 같다. 앞의 세 명은 동부 그리스 출신이고, 바드로마와 허마는 노예 혹은 해방된 노예였을 것이다. 세 번째의 가정교회는 빌롤로고와 율리아, 네레오와 그의 자매, 올름바와 그들과 함께하는 모든 성도의 교회이다(롬 16:15).

이상 세 개의 가정교회 중 첫째는 대다수가 유대인들로 구성된 교회였으나, 다른 두 개의 가정교회는 주로 그리스어를 사용하는 노예나 해방된 노예들로 구성된 이방인들의 교회였음을 알 수 있다. 이들 중에 아리스도불로의 식솔들과 나깃수의 식솔들(16:10, 11)도 포함되었을 것으로 보인다.

말허비는 바울의 목회서신들이 초기 기독교공동체가 가정 중심의 공동체였으며, 가정교회의 형태였다는 점을 뒷받침해준다고 이해했다.[27] 바울의 후기 서신이라고 할 수 있는 목회서신에는 이단의 출현과 그들이 가정으로 침입하는 것을 경계하면서(딤후 3:16, 딛 1:11), '오이코스'와 그 동족어가 자주 사용된다(딤전 3:4, 5, 12, 15; 5:4, 8, 13, 14; 딤후 2:10; 딛 1:7,11 등). 또한 교회를 하나님의 집으로 묘사하고(딤전 3:15, 딤후 2:20), 직분자의 자격을 말할 때마다 가정을 잘 다스릴 줄 알아야 한다는 점을 강조한다(딤전 3:4-5,12, 5:4). 이와 같은 가정에 대한 강조는 당시 교회가 가정교회적 형태였음을 보여주는 암시라고 할 수 있다.

---

27. 말허비, 143-4.

어떻든 신자의 가정집을 집회소로 이용하는 가정교회 형태는 2세기 중엽이나 2세기 말까지 계속된 것으로 보인다.[28] 이 경우 집을 소유한 비교적 부유한 그리스도인은 권속들의 후견인(patron)으로서의 역할을 한 것으로 보인다. 이런 가정집의 경우 회집할 수 있는 인원은 쉰여 명 미만이었을 것이다.

112년경 비두니아의 총독 플리니우스는, 기독교의 확산을 보고하면서 "이 미신의 전염성은 도시에만 제한되어 있지 않고, 마을과 농촌으로까지 확산되고 있다"고 했는데, 블루(Brandley Blue)는 이런 가정 중심의 그리스도교 공동체가 갈릴리 해변에서 시작된 기독교운동을 로마의 변방까지 신속하게 확장하게 했던 유효한 요인이었다고 해석한다.[29]

3. 그 이후의 변화

그러다가 2세기 중엽을 거치면서 기독교공동체의 집회소에 새로운 변화가 나타난다. 즉 기존의 개인의 가정집을 수리, 확장 혹은 개조하여 전적으로 종교적 목적으로 이용하는 새로운 형태의 가정교회(domus ecclesiae)가 대두하기 시작한 것이다. 이것은 보다 편리한 회집과 예배를 위해 자연스럽게 발전된 것이다. 이에 대한 분명한 증거가 앞서 언급한 두라-유로포스에서 발견된 가정교회이다. 이 가정교회는 두 개의 방 사이의 벽을 허물어 5.15m×12.9m 크기의 직사각형을 만들어 예순다섯 명에서 일흔다섯 명 정도를 수용할 수 있도록 했다.[30]

---

28. Carolyn Osiek and David L. Balch, 35.

29. Blue, 120.

30. Carolyn Osiek and David L. Balch, 35.

미카엘 화이트(Michael White) 교수는 이 시기의 집회소를 *aula ecclesiae*, 곧 '교회의 홀'(hall of the church)이라고 불렀다. 여기서 *aula ecclesiae*는 '교회의 집'(house of the church)이란 의미의 *domus ecclesiae*(혹은 하르낙이 *Saalkirche*라고 불렀던)[31] 이후 시기의 집회소를 칭하는 말이다. 화이트는 가정집을 개조한 것에서부터 콘스탄티누스 시대의 바실리카로 전환하는 데 대한 일반적인 과정을 확인할 수 있는 증거가 없다고 주장했다. 도리어 그는 *aula ecclesiae*가 어떤 지역에서는 5세기까지 잔존했던 것으로 보인다고 주장했다.[32]

이 시기 예배는 보다 의식화 되고 제도화 되었다. 예배 의식이 집회 장소 및 환경과 관련하여 변화를 겪게 되는 것은 당연한 일일 것이다. 교회가 언제부터 예배 의식을 문서화했는가는 알 수 없으나, 2세기에 접어들면서 기도문이 작성되고 감독교회로 발전하였다.[33] 96년에서 98년경에 작성된 것으로 보이는 로마의 클레멘스(Clemens of Rome) 서신(*Epistula ad Corinthios*)이 이를 뒷받침해주는데, 여기에는 성찬식에 사용되는 긴 기도문이 기록되어있으며, '거룩'(sanctus)의 화답도 포함되어있다.

100년 또는 150년 어간에 기록된 것으로 보이는 디다케(*Didache*)는 두 부분으로 구성되어있는데, 두 번째 부분(7~10장)에서 교회 전례를 취급한다. 곧 세례의식에 관한 지침들(7장)과 성찬식에 대한 지침들, 성찬기도문(9~10장)을 언급하는데,[34] 이 점은 교회가 제도화 되면서 예배를 위한 의식 혹은 예전이 대두되었음을 암시하는 것이다. 111년 또는 112년경에 기록된

---

31. L. M. White, 22, 128, 155 n.49.

32. L. M. White, 23-24. Carolyn Osiek and David L. Balch, 236.

33. 김영재, 『교회와 예배』(합신대학원 출판부, 2008), 42, 43.

34. 이상국, 『사도교부들의 가르침』(성바오로, 2000), 198-9. 김영재, 86.

것으로 추정되는 비두니아의 총독 플리니우스(Pliny the younger)가 트라이아누스 황제에게 보낸 서신에서도 "어떤 특정한 날을 정해놓고 … 함께 모여 그리스도를 하나님으로 찬양하는 곡조 없는 찬송을 부른다"고 기술함으로써 이런 변화를 지지한다.[35]

3세기 말까지는 여전히 개조된 가정교회가 중심을 이루지만, 크라우다이머(R. Krautheimer)의 지적처럼 약 250년을 경과하면서부터는 별도의 집회소로서 교회당 건물이 세워지기 시작했다. 이러한 상황의 변화는 당시의 정치적 상황과 무관하지 않다. 곧 249년에 황제가 된 데키우스(Decius)는 기독교가 별로 전파되지 않은 다뉴브 강 유역인 북부 출신이었는데, 그의 가장 큰 관심사는 로마의 옛 명성을 회복하는 일이었다. 그는 당시의 경제, 사회적 불안은 로마가 옛 신들을 버린 결과로 보고 이교의 부흥을 꾀하는 종교정책을 폈다. 따라서 그는 기독교에 적대감을 가지고 250년부터 기독교를 혹독하게 탄압하기 시작했다. 그런데 그의 목표는 순교자를 만드는 것이 아니라 배교자를 만드는 것이었다. 그는 신들에게 드리는 제사에 참여하는 자에게는 증명서(*libelli*)를 발급하는 등 조직적으로 그리스도인들을 탄압했으나, 251년 고트족과의 전투에서 사망하고 말았다. 데키우스가 사망하자 그의 친구 발레리안(Valerian)이 황제가 되어 전임자의 정책을 고수했다. 하지만 그도 곧 야만인(페르시아인)들에게 포로로 잡혀가 그의 아들 갈리에누스(Gallienus)가 260년에 황제가 되었다.

갈리에누스는 탄압에도 불구하고 확대되는 기독교의 영향력을 보면서

---

35. *Epistles of Pliny*, X, 96. 이 본문의 영문번역본은 Stephen Benko, "Pagan Criticism of Christianity During the First Two Centuries AD," *Aufstieg und Niedergang der römischen Welt*, Band II.23.2 (1980), 1068-9, 혹은 Paul McKechnie, *The First Christian Centuries* (Apollos, 1996), 110-112를 참고할 것. 이와 관련된 전문은 특히 J. Stevenson, *A New Eusebius* (1957), 13-16을 참고하라.

기독교에 대한 통제나 박해가 유효한 결과를 가져오지 못한다는 사실을 인식하기 시작했다. 그래서 그는 곧 기독교에 대한 박해를 해제했다.[36] 이로써 교회는 디오클레티아누스에 의해 박해가 재개되기까지 약 사십 년간 비교적 평화를 누릴 수 있게 되었다. 때문에 260년 이후 약 사십 년 동안, 특히 270년에서 303년까지 개종자들이 많이 늘어났고, 그 필요에 의해 여러 지역에 별도의 집회소로서 교회당이 세워지기 시작하였다. 이것은 집회소로서의 교회당 건축에 있어서 중요한 발전이었다.

그런데 갈리에누스(Gallienus)는 260년 또는 261년에 발표한 기독교에 대한 박해를 해제하는 그의 칙령[37]에서 "박해자들이 그리스도인들의 '예배 장소'(place of worship)에서 떠나야 한다'고 말할 때(ὅπως ἀπὸ τῶν τόπων τῶν θρησκευσίμων ἀποχωρήσωσιν) θρησκευσίμων이라는 단어를 사용하였다. 이 단어(θρησκεύσιμος)는 약 육천만 개에 달하는 그리스어 단어 중 유세비우스(Eusebius, 260~340)의 기록에 단 한 번 사용된 단어(*hapax*)인데, 여기서 말하는 '예배 장소들'은, 그랜트의 해석처럼,[38] 예배를 위해 독립적으로 세워진 교회당이라기보다는 가정교회 혹은 그 다음 시기의 집

---

36. Eusebius, VII, 12.1. "Short after this Valerian was reduced to slavery by the barbarians, and his son having become sole ruler, conducted the government more prudently. He immediately restrained the persecution against us by public proclamations, and directed the bishops to perform in freedom their customary duties."

37. 요세비우스의 『교회사』에 인용된 칙령의 전문은 다음과 같다. "The Emperor Caesar Publius Licinius Gallienus Pius Felix Augustus to Dionysius, Pinnas, Demetrius, and the other bishops. I have ordered the bounty of my gift to be declared through all the world, that they may depart from the places of religious worship. And for this purpose you may use this copy of my rescript, that no one may molest you. And this which you are now enabled lawfully to do, has already for a long time been conceded by me. Therefore Aurelius Cyrenius, who is the chief administrator of affairs, will observe this ordinance which I have given." Eusebius, VII, 12.1.

38. Grant, *Early Christianity and Society* (London: Collins, 1978), 149.

회소였던 보다 확장된 가정교회였을 것이다. 이렇게 본다면, 250년경을 지날 때도 교회는 여전히 가정교회 형태가 주류를 이루었다가 이후 점차 별도의 집회소로서 교회당 건물이 세워지기 시작했음을 알 수 있다. 이는 유세비우스의 『교회사』에서도 분명히 드러나는데, 유세비우스는 303년 이전에도 과거의 건물에 만족하지 않고 건축 기금을 사용하여 모든 도시에 보다 큰 교회당을 세우고자 하는 그리스도인들이 많았다는 사실을 지적하고 있기 때문이다.[39] 그랜트는 이런 진술이 다소 과장된 것임을 감안하더라도 콘스탄티누스 이전 시대에 이미 어느 정도의 교회당 건물, 곧 바실리카들(basilicas)이 존재했을 것이라고 지적한다.[40] 그러나 아직까지 이를 확인할 수 있는 건물은 없는 실정이다.

한 가지 주목할 것은 '에클레시아'라는 용어가 회(會), 혹은 모임으로만이 아니라 적어도 270년 전후부터는 건물을 일컫기도 했다는 점이다. 유세비우스의 『교회사』 VIII권 2장은 '교회당의 파괴'를 취급하는데, 디오클레티아누스(Diocletianus, 재위 284-305) 황제는 재위 19년, 곧 303년 9월에 칙령(Βασιλικὰ γράμματα, an imperial letter)을 내려 교회당을 파괴하고, 성경을 불사르게 하는 등 혹독한 박해를 시작하였으며, 고위직에 있는 신자들을 공직에서 축출하고 공민권을 박탈하는 등[41] 약 십 년간 박해를 계

---

39. Eusebius, VII. 1. 5.

40. Grant, 150.

41. 이 점에 대한 기록은 Eusebius, *The Ecclesiastical History* Vol. II (Harvard University Press, 1974), 258-259를 보라. "It was in the nineteenth year of the reign of Diocletian, in the month Dystrus, called March by the Romans, when the feast of the Saviour's passion was near at hand, that royal edicts were published everywhere, commanding that the churches be leveled to the ground and the Scriptures be destroyed by fire, and ordering that those who held places of honor be degraded, and that the household servants, if they persisted in the profession of Christianity, be deprived of freedom. Such was the first edict against us. But not long after, other decrees were issued, commanding that

속했다고 기록한다. 그런데 여기서 교회를 '기도하는 집'(house of prayer, οἶκους εὐξύμους)이라고 말하기도 하지만, 교회당의 파괴를 말할 때는 교회당을 '에클레시아'(ἐκκλησίας)라고도 말함으로써 '에클레시아'라는 단어가 후일에는 건물을 의미하게 되었음을 보여준다.[42] 이 점은 이보다 조금 앞선 3세기 말 교회당의 파괴를 말할 때도 동일하다. 따라서 유세비우스는 *에클레시아*를 집회 장소, 곧 건물을 칭하는 의미로 사용했다고 말할 수 있다.[43]

4. 바실리카의 출현

기독교를 공인한 밀라노 칙령(313)은 그리스도인과 기독교회에 커다란 변화를 가져왔고, 동시에 교회당 건축에도 엄청난 변화를 주었다. 밀라노 칙령의 내용은 다 알려져 있지 않으나, 기독교의 공인과 함께 기독교에 대한 탄압을 중지하고 기독교회에 예배 처소와 묘지, 기타 재산을 돌려준다는 내용이 포함되어있다. 이제 기독교회는 불법의 집단이 아니라 합법적인 종교가 되었으며, 공개적인 활동이 보장되었다. 기독교는 점차 제국의 종교로 변모되어 갔다.

기독교가 공인될 당시 제국 내의 기독교 인구는 약 10% 정도로 추산되고 있으나,[44] 곧 그 수효는 크게 증가했다. 콘스탄티누스의 전임 황제들이 정치적인 이유로 그리스도인들을 박해하였다면, 콘스탄티누스는 같은 이

---

all the rulers of the churches in every place be first thrown into prison, and afterwards by every artifice be compelled to sacrifices."

42. Eusebius, 258, 259.

43. Eusebius, 226, 227

44. Norman H. Baynes, *Constantine the Great and the Christian Church* (Oxford: Oxford Univ. Press, 1931), 4.

유에서 기독교에 관용을 베풀었기 때문이다. 4세기 초 가정교회들이 무너지고 교회를 새롭게 재건하려 할 때, 기독교 인구가 급격히 증가하면서 교회당의 건축을 필요로 하게 되었다. 이제 교회는 재산이나 유산을 기증받을 수 있도록 허용되었으므로 새로운 형식의 교회당이 건축되기 시작하였다. 콘스탄티누스 이전의 예배당은 단순하고 소박하게 개조된 가정집에 불과했으나, 콘스탄티누스와 그 후계자들이 건축한 교회당은 소위 '바실리카'(Basilica)라고 불리는 건축 양식으로 지어졌는데, 이는 벽으로 둘러 싸여 있는 직사각형의 초기 교회당 건축 양식으로서, 이쪽 끝에서 다른 쪽 끝까지 개방된 홀(hall)이 있고, 줄을 맞추어 기둥이 세워져 있는(列柱) 크고 화려한 건축 양식이었다.[45] 이런 양식은 기독교 이전 시대 이탈리아나 로마에서 흔히 볼 수 있는 것이었는데, 줄을 맞추어 세워진 기둥 위에 지붕을 덮은 공공건물이나 시장 등이 그것이다. 오늘날에는 호주 시드니에 있는 퀸 빅토리아 빌딩이 그런 건축 양식을 따른 것이다. 여하튼 교회는 이제 기존의 바실리카를 교회당으로 사용하거나 바실리카 형식의 교회당을 새로 건축하기 시작했다. 이런 점에서, 블루의 지적처럼, 4세기 초의 바실리카의 출현은 교회당 양식이나 기독교 건축사의 분수령이 된다고 하겠다.[46]

바실리카라고 불리는 교회 건물은 세 부분으로 구성되었는데, 아트리움(atrium), 회중석(naves) 그리고 성소(sanctuary)였다. 아트리움은 벽돌에 의해 둘러싸인 사각형의 형태를 띤 입구였으며, 회중석은 바실리카에서 가장 넓은 공간이었고, 성소는 회중석 끝에 위치해 그 바닥이 한층 높았다.

---

45. "The early Christian Basilica may be defined as a more or less monumental hall with two (occasionally four) longitudinal colonnades, clerestory lighting, and at the far end of the central nave, an apse. This was the norm that admitted of a great many variations of detail." J. B. Ward-Perkins, "Constantine and the Origins of the Christian Basilica," *Papers of the British School at Rome*, 22 (1954), 78. Blue, 121에서 재인용.

46. Blue, 121.

성소에는 예식을 주관하는 목회자들을 위한 좌석이 있었는데, 감독을 위한 좌석을 '보좌'(cathedra)라고 하였다. 이 단어에서 '성당'(cathedral)이라는 용어가 파생된 것이다.

워드-퍼킨스(J. B. Ward-Perkins)는 콘스탄티누스 이전 시대의 기독교회에는 콘스탄티누스나 그 이후 시대에 나타난 바실리카의 모델이라고 할 수 있는 기념비적인 건축물이 전혀 없었다고 주장한다. 한편 기존의 주장과는 달리, 로마의 캘리안 언덕 위에 세워진 성 요한 라테라노(St. John Lateran) 교회가 황제의 지휘 하에 세워진 최초의 견고한 교회당(the first substantial church)으로, 초기 기독교의 전형적인 바실리카 형태로 건축되었다고 주장한다.[47] 그는 이 교회당이 314년경에 건축된 것으로 본다.[48] 하지만 일반적으로는 315년경 두로에 세워진 바실리카가 가장 대표적인 교회당으로 알려져 있다.

이러한 교회당의 건축은 새로운 시대에 나타난 변화로서, 이후 콘스탄티누스는 로마에만 일곱 개의 교회당을 건축했고, 콘스탄티노플에는 '성스러운 평화'라는 이름의 세인트 아일린 교회당을 짓도록 하였다. 뿐만 아니라 그의 어머니 헬레나는 베들레헴에 성탄교회당을 건축하였고, 감람산교회당도 건축하였다. 이처럼 제국의 중요 도시마다 큰 교회당이 건축되었는데, 이러한 정책은 자기 이름을 남기고자 했던 콘스탄티누스와 그 후계자들에 의해 계속되었다.

지금은 그 당시에 건축된 교회당이 거의 파괴되고 없지만, 그 기본 구조만큼은 짐작해 볼 수 있는 증거들이 많이 남아있다. 문제는 이런 외형적

---

47. J. B. Ward-Perkins, 85. J. C. Davies, *The Origin and Development of Early Christian Church Architecture* (London: SCM, 1952), 특히 2장을 참고할 것.

48. R. Krautheimer, *Early Christians*, 37f.

인 교회당의 웅대함과 찬란함 속에서 진정한 기독교의 경건과 믿음은 오히려 점차 사라져갔다는 것이다. 그래서 크리소스토무스와 같은 교부들은 이런 외적인 치장을 경계하기도 했다.

한편 바실리카 형식의 예배당은 유럽 사회의 건축 양식의 변천과 함께 중세에는 로마네스크식, 고딕식, 르네상스식, 바로크식, 혹은 네오 고딕식 등 다양한 형태로 발전하게 된다. 이런 건축 양식들은 각기 그 시대의 정신을 반영하고 있다고 하겠다.

5. 종합과 평가

이상에서 첫 3세기 동안의 예배당의 변천 과정을 고찰하였다. 곧 초기 기독교회는 가정교회로 출발하였고, 예루살렘교회의 설립 이후 이백여 년간 별도의 예배당이 없었다는 것이다. 최초의 공식적인 집회장소로서 예배당 건물이 발견된 곳은 유프라테스강 상류지역에 위치한 두라-유로포스(Dura-Europos)인데, 이는 256년에 건축된 것이었다. 초기의 가정집은 150~250년에 이르러 이를 개조한 예배당으로 사용되다가, 이후 250년부터 사적이든 공적이든 기존의 건물이나 홀이 집회소로 사용되었고, 313년에 기독교가 공인된 이후 바실리카 형태의 교회당이 세워졌다. 물론 기독교가 공인되기 전인 3세기 중반부터 비록 소수이기는 하지만 바실리카 형태의 교회당이 세워지기도 했다. 그러면서 기독교의 예배 형식 또한 이런 예배 공간과 그 환경의 영향을 받게 되었다.

이상의 사실에서 한 가지 논의해볼 만한 것은, 가정집에서 바실리카로 그리고 오늘의 교회당으로의 발전과정이 자연스런 현상인가 아니면 본래적 교회관의 쇠퇴나 타락인가 하는 것이다. 불법의 종교였던 초기 기독교는 교회당을 소유할 수도 없었지만 사실 그럴 필요도 없었다. 초기 기독교

공동체는 이방 종교와는 달리 상(像)이나 신전(temple)을 소유하지 않았기 때문이다. 이것이 기독교공동체와 다른 종교 간의 큰 차이점이었는데, 이런 이유로 당시 사람들은 기독교공동체를 일종의 철학 학파로 이해하기도 했다. 따라서 기독교가 외형적인 조직체로서 교회당을 가지게 된 것은 일종의 타락으로 이해될 수도 있었다. 때문에 에밀 부른너는 *에클레시아*가 키르헤(kirche)로 발전해 간 것을 두고 교회의 타락이라고 불렀다. 사실 4세기 이후 교회당의 구조가 변화되고 사치스런 교회당이 건축되는 것 등을 보면 기독교가 본래적 교회로부터 타락해갔다고 말할 수도 있다. 이는 교회의 의식화(儀式化)를 반영하는 것이었다.

그러나 다른 한편으로 교회당의 변천은 그 시대의 필요에 따른 자연스런 현상으로 이해할 수도 있다. 기독교가 박해받던 시기에는 독립된 집회소를 가질 수도 없었고 가질 필요도 없었다. 하지만 사회 환경이 변화하면서 자연스럽게 교회당이 필요하게 되었고, 앞서 설명한 바와 같이 교회 구조의 변천을 겪게 되었던 것이다.

그렇다면 한국교회의 경우는 어떠했을까? 기독교가 전래된 초기에는 기존의 한옥이나 개조된 한옥이 예배당으로 사용되었다. 한국에서 설립된 최초의 개신교회로 알려진 곳은 황해도 장연군 대구면 송천리(松川里)에 설립된 송천교회(소래교회)인데, 이는 초가(草家)로서 한국인 자력으로 건축하였다고 하여 선교사들이 경탄하기도 했다. 그 후 이 예배당은 1895(1896?)년 6월 23일 전통적인 한옥 기와집(瓦家)으로 새로 건축되었다. 1887년에 세워진 새문안교회의 예배당도 기와집으로 된 한옥이었다.[49] 호주 선교사에 의해 1892년 시작된 부산의 부산진교회의 첫 집회소 역시 기존의 초가한옥이었다. 이 외에도 남대문교회(1893), 평북의 선천북교회

---

49. 한국기독교사진총람편찬위원회 편, 『한국기독교사진총람』(교문사, 1973), 32.

(1897), 대구제일교회(1897), 평안북도의 강계읍교회(1900), 평북 선천남교회(1910) 등도 모두 한옥 기와집이었다. 교회당만이 아니라 제중원, 예수교서회,[50] 이화학당,[51] 정동에 세워졌던 감리교 병원,[52] 등도 동일하게 한옥으로 건축되었다. 이는 서양식 건축 양식이 소개되기 이전의 자연스런 현상이었다.

일반적으로 1910년 이전에 건축된 예배당은 전통 한옥의 초가 혹은 와가의 토착적인 예배당 구조를 지녔다. 일부 지역교회는 남녀 간의 구별을 위해 예배당을 'ㄱ'자 형태로 건축하기도 했는데, 전라도 김제의 금산교회가 그런 경우였다. 이 교회는 1997년 7월 18일자로 전라북도 지방문화재 제136호로 지정되었다.

그러나 1910년 이후부터 예배당 건축은 서양식 구조를 따르기 시작했다.[53] 이것은 미국의 선교사들을 통해 미국교회의 건축 양식을 답습한 것으로 보인다. 물론 예배당의 내부 구조는 '한국적' 형태를 갖추었지만, 외형으로는 전형적인 서양식 구조를 따랐다. 이러한 한국교회의 서양식 예배당 건축 양식에 대해 최초로 이의를 제기한 인물은 캐나다 출신 선교사 게일(James Scarth Gale, 1863-1937)이었다. 게일은 예배당 건축 양식만이 아니라 예배 음악에 있어서도 번역된 서양 찬송가의 문제점을 지적하면서 한국 고유의 가락과 전통 음악을 채용하자고 주장한 바 있다.[54] 한국교회가 예배당 건축까지 서양의 건축 양식을 고집할 필요는 없었을 것이다.

비록 이 글에서 교회당 구조가 갖는 신학적 의의에 대해서는 언급하지

---

50. 『한국기독교사진총람』, 50.
51. 『한국기독교사진총람』, 36.
52. 『한국기독교사진총람』, 40.
53. 김영재, 『한국교회사』(합신대출판부, 2009), 355, 김영재, 교회와 예배, 57.
54. 문옥배, 『한국교회음악 수용사』(예솔, 2004), 148-151.

못했지만, 예루살렘교회의 설립 이후 예배와 성찬, 교제의 공간으로서 예배당이 어떤 형식으로 발전했는가를 정리함으로써 후일의 연구에 기초가 될 수 있을 것이다.

5장
초기 교회에서의 간호와 치유사역

타락한 인간에게 있어서 육체적 고통과 죽음은 가장 힘겨운 도전인 반면, 건강은 인류의 가장 오랜 소망이었다. 따라서 위난(危難)에 처한 자들과 병든 자들에 대한 보살핌, 곧 간호와 치유는 인간에 대한 가장 소중한 봉사였다. 이런 인간의 갈망과 소망에 대해 3세기까지 초기 기독교공동체는 어떤 입장을 취했으며, 기독교가 로마 제국에 의해 공인된 313년, 곧 4세기 이후 교회는 이런 문제에 대해 어떤 역할을 감당했을까? 사랑과 자애의 사역을 강조해 온 교회공동체가 간호와 치유에도 관심을 가졌을까? 이 글에서는 초기 교부들의 문헌을 기초로 이와 같은 질문에 답해 보고자 한다.

1. 서론적 고찰

기독교는 전통적으로 인간의 육체적인 치유가 기독교 신앙의 본질과 어느 정도 관련이 있는 것으로 간주해왔다. 이는 예수님의 모범, 곧 지상에서 행한 그분의 치유 행위 및 하나님나라 선포와 무관하지 않았다는 점에서 의의와 중요성을 가진다. 육과 영을 이원론으로 파악하는 신플라톤주의적 헬레니즘이나 초기 기독교에 심대한 영향을 끼쳤던 영지주의(Gnosticism)나 마니교(Manichaeanism) 등은 이원론적 기초에서 육체(물질)에 대해 지나치게 과소평가한데 반해, 기독교는 육신의 아픔에 대해서도 결코 방관하지 않았다. 비록 질병을 불경건과 혼돈했던 후기 기독교의 수도원적 경향도 없지 않지만, 치유자로서 그리스도상(像)은 교회사에서 중요한 모범으로 간주되었다. 이런 점에서 의사인 프로본샤의 다음과 같은 지적은 옳다고 하겠다.

> 정신면에서 히포크라테스는 '의학의 아버지'였고, … 고대 의학계의 진정한 정상(頂上)인 이 뛰어난 그리스인이 현대의 의료인들에게 모범을 보인 것은 사실이다. 그러나 의학에 가장 큰 공헌을 한 이는 히포크라테스가 아니라 예수였다는 점이 종종 무시되고 있다. 바로 이 겸손한 갈릴리 사람이 역사상의 어떤 다른 인물보다도 의술의 본질적 의미와 정신에 큰 영향을 남겨주었다. … 의사들에게 그의 정신이 없으면 의학은 비인간적인 방법으로 타락하고, 그 원리적 규범은 단순한 법적 체계가 되고 만다는 것을 깨닫는 것이 좋을 것이다. 예수는 방법이나 규범들에 사랑이라는 매개를 가져다주었는데, 이 사랑이 없으면 참된 치료는 사실상 불가능하다. '의학의 정신적인 아버지'는 코스 섬의 히포크라테스가 아니라 나사렛의 예수였다.[1]

의학 분야에서 예수 그리스도보다 더 큰 영향을 끼친 종교지도자는 없다. 인간의 육체적, 정신적 건강에 대해 공자(孔子)를 거쳐 부처, 이슬람교

---

1. J. W. Provonsha, "The Healing Christ," *Current Medical Digest* (Dec. 1959), 3.

지도자들에 이르기까지 그 누구도 예수 그리스도만큼 영향을 끼치지는 못했다.

간호란 모든 사람의 건강을 유지하고 증진하기 위해 안전한 환경을 조성하고 간호 대상자인 인간의 육체적, 정신적, 정서적 또는 사회적인 면에서 그들을 돌보고 위로하고 평안하게 도와주며, 치료와 회복을 위해 돌보는 일련의 활동이라고 정의할 수 있는데,[2] 기독교는 이런 박애의 사역에 중요한 동기와 의미, 그리고 모범을 제시했다.[3] 비록 건강을 돌보는 간호 행위가 고대 사회에도 있었지만, 간호사(看護史) 학자인 패트리치아 도나우(Patricia Donahue)는 "기독교의 시작과 함께 간호의 역사가 오늘날까지 지속되어 왔다"[4]고 했고, 역시 간호사 학자들인 돌란(Dolan), 피츠패트릭(Fitzpatrict), 그리고 헤르만(Herrmann)도 다음과 같이 말했다.

> 예수 그리스도의 교훈과 모범은 간호사의 역할을 확대하는 일뿐만이 아니라 재능 있는 간호사의 양성에도 광범위한 영향을 끼쳤다. 그리스도는 하나님 사랑과 이웃 사랑의 필요성을 강조하였다. 최초의 조직화된 간호사 집단은 예수 그리스도의 모범과 도전에 대한 직접적인 응답의 결과였다.[5]

그리스도의 탄생과 초기 기독교가 간호사의 획기적인 변화를 가져왔다

---

2. 이영복, 『간호사』(수문사, 1997), 16.

3. 모든 그리스도인들은 가난한 자와 병든 자와 힘없는 자를 돌보고 섬겨야 한다(마 25:31-46, 히 13:1-3, 약 1:27)는 1세기 기독교의 가르침은 이런 운동의 동력이 되었다.

4. Patricia Donahue, *Nursing: The First Art- An Illustrated History* (St. Louis: Mosby, 1985), 93.

5. Josephine Dolan, M. Louise Fitzpatrick and Eleanor Krohn Herrmann, *Nursing in Society: A Historical Perspective* (Philadelphia: W. B. Saunders, 1983), 43.

는 점은 한국의 문헌에서도 동일하게 인정되고 있다.[6] 여기서 획기적인 변화란 고대인들은 사후 세계를 준비하는데 온갖 관심을 기울인데 반해, 예수 그리스도의 사역으로 시작된 초대 기독교공동체는 인간의 지상에서의 삶도 중시하기 시작했고, 그래서 건강을 돌보는 간호와 치료 행위가 기독교 신앙공동체의 중요한 과제가 되었다는 것을 말한다. 무엇보다도 기독교회는 가난한 자, 병든 자, 고통당하는 자, 권력 없는 자를 선대하였는데, 이들에 대한 사랑과 자비는 영적 보살핌과 함께 육체적 보살핌, 곧 간호사역을 요청하는 내적 요인이었다.

사도시대에서 3세기까지 교회는 가난한 자를 위해 구제하고, 병든 자를 위해 간호하고, 갇힌 자와 위난에 처한 자를 위해 봉사했던 사랑과 자비의 사역을 중요한 위치에 두었음에도 불구하고, 간호나 치유와 같은 '의료적' 측면들에 대한 신학적 혹은 역사적 연구가 그동안 거의 이루어지지 않았다.[7] 이런 점에서 이 글이 가난한 자, 약한 자, 병든 자들에 대해 교회가 수행했던 사랑과 자애의 사역에 대해 '역사적인' 빛을 비출 수 있기를 바란다.

---

6. 김문실 외, 『간호의 역사』(대한간호협회, 1999), 40; 이영복, 28.

7. 이 분야에 대한 거의 유일한 연구가 Evelyn Frost, *Christian Healing: A Consideration of the Place of Spiritual Healing in the Church of Today in the Light of the Doctrine and Practice of the Anti-Niceene Church* (1940)이다. 프로스트는 이 책에서 초대 교부들의 문헌을 세심하게 고찰하고, 신약에 기록된 치유의 습관이 2세기까지의 초기 기독교회에서 계속되었음을 지적했다. 또 최근의 연구로는 Morton T. Kelsey, *Healing and Christianity* (Harper & Row Pub. 1973)가 있다. 이 책은 배상길에 의해 『치유와 기독교』라는 이름으로 대한기독교출판사(1986)에 의해 역간되었다.

2. 교회의 자선활동과 봉사[8]

초기 기독교회는 연약한 자나 환자들에 대한 관심, 곧 간호나 치유 행위를 기독교적 사랑과 자애의 실천이라는 점에서 강조했다. 마태복음 25장 35절에서 45절에 나오는 예수님의 사랑과 자비에 대한 설교는 교회와 신앙적 삶에 광범위한 영향을 끼쳤다.[9] 사랑의 실천은 하나님을 사랑하는 구체적인 표현이었다. 특히 기독교공동체 내의 봉사활동은 이 시기 교회의 중요한 발전이었다. 그래서 180년 『페레기너스의 죽음』이란 책을 써서 기독교를 비방했던 루시안(Lucian of Samosata, c. 120-?)마저도 그리스도인들에 대해 말하기를, "그들 본래의 율법수여자는 그들은 서로 형제들이며, 서로를 사랑하라고 가르쳤다. 그 형제들에게 도움을 줄 일이 발생하면 그들은 도움을 베풀기를 주저하지 않았다. 이런 경우에 그들은 형제에 대한 배려를 아까워하지 않았다"[10]라고 했다. 테르툴리아누스는 "우리들이 많은 대적들에게 감동을 주는 것은 바로 위난자들에 대한 우리의 보살핌(care for the helpless)이며 우리의 자애의 실천이다. 그들은 이렇게 말한다. "(자기들은 서로를 미워하지만) '그들이(그리스도인들이) 어떻게

---

8. 스티븐 니일은 3세기말까지 로마 제국에서 기독교 복음이 침투하지 않는 지역이 없었다고 지적하고, 이런 신속한 복음의 확장 이유로 교회의 자선, 봉사활동을 포함하여 6가지 이유를 제시하고 있는데, 신자들의 복음에 대한 확신, 수용적 배경, 순결한 생활과 도덕적 모범, 평등사상, 순교의 모습 등이 그것이다. Stephen Neill, *A History of Christian Missions* (Penguin Books, 1977), 38-43.

9. 기독교의 사랑과 자비에 관한 고전적인 연구는 Uhlhorn, *Die christliche Liebestatigkeit in der alten Kirche* (ist. ed., 1882)인데, *Christian Charity in the Ancient Church* (Edinburgh, 1883)로 영역되었다. 이 책에서 저자는 기독교 공동체의 사회봉사에 관해 신학적, 역사적 연구를 시도했으나, 하르낙은 당시의 이방세계의 자선과 봉사에 대해 공정하게 다루지 않았다고 지적했다. Harnack, 147.

10. Adolf von Harnack, *The Mission and Expansion of Christianity in the First Three Centuries* (Harper & Brothers, 1961), 188.

서로를 사랑하는지를 보라'고. (자기들은 서로를 죽이려고 혈안이 되어 있지만) '그들(그리스도인들)은 서로를 위해 목숨까지 버릴 각오가 되어 있음을 보라'"라고 말한다.[11] 야고보서 2장에서 강조되었던 '자비를 행치 않음'(unmercifulness)에 대한 경고는 속사도교부였던 헤르마스(Hermas)의 『목자』(Shepherd)에서도 동일하게 강조되고 있다. 『디다케』(Didache, c. 100)에서도 '조건 없는 베풂'(unconditional giving)이 강조되고 있다.[12] 3세기 이전의 교부들의 문서에서 빈번하게 나오는 공통된 경구는 '이것들은 다 내 것이니라'라고 말하지 말지니라"(οὐκ ἐρεῖς ἴδια εἶναι)는 경구였다.[13] 말하자면 초기 그리스도인들이 가난하고 핍절된 이웃들을 구제하고, 병들고 고통당하는 이들에게 사랑과 자비를 베풀고, 옥에 갇힌 자들을 보살펴 준 것은 바로 복음에 대한 확신과 구원에 대한 감사의 표현으로 행해진 것이었다.

위대한 교회사학자인 하르낙(Adolf von Harnack)은 교회는 고아와 과부를 보살폈고, 유약한 자와 병든 자와 장애인을 도와주고 간호하며, 옥에 갇힌 자와 탄광촌의 고달픈 이들을 돌보고, 가난한 이들을 돕고, 죽은 자를 매장해주고, 노예들을 보살피며, 재난을 당한 이들을 돌보고, 여행자들을 선대했다고 지적하면서 각각의 경우를 초기 문헌에 근거하여 자세하게 기술했다.[14] 이렇듯 사랑과 자비, 선행과 봉사는 초기 기독교공동체가 추구했던 가치이자 삶의 방식이었다.

교부들의 문서에도 '교회의 일꾼'들 다음으로 고아와 과부들이 언급된

---

11. Tertullianus, *Apology*, xxxix. 그리스도인들의 사랑과 자애에 대한 비슷한 내용이 Caecilius, *Minuc. Felix*, ix에도 나온다.

12. *Didache*, I. 5ff.

13. Harnack, 151. "thou shall not say these things are thine own."

14. Harnack, 153ff.

다. 가령 감독 코넬리우스(Cornelius)에 의하면, 250년경 로마교회는 천오백 명의 과부와 가난한 이들을 도왔고,[15] 특히 병든 자를 간호하고 치료해 주었는데, 치료가 불가능할 경우 교회는 그들을 위해 기도하고 방문하여 간호해주고 물질로 위로하였다. 이 일을 감당했던 이들이 집사와 과부들과 여집사들이었다.[16] 이들은 갇힌 자를 방문하는 일이 정규적인 일과였는데, 당시 갇힌 자들 중 다수는 신앙의 이유나 채무의 불이행 때문이었다.

2세기 후반에 기록된 『사도헌장』(*Apostolic Constitutions*)이라는 문헌에는 집사란 '선한 일을 행하는 자들이며, 가난한 자들을 멸시하거나 부한 자들을 존경하지 않고, 주야로 사람들을 돌보며, 어려움에 처한 이들을 찾아보고 이들이 교회의 공급 사용에서 소외되지 않도록 하며, 선한 일을 위해 물질이 사용되도록 하는 이들'로 정의되어있다. 또 같은 문맥에서 '과부들'[17]의 역할에 대해 '질병으로 고통당하는 이들에게 도움을 주고, 감독이 지녀야 하는 자질 중에서 '가난한 자들을 사랑하는 자($\phi\iota\lambda\acute{o}\pi\tau\omega\chi o s$)'의 특성이 요구된다'[18]고 했다. 테르툴리아누스의 『과부들에 관하여』(*On the Widows*)에 보면, 과부들은 교회의 봉사에 있어서 특별한 위치를 점했다.[19] 시리아에서 나온 3세기의 문헌인 『사도들의 가르침』(*Didascalia Apostolorum*)에서는 "과부는 베푸는 사람들을 위해 그리고 전체 교회를 위해 기도하는 것 외에 다른 것에 신경을 써서는 안 된다"고 기록했지만,[20] 사실 당시 과부들은 병

---

15. Eusebius, *H. E.*, vi. 43.

16. Harnack, 161.

17. 초기 기독교회의 과부들에 사역과 역할에 대한 최근의 연구가 출판되었다. Bonnie Bowman Thurston, *The Widows: A Women's Ministry in the Early Church* (Fortress, 1989).

18. *Apostolic Constitutions* in *Texte u. Unters.*, ii. 5. 8f. Harnack, 161에서 중인.

19. 볼츠, 267.

20. *Didascalia Apostolorum*, 15.

자를 방문하고 간호하고 그들을 위해 기도하는 역할을 했다. 사도들의 가르침에서 기도하는 것만 강조한 것은 특별히 가르치거나 세례를 베푸는 일을 금지했던 것이다. 테르툴리아누스와 알렉산드리아의 클레멘스는 '임명된' 과부들이 성직자들과 함께 죄인을 치유하고, 육체적으로 고통을 당하는 사람들을 위로하는 일에 참여하였다고 기록하고 있다.[21]

이상의 기록들을 종합해 볼 때, 여집사나 과부의 가장 중요한 임무는 자애의 실천이었고, 그것은 다름 아닌 보살피는 간호사역이었음을 짐작할 수 있다.

역사적으로 볼 때, 집사라는 직분은 예루살렘교회가 과부들을 공궤하는 일에서 나타난 불균형을 해소하기 위해 구호물자를 나누어주는 사역을 수행하도록 세워진 것이지만, 신학적으로 그 직분은 육체적인 필요를 채워주고 보살피는 영역에서 책임을 수행하는 것에 집중되었다. 즉 집사들은 도움을 필요로 하는 이들, 곧 전신의 필요와 전심의 고통을 겪는 이들을 겸손과 사랑으로 돌보는 이들이었다.[22]

이렇듯 오늘날 간호는 의학적 영역으로 간주되지만, 역사적으로 볼 때 간호와 의학은 각기 다른 역사적 배경을 지녔다고 하겠다. 서양의학은 육체와 정신을 이원론으로 구분하는 그리스적 배경에서 나왔을 뿐만 아니라, 정신보다는 육체를 그 대상으로 한다. 즉 영적인 혹은 심리적인 차원은 종교나 심리학에 맡기고, 의학은 인간 신체의 과학적 측면에 초점을 두고 있었다. 반면에 간호는 영적, 육적, 정신적 통합체로서 전인에 대한 보살핌에서 출발했다. 그래서 간호사의 역할은 인간에 대한 기독교적 이해, 곧 인

---

21. Clemens of Alexandria, *Who Is the Rich Man That Shall be Saved*, 34; Tertullianus, *On Monogamy*, 11; *On Penitence*, 9-11.

22. Theodore Hard, "The Scope and Importance of the Diaconate," *The Korea Theological Journal*, vol. 5 (April, 1974), 148-9.

간은 하나님의 형상으로 지음 받은 성령의 전(고전 3:16)이라는 점에 기초한다.[23]

3. 교회의 보살핌과 치유 사역

초기 기독교공동체는 구성원들의 영적 건강만이 아니라 육체적인 건강에도 관심을 가졌는가? 그렇다면 이런 일들은 어떻게 수행되었는가? 역사적인 실례를 통해 이에 대해 살펴보자.

1) 초대교회에는 사도나 집사, 장로 등의 직분 외에도 기적을 행하는 자, 병 고치는 자, 돕는 자, 다스리는 자, 그리고 방언을 말하는 자들이 있었다(고전 12:28). 이런 은사를 표현하는 포괄적인 용어가 '일'(ministry, diakonia)이었다. 바울은 은사를 소유하거나 봉사의 기능을 가진 이들을 '직분'보다는 '여러 가지 직임'(고전 12:5)으로 일컬었으며, 이런 봉사의 은사들은 "그 뜻대로 각 사람에게 나눠주시는"(고전 12:11) 성령님께서 주시는 것으로 이해했다.

2) 뵈뵈(Phoebe)와 동역자들
흔히 '일꾼'(deacon)이라고 불린 뵈뵈는 여집사였다. 한국의 간호학사에서는 그녀를 최초의 방문 간호사로 간주하지만,[24] 이를 확인할 근거는 없

---

23. Judith A. Shelly & Arlene B. Miller, *Called to Care, A Christian Theology of Nursing* (IVP, 1999), 16.
24. Josephine Dolan et al, 45; 강문실 외, 『간호의 역사』, 41. 이영복은 "뵈뵈는 로마에 파견되어서 병사들을 돌보고 위로하는 방문 간호사의 일을 해서 자기 가족 외에 사람을 간호하는 사회봉사(community service)로서의 간호를 시작했다"라고 했다. 이영복, 『간호사』, 29.

다. 뵈뵈에 대한 기록은 오직 로마서 16장 1절에서 2절뿐이다. 그녀에 대한 성경의 증거는 '겐그레아 교회의 일꾼'(διάκονον τῆς ἐκκλησίας τῆς ἐν Κενχρεαῖς)이라는 사실과 '여러 사람과 바울의 보호자(προστάτις)'였다는 사실뿐이다. 로마서에서는 그녀를 '우리 자매'(τὴν ἀδελφὴν ἡμῶν)라고 하지만, 일반적으로는 '집사'였을 것으로 본다. 그럴 경우 그녀는 성경에 기록된 유일한 여집사인 셈이다.[25]

한편 '일꾼'(διάκονος)이라는 말은 남성과 여성 모두에 해당되는 낱말로서 집사도로 번역될 수 있다. 물론 여집사를 의미하는 '디아코니사'(διακόνισσα)라는 그리스어도 있었다. 한편 약 104년경에 기록된 플리니우스가 트라이아누스 황제에게 보낸 편지[26]에는 두 여집사(Ministrae)[27]를 고문한 기록이 나온다. 이것으로 보아 여집사라는 직분이 생긴 것은 2세기 이후로 추정되며, 그 역할은 로마서 12장 1절에 나오는 '일꾼'이란 이름 그대로 병든 자나 가난한 자를 돌보며, 순교자나 옥에 갇힌 자를 보살피고, 여신도들의 세례식 때 수종드는 일이었을 것으로 보인다.

또 바울은 브리스길라와 아굴라를 두고 '예수 그리스도 안에서 나의 동역자들'이라고 했으며(롬 16:3), 마리아를 두고는 '너희를 위해 많이 수고한' 인물(롬 16:6)이라고 했다. 그런데 여기서 '수고'(*kopian*)라는 단어는 자신이든 타인이든 복음을 위한 사역을 표현하기 위해 바울이 사용하던 단

---

25. 뵈뵈가 집사였는가 하는 논의는 Peter de Jong, *The Ministry of Mercy* (Baker Press, 1952), John Mitchell, "Was Phoebe a Deacon," *The Presbyterian Guardian* (Oct. 1973), 16-24를 참고할 것.

26. Pliny the Younger's, *Ep*. x.96; J. Stevenson, *A New Eusebius, Documents Illustrating the History of the Church to AD 337* (SPCK, 1995), 18-19.

27. 플리니우스(Plinius)의 문서에서 여집사에 대한 기록은 다음과 같다. "… two maid-servants who were called deaconesses …"

어였다.[28] 뿐만 아니라 바울은 유오디아와 순두게 및 다른 여성들을 두고도 '복음에 나와 함께 힘쓰던 저 부녀들'이라고 언급했다(빌 4:2~3). 따라서 이들 역시 뵈뵈와 비슷한 사역을 감당했던 여자들이었다고 할 수 있다. 한편 로마서가 기록된 때가 55년에서 59년이었으므로, 이때를 전후하여 기독교공동체에서는 뵈뵈와 같은 여집사들이 가난한 자들을 방문하거나 병자들을 돌보는 역할을 감당했던 것으로 보인다. 이러한 사실은 사도들이 목회사역을 단지 영적인 문제에만 국한하지 않고, 신앙공동체의 육체적 아픔과 고통에 대해서도 관심을 가졌음을 보여준다.

3) 초기 기독교 교부들의 증거[29]

초기 기독교공동체에서 간호와 치유 행위가 널리 용인되었다는 사실을 보여주는 여러 증거들이 있다. 성직자들에게 목회적 주의를 요하는 여러 문제들도 있었지만, 우선순위에서 병든 자들을 방문하는 것은 성직자들의 책임목록에서 언제나 상위에 속해 있었다.[30] 뿐만 아니라 초기 기독교공동체에는 말씀을 선포하는 성직자들 외에도 유약한 자나 병든 자를 보살피

---

28. 칼 볼츠, 『초대교회와 목회』(컨콜디아사, 1997), 259.

29. 초기 기독교에 관한 문헌기록이 많지 않다. 오순절 이후 백여 년까지(30-100AD)의 기록으로는 30-60년 어간의 30년간의 기록인 사도행전과 바울의 서신서들이 있고, 그 외의 자료는 거의 없다. 이 기간 동안의 교회에 관한 정보는 고고학적 발견물, 탈무드와 동시대의 그리스, 로마의 저술가들의 작품에 나타난 단편적인 기록들, 그리고 당시 통치자들의 문서에 나타난 단편적인 기록에 의존하고 있다. 90-140년까지의 기록으로는 사도 교부들(Apostolic fathers)에 의해 기록된 서신 형식의 단편적인 문서가 남아 있을 뿐이다. 초기 기독교회와 교회사를 알 수 있는 기독교권의 최초의 기록은 2세기 중반의 변증가들의 기록이다.

30. Hyppolytus, *Apostolic Tradition*, 34; Chrysostom, *On the Priesthood*, 3:16. 성직자나 병 고치는 자들은 환자의 몸에 기름을 발랐는데, 히폴리투스는 병든 자에게 바르는 기름을 들고 기도하는 기도문을 남겨두고 있다. "당신께서 그 기름을 사용하고 함께 나누는 사람들에게 건강을 허락해 주옵시고, 그것을 맛보는 모든 사람에게 위로, 그것을 사용하는 모든 사람에게 건강을 주옵소서"(Hyppolytus, 5).

는 여집사들이나 과부들이 있었으며, 병 고치는 (은사가 있는) 일을 감당하는 이들이 있었던 것으로 보인다.[31] 히폴리투스에 의하면, 병 고치는 사람의 직무는 '행동으로 그의 사역이 드러나기 때문에' 별도의 안수가 필요 없었으며,[32] 여집사들이나 과부들도 환자를 방문하고 병든 자에게 기름을 바를 수 있었다. 이런 점들은 초기 기독교공동체가 간호와 치료를 목회적 과제로 인식했음을 알게 해준다. 그러면 좀 더 구체적으로 교회공동체의 육체적 보살핌과 치유 사역과 관련된 기록들을 몇 가지 살펴보자.

먼저 2세기 초 변증가였던 꾸아드라투스(Quadratus)는 『변증』(*Apology*)이라는 그의 책에서, 주의 사역이 그의 시대까지 계속되었고, 치유받는 이들이 계속 생겨났다는 사실은 육체적인 치유의 실재에 관해 그 어떤 의문도 들지 못하도록 했다고 기술했다.[33] 또한 2세기 중엽 로마의 변증가였던 유스티누스는 그리스도인들이 어떻게 예수의 이름으로 사람들을 치유하였는가에 대해 다음과 같이 기록했다.

> 세계전역과 폐하의 도시 내의 헤아릴 수 없이 많은 귀신 들린 자들이 있는 바, 예수의 이름으로 그들에게서 귀신을 내쫓는 많은 우리 그리스도인들은 … 스스로는 아무것도 할 수 없음을 고백하면서 그들에게 씌워진 귀신을 내쫓는 치유를 해왔고, 지금도 치유를 계속하고 있습

---

31. 칼 볼츠, 215.

32. Hippolytus, 15.

33. *A New Eusebius*, 58. 꾸아드라투스의 기록은 다음과 같다. "But the work of our Saviour were always present (for they were genuine): namely, those who were healed, those who rose from the dead; who were not only seen in the act of being healed or raised, but were also always present; and not merely when the Saviour was in earth, but after his departure as well, they lived for a considerable time; insomuch that some of them survived even to our own day."

니다. 그러나 이런 사람들은 다른 모든 귀신을 쫓는 자들과 주문과 약물을 사용한 사람들에 의해서는 치유될 수 없었던 사람들이었습니다.[34]

유스티누스에 의하면, 2세기 중엽에 이르러 기독교공동체는 가난한 이들을 구제하고 병든 자를 돌보는 사랑의 실천, 곧 간호 활동이 상당히 조직화되어있었음을 알 수 있다. 또한 일주일에 한 번씩 자발적인 헌금을 거두어 그것을 고아와 과부, 질병으로 고통당하는 사람들, 갇힌 사람들, 그리고 외국인 체류자들을 보호하는 데 사용되도록 했다.[35] 그리고 이 일을 집사들로 하여금 담당하도록 했다.

치유에 대해 가장 흥미로운 기록을 남긴 이는 이레네우스(Irenaeus, c.115/119-202)인데, 그는 『이단논박』이라는 책에서 이방인들은 그리스도인들이 행하는 치유의 기적을 행할 수 없었다고 지적하면서, 복음서와 사도행전에 기록된 것과 같은 다양한 종류의 치유들에 대해 증거하였다.[36] 또한 흥미로운 것은 에피다우루스나 버가모에 있는 유명한 이교도 신전에서 행해지던 치유와 달리, 그리스도인들에 의해 행해진 치유는 어떤 형식의 사례도 받지 않았다는 점이다.[37] 왜냐하면 그리스도인들은 치유를 그리스도의 지체로서 그들에게 주어진 하나님의 창조적인 능력을 나타내는 당연한 행동으로 간주했기 때문이다.[38] 테르툴리아누스(Tertullianus, c. 150/160-220) 역시 좀 더 구체적으로 많은 사람들이 기독교공동체에 의해

---

34. Justin Martyr, *Second Apology*, 6.
35. Justin, *Apology*, I, 67, 6; Tertullianus, *Apology*, 39, 5; Dionysius of Corinth in Eusebius, *H. E.*, iv. 23.10.
36. 이레네우스의 치유에 관한 기록은 *Against Heresies*, II.6.2. 10.4, 31.2, 32.4ff. III.5.2에서 발견된다.
37. 켈시, 162.
38. 켈시, 162.

치유를 받았다는 사실을 다음과 같이 지적하였다.

> 그리고 얼마나 많은 높은 분들이 (평민들은 말할 것도 없거니와) 이 귀신으로부터 구원을 받았고 질병으로부터 치유를 받았습니까? 안토니우스(황제)의 아버지인 세베루스(Severus) 황제께서도 감사하게도 그리스도인들을 잊지 않았습니다. 황제께서 유호디아스가의 청지기인 토르파키온이라는 별명으로 불린 플로쿨루스라는 그리스도인을 찾아갔을 때, 그가 기름을 발라 황제를 치료해 준 것에 대한 감사로 황제는 그 그리스도인을 그가 죽을 때까지 황제의 궁에 데리고 있었습니다.[39]

알렉산드리아의 오리게네스(Origenes, c. 185-254)도 그의 『켈수스 반박론』(*Contra Celsum*)에서 그리스도인들이 어떻게 '악령을 추방하고 많은 치료를 행했는가'에 대해 말하면서 자신이 목격한 바를 기록했다. 이상에서 제시한 몇 가지 인용 외에도 기독교공동체의 치유사역에 관한 기록들은 매우 많다.[40]

이상을 고려해 볼 때, 치유사역이 교회 내에서 계속되었다는 점은 의문의 여지가 없다. 적어도 3세기까지 교회는 사랑과 자비의 행위로서 가난하고 병든 자와 소외된 자를 위해 구체적으로 봉사했는데, 그 중에서도 중요한 사역이 간호와 치유 행위였다. 여집사들이나 과부들이 교회에서 방문 간호사로서의 역할을 수행하다가 3세기부터는 조직화된 여집사 집단이 연

---

39. Tertullianus, *To Scapula* 4.
40. 교회의 치유에 대한 초기 교부들의 언급은 다음과 같은 저서들에 나타나 있다. Quadratus, *Apology*; Justin Martyr, *Second Apology*, 6, *Dialogue with Trypho*, 30, 39, 76, 85; Theophilus of Antioch, *To Autolycus*, I.13, II.8; Tertullianus, *To Scapula*, 4, *The Soul's Testimony*, 3, *De Spectaculis*, 26, 29, *Apology*, 23, 27, *On the Soul*, 57; Tatian, *To the Greeks*, 17f. 20, 켈시, 161에서 중인.

약한 자, 병든 자와 나병환자들을 간호했다.⁴¹ 이렇듯 당시 교회는 건강의 회복과 치유를 목회의 주요 과제로 삼았음을 알 수 있다. 물론 치유 행위는 축귀를 비롯한 영적 영역에 기초한 치유가 중심을 이루었다. 교회 공동체 안에는 의료적 기능을 행사하는 이들이 많았고, 심지어 성직자들 가운데는 의사도 있었다(이 점을 보여주는 비문이 남아 있다).

바울에게서 보는 바처럼, 사도시기의 초기 목회 형태는 순회목회였다. 하지만 2세기 중엽 이후 현재와 같은 정착목회로 변화되는 과정에서 1세기말부터 과도기를 겪게 되었다. 순회목회자들은 바울의 모범을 따라 각자 자급목회자로 활동하였는데, 그들 묘지에 세워진 비문에는 감독 중에 의사도 상당수 있었음을 알 수 있다. 즉 의사직을 수행하는 감독은 영적 목회와 간호와 육적 돌봄을 동시적으로 수행했다고 볼 수 있다.

4. 4세기 이후의 변화

그런데 313년 기독교가 콘스탄티누스황제에 의해 공인을 받게 되면서 교회적 삶과 신앙에 많은 변화가 일기 시작하였다. 3세기 동안 계속되던 박해가 종식되고, 생존을 위해 투쟁했던 그리스도인들은 이제 제국의 보호와 비호를 받기 시작하였다. 기독교는 고난받는 공동체가 아니라 보호받는 공동체가 되었고, 380년 기독교가 로마 제국의 국교가 되면서부터는 나그네공동체가 아닌 안주공동체로 신속하게 변모되었다. 이러한 추이는 기독교의 본래적 신앙에서의 변질을 의미했다. 이러한 일련의 과정 속에서 자비의 사역과 가난한 자와 고통받는 자에 대한 애정 어린 배려는 점차 교회

---

41. Mary Haazig, "Historical Presence of the Nurse in the Church," *Oneness in Purpose, Diversity in Practice* (Park Ridge, National Parish Nurse Resource Center, 1989), 3.

의 관심에서 멀어지기 시작하였다. 물론 그렇다고 예수님의 사역에서부터 시작되어 고난과 박해의 세기동안 계속되어 온 교회공동체의 치유와 간호사역이 완전히 사라진 것은 아니었다. 세 명의 카파도키아인으로 불리는 바실리우스(Basil the Great, 329-379), 그의 형제 닛사의 그레고리우스(Gregory of Nyssa, 331?-396), 그들의 친구인 나지안주스의 그레고리우스(Gregory of Nazianzus, 329?-389), 그리고 4세기 당시 최고의 설교가로 알려진 크리소스토무스(Chrysostomus, 345-407) 등의 문헌을 보면, 여전히 교회에서 치유가 계속되었음을 알 수 있다.[42] 그러나 치유가 점차 교회 활동의 가장자리로 밀려나기 시작한 것 또한 분명하다. 4세기에는 교회에 의해 병원이 설립되기 시작했는데, 그 첫 경우가 가이샤라의 바실리우스가 세운 바실레이아드(Basileiad)였다. 이것은 교회의 영적 측면이 목회활동의 중심에 서게 되고, 치유사역은 별도의 기구, 곧 병원이나 의료기관을 통해 수행되기 시작했음을 반영하는 것이다.

초기 기독교에서부터 있어왔던 육체적 간호에 대한 관심은 종교개혁 이후 목회활동에서 제외되기 시작했다. 교회는 별도의 의료기관을 설립함으로써 영적 측면에만 집중하고, 육체적 건강이나 의료시혜는 의료기관에 위임했는데, 이는 전문화를 추구하는 보다 합리적인 방법으로 간주되었다. 치유는 목회활동의 본류일 수 없다는 인식이 지배적이게 된 것이었다. 사실 이런 경향은 종교개혁에서부터가 아니라 이미 4세기 이후부터 나타난 현상이었다. 417년 당시 교황 이노센트 1세(Innocentius I, 401-417)는 모든 교회의 환자들은 도유(塗油, 기름 바름)를 받아야 한다고 칙령을 내렸는데, 이것은 치료행위가 아니었다. 도유는 치료가 아니라 교회적 의식이었다.

---

42. 켈시, 170.

이 후 10세기부터 이 도유의식은 점차 7성례의 하나인 종부성사(終傅 聖事)로 바뀌어갔다.[43] 즉 인간의 육체를 치유하기 위한 보건행위가 죽음을 위한 통과제의로 바뀌었던 것이다. 그러다가 18세기를 거치면서 교회의 치유사역에 새로운 관심이 일어났는데, 곧 신사고운동(New Thought)과 크리스천 사이언스(Christian Science)라는 종파였다. 이들은 건강과 치유를 신앙의 이름으로 강조하였다. 이 외에 오순절 계통의 교회들 또한 치유와 신유를 강조함으로써 치유 중심의 목회를 지향했다. 현실적 필요를 채워주었기에 이런 교회들은 계속적인 성장을 경험하였다.

5. 맺으면서

기독교가 사회 속에서 어떤 기능을 행해왔는가 하는 것은 교회사가들의 중요한 관심사였다. 이를 처음 제기한 고대사학자 하르낙(A. Harnack) 이후 피선교국에서의 기독교의 현존이 갖는 의의에 대한 다양한 연구가 진행되었다. 최근의 연구로는 1세기 그리스-로마 사회에서 기독교와 그리스도인이 감당했던 역할을 연구해온 캠브리지의 브루스 윈터(Bruce W. Winter)가 대표적이다. 그는 *Seek the Welfare of the City*라는 저서를 통해 그리스도인들은 기독교가 지향하는 그 본래적 가치체계 때문에 그 시대에서 '시민으로서 그리고 동시에 시혜자로서'의 기능을 감당해 왔다고 지적했다. 기독교적 가치에 철저한 그리스도인들과 교회공동체는 항상 그 시대의 사랑과 자비의 시혜자들이었고, '공공의 유익'(*usui publico*)은 초기 그리스도인들에서부터 나타나는 사회적 삶의 양식이었다. 즉 그리스도인들의 제자적 삶의 양식은 '그 도시의 복지'(τὸ τῇ πόλει συμφέρον)에도 무관심하

---

43. M. T. 켈시, 『치유와 기독교』(대한기독교출판사, 1986), 19.

지 않았다는 것이다. 그 한 가지가 위난자들, 약자들, 그리고 병든 자들을 보살피고 치료해 주는 자비의 사역이었다.

6장

사도교부들의 가르침과 의의

1. 교부란 무엇인가?

1) 교부란 누구인가?

교부(教父, church fathers)란 일반적으로 말해 '교회의 아버지', 혹은 '교회의 조상'들(*Pater Ecclesiae*)이라 할 수 있는데, 이는 초대교회 공동체가 그들의 감독(주교), 스승 혹은 학자들에게 부여한 칭호로서 사랑과 존경의 표시였다. 교부라고 할 때, 그것은 교회가 시작되고 교회의 가르침이 형성되던 시기에 속하기 때문에 고대 기독교에 속한 이들을 의미한다. 일반적으로는 8세기 중반까지 약 칠백 년 간 문필활동을 통해 교회의 전통과 질서, 신학을 이끌어 온 지도자들을 말한다. 다시 말해 교부란 교회학문에 대한 공적(功績)과 그들의 삶의 거룩성으로 말미암아 교회가 인정한 교회 초기의 지도자들로서, 교회사를 옳게 믿는 자들의 아버지들(*recte credentium ecclesiae filiorum genitores*)이라고 불리는 사람들이다.

이를 근거로 교부를 결정하는 네 가지 기준은 다음과 같다. 첫째, 고대성 혹은 고전성(*competens antiquitas*), 둘째, 삶의 거룩성(*Sanctitas vitae*), 셋째,

교리의 정통성(*doctrina orthodoxa*), 넷째, 교회의 인정(*approbatio ecclesiae*)이다.

교부들의 시대에 대해서는 학자들 간에 이견이 있다. 교부시대를 각각 4세기, 6세기, 14세기까지로 보는 사람들이 있는가 하면, 묄러(Mohler)와 같이 교부에 대한 시대적 한계 자체를 부인하는 사람도 있다. 그러나 일반적으로는 『디다케』(*Didache*)가 기록된 70년경(50, 60년대 기록설이 있음) 또는 로마의 클레멘스 서신이 기록된 96년경부터 시작하여 쎄빌랴의 이시도르(560~636)를 서방의 마지막 교부로, 다메섹의 요한(675~749? 754?)을 동방의 마지막 교부로 보는 것이 관례이다. 이때까지가 분열되지 않는 보편교회의 시기였기 때문이다. 어떤 학자들은 12세기 클레르보의 성 버나드(Bernard of Clairvaus)를 마지막 교부라고 부르기도 한다.

2) 교부문헌과 교부학 연구

고대교회사나 교리사 연구에서 교부에 대한 체계적인 연구는 매우 중요하다. 이들은 고대교회의 교리형성에 중요한 영향을 끼친 인물들일 뿐만 아니라 중세신학에도 지대한 영향을 주었기 때문이다. 종교개혁자들도 교부들의 사상과 신학을 통하여 성경의 복음 정신을 발견하고, 중세교회가 본래의 기독교 전통에서 얼마나 이탈하였는가를 알게 되었다. 따라서 교부들에 대한 연구는 중요하면서도 시급한 과제라고 할 수 있다.

교부학(patrology)이란 교부와 교부들의 문헌에 대한 연구를 말한다. 이와 관련하여 교부문헌학이 있는데, 교부들의 작품으로부터 발췌된 신앙, 윤리, 교회규범에 대한 자료들을 학문적인 원칙에 따라 종합해 놓은 작업이다. 성경과 함께 교부들의 문헌은 기독교 전통에 대한 가장 오래된 문서일 뿐만 아니라, 성경에 대한 이해와 해설, 성경에서 도출된 신학을 보여주는 주석이기 때문에 성경과 기독교 신앙, 신학 전통에 대한 이해와 연구를 위해 필수적인 것이다.

교부학은 18세기에 와서야 비로소 고유한 학문으로 가치를 인정받기 시작했지만, 사실은 이미 가이사랴의 유세비우스(d. 339)가 자신의 책 『교회사』에 초기 기독교 저술가들의 생애와 작품들을 인용, 발췌함으로써 교부학 연구의 정초를 놓았다고 할 수 있다. 따라서 교부학의 역사는 유세비우스에게서 시작된다고 할 수 있다. 유세비우스의 『교회사』는 그 분량의 방대함뿐만 아니라 현재 소실된 수많은 문헌들의 내용에 대한 정보를 주고 있다는 점에서 문헌사적 의의가 크다. 그 다음 인물로는 히에로니무스(Sophronius Eusebius Hieronymus, 347~420)인데, 그는 사도시대로부터 시작하여 그의 시대, 곧 392년까지 135명의 인물들과 그 저서들을 소개하는 『인명록』(De viris illustribus sive catalogus de scriptoribus ecclesiaticis)을 남겼다. 여기에는 유대인 학자 필로(Philo), 플라비우스 요세푸스(Flavius Josephus), 로마의 철학자 세네카(Seneca) 등 비기독교 학자들까지 수록되어있다. 이 작품 또한 교부학 형성에 있어 중요한 초석이 되었다. 이 인명록은 마르세이유의 게나디우스(Gennadius Massiliensis, d. 496)에 의해 계승된 뒤 여기에 약 백 개의 항목이 추가되어 5세기 간의 교부들에 관한 중요한 사료로 역할을 하고 있다. 세빌리아의 이시도르(Isidor of Sevilla, d. 636), 톨레도의 대주교 일데폰스(Ildephons of Toledo, d. 667) 등은 여기에 스페인 지역 교회의 저술가들의 목록도 첨가시켰다.

이후 긴 침묵의 기간이 지난 후 16세기 수도원장인 요한 트리트하임(J. Tritheim d. 1516), 미레우스(Myraus, d. 1640)에 의해 이런 노력이 다시 시도되었다. 하지만 17세기 추기경이었던 베르라민에 의해 이것은 새로운 시도로 이어졌다. 당시에는 문예부흥기의 프로테스탄트 인문주의자들에 의해 고전문학에 대한 깊은 관심이 일어났는데, 이런 경향이 가톨릭에도 영향을 주어 교부들에 대한 연구가 활발하게 진행되었다. 베르라민 추기경은 1613년에 『교회저술가론』(Liber de scriptoribus ecclesiasticis)을 출간했는데,

이 역시 교회 문서에 대한 관심을 불러 일으켰다. 이후 방대한 교부문헌집이 출판되었는데, 대표적인 것이 루이 엘리 뒤 뺑(Louis Ellies du Pin)의 47권으로 된 『교회저술가들의 새 장서』(*Nuovrlle bibliotheque des auteurs ecclesiastiques*, 1686~1711)와 이와 유사한 형태의 르 냉 드 티유몽(Le Nain de Tillemont)과 쎌리오(R. Ceillier)의 작품들이다.

18세기 이후 교부연구는 새로운 전기를 맞게 되는데, 특히 주목할 만한 것은 『미뉴전집』이다. 이는 파리의 베네딕트회 수도사들에 의해 17세기부터 시작하여 미뉴(J. P. Migne, 1800~1875) 때에 완성되었다고 하여 『미뉴전집』이라고 불리는데, 라틴 교부(PL: *Patrologia Latina*) 221권과 그리스 교부(PG: *Patrologia Greca*) 161권으로 구성되어있어 그 방대함에서 이전 시대의 문집들을 능가한다. 이 전집의 교부 문서들은 십만 페이지를 상회한다.

3) 교부의 구분

교부들은 약 칠백여 년 동안 활동한 지도자들이기 때문에 저마다의 강조점과 관심에 차이가 있다. 곧 그들 간에는 동질성만이 아니라 다양성도 있다. 초기 교부들은 대체로 로마 제국이나 이교도 또는 유대교의 박해나 비난, 오해 등에 대해 변증적인 저술을 기록함으로써 교회와 정통신앙을 표현하고자 했다. 반면 4세기의 교부들은 삼위일체와 위격의 상호관계에 더 많은 관심을 표명했는가 하면, 4세기 말과 5세기의 교부들은 그리스도의 인격에 많은 관심을 쏟았다. 이후부터는 동, 서방이 큰 차이를 보이는데, 가령 서방이 교회의 정통성에 관심을 보였다면, 동방은 기독론 논쟁에 큰 관심을 보였다. 언어나 문체, 신학적 취향에 있어서도 지역에 따라 달랐다. 곧 라틴어 지역인 북아프리카와 로마가 달랐고(간결하고 엄격한 문체), 그리스어 사용지역인 비잔틴, 카파도키아, 안디옥, 알렉산드리아가 달랐다.

교부들을 흔히 니케아 공회(325)의 이전 교부와 이후 교부로 나누는 것이 상례이며, 언어로 분류할 경우에는 그리스 교부(Greek fathers)와 라틴 교부(Latin fathers)로 나눈다. 시대별로 나눌 경우에는 대략 아래와 같이 분류한다.

① 사도 교부(속사도 교부, 사도적 교부, Apostolic fathers, 150년까지)
② 변증가와 고대 교부(Apologetists, c. 140~200, 3세기 말까지)
③ 후기 교부(8세기까지)

2. 사도 교부

1세기 말과 2세기 초반의 초대교회에는 여러 문필가들이 나타났는데, 이 책의 저자들을 가리켜 '사도 교부' 또는 '사도적 교부' 혹은 '속사도 교부'(Patres Apostolici, apostolic fathers)라고 부른다.[1] 이들을 '사도 교부'라고 말하는 것은 이들이 사도들의 제자로서 사도들의 가르침을 후대에 전했기 때문이다. 물론 사도들과 접촉이 있었던 것을 필수조건으로 하지는 않는다. 이들은 주후 90~150년 어간, 즉 계시시대가 끝나고 전승시대로 넘어가는 사도 이후 첫 문필가(저술가) 그룹으로서, 사도 시대 이후부터 2세기 후반까지의 변증가들 사이에서 교량 역할을 함으로써 사도들의 가르침을 후대에 계승시키는 일에 중추적인 역할을 했다. 따라서 그리스어로 기

---

1. 사도교부에 대한 국내의 중요한 자료로는 라이트푸트(이은선 역), 『속사도 교부들』(*The Apostolic Fathers*, CLC, 1994); 비텐슨, 헨리(박경수 역), 『초기 기독교 교부』(크리스챤다이제스트, 1997); 이형의 편역, 『초대교회의 신앙문서, 속사도교부들』(기독교문사, 1988); 한철하, 『고대 기독교사상』(대한기독교서회, 1970) 등이 있다.

록된 이들의 문헌은 부피의 많고 적음에 관계없이 초기 기독교를 해명하는 데 없어서는 안 될 자료들로서 매우 중요한 가치를 지닌다.

일반적으로 사도 교부와 그 문헌으로는 로마의 클레멘스의 『고린도교회에 보내는 편지』, 안디옥의 이그나티우스가 남긴 7통의 서신들, 서머나의 폴리카르푸스가 쓴 편지, 『헤르마의 목자』, 『바나바 서신』, 히에라폴리스의 파피아스가 쓴 『단편들』, 『디오그네투스에게』, 『디다케』 등이 있다. 이 중 파피아스가 쓴 『단편들』과 『디오그네투스에게』[2]는 17세기에, 『디다케』는 1883년에 발견되어 사도 교부 문서에 포함되었다.

사도 교부들의 문서는 일반적으로 네 가지 특징을 지니는데, 첫째, 글의 내용이나 표현에 유사한 점이 많고 거의 모두가 서신의 형태를 취한다. 둘째, 어떤 특수한 사상체계나 확정된 신학이나 교리적 원리를 제시하지 않는다. 사도 교부들의 글에서는 신학형성의 초기 형태를 보여준다. 예컨대, 클레멘스의 글에는 교회법에 대한 기초를, 『바나바 서신』에서는 사색적 교의의 흔적을, 이그나티우스의 글이나 『디오그네투스에게』에서는 변증론을, 파피아스의 『주의 교훈의 해석』에서는 성경주석의 시초를, 헤르마스의 『목자』에서는 기독교윤리규범의 초기 형태만을 엿볼 수 있을 뿐이다.[3] 이런 점 외에도 세례에 관한 과장된 효과, 독신생활의 강조, 순교 예찬, 재림의 임박성 강조와 같은 부정적인 측면도 담고 있는데, 이는 신학이 아직 초기 단계였음을 보여준다. 셋째, 문서의 내용은 목회적인 동기에서 기록된 목회서신이라고 할 수 있다. 즉 교회 안의 분쟁을 막고 교회의 통일과 질서를 강조한 것이다. 넷째, 비록 교리적 기초는 확립하지 못했지만 신앙전통의 가장 오래된 문헌이라는 점에서 의미를 지닌다.

---

2. H. I. Marrou는 이 작품을 사도 교부의 글로 보지 않고 변증가의 글로 간주한다. 그는 이 책을 190년경에 기록된 것으로 간주한다.

3. P. B. 슈미트(정기환역), 『교부학개론』(컨콜디아사, 1998), 55.

'속사도'란 용어를 처음 사용한 사람은 테르툴리아누스(Tertullianus)로 알려져 있고, '속사도 교부들'이란 용어도 이미 6세기에 안디옥의 세베루스에 의해 사용되었다. 그러나 교회사적으로 사도 교부 연구는 17세기 프랑스 학자 쟝 코텔리에(Jean B. Cotelier)에 의해 새롭게 시도되었다. 그는 1672년『사도들과 동시대 교부들의 작품들』(*Patrum qui temporibus apostolieis flaruerunt*)이라는 두 권의 저술을 통해 사도 교부들에 대해 학문적인 정리를 시도하였다. 아래는 사도 교부들을 표로 정리한 것이다.

교부들(Church Fathers)

구분	서방 (West)	동방 (East)
1세기 (95-c.150) 사도교부들	로마의 클레멘스 (Clemens of Rome, c.30-97)	이그나티우스(Ignatius, 105이전- c.135) 폴리카르푸스(Polycarpus, c. 70-167) 위 바나바(Pseudo-Barnabas) 디오그네투스 서신(The Epistle to Diognetus) 파피아스(Papias, c.60- c.130) 디다케(Didache)
2세기 (120-220) 변증가들	테르툴리아누스 (Tertullianus)	아리스티데스(Aristides) 유스티누스(Justinus) 타티아누스(Tatianus) 아데나고라스(Athenagoras) 데오필루스(Thepohilus)
3세기 (180-250) 이단비판	이레네우스 (Irenaeus) 테르툴리아누스 (Tertulliaus) 키프리아누스 (Cyperianus)	알렉산드리아학파 (Allegorical and Speculative) / 안디옥학파 (Gramatical - Historical) 판테이누스(Pantaenus) 클레멘스(Clemens) 오리게네스(Origenes)

4세기 (325-460)	히에로니무스 (Hieronymus) 암브로시우스 (Ambrosius) 아우구스티누스 (Augustinus)	아타나시우스 (Athnasius) 가이샤라의 바실리우스 (Basilius of Caesarea)	크리소스토무스 (Chrysostonus) 데오도르 (Theodore)

1) 로마의 클레멘스(Clemens of Rome, Clemens Romanus)

클레멘스가 어떤 사람이었는지에 대해서는 여러 이견이 있다.[4] 천주교에서는 그가 95~96년경 로마교회의 감독이자 베드로의 후계자로서, 도미티아누스 황제 12년인 92년부터 트라이아누스 황제 3년인 101년까지 교황이었다고 주장한다.[5] 이레네우스는 그가 베드로, 리누스, 클레투스에 이어 로마의 제4대 감독이었다고 주장한다.

클레멘스가 남긴 유일한 기록은 고전 그리스어로 기록된 『고린도교회에 보낸 서신』(*The Letter of the Church of Rome to the Church of Corinth*)인데, 이것을 『클레멘스 서신』(*The Epistles of Clemens of Rome*)이라고도 부른다. 이 서신은 신약성경 다음으로 가장 오래된 초대교회의 문헌, 곧 사도 교부들의 글 중 가장 오래된 최초의 교부문헌이다. 이는 AD 96년경 당시 고린도교회에서 장로와 교인 사이에 분규가 생겼을 때 보낸 서신으로서,[6] 전체 65

---

4. 클레멘스가 누구였는지에 대해서는 3가지 주장이 있다. 첫째는 바울의 동역자로서 빌립보서 4:3에 언급되고 있는 클레멘스라는 주장인데, 오리게네스와 유세비우스가 이 견해를 지지한다. 둘째는 도미티아누스 황제의 사촌이자 95년에 그 황제의 집정관이었던 Titus Flavius Clemens라는 견해이다. 그는 그 직위가 끝날 무렵 '무신론'의 혐의로 그의 아내 도미틸라(Domitilla)와 함께 체포되었다. 셋째는 위의 클레멘스와 도미티아누스 집안의 자유민이었을 것이라는 주장이다.

5. Eusebius, *EH*, 5,6,2.

6. 고대, 특히 1, 2세기 당시의 우편전달과 관련한 제도에 대해서는 S. R. Lliwelyn, *New Documents Illustrating Early Christianity* Vol. 7 (The Ancient History Documentary Research

장으로 구성되어있다. 비록 본문에는 클레멘스의 이름이 나타나 있지 않지만, 전통적으로 클레멘스가 쓴 것으로 인정하고 있다.

이 서신에서 클레멘스는 신구약성경의 예를 들어 서로 미워하는 것과 불화함을 꾸짖고 사랑과 순종으로 평화를 회복하도록 권면한다. 즉 분파를 일으킨 장로들의 복직에 관하여, 교회의 통일성에 관하여, 그리고 그리스도를 본받아 사랑과 겸손으로 화목하고 장로와 집사들에게 순종할 것을 권면한다. 그는 교회에서의 합당한 질서를 강조했는데, 이는 초기 기독교회에서 교회 권위의 확립이 얼마나 어려웠는가를 보여준다.

한편 이 서신에는 구약인용이 많아 전체의 사분의 삼을 차지한다. 때문에 비록 바울의 교리를 받아들이긴 했으나, 전체적으로는 율법주의적인 색체가 짙다. 그리고 흥미로운 점은 이 서신에서 '장로'와 '감독'이 동의어로 사용된다는 점이다. '장로'와 '감독'이 동일한 직분이라는 것은 개혁교회 전통의 직분관인데, 클레멘스 서신이 이를 확인시켜 주는 셈이다. 또 이 서신의 40장 5절은 '평신도에게는 평신도의 계명이 있다'고 말함으로써, 교회 역사상 처음으로 '평신도'라는 용어를 사용하기도 한다. 그러나 평신도의 봉사(λειτουργία)가 무엇인지에 대해서는 언급하지 않는다.

이 서신의 5장은 베드로와 바울이 로마에서 선교하다가 순교했고, 바울은 로마 제국의 서쪽 끝인 스페인까지 가서 선교했다는 점을 언급한다. 6장은 네로황제의 박해가 잔인했다는 점을 지적하는 한편, 박해 때 순교한 이들 중 여인들이 많았다는 점을 최초로 언급한다. 특히 59장 4절에서 61장 3절에는 긴 기도문이 언급되는데, 이는 가장 오래된 로마교회의 전례(典禮) 기도문이라고 할 수 있다.

Centre, Macquarie University, 1994), 1-57을 참고할 것. 이 클레멘스 서신은 Claudius Ephebus, Valerius Vito 그리고 Fortunatus에 의해 전달되었다(1 Clem. 63.3, 65.1).

이 서신이 함의하고 있는 중요한 점은 로마교회의 권위가 다른 지역의 교회들보다 앞서 있음을 보여준다는 점이다. 로마의 감독(주교)이 무슨 권위로 멀리 발칸반도에 있는 고린도교회 내부 문제에 대해 개입하는가? 그것이 단지 이웃 교회가 겪고 있는 어려움에 대한 우의적 충고(correctio fraterna)인가, 아니면 특별한 책임이나 구속력을 지닌 권위의 행사인가에 대한 논란이 있긴 하지만, 이것은 점차 부상하기 시작하는 로마교회의 우위권을 보여주는 것으로 해석된다. 당시는 사도 요한이 에베소에 생존해 있을 때이기 때문에, 로마의 클레멘스가 고린도교회의 문제에 대해 말하는 것은 로마교회의 권위가 다른 지역의 교회보다 우위에 있음을, 곧 로마교회의 수위권이 형성되고 있음을 보여주는 증거라 할 수 있다.

2) 안디옥의 이그나티우스(Ignatius of Antioch, 35~117?)

이그나티우스에 대해서도 제한된 정보만 남아있다. 그는 사도 요한의 제자요 베드로와 에보디우스(Evodius)의 후계자이자 안디옥 교회의 감독으로서, 트라이아누스(Traianus) 황제 때 체포되어 자신의 소망대로 맹수형을 당해 순교한 것으로 알려져있다. 이것이 언제인지에 대해서는 이견이 있지만, 대략 107년에서 117년인 것으로 보인다. 대개는 110년으로 생각하며, 순교한 날은 10월 17일 혹은 12월 20일로 알려져 있다.

이그나티우스는 115년경 로마로 압송되어 가는 도중에 서머나에 머물러 에베소, 마그네시아, 트랄리아, 로마[7]에 편지를 썼고, 서머나를 떠나 드로아(Troas)에서 빌라델비아, 서머나, 그리고 폴리카르푸스에게 편지를 썼는데, 이 일곱 통의 서신을 『이그나티우스 서신』(The Epistles of Ignatius)이라고 한다. 이 서신들은 초기 기독교회의 신앙과 삶을 생생하게 보여주는 귀

---

7 이 편지는 어떤 에베소인(γράφω δι Ἐφεσίων, ad Rom)에 의해 전달되었다.

중한 문헌이다.

이 서신에는 감독의 충절과 목자로서의 보살핌, 그리고 견고하고 생동감 넘치는 신앙적 자세가 나타나는데, 이를 네 가지로 정리하면 다음과 같다. 첫째, 교회의 조직과 통일성(Unity of church)을 강조했다. 이그나티우스는 한 분이신 하나님, 한 분이신 그리스도, 하나인 교회를 강조하면서 신앙과 사랑 안에서 일치할 것을 강조했고, 이것이 이단을 대항하는 최선의 방법으로 보았다. 그는 이 서신에서 가톨릭교회(καθουλική ἐκκλησία, Catholic church)란 말을 최초로 사용하였다. 이 용어는 폴리카르푸스 때는 '참된 교회'라는 말로 발전한다. 이그나티우스는 감독(주교)이 교회의 수장이며, 감독을 중심으로 일치하는 것이 예수 그리스도와 일치하는 것으로 보았다. 그만큼 그는 감독의 권위를 강조하였다. 교회질서에 대한 이러한 강조를 두고 리차드슨(C. Richardson)은 공교회주의(公敎會主義, Catholicism)의 일부라고 말했다. 둘째, 이단을 경계하고 있다. 이그나티우스는 예수의 신성을 반대하는 에비온파(Ebionites)에 반대하여 그리스도의 신성을 강조하였고, 당시 이단인 가현설(Docetism)을 다루면서 그리스도의 성육신과 대속문제를 언급하였다. '가현설'이란 이 땅에 오신 예수님의 육체를 참 육신이 아니라 환상적인 육신으로 주장하며 예수의 십자가의 고통도 환상이라고 주장하는 영지주의 이단이었다. 그들은 이원론적인 구조를 따르면서 불가시적 교회를 말하고 감독이나 교회의 권위를 인정하지 않았다. 이그나티우스는 이런 이단을 경계하도록 권면하는 한편, 그리스도의 신성과 성육신, 고난, 그리고 부활의 실제성을 강조하였다. 그는 그리스도의 참된 물질성(corporeity)과 그의 인간적인 고통의 실제성을 확신하고 이를 주장했다. 그래서 그는, 가현설론자들이 말하는 것처럼, 그리스도의 수난이 거짓이라면 자신이 당하는 수난도 거짓이냐고 반문하기도 했다.

셋째, 감독의 권위를 강조했다. 이그나티우스는 "감독에게 복종하라. 그리고 직원회(장로, 집사)를 존중하라. 그리스도께서 하나님께 복종한 것 같이 너희는 감독에게 복종하라. 감독이 있는 곳에 교회가 있다"라고 했다. 이것 역시 분파적인 이단에 대한 대처에서 나온 것이었다. 넷째, 순교를 강조하고 있다. 이그나티우스는 그리스도를 본받는(*imitatio christi*) 것을 그리스도의 고난을 본받는 것으로 이해했다. 그것이야말로 참된 제자의 길이라고 해석한 것이다. 다시 말해 죽음을 제자직의 완성이자 그 증거의 완성 단계로 보았고, 그래서 그리스도를 위한 고난과 순교를 '그리스도를 본받음'의 최고의 이상으로 여긴 것이다. 때문에 이그나티우스는 압송되어 가면서도 로마에 가서 짐승들에게 먹혀 '그리스도를 위한 순전한 빵'이 되고 싶다고 하면서, 그를 위한 구명운동을 다음과 같이 간곡하게 만류하였던 것이다. "여러분의 사랑이 오히려 저를 해칠까 두렵습니다. 저로 하여금 하나님의 수난을 본받는 자가 될 수 있도록 해 주십시오."[8] 그는 해산의 고통을 통해 새 생명이 태어나듯이 순교를 통해 영원한 생명, 곧 부활의 기쁨을 얻게 된다고 보았다. 그래서 그는 "저는 맹수들을 빨리 볼 수 있기를 기도합니다. 맹수들이 어떤 사람들에게는 겁을 먹고 달려들지 않는 경우가 있다지만, 맹수들이 재빨리 저를 삼키도록 저는 맹수들을 유인하겠습니다"[9] 라고 말하면서 순교를 열망하였다. 이런 순교의 열망을 후대의 학자들, 특히 시카고학파는 부정적으로 파악해 그 시대의 풍조인 '죽음의 동경'(*libido moriendi*)이라고 해석하는데,[10] 이는 이그나티우스의 순교정신을 모독하는 해석이라 할 수 있다.

---

8. 『로마인들에게 보낸 편지』, 1, 2; 6, 3.

9. 위의 책, 5, 2.

10. E. R. Dodds, *Christian and Pagan in an Age of Anxiety* (NY, 1965), 135; Nock, *Conversion* (Oxford, 1933).

3) 서머나의 폴리카르푸스(Policarpus c. 69~155)

'많은 열매를 맺는 자'라는 뜻을 지닌 폴리카르푸스의 생애에 관한 기록은 거의 없다. 단지 4세기의 피오니우스(Pionius)의 기록이 있으나, 기적들과 전설들로 가득 차 있어 신뢰성이 떨어진다. 일반적으로 폴리카르푸스는 사도 요한의 제자였으며, 이그나티우스의 친구이자 제자였다고 알려져 있다. 폴리카르푸스의 제자인 이레네우스가 남긴 증언에는, "나는 복된 폴리카르푸스가 요한과 주님을 본 다른 이들과 어떻게 교제하고 그들의 말을 어떻게 인용했는지, 또한 그들에게서 주님과 그분의 기적과 가르침에 대해서 무엇을 들었는지 설명할 수 있습니다. 폴리카르푸스는 로고스의 삶을 목격한 이들로부터 모든 것을 전해 듣고 모든 것을 성경과 일치하여 이야기했습니다"라는 기록이 남아있다.[11]

폴리카르푸스는 2세기 중엽 로마로 가서 감독인 아니켓(Anicet, 154/5~166/7)과 부활절 축일에 대해 논쟁한 것으로 알려져 있는데, 당시 그는 아시아 교회의 대표로 서방의 관습과는 달리 사도 요한의 전통에 따라 유월절 전날인 니산월 14일을 부활절로 지키는 '14일파'를 변론했다.

폴리카르푸스는 서머나교회의 감독으로 40~60여 년간 봉사하였고, 86세의 나이로 155년 2월 23일 서머나에서 로마의 경기(Roman blood games)가 열리는 중 스타디움에서 처형(화형)되었다.[12] 그가 순교한지 1년도 채 되기 전에 마르쿠스(Marcus)에 의해 기록된 『폴리카르푸스의 순교기』(*Martyrium Polycarpi*)는 폴리카르푸스를 영웅적 모습으로 그리는 등 사실성이나 신뢰성에 의문을 주기도 하지만, 그의 순교에 대한 중요한 사료

---

11. 유세비우스, 『교회사』 5, 20, 6.
12. L. L. Thompson, "The Martyrdom of Polycarp: Death in the Roman Games," *The Journal of Religion*, Vol. 82, no. 1 (Jan, 2002), 27.

로 남아있다. 흔히 폴리카르푸스는 2세기 최대의 성자요 순교자로, 그리고 사도적 스승으로 추앙받기도 했다.

『폴리카르푸스의 순교기』에 의하면, 폴리카르푸스는 그리스도를 저주하고 목숨을 구하라는 충고에 대해 "내가 86년간 그분을 섬겨 오는 동안 그분은 한 번도 나를 모른다고 한 적이 없는데, 내가 어찌 그분을 부인하리요"라고 대답하고 순교자의 길을 갔다고 한다. 이레네우스에 의하면, 폴리카르푸스가 이웃 교회들과 교회 지도자들에게 서신을 보냈다고 하지만, 현재는 빌립보교회에 보낸 서신만 남아있다. 이 『빌립보교회에 보낸 서신』(Letter from the Church of Smyrna to the Church of Philomelium)[13]은 디모데전후서나 디도서와 같이 목회적 서신이라고 할 수 있다. 이 서신의 주제는 '의로움'인데, 폴리카르푸스는 의로움을 바탕으로 윤리와 도덕에서 그리스도인들의 실천적 삶을 촉구했다. 또 신앙인이 지켜야 할 과제로서 하나님 사랑과 이웃 사랑을 권했다. 그러면서도 우리를 구원으로 인도하는 것은 우리의 행실이 아니라 하나님의 은총이라고 했다. 이 서신에는 신약성경이 많이 인용되어있다.

독일의 교부신학자 캄펜하우젠은 폴리카르푸스의 서신과 바울의 목회서신의 유사성 때문에, 그리고 바울의 목회서신이 바울의 다른 서신들과 어휘와 문체, 역사적 상황, 그릇된 가르침에 대한 대처, 신학적 주장 등에서 상이점을 보인다는 점을 근거로 목회서신은 바울의 저작이 아니라 폴리카르푸스의 기록이라고 주장하기까지 했다. 특히 그는 디모데전후서와 디도서 등 목회서신은 바울의 다른 편지들보다 후대에 기록된 점과 2세기 중엽에 널리 퍼진 마르시온 사상을 반박하고 있는 점, 그리고 디모데전서 6장 21절에서 22절의 경고에서 말하는 '변론'이라는 말과 마르시온의 대표

---

13. Eusebius, *Ecclesiastical History*, IV, charter 15 참고.

적인 작품인 『대립 명제』(*Antithesis*)라는 제목이 동일한 그리스어라는 사실에 주목하여 이런 주장을 폈다.

4) 파피아스(Papias, c. 60~ c. 130)

파피아스의 생애 역시 별로 알려진 것은 없다. 이레네우스에 의하면, 파피아스는 사도 요한의 제자이며 폴리카르푸스의 동료였다고 한다. 그는 브리기아(Phrygia) 지방 히에라폴리스(Hierapolis)의 감독으로 있었고, 130년경 버가모에서 순교했다. 그는 학식과 성경에 대한 이해가 깊고, 예수의 생애와 전승을 수집하는 일에 깊은 관심을 지닌 인물로 알려져 있다.

그는 사도들을 아는 나이 많은 신자들에게서 얻은 정보를 기록해 두려고 책을 썼는데, 그것이 사도들과 제자들의 구전을 모아 5권으로 쓴 『주의 말씀의 해석』(*Exposition of Oracles of the Lord*)이다. 이 책은 예수의 생애와 말씀에 대한 글로서 2세기 중엽(130~150년경)에 기록되었는데, 13세기까지 존재하다가 현재는 소실되었다. 다만 유세비우스(Eusebius)의 교회사와 이레네우스(Irenaeus)의 글 속에 그 내용들이 단편적으로 인용되었을 뿐이다. 그래서 이것들을 『파피아스의 단편들』(*The fragments of Papias*)이라고 부른다.

이 단편들은 파피아스 자신의 연구에 대한 기록과 당시의 이적, 사복음서에 나오는 마리아에 대한 기록을 담고 있다. 유세비우스의 인용문에 나타난 파피아스의 글들은 복음서의 기원에 대한 흥미로운 정보를 주는데, 가령 마가는 베드로의 통역자였고, 마태는 그의 복음서를 히브리어로 썼다는 것 등이다. 또 다른 흥미로운 점은 파피아스는 그리스도를 목격했던 이들의 구전을 문서기록보다 선호했다는 점이다. 유세비우스는 그의 교회사에서 파피아스는 "문서 기록을 모두 유익한 것으로 그대로 받아들이지 않고, 생생한 살아 있는 자의 목소리를 그대로 받아들였다"라고 썼다.[14] 역사적으로 볼 때 파피아스는 천년왕국설을 가르쳤던 최초의 인물이다.

5) 로마의 헤르마스(Hermas of Rome)

헤르마스에 대해서는 거의 알려진 것이 없지만, 그가 쓴 『목자』(Ποιμήν, 牧者, *Pastor Hermae*)라는 글은 지금까지 남아있다. 무라토리안 정경(Muratorian Canon)[15]의 기록자에 의하면, 헤르마스는 140년에서 155년까지 로마의 감독이었던 피우스(Pius, 142~155 재위)의 형제였다고 한다. 또한 헤르마스의 『목자』에 의하면, 헤르마스는 로마에서 로데(Rhode)라는 여자에게 노예로 팔렸다가 그 여자에 의해 자유인이 되었다고 한다. 그는 결혼한 후에 부정직한 상행위로 상당한 재물을 모아 즐거운 생활을 했으나, 훗날 재산과 토지를 잃고 바른 삶으로 돌아서게 되었다. 로마서 16장 14절을 보면, '허메'(Hermas)가 등장하는데, 헤르마스가 그와 동일인이었을 것이라고 보는 견해도 있다. 이와 달리 헤르마스는 트라이아누스 황제 직후, 곧 2세기 중엽 로마 근교의 꾸마(Cuma)에 거주했던 평신도로 보기도 한다.

어떤 학자는 헤르마스의 『목자』를 기독교의 가장 오래된 작품으로 간주하여 96년경 기록되었다고 주장하기도 한다. 심지어 이레니우스와 알렉산드리아의 클레멘스는 이 책을 정경으로 간주했다. 어쨌든 『목자』는 속사도 교부의 글 중 가장 긴 글로서 요한계시록의 형태를 답습한다. 곧 5가지 환상과 12계명과 10종의 비유를 담고 있는데, 그 12계명을 정리하면 다음과 같다.

---

14. 유세비우스, 3, 39.

15. The Muratorian Canon is a mutilated fragment containing a list of New Testament Scriptures, probably those recognized as canonical by the Roman church toward the end of the second century.

1. 창조주 하나님께 대한 믿음과 경외심, 2. 어린아이와 같은 단순함과 순결함, 3. 진리에 대한 사랑, 4. 범죄에 대한 회개와 정결의 강조, 5. 인내에 대한 강조, 6. 믿음을 통한 정의로운 삶, 7. 주님을 경외하는 힘과 위력, 8. 악을 삼가고 선을 행함, 9. 악마의 아들인 주저함을 버릴 것, 10. 슬픔을 멀리할 것, 11. 성령을 지닌 바른 예언을 구별하는 규칙, 12. 악한 욕망을 버리고 선한 욕망을 취할 것

흔히 이 책은 '초대교회의 천로역정'(Pilgrim's progress of th early church)으로 불리기도 했다.[16] 이 책의 내용을 네 가지 특징으로 요약하면, 첫째, 환상적 내용이 많다, 둘째, 하늘의 명령과 성도의 생활에 대한 비유가 많다, 셋째, 세례를 받도록 유도하는 회개에 관한 언급이 많다(특히 세례 시에 모든 죄가 용서되고, 세례 후에는 용서받는 기회가 단 한 번뿐이라고 지적한다. 물론 여기서 언급한 죄는 가톨릭이 말하는 죽음에 이르는 죄를 의미한다), 넷째, 일상생활에서 성도들의 성결한 삶을 강조한다는 점이다.

이 외에도 이 책에는 신적 위격의 복수성, 신에 의한 인간의 창조, 원죄와 세례의 필수성, 인간의 자유, 은총의 필수성, 재혼의 허용, 선한 일의 반복을 통한 완전에의 노력, 부의 위험성, 부활과 영원한 보상 등이 언급되어 있다.[17] 비록 이 책이 환상적이고 상징적인 내용을 담은 묵시록의 형태를 띠긴 하지만, 어디까지나 이 책의 목적은 도덕적이고 실천적인 교훈을 주는 점이다.

---

16. S. M. Houghton, *Sketches From Church History* (The Banner of Truth Trust, 1980), 16.
17. 슈미트(정기환역), 『교부학 개론』(컨콜디아사, 1998), 64.

6) 알렉산드리아의 바나바스(Barnabas of Alexandria)

바나바스에 대해서도 알려진 것은 없으나, 그의 서신이 지금까지 현존하고 있다. 이 서신을 『바나바스 서신』(The Epistle of Barnabas)이라고 하는데, 이는 알렉산드리아의 오리게네스와 클레멘스가 붙인 이름이다. 때로 이 서신은 위 바나바스 서신(Pseudo-Barnabas)으로 불리기도 한다. 왜냐하면 신약성경에 나오는 바나바가 아닌 다른 사람에 의해 기록되었기 때문이다. 이 서신은 약 130년경에 기록되었는데, 오랫동안 잊혀져 있다가 1859년 독일의 틴센돌프(Tischendorf)가 시내산에 있는 수도원에서 발견한 4세기의 '시내산 사본'(codex Sinaiticus)에서 요한계시록 다음에 편집되어 있는 것을 발견했다. 그리고 1873년에 그리스정교회의 주교인 브렌니오스(Bryennios)가 콘스탄티노플에서 『디다케』와 이 서신이 포함되어있는 히에로솔리미타누스(Hierosolymitanus, 1056년에 기록)라 불리는 사본을 발견하게 되면서부터 비로소 빛을 보게 되었다.[18]

이 서신은 21장으로 구성되어있는데, 전반부(1~17장)는 교의적인 특성을 지니고 있고, 유대교에서 기독교로 개종한 알렉산드리아의 익명의 신자가 유대교적 사고방식으로 유대교를 반박하는 내용을 담고 있다. 또 구약성경의 해석 문제에 있어서는 구약을 비유적으로 해석하여 기독교에 적용시키려고 하였다. 가령 구약의 육체적인 할례는 폐지되었고 하나님께서는 항상 마음의 할례를 원하시는데, 유대인들은 이를 잘못 해석했다고 지적한다. 또한 유대인들은 우상숭배 때문에 언약을 이룰 자격을 상실했다는 것과 함께 하나님의 진정한 성전은 우리 마음이라고 지적한다. 이런 점에서 히브리서와 유사한 점이 있다. 당시에는 히브리서를 바나바의 글로 생각하기도 했기 때문에 이 글 또한 바나바 서신이라고 불리게 된 것으로 보인다.

---

18. 이상국, 『사도교부들의 가르침』(성 바오로, 2000), 238.

이와 달리 이 서신의 후반부(18~21장)는 윤리적인 성격을 지니고 있는데, 특히 빛의 길과 어두움의 길을 대비시키고 있다. 곧 하나님의 천사들에게 위탁한 길과 사탄의 천사들에게 위탁한 길 사이의 커다란 차이점을 제시하면서 감동적인 결론으로 끝맺고 있다.

7) 『디다케』(Διδαχὴ τῶν δωδεκα Ἀποστολων, *Teaching of the Twelve Apostles*, c. 100)

흔히 '디다케'(*Didache*, 교훈; 12사도의 교훈집)라고 불리는 이 책은 기독교를 간략하게 해설한 소책자로서, 교리문답자들을 위한 교회의 안내서라고 할 수 있다. 이 책의 저자는 알 수 없지만 기록시기에 대해서는 의견이 분분하다. 가령 어떤 학자는 50~70년경으로 보는가 하면, 어떤 학자는 2세기 중엽으로 보기도 한다. 하지만 대다수의 학자들은 1세기 말 시리아(Syria)에서 기록된 것으로 본다. 이 책은 12세기 이후 소실되어 오랫동안 매몰되어있다가, 1873년 브렌니오스(Bryennios Philotheus)에 의해 콘스탄티노플의 수도원 도서관에서 발견되었다. 훗날 니코메디아의 총주교가 되는 브렌니오스는 이 때 클레멘스, 바나바스, 그리고 이그나티우스 서신의 복사본을 포함하고 있는 120개의 양피지 조각들로 된 한 권의 책(1056년에 기록됨)을 발견하는데, 여기서 우리가 '디다케'라고 부르는 귀중한 문헌도 발견되었다. 이후 '디다케'는 1883년에 출판되어 널리 알려졌다.

이 책은 비록 분량이 적고 간결하게 기술되었지만, 신학적 중요성은 매우 높다. 특히 이 문서에 초대교회 시대의 예전(liturgy)이 기록되어있는 점이 주목할 만하다. 이 책은 모두 3부분으로 구성되어있는데, 1부(1~6장)는 유대적 문헌에 기초한 도덕적 교훈, 곧 생명의 길과 사망의 길에 대한 기록, 그리고 그리스도인의 일반적 책임에 대한 기록이고, 2부(7~15장)는 교회의 의식과 생활, 곧 예배와 교회생활, 세례의식에 관한 지침들, 참선지자와 거짓 선지자를 구별하는 방법, 주일 집회, 손님 접대의 의무, 감독 및 집사 선출건, 교인들에 대한 견책건 등에 대한 기록이며, 마지막 3부(16장)는 예수의 재림에 관한 기록으로 항상 깨어있을 것과 적그리스도의 활동에 주의할 것을 요구한다. 한 마디로 이 책은 초대교회의 생활지침서인데, 클레멘스(Clemens), 오리게네스(Origenes), 유세비우스(Eusebius) 등은 이 책을 신약정경에 포함시키기까지 했다.

8) 『디오그네투스에게』

이상의 문서 외에 2세기 후반에 기록된 것으로 보이는 저자를 알 수 없는 『디오그네투스에게』(*Ad Diognetum*)라는 작품도 있다. 이 작품은 흔히 『디오그네투스에게 보내는 편지』(*The Epistle to Diognetus; A Christian Apologia*, c. 130~180)로 번역되고 있다. 이 글은 17세기까지 유스티누스(Justinus)의 작품으로 간주되어왔으나, 이후 유스티누스의 작품보다 앞섰다는 점, 유대교와 이교에 대한 기술에서나 문체와 표현양식에 있어서 유스티누스와 다르다는 점, 그리고 고대의 어떤 인물도 이 작품을 유스티누스의 작품으로 보지 않는다는 점 등에 근거하여 유스티누스와 무관한 것으로 보고 있다. 하지만 수신자인 디오그네투스라는 인물이 기독교라는 종교에 대해 정확한 해명을 듣고자 하는 덕망 있는 이방인이라는 사실은 분명하다.

이 글은 12장으로 구성된 서간문 형식의 문헌인데, 디오그네투스가 제기한 세 가지 질문에 답변하는 형식이다.

1. 하나님은 누구시기에 유대인과 이교도들을 배척하는가?
2. 기독교 신자들이 중요하게 여기는 형제 사랑이나 이웃 사랑이란 무엇인가?
3. 그리스도는 왜 이토록 늦게 이 세상에 오셨는가?

이상의 질문에 대한 답변은 다음과 같이 정리될 수 있다.

첫째, 이방인의 신은 영이 없는 나무와 돌과 금속으로 만들어진 형상일 뿐으로 이런 것을 숭배하는 것은 무의미하다. 그리고 유대교는 내용은 없고 형식만 있는 불합리한 율법 규정을 가르칠 뿐이며, 하나님을 잘못 공경하고 있다. 둘째, 기독교는 인간이 만든 종교와 달리 신 자신이 계시하신 초자연적인 종교로서, 이전에 알지 못했던 덕목인 사랑을 베푼다. 그리스도인들은 '세상의 영혼'과 같은 존재로서 그들의 고유한 생활 방식을 세상에 소개한다. 세상에 살면서도 세상을 초월하고, 육신으로 살지만 육신의 욕망을 초월하여 사랑을 베푼다. 셋째, 하나님과 성자의 구원계획은 처음부터 예정된 것이나, 이제야 아들을 보내 인간을 죄와 죽음에서 구원하시는 것은 인간이 자신의 불의를 인정하고 스스로를 구원할 수 없다는 점을 깨닫도록 하기 위함이다.[19]

이 글의 결론 부분인 10장에서는 참된 신 인식과 영원한 축복을 누리기 위해 기독교 신앙을 받아들이도록 디오그네투스에게 권하지만, 11~12장은 내용과 형식상 앞의 부분과 무관해 후대에 첨가된 것으로 보인다.

이상의 사도교부들의 작품은 기독교 형성 초기의 문서로서 우리에게 초기 기독교회에 대한 중요한 정보를 제공해준다. 물론 이들의 글에서는 신학적 혹은 교리적 통일성이 부족하고, 신학적인 개념조차 분명치 못했음을 알 수 있다. 이 시기가 신학적인 개념화의 과정이었기 때문이다. 그럼에도 불구하고 이들의 글은 구약성경을 교리표준으로 받아들이는 한편, 그리스도 중심의 해석학적 입장에 분명하게 서 있다. 곧 구약성경 전체를 받아들이며 그 절대적 권위를 인정하였다. 반면 예수님의 말씀은 권위 있는 말

---

19. 한국교부학 연구회, 『내가 사랑한 교부들』(분도출판사, 2005), 72-3.

씀으로 받아들이면서도 그것을 인용한 경우는 많지 않았는데, 이는 신약이 정경화의 과정에 있었기 때문이다. 신약의 정경화 작업은 마르시온 등과 같은 이단의 출현으로 더욱 촉진되었다.

7장

교회의 교사들

　사도교부들은 교회가 당면한 현실적인 문제들을 취급한 반면, 기독교 교리 전체를 설명하거나 해명하려는 시도는 거의 없었다. 뒤 이어 등장한 2세기 후반의 변증가들 역시 물리적 탄압과 기독교에 대한 이론적 공격에 대항하여 기독교를 변호하거나 변증하였을 뿐, 이단의 출현, 그리고 기독교 교리 전체를 체계적으로 논의하지는 않았다. 그런데 2세기 말에 와서는 변화가 나타났다. 2세기 중엽 이후 초대교회의 이단들이 나름대로의 교리 체계를 가지고 도전해옴으로써 교회는 정통신앙을 체계적으로 수립할 필요가 있었기 때문이다. 이런 현실적 필요에서 기독교 진리 체계의 전반을 해명하려는 시도들이 나타났는데, 그 대표적인 인물이 이레네우스(Irenaeus), 클레멘스(Clemens), 오리게네스(Origenes), 테르툴리아누스(Tertullianus), 키프리아누스(Cyprianus) 등이다. 이들은 2세기 이후 몇몇 지역을 중심으로 신학파를 형성하면서 초기 기독교회가 당면한 문제들에 대해 가르침을 주는 교회의 교사이자 초기 교회의 신학자들이었다.

1. 교회의 정통성 확립: 소아시아 학파

2세기 교회의 위기는 로마 제국의 박해만이 아니었다. 내부에서 일어난 이단 또한 교회의 위기였다. 특히 영지주의나 마르시온주의 등이 교회의 기초를 파괴하는 위협이었다. 이런 상황에서 교회를 지키고자 끊임없이 노력했던 위대한 인물이 이레네우스와 히폴리투스였다. 이들은 사도 요한-폴리카르푸스-이레네우스로 연결되는 소아시아 학파를 형성하여 교회의 신앙정통에 호소하며 이단척결에 주력하였다. 일반적으로 구원교리를 강조한 것이 특색이라 하겠다.

1) 이레네우스(Irenaeus of Gaul, c. 135~202)

'평화를 사랑하는 사람'이란 뜻을 지닌 이레네우스의 생애는 별로 알려진 것이 없다. 그러나 소년 시절에 서머나의 감독 폴리카르푸스 밑에서 지낸 기록으로 보아 아마도 135년경 소아시아의 서머나에서 출생하여 훗날 지금의 남부 프랑스인 리용(Lions)으로 이주하였다가 178년에 리용 지방의 감독이 된 것으로 보인다. 이레네우스는 보통 그리스어를 사용했으나 켈트족 출신을 위해서 켈트어를 사용하기도 했다. 그는 이전의 변증가들과는 달리 교회 내부에서 일어난 이단을 배척하는 데 주력하였다. 특히 영지주의의 위험성을 폭로하고 비판하기 위해 『이단논박』(*Adversus Haereses*)을 저술했는데, 이 책은 그의 대표적인 저술이자 초기 기독교의 중요한 작품으로 알려져 있다. 원래 그리스어로 쓴 것이지만 지금은 라틴어 역본만 남아 있다. 5권으로 구성된 이 책 1권에서 영지주의자 발렌티우스의 학설을 자세하게 소개하면서 논박하는 한편, 다른 영지주의 지도자들도 소개한다. 가장 중요한 부분은 3권인데, 여기서 그는 신구약성경을 인용하면서 하나님의 유일성과 그리스도의 오심을 구원사적으로 소개한다.

2세기 당시 영지주의는 기독교의 용어를 차용해 성경을 오용하는 한편, 나름대로의 신앙체계를 세워가고 있었다. 영지주의(靈知主義)는 근본적으로 이원론이었다. 곧 영은 선하고 육체와 물질은 악하다고 보았다. 따라서 영적 아버지는 신실하고 선한 하나님이지만 세상을 만든 창조주는 악한 하나님이고, 또 영적 그리스도는 진정한 구주이지만 인간 예수는 껍데기일 뿐이라고 생각하였다. 이에 대해 이레네우스는 마태복음 7장 15절을 인용하여 이들을 '양의 옷을 도덕질 하는 늑대'로 간주하였다. 이들은 독이 든 물을 마치 청량음료인 것처럼 전해주는 자들이었다.[1] 이런 영지주의에 맞서 이레네우스는 하나님은 한 분으로서 창조주이며 구약의 하나님이자 예수 그리스도의 아버지이며, 예수님은 육신을 입고 온 아버지의 영원한 아들이며 말씀이라고 주장했다. 즉 영지주의의 이원론에 반대하여 하나님을 '한 창조자 하나님'으로, 또 그리스도는 신인(神人)으로 주장한 것이었다.

이레네우스의 가장 큰 업적은 영지주의의 실체를 제대로 파악하지 못하고 있던 당시 교회에 영지주의의 정체와 그 위험성을 분명하게 제시하고 정통교리를 수호했다는 점이다. 그는 '교회의 최초의 조직신학자'로서 초기 교회의 교리를 체계화하는 데 크게 기여하였다. 특히 그는 헬라 교부이면서도 서방에 와서 일한 관계로 동·서방의 신학을 종합할 수 있었다. 현재 그가 저술한 책은 두 권만 남아 있는데, 앞에서 언급한 『이단논박』과 『사도적 설교의 논증』(*Demonstratio praedicationis apostolicae*)이다. 두 번째 책도 그리스어로 기록되었으나 현재는 아르메니안 역본만 남아 있다. 이 책은 기독교 신앙 안내서로서, 기독교는 사변적인 종교가 아니며, 구속의 종교라고 했다. 또 구약과 신약의 연속성을 강조하면서, 구약은 문제를 제기하고 신약은 그 문제를 해결하는 것으로 보았다. 이에 유세비우스는 그를

---

1. Irenaeus, *Against Heresies*, 3.16.8; 3.17.4.

그 이름의 뜻에 따라 '화평케 하는 자'(εἰρηνοποιός)라고 불렀다. 이레네우스는 202년에 순교하였다.

2) 히폴리투스(Hippolytus, d. 235)

히폴리투스는 이레네우스의 제자로서 감독이었고 로마교회의 저명한 신학자로 알려져 있다. 그가 그리스어로 지은 책으로는 『6일간의 천지창조에 관하여』, 『마르시온에게』, 『아가서에 관하여』, 『에스겔서에 관하여』, 『유월절에 관하여』, 『노에투스 논박』(Contra Noetum), 『모든 이단을 배척함』(Refutatio omnium haeresium) 등이 있다. 로마 가톨릭에 의하면, 히폴리투스는 217년 칼리스투스(Callistus I, 217-222)가 교황으로 선출되었을 때, 그의 노선에 반대했다. 당시 칼리스투스는 로마 외곽의 지하 공동묘지를 관리하는 노예 출신이었다. 그가 로마의 감독이 되자 히폴리투스는 기성 교회를 떠나 그의 추종자들에 의해 대립 교황에 선출되었다. 그래서 그는 첫 대립교황 또는 가(假)교황(Anti-pope)으로 기록되었다. 하지만 그 후 그는 교회와 화해하였고 235년 유배 중에 사망하였다.

『모든 이단을 배척함』은 그가 남긴 대표작인데, 여기서 그는 모든 이단들을 열거한 뒤 그들은 그리스도와 성경을 따르지 않고 이교철학을 따른다고 지적하였다. 또 삼위일체 이단인 사벨리우스의 '성부수난론자'(聖父受難論者, patripassianer)를 반박하였다. 또 『사도전승』(Traditio apostolica)이란 책도 저술했는데, 이 책은 초기 기독교회의 규정집으로서 교회의 관행과 규정을 설명한다.

히폴리투스의 신관은 플라톤주의적이며 로고스론은 변증가들과 유사하지만, 성육과 구속론은 이레네우스와 동일하다. 그는 엄격한 윤리주의자였다. 첫 2세기 동안 그리스도인들은 세례를 받는 순간 그때까지 지은 모든 죄를 용서받는다고 생각했다. 반면 세례 이후에 지은 심각한 죄들은 특별한 치유를 받아야 했는데, 특히 세 가지 죄, 곧 간음, 살인, 배교는 하나님에 의해 용서받을 수는 있으나 교회로부터는 용서받을 수 없다고 생각했다. 따라서 이런 죄를 범한 자들은 교회의 교제로부터 추방되고 성찬에도 참여할 수 없었다. 그런데 이런 죄를 범한 후 회개한 자를 교회가 공식적으로 받아들인 최초의 인물이 로마의 감독 칼리스투스였다. 그는 간음을 범한 후 회개한 자를 성찬에 참여시켰다. 그는 교회란 마치 노아의 방주와 같다고 주장했다. 곧 방주에는 깨끗한 짐승만이 아니라 더러운 짐승도 함께 들어왔듯이 교회 역시 회개한 이들을 받아들일 수 있다고 보았던 것이다. 그는 로마교회 감독은 베드로의 후계자로서 인간의 죄를 매고 푸는 권세를 받았다는 이론으로 자신의 행동을 정당화했다. 이는 로마의 감독으로서 자신의 특수한 권리를 주장한 최초의 사례이기도 했다. 하지만 이에 대해 히폴리투스는 강하게 반대했다. 그는 교회 안에는 죄인들이 들어올 수 없으며, 교회란 모름지기 거룩한 의인들의 공동체여야 한다고 주장했다. 테르툴리아누스도 입장을 같이했다. 그는 당시 북아프리카에 살고 있었는데, 칼리스투스의 소식을 접하고는 "우리들은 배교자들을 용서하지 않는데, 어떻게 간음자들을 용서할 수 있단 말인가?"라고 강하게 반발했다.

2. 알렉산드리아 학파

알렉산드리아는 이집트의 최고의 도시이자 로마 제국의 제2의 도시로서 주전 322년 알렉산더 대왕에 의해 나일강 어구에 세워진 도시였다. 이곳은 로마, 카르타고(Carthage)와 함께 2~3세기 당시 가장 영향력 있는 도시였으며 그리스 세계의 지적, 문화적 중심지이자 그리스 철학의 중심지였다. 당시 인구는 약 오십만 명으로 추산되며, 이 중 약 10% 가량이 유대인이었던 것으로 추산된다. 70인역이 번역된 곳도 바로 이 도시였다. 이곳에서 기독교가 어떻게 발흥했는지에 대해서는 로마나 카르타고와 같이 알려진 것이 거의 없다. 이 도시 출신의 인물로는 필로(Philo), 클레멘스(Clemens), 오리게네스(Origenes), 아타나시우스(Athanasius), 시릴(Cyril) 등이 있다. 이곳을 중심으로 형성된 알렉산드리아 학파는 철학과 문화에 대한 이해가 깊은 사람들로서 계시와 철학, 기독교와 문화의 절충을 시도하였다. 이들은 기독교 복음을 그리스 철학의 용어와 방법론으로 제시하는 길이 있다고 보고, 계시와 철학의 평화로운 공존을 추구했다. 그 중 클레멘스와 오리게네스는 알렉산드리아의 교리문답학교(Catechetical school)를 이끌었는데, 이들은 그리스 철학을 사랑하면서도 그리스도의 교훈에 충성했던 학자들이었다. 그래서 플라톤주의와 스토아학파의 사상을 기독교 속으로 끌어들이려 했고, 철학도 신적 기원을 갖는다고 하여 이를 적극적으로 평가한 사람들이었다.

1) 클레멘스(Clemens, c. 150~220)

150년경 아테네의 이교도 가정에서 출생한 클레멘스는 180년경에 판테이누스(Pantaenus)를 만나 그의 문하생이 되었다. 판테이누스는 스토아 철학자로서 인도에 선교사로 갔다가 돌아오는 길에 알렉산드리아에 도착해 이곳에 세워진 교리문답학교 교장으로 일했다. 클레멘스는 판테이누스로부터 스토아철학의 도덕과 절충주의적인 철학사상, 풍유적 성경해석법을 배운 것으로 보인다. 그는 190년경부터 판테이누스의 뒤를 이어 교리문답학교 교장이 된 뒤 202년 셉티미우스 세베루스 황제의 박해를 피해 알렉산드리아를 떠날 때까지 십이 년간 이 학교에서 봉사하였고, 215년 혹은 220년 가이샤라에서 사망하였다.

클레멘스의 최대의 관심사는 그리스도의 복음을 당시의 알렉산드리아에 어떻게 전파할 것인가 하는 문제였다. 이를 위해 그가 사용한 것이 철학이었다. 그가 일생의 과제로 삼은 두 가지는 첫째, 기독교 신앙을 학문적으로 전파하는 것, 둘째, 지성인들에게 그리스도의 복음을 신학적인 체계와 윤리적인 체계로 전파하는 것이었다. 그래서 그는 조직신학의 이론을 정립하고 실천신학으로서 기독교 윤리학을 체계화시켰다. 클레멘스와 동시대인인 테르툴리아누스는 "철학이 모든 이단의 어머니"라고 하였고, 히폴리투스도 "모든 이단이 그 사상을 철학자들에게서 이끌어 온다"라고 하여 철학을 부정적으로 평가했으나, 클레멘스는 이와 달리 철학을 적극적으로 평가하고 이용하였다. 그는 "율법이 유대인에게 몽학선생이듯이, 그리스인에게는 철학이 몽학선생이다"라고 말했다. 곧 그는 철학도 신적 기원을 갖는 것으로 보았다.

클레멘스는 이 세상에 한 가지의 진리만이 존재한다고 확신했다. 따라서 플라톤에게서 발견할 수 있는 진리는 모두 성경 속에서 예수 그리스도를 통해 계시된 진리와 같았다. 그래서 그는 심지어 소크라테스나 플라톤도 아브라함이나 모세처럼 하나님의 계시적 진리를 받은 자들이라고 주장하기까지 했다. 이런 점에서 클레멘스는 기독교를 최고의 철학으로 보는 절충주의자였다고 할 수 있다. 하르낙(Harnack)은 클레멘스에 대해 "그는 신학사의 첫 사람으로서 기독교 복음을 헬레니즘 안에서 종교철학으로 전락시켰다"라고 비판하였다.

클레멘스의 가르침은 그가 지은 세 권의 책에 잘 나타난다. 그 첫 번째 책이 『그리스인에게 주는 권고』(*Protrepticus ad Graecos, The Exhortation to the Greek*)이다. 열두 권으로 이루어진 이 책은, 제목이 암시하듯이, 변증적인 작품으로서 신화와 우상숭배에 근거한 이교사상의 맹목성과 부도덕성을 비판하고(제1부), 그리스도를 인류의 참된 교사로 부각시키면서 유치한 이교사상을 버리고 기독교 진리 안으로 들어오기를 권면한다(제2부). 이 책에서 클레멘스는 플라톤과 그 시대의 철학자들을 언급함으로써 그의 신학

방법을 보여준다. 곧 그는 이교도들에게 기독교 교리의 많은 부분이 플라톤 철학에 의해 증명될 수 있음을 보여주고자 한 것이다.

두 번째 책인 『교사』(*Paedagogus, The Instructor*)는 『그리스인에게 주는 권고』의 속편으로서, 기독교 신앙으로 귀의한 이들을 향해 신앙생활과 관련된 교훈을 많이 준다. 그래서 그리스도를 참된 교육자로 신자들을 학생으로 간주하기도 한다. 곧 하나님의 자녀들은 참된 스승이신 그리스도로부터 가르침을 받아야 한다는 것이다. 세 번째 책인 『잡록』(*Stromateis, The Miscellanies*)은 모두 여덟 권으로 구성되었는데, 일정한 순서 없이 여러 형태의 글을 편집한 논설집이라 할 수 있다. 이 책의 본래 이름을 직역하면 '양탄자'인데, 이는 페르시아의 양탄자처럼 다양한 색으로 구성된 작품이라는 뜻에서 이런 제목을 붙인 것이다. 그에 걸맞게 계시와 철학의 관계와 상관성, 신구약의 의미, 신앙과 인간의 운명, 그리스도의 혼인과 독신생활 등 다양한 주제의 글들이 편집되어있다. 하지만 이 책은 클레멘스의 생전에 완성되지 못했다.

2) 오리게네스(Origenes, c. 185~254)

오리게네스는 스승이었던 클레멘스와는 대조적으로 182~185년경 알렉산드리아의 기독교 가정에서 출생하였다. 그의 아버지 레오니데스(Leonides)는 202년 셉티미우스(Septimius) 황제의 박해 때 참수형을 받고 순교하였다. 이 때 오리게네스도 체포될 수 있었으나 그의 어머니가 옷을 감춰 그로 하여금 집을 떠나지 못하도록 했기 때문에 순교를 면할 수 있었다고 한다. 오리게네스는 18세 때 알렉산드리아의 감독 데메트리우스(Demetrius)의 명을 받아 세례 지원자들을 가르치는 일을 맡았고, 이후 교리문답학교 교장이 되었다. 나중에는 알렉산드리아를 떠나 가이샤랴에 정착해 저술에 종사하였다. 그리고 250년 데키우스(Decius) 황제 치하에서 투옥되어 심한 고문을 받고 석방되었으나 그 후 삼 년을 생존하다가 254년 세상을 떠났다.

테르툴리아누스가 서방신학의 선구자였다면 오리게네스는 동방신학의 전통을 확립한 인물이라 할 수 있으며, 또한 클레멘스가 알렉산드리아 신학의 초석을 놓았다면 오리게네스는 알렉산드리아 신학의 골격을 만들었다고 할 수 있다. 오리게네스는 조직신학의 개척자요 위대한 성경주석가였으며, 종속설(從屬說)을 주창하고 풍유적 성경해석에도 영향을 끼친 학자였다. 그의 신학은 니케아회의 이전에 이룬 최대의 지적 성취로서 이후 교회사에 큰 영향을 끼쳤다. 후대의 기독론 논쟁에서도 서로 견해를 달리하는 양측이 모두 오리게네스를 인용하기도 했다. 하지만 알렉산드리아 회의(399~400), 유스티니아누스 황제(543), 제5차 세계교회 회의(553)에서는 그를 이단으로 정죄하기도 했다.

오리게네스는 설교문, 주석, 기독교 교리서, 변증서 등 육천 여권의 책을 남긴 것으로 알려져 있는데, 그 가운데 대표적인 것은 『제일원리에 관하여』(*Peri Archon, Concerning the First Principles*)이다. 이 책은 보통 최초의 조직신학서로 간주되는데, 신론, 창조, 타락, 인간론, 윤리학, 성경의 역할과 성경해석 원리, 자유의지, 부활 등의 주제를 다루고 있다. 또한 오리게네스는 여러 성경 번역판이 서로 다름에 착안하여 『헥사플라』(*Hexapla*)를 약 이십팔 년간에 걸쳐 편찬했다. 이 책은 히브리어 본문, 이것의 그리스어 음역(자음으로 된 히브리어 본문의 발음을 돕기 위해), 70인역, 아퀼라(Aquila)역, 삼마쿠스(Symmachus)역, 데오도션(Theodotion)역 등 모두 여섯 개 역본을 대조해 소개함으로써 그리스도인들이 유대인이나 이단들을 상대할 때 유용하게 사용할 수 있도록 했다.

오리게네스의 변증서인 『켈수스 반박론』(*Contra Celsum*)은 초기 기독교 저작 중에서 이와 비교될 수 있는 것이 많지 않은 뛰어난 작품이다. 2~3

세기의 기독교 변증운동에서 수작으로 평가되는[2] 이 책은, 비록 오리게네스에 대한 언급은 없지만, 그의 스승인 클레멘스를 비롯해 이전 시대의 변증가들인 유스티누스(Justinus), 타티아누스(Tatianus), 데오필루스(Theophilus), 아데나고라스(Athenagoras) 등의 영향을 많이 받았다. 켈수스(Celsus)는 그의 책 ἀληθὴς λόγος(The True Doctrine)에서 고대로부터 현자들에 의해 참된 교리가 전해져 왔으나, 이것이 첫째는 유대인들에 의해서 그 다음은 그리스도인들에 의해서 변질시켰다고 주장했다. 그는 또 교회는 비밀조직으로서 불법단체이며 따라서 없어져야 한다고 주장했다. 물론 그의 책이 현존하지는 않기에 오리게네스의 반박서를 통해 간접적이며 부분적으로만 그 내용을 복원할 수 있을 뿐이다. 이 글이 작성된 시기는 2세기 중반에서 3세기 초 무렵, 또는 좀 더 구체적으로 178년경에 기록된 것으로 본다.

오리게네스의 『켈수스 반박론』의 기록시기에 대해서는 논란이 있는데,[3] 뉴만(K. J. Neumann)은 247~8년에 로마에서 있었던 밀레니엄 축제, 곧 로마의 위대성은 로마의 여러 신들의 호의 덕분이라는 점을 상기시켜 주는 축제에 대한 반발로서 이 책이 기록된 것으로 보아 기록시기를 248년이라고 단정했다. 하르낙은 이 견해에 반대하면서 기록시기를 248년으로 단정하기보다 246~8년 어간에 기록된 것으로 보아야 한다고 주장했다. 어찌되었든 오리게네스의 반박서는 켈수스의 글이 나온 지 칠십 여년 후에 기록되었다고 할 수 있는데, 이는 켈수스의 작품이 교회에 영속적으로 악영향을 끼치고 있었기 때문이며, 또 한편으로 당시 시대가 교회를 위한 변증이 매우 필요한 시기였기 때문이다. 결론적으로 오리게네스 역시 그의

---

2. H. Chadwick ed., *Orgen: Contra Celsum* (Cambridge Univ. Press, 1965), ix.

3. 기록시기에 대한 자세한 토론은 앞의 책, xiv.ff를 참고할 것.

스승인 클레멘스와 같이 당시 알렉산드리아에서 유행하던 철학사조인 신플라톤주의와 기독교 신앙을 연결시키고자 했다고 하겠다.

3. 라틴학파

로마와 마찬가지로 북 아프리카 지방에서도 기독교의 기원에 대해서는 정확하게 알려진 것이 없다. 일반적으로 카르타고에는 180년경 기독교가 전해진 것으로 알려져 있다. 그런데 같은 아프리카이면서도 알렉산드리아는 헬라 기독교의 중심지가 된 반면, 카르타고는 라틴 기독교의 중심지가 된 것은 지리적인 이유가 컸기 때문이라고 하겠다. 즉 서부 지중해 연안은 알렉산더 대왕의 정치적, 문화적 정복에서 제외되었기 때문에 그리스어보다 라틴어를 사용하게 되었는데, 이로 인해 북아프리카에서는 라틴어를 사용하는 라틴신학이 발전하게 된 것이다. 이 지역 출신으로 잘 알려진 사람은 테르툴리아누스(d. 220), 키프리아누스(d. 258), 그리고 아우구스티누스(d. 430)이다. 서방교회는 3세기에 테르툴리아누스, 키프리아누스 이후 저명한 신학자를 배출하지 못하다가 4세기 말과 5세기 초에 이르러 비로소 탁월한 신학자들을 배출하게 되었는데, 그들이 바로 암브로시우스(Ambrosius, 339~397), 제롬으로 불리는 히에로니무스(Hieronymus, 342~420), 그리고 아우구스티누스이다.

카르타고를 중심으로 전개된 라틴학파는 알렉산드리아학파와는 반대로 기독교와 그리스 철학을 조화시켜 보려는 노력에 반대하였다. 테르툴리아누스가 그 대표적인 인물이었다. 그는 이단들이 철학자들에 의해 조성되었다고 보았다. 가령 발렌티우스는 플라톤학파였고, 마르시온은 스토아학파 출신이었다. 그래서 그는 기독교와 문화, 혹은 계시와 철학을 반립(反立, Antithesis)의 관계로 보면서, "예루살렘과 아테네가 무슨 상관이 있는가?"라고 반문했다. 영지주의와 심각한 대립을 경험했던 당시 교회로 볼 때, 테르툴리아누스의 주장을 편협한 태도라고 속단할 수 없다.

1) 테르툴리아누스(Tertullianus, c. 150~220)

'라틴신학의 아버지'라고 불리는 테르툴리아누스는 150~160년경 카르타고에서 출생하였는데, 그의 부모는 이교도로서 로마의 백부장이었을 것으로 추측된다. 테르툴리아누스는 사십 세쯤 되던 195년경에 기독교로 개종하였다. 그는 문학, 수사학, 법률을 공부하여 법률가로 활동하였다. 특히 그는 법률, 철학, 수사학, 언어 등에 해박하였으며, 천부적인 날카로운 지성을 소유한 사람이었다. 그러던 어느 날 신앙을 지키기 위해 고문과 처형을 감수하는 신자들을 보고 깊은 감명을 받고 기독교로 개종하게 되었다. 개종 후 그는 197년경부터 많은 변증서와 이단 배척서를 썼는데, 주로 라틴어로 썼지만 간혹 그리스어로 쓴 것도 있다.[4] 그는 초기 교회에서 라틴어로 작품을 남긴 최초의 인물이요, '삼위일체'란 용어를 처음 사용한 사람이었다. 그는 200년경 카르타고 지방의 장로가 되었지만, 기성교회의 타락을 보고 207년경(202년으로 보는 학자도 있음)에는 이단이었던 몬타누스파에 가담하기도 했다. 또한 그는 수많은 라틴어 신조어(新造語)들을 만들었는데, 그 수가 무려 982개에 달한다고 한다.[5] 그는 양태론을 비성경적이며

---

[4] 그는 이단을 배척하면서 바른 신앙의 표준으로서 '신앙규례'(Rules of Faith)를 남겼는데, 그 내용은 다음과 같다. "신앙규례는 하나요 고정된 것이므로 옮길 수도 변경할 수도 없다. 즉 다음의 것을 믿는다. '전능하시고 세상의 창조자이신 한 하나님을 믿는 것과 그의 아들 예수 그리스도, 그는 처녀 마리아에게서 나시고 본디오 빌라도 때에 십자가에서 죽으시고 3일 만에 죽은 자 가운데서 부활하시고 하늘에 오르사 아버지의 우편에 앉아 계시다가 산자와 죽은 자를 심판하시기 위하여 오신다는 것과 죽은 자의 부활을 믿는다.'"(Philip Schaff, *The Creed of Christendom*, Vol. II, 13-20). 이 신앙규례 마지막 부분인 *Per carnis etiam resurrectionem* 은 문장이 불완전하여 해석상에 이견이 있다.

[5] 한국교부학 연구회, 『내가 사랑한 교부들』 (분도출판사, 2005), 134.

비윤리적 이단이라고 주장하는 한편, 삼위일체를 말하기 위해 본체(本體, substantia)와 위격(位格, persona)이라는 단어도 처음으로 사용하였으며,[6] '영혼 유전설'을 주창하기도 했다. 테르툴리아누스는 방대한 저술을 남겼는데, 현재는 서른한 편의 글만 현존하고 있다. 이런 그의 작품은 아래와 같이 크게 세 가지로 분류될 수 있다.

첫째, 기독교를 옹호하고 변증하는 작품들, 곧 유대인, 이방인, 영지주의, 마르시온 그리고 로마정부에 대항하여 기독교를 옹호한 작품들로서, 『변증서』(*Apologeticum*), 『여러 민족에게』(*Ad Nationes*) 등이 대표적이다. 둘째, 기독교 교리를 해설한 작품들, 곧 그리스도의 인격, 속죄, 부활과 같은 교리적이고 교회적인 주제에 관한 작품들로서, 『그리스도의 육신에 관하여』(*De Carne Christi*), 『이단들의 취득 시효에 관하여』 등이 대표적이다. 셋째, 기독교적 삶과 도덕에 관한 작품들, 곧 생활의 순결, 올바른 의상, 일부일처제, 독신, 금식 등과 같은 도덕적 주제를 다룬 작품들로서, 『기도에 관하여』, 『세례에 관하여』 등이 대표적이다. 한편 이와 같은 테르툴리아누스의 사상은 노바티아누스의 『삼위일체론』(*De Trinitate*)에 의해 널리 알려졌다.

테르툴리아누스의 대표작인 『변증서』(*Apologeticum*, 196)는 당시까지 나온 저술 중 가장 탁월한 작품이었다. 테르툴리아누스는 이 책에서 이교의 미신행위를 공격하는 한편, 기독교에 대한 모함에 해명하면서, 오히려 그리스도인은 국가에 유익을 주는 자라고 변호하며 교회에 대한 관용을 호소하였다. 그는 법률가답게 그리스도인에 대한 박해는 불법적이며 인권침해라고 단정했다. 또한 신자들이 우상숭배와 미신행위, 이교사상 등에 오염되지 않기 위해서는 이교사회와 격리되어야 한다고 주장했다. 그의 또 다른 책인 『우상숭배에 관하여』(*De Idolatria*)에서는 우상숭배와 함께 그리

---

6. Tertullianus, *Adversus Praxem*, III.

스도인이 이교의식이 행해지는 결혼식이나 기타 사교 모임에 참석할 수 있는가 그리고 그리스도인이 군복무나 공직생활을 할 수 있는가 하는 문제를 취급하였다. 그는 그리스도인의 군복무나 공직취임에 반대하는 입장을 취했다.

또한『이단들에 대한 예심 항소에 관하여』(De Praesriptione Haereticorum, 200년경)에서는 영지주의자들과 그 밖의 이단들을 다루면서 법률 용어와 법 절차에 따른 시효의 문제를 제기하였다. 그는 여기서 두 개의 '확인'(법률용어인 '시효', praescriptiones)을 통해 이단을 배척하려고 하였다. 그 첫째가 그리스도는 그의 복음 선포를 오직 사도들에게만 위임하였을 뿐 다른 누구에게도 위임하지 않았다는 것이다. 따라서 영지주의자들이 자칭 소유하고 있다는 특수한 계시는 유효하지 않다. 둘째는 사도들은 그들의 가르침을 오직 사도들에 의해 세워진 교회에게만 위탁하였다고 보았다. 따라서 이 사도적 교회만이 진리를 보존하고 있으므로 여기에 포함되지 않은 자들은 이단이며, 그런 이단들은 성경을 가지고 토론하는 것 자체를 금해야 한다고 주장했다. 그러나 이러한 주장은 후일 교권적 독재와 불관용을 정당화시키는 데 악용되었다. 그런 외에도 테르툴리아누스의 저서로는 유아세례에 대해 부정적인 입장을 보여준『세례에 관하여』(De Baptismo)와『기도에 관하여』(De Oratione),『회개에 관하여』(De Poenitientia),『여자들의 옷에 관하여』(De Feminarum),『일부일처주의에 관하여』(De Monogamia),『금식에 관하여』(De Jejunio) 등이 있다.

흔히 테르툴리아누스의 사상에는 세 가지 사조가 있다고 말하는데, 그 첫째는 그리스 변증가들의 사상을 잇는 헬라적 기독교 사상(초기 변증적 작품)이고, 둘째는 영지주의 논박에 나타난 라틴 특유의 교회 전통주의(전성기 작품)이며, 마지막 셋째는 고대 및 중세교회 전반을 특징짓는 (구속적) 금욕주의(몬타니즘으로 기울 때의 작품)이다.

2) 키프리아누스(Cyprianus, c. 200~258)

타스키우스 캐실리우스 키프리아누스(Thascius Caecilius Cyprianus)는 라틴어로 문필활동을 한 교회지도자로서 테르툴리아누스에 이어 두 번째로 중요한 인물로 간주된다. 그는 테르툴리아누스를 스승이라고 불렀고, 후일 아우구스티누스에게도 큰 영향을 끼쳤다. 그는 200년경 카르타고의 유복한 이교도 가정에서 출생하여 수사학과 법률학을 수학한 뒤 저명한 법률가로 활동하였다. 그러다가 245년경 개종하였고, 그 뒤 삼 년 후인 248년부터(258년까지) 카르타고 교회의 감독으로 일하였다. 250년에는 데키우스(Decius) 황제의 박해를 피해 지하에서 서신으로 교회를 지도하다가 251년 다시 카르타고로 돌아오기도 했다. 이 후 마지막 십여 년 동안 많은 논쟁에 휩싸이다가 발레리아누스 황제의 박해 때인 258년 참수되었다. 이는 북아프리카 지역의 감독으로서는 최초의 순교였다.

키프리아누스에게 있어서 데키우스의 박해와 그 이후의 배교자 처리 문제는 심각한 문제를 야기하였다. 249년에 황제가 된 데키우스는 250년부터 기독교에 대해 혹독하게 박해하기 시작했다. 그는 로마의 옛 명성을 회복하기 위해 로마의 옛 신들을 다시 숭배할 것을 명하였다. 왜냐하면 당시 로마가 직면한 야만족의 침입, 경제적 위기, 사회적 불안 등이 모두 로마의 옛 신들을 저 버린 데서 비롯된 것으로 보았기 때문이다. 한편 기독교에 대한 그의 탄압은 이전 시대와는 다른 양상을 보였다. 그는 그리스도인들을 살해하는 대신 이들을 협박, 고문, 회유하여 변절케 하고, 이로써 이교를 부흥시키고자 했다. 신들에게 제물을 바치고 숭배하는 자에게는 증명서(*libelli*, 박해 면제 증명서)가 발부되었고, 이 증명서가 없는 자들은 범죄자로 간주되었다. 그리하여 어떤 이들은 박해를 피하기 위해 은밀히 돈을 주면서 이 증명서를 구입하기도 했다. 또한 그리스도인들 중에서도 황제의 요구에 순응하여 변절자가 생기기도 했다. 물론 이를 거부함으로써 투옥되거나 순교당하는 사람도 있었다. 이들 중에 순교를 면한 사람들은 '고백자'로 불렸다.

251년 고투족과의 전투에서 데키우스가 사망하면서 이 박해는 끝나게 되었지만, 이 후 변절자 문제에 대해 키프리아누스와 노바투스(Novatus) 사이에 논쟁이 일게 되었다. 박해 기간 동안 신앙을 저버렸던 변절자들을 어떻게 처리할 것인가가 논쟁의 쟁점이었다. 그런데 이는 간단한 문제가 아니었다. 왜냐하면 모든 이들이 똑같은 정도나 똑같은 형태로 신앙을 저버린 것이 아니었기 때문이다. 곧 정말로 신앙을 버리고 배교한 자들이 있는가 하면, 신앙은 지키면서 단지 박해를 피하기 위해 위조 증명서를 매입한 자들이 있었고, 또 잠시 신앙이 약해졌다가 다시 교회로 돌아온 자들도 있었다. 그래서 이들 모두를 동일하게 취급할 수는 없는 일이었다.

당시 다수의 그리스도인들은 크게 존경받던 고백자들에게 이 문제를 처리할 권위가 있다고 여겼다. 그러던 차에 북아프리카의 일부 고백자들이 스스로 이런 권위를 주장하면서 변절자들을 다시 교회로 받아들이고 관대한 입장을 보여주었다. 하지만 이에 대해 키프리아누스를 비롯한 감독들이 크게 반발했다. 키프리아누스는 고문이나 강압에 의하여 불가피하게 제사에 참여한 자들 외에는 교회가 받아들일 수 없다고 주장했다. 무엇보다도 변절자 처리 문제는 기존의 교회체제에서 처리할 문제라고 생각했다. 그런데 박해 당시 정작 키프리아누스는 지하에 숨어 있었다. 이에 반해 로마의 감독은 박해로 순교하기까지 했기 때문에, 이를 두고 사람들은 키프리아누스를 비겁하다고 비난했다. 그러나 키프리아누스는 이것을 비겁한 행위가 아니라 교회를 지키기 위한 불가피한 행위였다고 주장했다. 하지만 어쨌든 이 일로 키프리아누스의 권위는 크게 실추되었다.

그런데 당시 대부분의 고백자들은 변절자들이 분명히 회개하기만 한다면 별다른 절차 없이 교회에서 받아들일 수 있다고 생각했다. 여기에 감독을 싫어하던 일부 장로들이 합세하게 되자 급기야 교회는 분열의 양상으로 치닫게 되었다. 그 중심에 있던 사람이 노바투스(Novatus)였다. 상황이 급박해지자 키프리아누스는 감독회의를 소집하여 이교의 제사에는 참여하지 않고 단지 위조 증명서만 구입한 이들에 대해서는 조건 없이 교회로 다시 받아들일 것을 결정했다. 하지만 실제로 제사에 참여한 자들은 임종시에나 또는 새로운 박해의 상황에서 회개의 진정성을 증명할 수 있을 때에만 성도의 교제를 회복시켜 주기로 했다. 즉 이교의 제사에 참여한 자로서 회개의 진정성이 없는 자들은 교회로 돌아올 수 없었던 것이다. 감독회의에서 이렇게 결정함으로써 논쟁은 일단락될 수 있었다. 하지만 분파는 지속되었다.

이와 비슷한 일은 로마에서도 일어났다. 곧 당시 로마의 감독이었던 코넬리우스(Cornelius)는 키프리아누스를 지지하는 입장이었지만, 그의 교회의 장로이자 유능한 신학자였던 노바티아누스(Novatianus, 노바투스와 다른 인물)는 배교자 처리문제에 있어서 보다 엄격한 입장을 취함으로써 교회에 분파운동이 일어나게 되었다. 이와 같이 교회가 순결(purity)과 용서하는 사랑(forgiving love) 중 어느 것을 우선시해야 하는지는 교회사에서 오랜 논쟁거리였다. 한편 카르타고의 노바투스는 키프리아누스를 반대하기 위해 로마의 지원을 얻으려 했으나 실패하고는 도리어 노바티아누스파에 가입하여 카르타고에 노바티아누스 교회를 설립하기도 했다. 이는 그가 정직한 길을 추구했다기보다는 키프리아누스에 반대하는 것을 더 중요하게 생각했음을 짐작하게 한다.

기독교에 대한 박해는 257년 데키우스의 친구였던 발레리아누스(Valerianus) 황제 치하에서 다시 일어났다. 이 때 키프리아누스는 이전의 입장을 완화하여 진정으로 회개한 자는 배교자였다 할지라도 교회의 회원으로 받아들일 수 있다고 했다. 하지만 카르타고 교회는 또 다른 문제에 직면했다. 그것은 노바티아누스 성직자가 주관하는 예배의 가치에 관한 것이었다. 노바티아누스 교회에서 세례 받은 자가 가톨릭교회에 가입하려고 할 때 이들의 세례를 인정할 것인가 아니면 다시 세례를 요구할 것인가 하는 것이었다. 이에 대해 키프리아누스는 다시 세례를 받아야 한다고 보았으나, 로마교회(스테파누스, Stephanus I, 254~257)는 그 세례를 인정해야 한다고 보았다. 왜냐하면 노바티아누스 교회의 죄는 분열의 죄일 뿐 신앙고백을 부인한 죄가 아니라고 생각했기 때문이다. 이러한 갈등은 키프리아누스가 발레리아누스 황제 치하에서 순교함으로써 해소되지 못하다가, 아우구스티누스에 이르러 로마교회의 입장을 취하는 것으로 정리되었다.

키프리아누스는 박해를 겪고 난 혼란기에 교회의 질서문제를 고심하지 않을 수 없었고, 그 결과로서 중세적 교회관 확립에 크게 기여하였다. 그는 노바투스의 분파운동에 반대하여 교회의 통일을 강조하면서 "감독이 있는 곳에 교회가 있다"고 말했고, 또 감독에 의해 지배되는 가톨릭교회 외에 다른 교회는 없다고 주장했다. 결과적으로 그는 감독에 대한 권위를 강조하면서 나아가 개 교회 감독의 자치권을 강조하였다. 이런 배경에서 "교회 밖에는 구원이 없다"(*Salus extra ecclesiam non est*)고 말하기도 했다. 이러한 키프리아누스에게서 우리는 이레네우스에서 시작되는 라틴 특유의 전통 사상, 곧 이레네우스-테르툴리아누스-키프리아누스-암브로시우스-아우구스티누스로 연결되는 카톨리시즘(Catholicism)이라고 부를 수 있는 중세 교회관이 구체화되는 것을 볼 수 있다.

키프리아누스와 달리 로마교회의 감독이었던 스테파누스는 분파주의자들, 심지어 이단이 베푼 세례까지도 유효하다고 주장했다. 하지만 스테파누스는 이 문제에 있어서 모든 교회들, 특히 카르타고와 아시아의 교회들의 입장을 자신의 뜻대로 통일시킬 수 없음을 감지하였다. 그래서 그는 그 교회들에게 로마교회에 복종할 것을 명하는 교령을 발송하였다. 이에 대해서 키프리아누스는 (이레네우스가 그러했던 것처럼) 로마의 권리침해에 저항하였다. 그는 이단자가 베푼 세례는 무효라고 보았다. 왜냐하면 세례는 교회의 행위인데 반해, 이단자는 교회 밖에 있는 자였기 때문이다. 그는 누구든지 교회를 어머니로 모시지 않는 자는 하나님을 아버지로 모실 수 없다고 했다.

또한 키프리아누스는 사제(司祭, 祭司)로서의 성직자 개념을 도입한 첫 인물로 간주된다. 그는 성만찬을 그리스도의 실제적인 몸과 피를 제단 위에 바치는 행위로 간주하였는데, 이는 후일 미사의 남용과 천주교의 화체설(化體說)로 발전하였다. 또 그는 서방교회 저술가 중에서 유아세례를 주창한 첫 인물이기도 했다. 그가 남긴 문헌으로는 『교회의 일체성에 관하여』(De Unitate Ecclesiae)와 81통의 편지 등이 있다.

3) 암브로시우스(Ambrosius, 339~397)

암브로시우스는 339년 골 지방의 트리에르(Trier)에서 출생했다. 그는 부친이 사망한 후 자녀교육에 관심이 많던 어머니를 따라 로마로 가서 수사학과 법률을 공부하였다. 그 후 374년에 세례를 받고 그로부터 팔 일 후 밀라노의 감독이 되었다. 암브로시우스는 유능한 교회행정가, 명석한 두뇌의 교회조직가, 신앙심 깊은 목회자, 설득력 있는 설교자로서 명성을 얻었다. 그는 이단 혹은 이교사상을 비판하고 국가의 교회간섭을 배제하고자 노력하였으며, 또한 콘스탄티누스 이후 동로마 제국의 황제들이 주창해 온 황제-교황주의(Caesaro-papism)를 거부하면서 교회와 국가의 분리를 주창하였다. 그는 『신비론』(De mysteris)과 『성례론』(De sacramentis)이라는 저서를 남겼다.

4) 히에로니무스(Eusebius Hieronymus, c.345~420)

　제롬이라고도 불리는 히에로니무스는 이탈리아 달마시아(Dalmatia)의 스트리톤(Stridon)에 있는 기독교 가정에서 출생하였다. 12세경에 로마로 가서 그리스어, 라틴어, 철학 등을 공부하였고, 19세가 되는 때인 364년에 리베리우스(Liberius, 352~366)에게서 세례를 받았다. 그는 골 지방으로 가서 활동하다가 후일 안디옥에서 은둔생활을 하면서 그리스어와 히브리어를 습득하고 성경연구에 진력하였다. 379년에는 성직자가 되어 당시 로마교회 감독 다마수스 1세(Damasus I)의 요청으로 라틴어 성경본인 벌게이트(Vulgate)역을 완성하였다. 이 후 그는 예루살렘에서 정주하다가 420년에 사망하였다. 이 외에 아우구스티누스에 대해서는 나중에 따로 취급하고자 한다.

8장

'다른 전통'과 이단들

초기 기독교회는 이중적인 위기를 겪었다. 곧 외적으로는 교회에 대한 탄압이었고, 내적으로는 다른 전통들, 곧 이설(異說)이나 이단의 출현이었다. 이단은 교회사에 항상 있었지만, 2세기를 전후해서는 영지주의, 마르시온주의, 몬타니즘 등 초기 기독교 이단들이 일어났는데, 사실 이들이 박해보다 더 심각한 위협이었다.

1. 초기 기독교의 이단

초기 기독교 공동체에서 이단은 크게 두 가지 배경에서 나왔다. 첫째는 유대주의(민족주의 혹은 율법주의)였고, 다른 하나는 이교철학이었다. 이 두 가지가 기독교가 형성되는 시대의 문화적 상황이었기 때문이다. 그런데 대개 이단은 성경의 가르침보다 문화적 상황을 중시하는가 하면, 교회의 역사성보다 현실성을 강조하는 측면이 있다. 그리고 무엇보다 이단의 가르침에는 인간의 교만에서 비롯되는 하나님의 말씀에 대한 불신이 내재되어 있다. 그래서 설령 매우 경건하고 신령한 것처럼 보이고 성령의 역사를 강조하는 것 같더라도, 실상 그 배후에는 인간의 교만이 자리하고 있다. 때문에 모든 이단은 근본적으로 인본주의라고 할 수 있다.

초기 기독교 공동체에서 이단의 출현은 교회의 조직과 정치 제도의 발전, 정경의 형성, 그리고 신앙고백의 구체화에 영향을 끼쳤다. 이미 1세기에 바울은 "우리는 수다한 사람과 같이 하나님의 말씀을 혼잡하게 하지 아니하고 곧 순전함으로 하나님께 받은 것 같이 하나님 앞에서와 그리스도 안에서 말하노라"(고후 2:17)고 말하였고, 또 디모데에게 "진리의 말씀을 옳게 분변하라"(딤후2:15)고 하였다. 여기서 '분변하라'는 단어는 신약에서 오직 한번 나오는 희귀한 단어인데, 이는 '똑바로 자르다'는 의미이다. 바울은 복음의 변질을 보면서 디모데에게 '사도로부터 전수 받은'(딤전 1:18-19, 2:7, 3:9, 4:1, 6, 16, 6:12, 20, 21) '바른 교훈'(1:10, 6:3)을 고수하고 가르칠 것을 권면했다. 그리고는 전통적인 신앙고백, "크도다 경건의 비밀이여 그렇지 않다 하는 이 없도다 그는 육신으로 나타나신바 되시고 영으로 의롭다 하심을 입으시고 천사들에게 보이시고 만국에서 전파되시고 세상에서 믿은바 되시고 영광 가운데 올리우셨음이니라"(딤전 3:16)라는 초대교회에서 가장 오래된 송영을 남겼다.

1) 에비온파

기독교의 발전 과정에서 교회 공동체가 직면했던 최초의 문제는 유대교와의 관계성이었다. 기독교는 유대교와 구약이라는 공통의 경전을 갖고 있었지만, 기독교 복음의 전개과정에서 유대교와 결별할 수밖에 없었다. 유대교는 근본적으로 민족 종교, 또는 민족주의적 종교였다. 물론 '하나님을 경외하는 사람들'이라고 불리는 이방인들이 유대교로 개종하는 일도 있었지만, 그것은 예외이었을 뿐 기본적으로 유대교는 유대민족이라는 한계 안에 있었다. 유대 선민사상과 유대교의 종교적 전통이 이런 민족주의적인 성격을 더욱 강화하였다. 그러나 예수 그리스도에서 출발한 기독교는 사도바울의 1차 전도여행(행 13~14)을 통해 탈민족적인 보편종교로의 정진을 보여주었다. 이 전도여행의 거점은 안디옥에 세워진 안디옥교회였는데(행 12), 이는 이방지역 최초의 교회였다. 바울의 1차 전도여행의 결과로 할례 받지 않는 이방인도 구원받을 수 있는가 혹은 이방인들도 할례를 받아야 하는가 하는 문제가 대두되었다. 그리고 이를 해결하기 위해 49년에 예루살렘에서 최초의 교회회의가 열렸다. 이 회의에서는 기독교의 행로에서 유대교적 전통이 유효한지를 고찰했고, 그 결과 이방인에게 할례와 같은 유대 율법의 의무는 부과하지 않기로 결정했다. 하지만 유대적 배경의 구성원들과 조화를 이루기 위해 피 흘린 것을 멀리하는 것과 같은 일부 유대교적 전통은 준수할 것을 권장했다.

어쨌든 이 결정은 사실상 유대교와 일정한 선을 그으면서 기독교는 근본적으로 유대교와 다름을 선언하는 것이었다. 곧 예수 그리스도의 십자가와 부활에 기초한 기독교회는 이스라엘 공동체와 달리 유대인만이 아니라 누구든 참여할 수 있는 '모임'임을 보여주었다. 뿐만 아니라 이로써 교회는 이방인에게 적극적으로 선교하는 전기를 마련하게 되었다. 물론 60년대를 거치면서 기독교와 유대교가 다르다는 점은 더욱 분명해지지만, 예루살렘 교회 회의가 이것의 분수령이 되었음은 분명하다.

한편 예루살렘교회 회의의 결정에 반대하며 유대적 전통을 고수하자는 의견도 있었다. 이를 기독교의 유대주의화라고 할 수 있는데, 에비온파(Ebionites)가 대표적인 집단이었다. '에비온'이라는 말은 '가난'(poor, 눅 6:20 참고)을 뜻하는 히브리어(*haebyonim*)에서 유래한 것인데, 이는 그들이 주님의 참 제자로서 주를 위해 가난한 삶을 살기로 자처했기 때문이다. 이들의 특징을 살펴보면, 첫째, 모세의 율법을 비롯해 안식일과 할례, 그리고 레위기의 음식규례 등을 강조한 것, 둘째, 유일신 사상에 근거하여 독특한 기독론을 주장한 것(이들은 여호와 하나님 외에 어떤 존재에게도 신의 지위를 부여하지 않았다. 따라서 예수의 동정녀 탄생과 신성을 부인했다. 또 예수는 요셉과 마리아의 아들로 출생했지만, 세례를 받은 후 성령이 임할 때 하나님의 양자로 택정되었다고 주장한다), 셋째, 정경관에 있어서 바울서신을 부인하고 마태복음만 복음서로 인정했고, 『히브리인들에 의한 복음서』(Gospel According to the Hebrews)라는 책자를 편집하여 주된 경전으로 삼은 것(이 책은 요단강 서편지역과 이집트에서 널리 보급되었다), 넷째, 엄격한 금욕을 강조했다. 이런 점에서 에세네파와의 관련성을 지적하기도 한다.

이렇듯 에비온파는 유대교적 배경에서 유래한 이단이었다. 이들은 예수께서 메시아 되심은 인정했으나 그의 신성은 부인하였다. 그리고 이와 유사한 집단으로 나사렛파(Nasarenes)와 엘케사이파(El Kesaites) 등이 있었는데, 나사렛파는 다른 지역의 에비온파를 일컫는 별칭이었던 것 같고, 엘케사이파는 유대교와 기독교, 그리고 이방사상을 혼합한 엘 카이(El Kai)를 따르는 집단이었다. 하지만 이런 유대주의적인 이단들은 60년 이후 기독교복음이 이방세계로 진출하면서 이방인 수가 급격히 증가하게 되자 자연히 소멸되었다.

2) 영지주의

에비온파가 유대교적 배경에서 생성된 이단이라면, 영지주의((靈知主義, Gnosticism)[1]는 그리스적 배경에서 등장한 이단이었다. 영지주의는 초기 기독교의 대표적인 이단으로서 70~250년경에 널리 퍼졌는데, 이는 그

---

1. 영지주의에 대한 중요한 연구로는 Roelof van den Broek, *Studies in Gnosticism and Alexandrian Christianity* (E. J. Brill, 1996)가 있다.

기원이나 사상을 하나의 체계로 설명하기 어려운 복잡하고 다양한 형태를 지닌 신비주의적인 운동 또는 신지적 운동(theosophical movement)이었다. 1세기를 거치면서 교회가 제도화되자 신비종교가 영향력을 행사하였는데, 그 중 하나가 영지주의였다. 하지만 이와 달리 하르낙(Adolf Harnack)은 영지주의를 '기독교의 극단적인 헬라화'(the extreme Hellenization)로 보았으며, 켈리(J. N. D. Kelly) 역시 '유대교, 그리스 철학 및 동양 철학이 혼합'된 '헬라화된 기독교'(Hellenized Christianity)라고 보았다.

영지주의는 초대교회 교부들의 문서에 조금 등장하다가 1946년 북부 이집트에서 발굴된 나그 함마디(Nag Hammadi) 문서를 통해 그 실체를 보다 선명하게 드러내었는데, 이 문서들은 초기 기독교가 영지주의로부터 강한 영향을 받았음을 보여준다. 영지주의란 지식을 의미하는 그리스어 (*gnosis*)에서 유래한 것인데, 구원에 이르려면 특별히 구별된 신비로운 지식을 소유해야 한다고 주장하였기 때문이다. 영지주의는 지역적으로 약간의 차이가 있어 시리아와 알렉산드리아의 영지주의, 그리고 소아시아의 영지주의로 구분한다. 대표적인 영지주의자로는 안디옥의 바실리데스(Basilides)와 사토르니우스(Satornius), 알렉산드리아의 카르포크라테스(Carrrpocrates), 그리고 로마의 발렌티누스(Valentinus) 등이 있다. 초기 교부들인 이레네우스와 테르툴리아누스, 클레멘스는 발렌티누스를 영지주의의 대부로 생각했다.

영지주의는 특히 창조와 구원의 문제에 많은 관심을 보였다. 창조에 있어서는 무한한 절대적 초월자가 어떻게 어떤 방식으로 물질세계를 창조하였는가에 관심을 보였다. 이들은 최고의 존재인 신으로부터 우주가 유출되었다고 보고, 그 유출된 존재를 이온(Aeon)이라고 불렀다. 이 이온의 최하위층에서 물질이 만들어졌다고 보고, 이 최하위층의 이온을 데미우르고스

(*Demiurgos*), 곧 '세계의 형성자'라고 불렀다. 한편 구원에 있어서는 악의 존재와 악의 세력으로부터 해방되는 것을 구원이라 보았다. 그런데 물질은 근본적으로 악한 것이기 때문에 결국 구원은 물질로부터 해방되어 최고신의 충만한 광명, 곧 완전한 세계인 플레로마(πλήρωμα, *Pleroma*)로의 복귀를 의미했다.

영지주의 사상은 매우 복잡하고 다양하지만 이를 정리한다면 다음과 같이 세 가지로 요약할 수 있다. 첫째, 혼합주의적 체계. 영지주의의 근본 사상은 인도, 바벨론, 페르시아 등 동양의 이원론 사상과 그리스 사상, 그리고 유대교의 필로(Philo), 기독교 사상이 혼합된 혼합주의 사상이라고 할 수 있다. 여기서 '혼합'(Syncret)은 '결합하다'라는 그리스어 '*Sunkretizein*'에서 유래한 것이다. 둘째, 이원론 사상. 영지주의는 신과 인간, 영혼과 물질 등을 이원론으로 파악한다. 그래서 물질세계는 악의 원리에 의해 지배되며, 선한 신에 의해 지배되는 완전한 정신의 세계인 플레로마와 대립된다고 보았다. 즉 신은 선하지만, 물질은 악하고, 따라서 신은 물질세계와 무관하다고 믿었다. 셋째, 지식에 의한 구원 사상. 영지주의의 주된 관심은 구원이었다. 곧 어떻게 인간은 신과의 교제를 회복할 수 있으며, 순수한 영의 세계로 복귀할 수 있을까 하는 것이 그들의 주된 관심사였다. 하지만 이들은 구원에 이르려면 어떤 특수한 지식을 소유해야만 한다고 주장하였는데, 이 지식은 비교적(秘敎的) 혹은 신비적인 것으로서 특수 계층에 속하는 영적인(pneumatic or spiritual) 사람만이 소유할 수 있다고 보았다. 다시 말해 그들이 말하는 '참된 지식'(인식, *Gnosis*)은 합리적인 인식과 사실적인 교훈에 기인한 것이 아니라 신비적 몰두와 소정의 종교적 실천으로 얻어지는 것이었다.

영지주의는 진리의 이해도에 따라 사람을 3등급, 곧 아피스토이(ἄπιστοι), 프쉬키코이(ψεύχκοι), 프뉴마티코이(πνευματικοι)로 구분한다.

먼저 아피스토이는 하층부를 이루는 다수의 사람을 가리키는데, 이들은 진리를 이해할 희망이 전혀 없는 동물적 인간을 지칭한다. 둘째 프슈키코이는 동물적 인간이기는 하나 신앙을 가질 수 있는 자를 말하며, 셋째 프뉴마티코이는 최상층부로서 지식을 소유한 자, 진리를 터득할 수 있는 자를 지칭한다.[2] 한편 영지주의자들 중에는 비기독교적인 자들이 있는가 하면 기독교적인 자들도 있었다. 후자의 사람들은 예수 그리스도의 육체, 곧 성육신을 부인하였다. 왜냐하면 육체와 물질은 악이라고 보았으므로 그리스도는 육체를 가질 수 없다고 보았기 때문이다. 그래서 어떤 이들은 그의 육체는 유령이었든지 아니면 육체를 가진 것처럼 보였을 뿐이라고 말했는데, 이것이 소위 가현설(假顯說, Docetism)이다. 가현설이란 '~처럼 보인다'는 뜻의 그리스어 *dokein*에서 유래한 것이다. 이와 달리 어떤 사람들은 예수의 육체성을 인정하지만, 그 육체는 우리와 다른 영체(靈體, Spiritual matter)라고 주장하기도 했는데, 이런 사상은 초대교회의 아리우스(Arius)나 루돌프 불트만(R. Bultmann)에게서도 엿볼 수 있다.

이러한 영지주의의 견해는 2세기 전체를 통해 기독교에 심각한 위협이 되었다. 왜냐하면 이들은 결국 하나님의 창조, 성육신, 부활 등 기독교의 핵심 교의를 부인하는 결과를 가져왔기 때문이다.[3] 뿐만 아니라 물질이 본질적으로 악하다는 영지주의의 입장은 그리스도인의 삶에 대해서도 극단적인 금욕주의를 취하거나 아니면 물질과 육체를 종교와 무관한 것으로 보고 극단적인 쾌락주의나 도덕적인 방종을 취하는 잘못된 태도를 보여주었다. 바울은 골로새서(2:8 이하)에서 이러한 영지주의의 초기형태를 반박하고 있다. 아마도 당시 그곳에 영지주의의 가르침이 소개되고 있었던 것

---

2. 김영재, 『기독교교리사 강의』(합신대학원대학교 출판부, 2006), 47.

3. F. F. 브루스, 『신약에 나타난 복음의 변증』(생명의 말씀사, 1982), 116 참고.

으로 보인다. 이 외에도 바울은 성경 여러 곳에서 영지주의적 이단을 경계한다(딤전 1:4, 4:7, 6:4, 6:20; 계 2:6, 2:15). 가령 '거짓되이 일컫는 지식의 망령되고 허탄한 말과 변론을 피하라.'(딤전 6:20)고 했을 때도 영지주의자들을 염두에 두고 한 경고였을 것이다.

영지주의는 초기 기독교회에 상당한 영향을 끼치며 확산되다가 2세기 후반에 절정에 달한 후 쇠퇴해갔다.

3) 마르시온파(Marcionites)

마르시온파는 초대교회에서 가장 위협적인 이단 중의 하나였다. 이들은 비록 영지주의와 유사한 주장을 했지만, 나름대로 독자적인 집단을 형성했기 때문에 대부분의 역사가들이 영지주의와 구분하고 있다. 마르시온의 원자료는 현존하지 않는다. 때문에 그를 반대했던 교부들의 문서에 의존해 그의 이론을 파악할 수밖에 없는데, 대표적인 것이 유스티누스의 『마르시온과의 논쟁』, 『모든 이교도들에게 보내는 글』, 이레네우스(Irenaeus)의 『이교들에 대한 논박』, 히폴리투스(Hippolytus)의 『이교도들에게 보내는 글』, 그리고 테르툴리아누스의 작품들이다.

마르시온[4]은 85년경 비두니아 지방인 본도(Pontus)의 해변 도시 시노페(Sinope)에서 출생했다. 유세비우스나 테르툴리아누스는 그가 부유한 선주의 아들이었다고 하지만, 히폴리투스는 그가 시노페 감독의 아들이었다고 기록한다. 마르시온은 바실리데스와 발렌티누스 등의 영지주의 사상에 매혹되었다가 140년경(또는 150년경) 로마로 왔다. 이미 로마에는 시몬 마구스(Simon Magus)와 메난데르(Menander)의 제자였던 케르

---

4. 마르시온이나 마르시온파에 대한 대표적인 연구로는 E. C. Blactman, *Marcion and His Influence* (London: SPCK, 1948)가 있다.

도(Cerdo)가 구약성경의 하나님과 삼위일체의 하나님을 부정하는 교리를 가르치고 있었는데, 마르시온은 곧 그의 제자가 되었다.

사도행전 8장 10절에 나타나는 시몬 마구스는 성령의 능력을 금품으로 매수하려고 했던 마술사로서 교부들은 이를 두고 교회사 최초의 이단 혹은 이단의 대부라고 언급한다. 유스티누스에 의하면, 마술사 시몬은 사마리아 근교 깃타 출생으로서 아리스토텔레스 철학을 연구한 자였다. 그는 알렉산드리아에 유학하여 마술을 배웠고, 예수의 부활 후 사십 일 동안에 사마리아에서 독자적인 활동을 전개했다. 그는 모세오경에 통달했을 뿐 아니라 사마리아에서 처음으로 전도를 시작한 빌립의 설교와 이적에 감동해 그에게 세례를 받았다. 즉 그는 빌립의 전도활동의 첫 열매였던 셈이다. 그런데 얼마 후 이곳에 베드로와 요한이 나타나 권능의 안수를 행하자 마술사 시몬은 돈을 주며 그 권능을 사고자 했고, 이로 인해 베드로에게 책망을 받게 되었다. 그 후 그는 종적을 감추었다가 140년경 로마에 나타나 자신을 하나님이라 칭하면서 이단적 활동을 전개했다. 이에 대한 증거로 유스티누스는 당시 로마에 세워진 마술사 시몬을 위한 기념탑을 내세웠다. 거기에는 '거룩한 하나님 시몬에게'라고 라틴어로 기록되어 있었다고 한다.

시몬은 자신이 신으로부터 유출된 최고의 신적 능력의 소유자요 신의 능력 자체라고 주장했다. 이레네우스는 그가 많은 이들로부터 신으로 추앙받았을 뿐 아니라 그의 제자들은 그 자신으로부터 유출되었다고 주장하기까지 했다고 기록한다. 시몬의 제자인 메난데르 역시 마술을 행하면서 자신을 따르는 자는 영생할 것이라고 주장했다. 바실리데스(Basilides)와 사토르니우스(Satornius)는 그의 제자였다.

유스티누스는 『모든 이교도들에게 보내는 글』 서문에서 시몬과 그의 이단적 행실에 대해 다음과 같은 기록을 남겨주고 있다.

오직 성령이 너희에게 임하시면 너희가 권능을 받고 예루살렘과 온 유대와 사마리아와 '거기에서부터'(순교자 유스티누스가 인용한 구절에 이 단어가 삽입되어 있음) 땅 끝까지 이르러 내 증인이 되리라고 주께서 말씀하시고 승천하신 후 마귀는 그 즉시로 사마리아에 가라지를 뿌렸으니 이것이 곧 마술사 '시몬'이다. 마귀가 이 도시를 택한 것은 예루살렘과 온 유대를 벗어나 땅 끝으로 나아가는 관문이 곧 사마리아였기 때문이다. 안팎으로 뿌려진 복음의 씨를 이곳에서 훼방함이 가장 적합하다는 것이 악마의 판단이었다. 이 사마리아 태생의 마술사 시몬이 모든 이단의 아버지였다. 그는 모든 사도들보다 먼저 활동을 시작했고 물론 사도 바울보다 훨씬 앞서서 성령의 역사를 훼방하였다. 또 그의 곁가지가 메난데르(Menandros)였고, 이 가라지의 열매가 너무도 무서웠던 마르시온(Marcion)이었다. 말하자면 바울 사도의 가르침을 가장 올바로 이해했던 자가 가장 큰 배반자가 된 것이다. 마술사 시몬도 한때에는 복음을 믿고 세례까지 받았던 열렬한 신앙인이었으나, 그를 감히 이단이라 일컬었던 자는 오직 게바 한 사람 뿐이었다. 사마리아인들은 작은 자에서부터 큰 자에 이르기까지 모두가 마술사 시몬을 일컬어 "이 사람은 큰 자라 곧 하나님의 능력이라"하여 청종하였다.

마술사 시몬의 행적에 대한 유스티누스의 기록은 더 많이 있다. 거기서 우리는 그가 이단교리에서 시작하여 돈과 향락과 명예를 구했던 인물이었음을 알 수 있다.[5]

---

5. 로마에서 활동하던 시몬은 얼마 후 다시 사마리아로 돌아왔는데, 이때에는 '그리스나'라는 창녀를 데리고 와 동거하면서 로마에서 번 돈을 가지고 부요한 생활을 영위하였다고 한다. 여기서도 그는 자신을 가장 절대적인 하나님으로 주장했다고 한다. 즉 자신은 창세기에 나타난 창조주이며, 자기 위에는 자기를 지은이가 없다고 주장했다. 그리고 헬레나는 '데미우르고스'를

시몬 마구스의 추종자인 케르도는 시리아의 영지주의자이자 가현설자로서 신구약의 일치성을 부인하고 그리스도의 부활을 부인했다. 이레네우스는 그의 주된 이단성에 대해 이렇게 요약했다.

> 율법과 선지자들에 의해 선포된 신은 우리 주 예수 그리스도의 아버지가 아니었다. 율법과 선지자들에 의해 선포된 신은 우리에게 알려졌으나, 신약의 하나님은 알려지지 않았다. 구약의 하나님은 의로우시지만 신약의 하나님은 자비로운 분이다.[6]

크레도는 이런 원리에서 신구약 성경을 읽었다. 즉 구약의 하나님은 의로우시지만 무자비하고 무서운 신이요 복수하시는 신인 반면, 신약의 하나님은 선하시고 자비로운 신이라는 것이다. 크레도는 로마에서 마르시온과 함께 살기도 했는데, 이런 이유로 마르시온은 크레도에게서 영향을 받을 수 있었다. 즉 마르시온은 마술사 시몬 ⇨ 영지주의의 아버지였던 메난드로스 ⇨ 크레도의 이단설을 계승해 소위 마르시온파(Marcionites)를 형성하게 되었다. 140년부터 로마에서 활동한 마르시온은 144년경 로마교회로부터 이단으로 정죄되었음에도 165년까지 로마에서 가르치며 활동했다.

마르시온의 이단적 주장은 크게 세 가지로 정리될 수 있다. 첫째, 마르시온은 구약과 신약을 구분하였다. 곧 구약의 율법과 선지자는 크레도가

낳은 어머니로서 모든 창조주들의 근본 어머니였다고 가르쳤다. 자기 자신 곧 절대의 하나님 시몬과 우주의 어머니 헬레나만 누렸던 성생활을 인간들에게 선물로 주었는데, 이제부터는 참 하나님의 것을 인간들에게 재교육을 시킨다고 하여 사마리아의 수많은 청춘남녀들을 환각상태로 몰아넣었다고 한다. 참 하나님의 얼굴에는 고난과 인내와 사랑과 용서와 평화가 깃들어 있고, 악마의 얼굴에는 돈과 향락과 명예와 시기와 질투와 분쟁으로 채워져 있다고 순교자 유스티누스는 기록했다. - 『모든 이교도들에게 보내는 글』에서 인용함.

6. 이레니우스, 『이단에 대항하여』, 1, 27, 1.

말한 대로 열등한 신에 의해 영감된 것이고, 신약의 예수 그리스도는 선하신 알 수 없는 아버지로부터 온 계시라고 보았다. 곧 구약의 하나님은 분노에 가득 찬 악의 창조자로서 이스라엘만 사랑하고 다른 민족은 파괴하고자 한 반면, 신약의 하나님은 모든 인류를 사랑하고 포용하는 은혜와 사랑의 근원으로서 그의 아들 예수 그리스도 안에서 자신을 계시하였다는 것이다. 이런 견해는 구약과 신약, 율법과 복음, 이스라엘과 교회 사이를 구분하는 이원론을 촉발시켰다.

둘째, 마르시온은 반유대주의적이었다. 그래서 그는 바울만이 율법의 대적자로서 예수님의 복음을 오염시키지 않은 유일한 사도라고 보고 숭배했다. 셋째, 마르시온은 정경관을 잘못 제시하였다. 그는 신약의 정경성에 대해 최초로 언급한 인물로서 누가복음과 바울의 열 서신 만을 정경으로 인정하였다. 마르시온은 구약의 하나님은 오직 유대인만을 사랑한다고 보았으므로 구약전체를 부인했을 뿐만 아니라 유대적 색채가 짙은 마태, 마가, 사도행전, 히브리서나 자기의 주장에 반대되는 목회서신 등도 정경으로 인정하지 않았다. 이에 대해 이레네우스는 이렇게 말했다.

> 그는 세상을 만드신 하나님이 우리 주 예수 그리스도의 아버지라는 취지에 대하여 사도들이 말한 것과, 그것이 우리에게 주님 오시기에 앞서 예언된 것임을 가르치기 위하여 사도들이 인용한 예언서의 구절들을 삭제해 버림으로써 결국 바울의 서신들을 갈기갈기 찢어버렸다.[7]

이 외에도 마르시온은 세례 후의 결혼 생활을 금지했으며, 물고기 외에 모든 육류를 먹지 못하도록 했다. 이런 도덕적 엄격주의는 많은 광신적인

---

7. 이레네우스, 1, 27, 2.

신봉자를 얻게 하였고, 그 결과 이들은 세계의 교회화를 계획하고 막대한 금력으로 이를 추진하였다. 심지어 그는 로마교회를 돈으로 사려고까지 했다고 한다. 이러한 마르시온의 영향력은 2세기경에 절정에 달했는데, 유스티누스는 2세기 중엽 마르시온의 영향력이 인류전체에 퍼졌다고 말하기까지 했다. 실제로 마르시온파의 영향력은 아라비아, 아르메니아, 그리고 이집트까지 전파되었다고 한다. 이처럼 이 사상이 세력을 확대한 것은 여러 지역에서 수용될 수 있는 혼합주의적 성격 때문이다. 앞에서 언급했듯이, 마르시온파는 일면 영지주의와 유사한데, 이런 이유로 마르시온파를 영지주의의 일파로 분류하기도 한다. 하지만 마르시온파는 영지주의자들보다 교회에 더 큰 위협이었다. 왜냐하면 이들은 영지주의자들처럼 창조, 성육신, 부활 등의 교리를 부인하거나 극단적으로 재해석할 뿐만 아니라 그들 나름의 독자적인 정경과 교회를 조직하기까지 했기 때문이다. 마르시온파는 이후 약 이백 년간 계속되어 5세기까지 활동했다.

마르시온의 사상은 기독교에 부정적인 영향을 많이 끼쳤는데, 한편으로 기독교를 그리스 철학과 혼합시켰을 뿐 아니라, 다른 한편으로 교회 내에 영육의 분리, 곧 이원론 사상을 유포했다. 이런 이유로 교회는 정경의 집성, 신앙고백(사도신경)의 형성, 감독권의 강화와 같은 현상들을 재촉하게 되었다.

4) 몬타누스파(Montanist)

150~172년 사이에 소아시아 프리기아(Phrygia)에서 일어난 몬타누스(Montanus)[8] 운동은 앞서 언급한 영지주의나 마르시온파와는 다른 성격

---

8. '몬타니즘'이란 용어는 4세기에 Didymus라는 사람의 글에 처음 등장한다. 이 전에는 다양한 이름으로 불렸는데, 그 운동의 발상지인 '프리기아'(Phrygia)를 따서 '프리기아파'(Phrygians)라고 불리기도 했고, 이 운동의 중심지가 된 '페푸자'를 따서 '페푸자파'(Pepuzans)라고 불리기

을 지녔는데, 이는 몬타누스가 창조주 하나님과 구속자 예수 그리스도를 믿었기 때문이다. 몬타누스 운동은 근본적으로 기독교운동이요 일종의 교회개혁운동이었다고 할 수 있다. 하지만 성령에 대해 왜곡된 사상을 가졌고, 결국 2세기의 거짓계시운동(위경운동, 僞經運動) 또는 시한부 종말론 이단 운동이 되고 말았다.

모든 운동이나 사상은 역사적 상황을 반영하는데, 몬타누스 이단이 출현할 당시 교회는 재림의 지연으로 신앙적 해이 및 세속화현상이 심화되고 있었다. 영지주의의 도전으로 교회는 혼란스러웠으며 초대교회의 특징이던 성령의 역사는 사라진 것처럼 보였다. 더군다나 교회는 제도화되어 공교회주의(公敎會主義) 혹은 보편교회적 성격(catholicism)이 심화되었다. 신국의 도래를 대망하던 종말론적 기대 대신 신국은 제도로서 교회 안에 있다는 신념이 자리하게 되면서 교회는 안이한 형식주의에 빠져들었다. 이러한 상황에서 몬타누스 운동(Montanism)은 교회의 속화 및 제도화에 반대하며 성령의 은사를 강조하고 주님의 임박한 재림과 엄격한 금욕을 주장하면서 당시 교회에 커다란 반향을 일으켰다.

이 운동은 156년경 소아시아의 프리기아(Phrygia)에서 시작되었는데,[9] 이 도시는 광적이고 예언적인 이방도시였다. 몬타누스에 대해서는 별로 알려진 것이 없지만, 제롬에 의하면, 그는 프리기아 출신으로서 시벨레(Cybele, 소아시아의 밀교로서 신들의 대모[the great mother of gods])라는 여신전에서 종사하던 제사장 출신이었다.[10] 이후 기독교로 개종한 몬타누스는 나름대로 교회개혁의 의지가 있었으나, 172년경부터 자신이 성

도 했다. 드러나 2세기에 가장 많이 사용된 이름은 '신예언파'(New prophecy)라는 칭호였다.

9. 이 이단운동의 기원에 대해서는 자료들마다 서로 상이해서, 어떤 이는 157년을 주장하는가 하면, 어떤 이는 172년을 주장하고, 또 다른 이는 이 두 정보를 조화시키기도 한다.

10. P. Schaff, *History of the Christian Church*, vol II (Eerdmans, 1979), 418.

령에 사로잡혔다고 주장하면서 예언활동을 시작하였다. 그는 그리스도의 탄생과 함께 성부의 시대가 끝나고 성자의 시대가 시작되었는데, 이제는 성자의 시대도 막을 내리고 성령의 시대가 시작되었다고 주장하였다. 또한 엑스타시 상태에서 나타나는 '영(靈)'을 강조했는데, 엑스타시는 글자 그대로 '자기 밖에 있다'(outside oneself)는 뜻으로서 완전히 자기 자신이 아닌 것 같은 사람의 상태를 의미했다. 몬타누스는 이런 상태에서 금식하고 고통을 자초하며 춤을 추고 환상을 보고 예언하곤 했다.

몬타누스는 종말이 가까이 왔다고 믿은 원시 기독교 신앙을 강조하면서 자신이야말로 요한복음에서 약속한(요 15:26) 보혜사의 대언자(mouthpiece)라고 주장하였다. 나중에는 그 자신이 바로 보혜사라고 주장하기에 이르렀다. 이들은 보혜사 성령을 강조하면서 소위 '새로운 예언'을 주장했는데, 금식, 금욕, 환상과 사적(私的) 예언을 강조하고 이를 절대화하면서 점차 '거짓계시운동'으로 발전하였다. 또한 그는 남편을 버린 두 여인인 막시밀라(Maximilla)와 프리스킬라(Priscilla)를 여선지자로 두고, 이들을 통해 페푸자(Pepuza)에 새 예루살렘이 임할 것이라고 주장하였다.[11] 이들은 곧 당시교회로부터 이탈하여 자기들만의 교회를 세우고 이 교회야말로 충분한 복음을 지닌 특수한 교회라고 주장하는 한편, 이전 시대보다 더 높은 수준의 도덕과 철저한 금욕을 실천하고 나아가 순교까지 감수해야 한다고 가르쳤다.

한편 이 운동은 당시 사회의 빈곤과 박해 하에서 상당한 인기를 얻었다. 당시는 마르쿠스 아우렐리우스(Marcus Aurelius)가 황제로 있던 때로서, 그리스도인들에 대한 잔인한 탄압은 물론 사회적 빈곤이 극심하던 때였다. 그가 황제로 통치하던 기간(161~180년) 중 로마 제국에는 여러 가지

---

11. Eusebius, *Ecclesiastical History*, 5, 18, 2.

재화(災禍)가 발생했다. 특히 그가 권좌에 오른 지 육 년째인 166년에는 제국 내에 홍수가 범람해 기근이 심화되었고, 설상가상 다뉴브 국경으로부터 야만족이 침입해 심각한 가난과 정치적 혼란을 겪게 되었다. 그래서 로마의 사가들은 이 해를 액년(anus calamitosus)이라고 부르기도 한다. 이러한 빈곤과 경제적 파탄, 기근은 현세적 삶에 의미를 주지 못했다. 처참할 정도의 생존의 고통이 그 시대를 압도하였다. 이런 상황에서 임박한 종말에 대한 선포는 수많은 가난한 대중들을 몬타누스주의에 끌어들일 수 있었다. 현실이 참담할수록 신국에 대한 기대는 강력했던 것이다. 한적한 촌락으로 개발되지 않았던 사막지대의 페푸자는 어느 순간 하나님 나라의 도래를 갈망하는 수많은 사람들의 희망의 도시로 변모해갔다. 이런 점에서 몬타누스주의의 '새 예루살렘'의 예언은 사회, 경제적인 유토피아운동의 성격을 띠었다고도 할 수 있다.

207년에는 당시 교회지도자였던 테르툴리아누스가 이 이단에 가담하기도 했다. 테르툴리아누스는 비록 광란적 예언이나 시한부 종말론, 여성의 지도력 등은 거부했지만, 기성교회의 속화에 실망하고 엄격한 생활, 세상과의 분리, 금욕적 생활, 기꺼이 순교하려는 자세 등에 대해서는 매력을 느꼈다.[12]

하지만 이 운동은 그들의 예언이 거짓으로 판명되면서 급속히 추종자가 줄어들다가 179년에 몬타누스, 막시밀라, 그리고 프리스킬라가 세상을 떠나면서 그 영향력은 급격히 쇠퇴해갔다. 그러나 이 이단운동이 사라진 것은 500~550년경이었다. 영지주의와 마르시온주의처럼 몬타누스파도 당시 교회에 큰 영향을 미쳤는데, 이로 인해 교회는 교회 내의 예언운동과 특별한 은사운동을 경계하는 한편, 감독의 치리권은 강화시켰고 외적 말씀

---

12. Harry Boer, *A Short History of the Early Church*, 64.

으로서 성경을 교회문제에 대한 유일한 법칙으로 강조하게 되었다.

2. 이단의 출현에 대처한 교회의 반응

그렇다면 이단들에 대항하여 교회는 어떻게 대처하였을까?[13] 무엇보다 교회는 이단들의 잘못된 정경론에 대처하기 위해 받아들여야 할 책과 버려야 할 책을 구분해야만 했다. 최초로 신약성경의 목록을 담고 있는 것은 190년경에 기록된 무라토리안 정경(Muratorian Canon)이었다. 여기에는 마태, 마가, 누가, 요한복음, 사도행전, 고린도전후서, 에베소서, 빌립보서, 골로새서, 갈라디아서, 데살로니가전후서, 로마서, 빌레몬서, 디도서, 디모데전후서, 유다서, 요한일서, 요한이서, 요한계시록, 베드로계시록, 그리고 솔로몬의 지혜서가 정경으로 채택되어있다. 이 문서는 1740년에 이를 발견해 출판한 무라토리(L. A. Muratori)의 이름을 따서 '무라토리안 정경'으로 명명되었다. 한편 오늘날 우리가 사용하고 있는 정경목록은 367년 알렉산드리아 감독인 아타나시우스(Athanasius)가 쓴 부활절 편지에서 처음 나타났다. 이 후 북아프리카의 히포(393)와 카르타고회의(397)에서도 이와 똑같은 목록을 발표하였다.

이단들에 대한 교회의 또 다른 대처는 신앙고백을 제정하는 것이었는데, 그 첫 결실이 사도신경이었다. 사도신경은 '전능하신 하나님을 믿는다'는 뜻의 라틴어 *Credo in Deum omnipotentem*으로 시작하는데, 150년경 로마에서 기본 골격이 갖추어져[14] 세례 받는 자들의 신앙고백으로(*baptismal*

---

13. 이 점에 대해서는 곤잘레스, 『초대교회』, 106-113에 크게 의존하였음.
14. 화란의 교회사가요 조직신학자였던 H. Berkhof는 정통교리의 대표적인 표준인 사도신경이 형성된 과정을 설명하면서 성령의 역사하심을 증거한 일이 있다. 사도신경은 어떤 한 사람이나 공의회에서 만들어진 것이 아니고, 2세기로부터 여러 신학자들과 교회회의에서 가르쳐진

formula) 사용되었다. 당시 세례의식은 교회의 입회의식이었다.[15] 사도신경은 흔히 구 로마신경(Old Roman Creed)으로도 불렸는데, 초기 내용이 약간의 변화를 거쳐 오늘의 사도신경으로 정착되었다.

감독의 권위를 강화하고 정통교리를 강조하는 것 역시 이단에 대한 교회의 반응이었다. 바울은 고린도전서 11장 19절에서 "너희 중에 편당(偏黨)이 있어야 너희 중에 옳다함을 인정받는 자들이 나타나게 되리라"고 했다. 진실한 사람들이 드러나기 위해서는 그들 가운데 분파가 있어야 한다고 한 것인데, 이단의 출현으로 무엇이 정통인가를 드러내게 되었다는 점에서 로쯔(J. Lortz) 이를 '다행한 과실'(*Felix culpa*)이라고 했다.

것이 모이고 정리되어 5세기경에는 오늘의 내용으로 만들어졌는데, 5세기에는 가톨릭 예배의 중심인 미사가 이미 일반화되어 있을 때였다고 한다. 그러나 미사가 사도신경의 한 부분으로 삽입되지 아니한 것은 정통교리를 수호하시는 성령의 특별하신 역사가 아니고는 설명할 수 없다고 주장했다.

15. 세례와 성찬을 성례라고 한다. 성례란 라틴어 *sacramentum*에서 나왔는데, 원래 이 용어는 군인이 맹세하는 서약을 의미했다. 군인이 황제를 섬길 것을 서약했듯이 그리스도인도 세례를 받음으로써 그리스도를 섬기겠다는 서약의 의미가 있었다. 성찬은 그리스어로 *Eucharist*라고 하는데, 이는 '감사를 드린다'는 뜻이다. 성만찬은 하나의 감사예식이었다. 처음에는 실제로 식사를 했다. 바울은 고린도사람들이 너무 많이 먹고 마신다고 한탄하면서 오기 전에 집에서 무엇을 좀 먹고 오라고 충고한 바 있다(고전 11:22~34). 그 후 식사는 사라졌다.

제2부

기독교의 확산과 복음의 변증

9장

그리스-로마의 종교적 상황

1. 종교와 사회

    로마 사회에서 기독교가 어떻게 인식되었는가를 살피기 전에 먼저 우리나라의 경우를 생각해보자. 기독교가 들어올 때 우리나라는 다종교적 사회였다. 물론 어느 한 종교가 주도적인 역할을 한 것은 사실이지만, 그렇다고 특정한 종교만이 용인된 것은 아니었다. 유동식 교수는 우리나라의 문화를 지배해 온 종교가 시대에 따라 바뀌었다고 지적하면서 이를 우리나라 문화사의 특이성이라고 말한바 있다. 즉 선사시대에는 원시종교인 신교(神敎)나 무교(巫敎)가 민족의 종교였지만, 5세기경 이후에는 고구려, 백제, 신라에 중국의 고전 종교인 유교와 불교, 도교 등이 소개되었다가 통일신라와 고려시대에 이르러는 불교가 지배적인 종교가 되었고, 조선시대에 와서는 숭유배불(崇儒排佛) 정책으로 유교가 문화를 지배했으나, 조선왕조의 쇠망과 함께 유교의 영향력은 쇠퇴하게 되었다는 것이다.[1] 물론 기독

---

1. 유동식, "한국 종교와 신학적 과제," 「신앙과 신학」 제7집(1991), 11.

교가 전래될 당시 우리나라에는 여전히 재래종교나 유교적 가치가 상당한 영향을 끼치고 있었다. 그럼에도 기독교가 성공을 거둘 수 있었던 것은 기존 종교의 영향력이 감소하여 일종의 종교적 진공 상태에 있었기 때문이라고 한다. 이런 입장은 특히 선교사들에 의해 강조되었는데, 우리나라 문화에 대한 이해가 깊었던 게일(Gale) 등이 그런 경우이다.

비록 개신교는 19세기 말 이후에 전래되었지만 타종교에 비해 급속한 성장을 이루어 1세기 만에 인구의 약 25%가 그리스도인이 되었다. 물론 다소 과장된 수치일 수도 있지만 분명한 것은 기독교가 상당한 성공을 거두었고, 상당한 힘을 발휘하고 있다고 할 수 있다. 그렇다고 타종교가 힘을 잃은 것은 아니다. 타종교 역시 여전히 한국사회에서 일정한 기여와 역할을 하고 있다. 불교는 지금도 민중의 종교로서 그 중요한 기능을 행사하고 있고, 유교는 종교집단으로서의 조직이나 체계를 지니고 있지는 않으나 한국인의 윤리적 에토스를 형성하고 있다. 무교(巫敎) 또한 민간신앙으로서 기층문화로 남아 한국인의 의식구조와 행동양식에 영향을 주고 있다.

물론 한국에서의 기독교의 성공이 종교적 진공성에만 있는 것은 아니다. 나는 한국에서의 기독교의 성공에는 '일제하의 상황'이라는 역사적 환경이 큰 기여를 한 것으로 생각한다. 사실 한국에서의 기독교는 서양문화의 도관으로서 그 문명성을 제시했을 뿐 아니라 민족자강의지를 충족시켜 주었는데, 이것은 민족주의와 기독교의 결합이라는 특수한 형태를 가져오게 했다. 다시 말해 아시아나 아프리카에서 민족주의는 대개 반기독교적 성격을 띠지만 한국에서는 기독교가 민족주의와 결합되었다. 이것을 기독교민족주의(Christian nationalism)라고 부를 수도 있는데, 이런 점들이 종교적 다원사회에서도 기독교를 성장하게 하는 동력이 되었다.

기독교가 한국에 소개되었을 때 기독교에 대해 기존 종교와 사회가 보여준 부정적인 반응은 두 가지로 요약될 수 있다. 첫째는 외래성(外來性)이다. 폐쇄사회일수록 배타적인 성격을 지니는데, 우리나라의 기존 종교 역시 기독교의 외래성을 문제시하여 공격적인 자세를 취했다. 동학(東學)은 서양종교인 서학(西學)에 대한 일종의 안티테제였다. 이런 현상은 한국만이 아니라 중국이나 일본에서도 마찬가지였다. 이를 잘 알았던 허드슨 테일러는 중국내지선교회(CIM)을 창립하고 중요한 선교정책으로 기독교의 외래성을 불식시키기 위해 중국적 기독교의 가능성을 제시했는데, 그것이 다름 아닌 선교사들이 중국적으로 사는 것이었다. 즉 중국 복장을 하고 중국 음식을 먹고 중국집에서 살도록 했다. 이렇게 함으로써 기독교는 서양의 종교만이 아니라 중국의 종교일 수도 있음을 제시하고자 했다. 이에 반해 한국에 온 선교사들 가운데 한복을 입고 한국 음식을 먹고 한국 집에 산 사람은 캐나다 출신 선교사인 메켄지 밖에 없었다. 이런 점에서 우리나라에서 기독교는 외래성을 띠었고, 이것은 국수적 민족주의의 공격대상이 될 수밖에 없었다. 최근 우리의 것을 고양한다면서 서양적인 것을 배격하려는 움직임 또한 일종의 국수적 문화 민족주의라고 할 수 있다.

토착종교가 기독교에 대해 배타적이었던 또 다른 이유는 조상제사 금지와 같은 윤리관의 차이였다. 전통종교는 특히 유가적 가르침은 그것을 '차이'로 인식하지 않고, 반인륜적인 사학(邪學) 혹은 사교(邪敎)로 해석했다. 말하자면 1세기 로마인들이 기독교의 가르침을 따를 수 없었듯이(행 16:21 참고), 그것은 "한국인들이 따를 수 없는 풍습이었다." 기독교는 무군무부(無君無父)의 종교이자 멸기난상(滅紀亂常)의 종교라고 비난받았다. 이는 초기 기독교가 로마 사회에서 '야만인의 철학'(barbaros philosophia)으로 간주되었던 것과 같다.

그러면 우리나라의 토착 종교와 사회가 지닌 기독교 인식에 대항하여 초기 기독교는 어떻게 자신을 변증했을까? 우리나라에서 초기 기독교라 함은 대략 1920년대까지라고 말할 수 있는데, 이 시기에 기독교는 '호교적 기독교 변증'을 시도했다. 왜냐하면 각종 전통적인 종교문화 속에서 복음을 선포하기 위해서는 기독교의 진리가 갖는 우월성을 변증하지 않으면 안 되었기 때문이다. 변증은 다음과 같이 두 가지로 요약되는데, 첫째는 유일신 신앙에서 '계시성'을 강조하여 타종교와 차별됨을 보이는 것이었다. 즉 기독교는 전통적인 일반 종교들과 근본적으로 다르다는 것이었다. 둘째는 근대 서구 기독교의 산물이라 할 수 있는 '문명성'을 강조하는 것이었다. 그런데 이 같은 두 가지 측면은 기독교의 자기 정체성을 확인하는 것이기도 하지만, 타종교에 대해 배타적인 입장을 취하게 하는 요인이 되기도 했다.[2] 즉 계시종교로서의 기독교 신앙이 갖는 고유성에 대한 확신과 근대 문명을 창출한 '문명의 종교'라는 독특성에 대한 확신이 자연스럽게 기독교의 배타성을 초래했다는 것이다.[3]

---

2. 이진구, "근대 한국개신교의 타종교 이해," 「한국기독교와 역사」, 제4호(1995), 135.

3. 유동식에 의하면, 타종교에 대해 배타적 태도를 보여주는 한국교회의 첫 문서는 1891년에 발간된 『샹톄 진리』라는 제목의 21쪽으로 구성된 소책자라고 한다(유동식, 324). 이 책은 기독교라는 종교가 무엇이며, 이 기독교가 타종교와 어떻게 다른 것인가를 보여주는데, 특히 성경의 하나님을 '샹톄'(上帝)라고 하여 전통적인 신 관념을 표현하는 '하느님'과 구별하였다. 특히 '여호와'라는 명칭을 주로 사용함으로써 새로운 신 이해를 도모했다. 이 여호와는 창조주로서 동양의 유,불,선 등 3교나 무교의 신과는 다른 창조주임을 지적했다. 그런데 조선에서는 여호와 창조주를 잊어버리고 망령되이 천지를 신이라고 하고 불, 물, 혹은 바람 등 피조물 중의 어느 하나를 신처럼 믿고 복을 비는데, 속히 이런 망령된 행동을 버리고 오직 하나님만을 공경해야 한다고 지적함으로써 기독교 신앙의 배타적 절대성을 주장하였다(유동식, 324). 타종교에 대한 이러한 인식이 그 시대의 주류였다. 이런 타종교관을 보여주는 또 하나의 경우가 1923년 「신학지남」에 발표된 "야소교와 타종교의 상관"인데, 이 글은 어도만에 의해 1925년 "그리스도 종교와 다른 종교에 디흔 관계"라는 제목으로 「신학지남」에 다시 게재되었다. 이것은 타종교에 대한 기독교의 관점을 주지시키려는 의도가 있었음을 알 수 있다. 이 글에서는 구약성경과 바울은 우상이나 자연물을 숭배하는 타종교를 용납하지 않았다고 지적하면서, 설령 타종교에도 진리가 있을 수는 있으나 엄밀히 말해 기독교 외의 종교는 삼위일체 하나님을 알지 못하기에 허망한 종교라고 지적했다. 그리고 타종교에는 구원이 없다고 말했다. 곧 "佛敎人과 如히 上帝의 存在를 仔細히 知치 못ᄒᆞ는者가 實로 天父씌 歸ᄒᆞ다ᄒᆞ기 難ᄒᆞ니라. … 天下人間에 他名을 受ᄒᆞ여서 吾等이 救援을 得치 못ᄒᆞ리니 그 외 他人으로 由ᄒᆞ야 救援을 得치못ᄒᆞ리라"고 말했다(유동식, 328).

초기 개신교 선교사들은 학교나 병원을 설립하고 구습을 타파하는 등 새로운 가치를 소개함으로써 개신교가 문명의 종교임을 드러냈다. 반면 한국의 전통종교나 다른 종교들은 우상 숭배나 미신적 신앙으로 간주되었고, 자연스럽게 이들 종교에 대해 부정적인 견해를 가지게 했다. 결국 청일전쟁 이후 기독교의 문명성은 우리사회로 하여금 기독교에 관심을 가지도록 했다. 즉 청일전쟁 이후 기독교를 통로로 서양문물을 수용하려는 의지가 확대되면서 신자의 수도 급증하게 되었다. 개항기의 지식인들 또한 기독교를 '문명의 기호'로 인식하였다.[4] 이는 "크리스도씨의 교를 착실히 하는 나라들은 지금 세계에서 제일 강하고 제일 부요하고 제일 문명하게 제일 개화되어있다"라는 주장이나(「독립신문」 1897년 1월 26일자), "지금 셔양 각국에 뎨일 문명ᄒ고 뎨일 부강ᄒᆫ 나라를 보라. 그 나라들이 무솜교를 슝샹ᄒᄂ뇨"(「대한 그리스도인회보」, 1989년 6월 1일자)라고 물으면서 그것은 다름 아닌 기독교라고 내세우는 주장 등에서 볼 수 있다.

이진구의 지적처럼, 계시종교로서 기독교의 고유성과 문명의 종교로서 기독교의 독특성은 '타자 이해'의 잣대가 된다. 곧 유교는 내세 관념이 결핍된 '윤리'로서 미신적인 조상숭배를 하고, 불교는 '철학'이고, 신종교는 '유사종교'이자 '미신'이며, 민간신앙도 미신화 되었다고 비판했다. 또 '거짓 기독교'와 '참 기독교'라는 대칭으로 천주교와 기독교를 비교했다.[5] 그러면 이제 초기 로마 사회에서의 기독교에 대해 살펴보자.

---

4. 장석만, "개항기 한국사회의 '종교'개념 형성에 관한 연구," (서울대학교 박사학위청구논문, 1992), 51. 이진구, 136.

5. 이진구, 139-158. 개신교가 타종교를 '종교'라는 특권적인 범주와 대립하는 개념으로서 종교성이 결여된 윤리, 철학, 유사종교, 미신, 우상종교 등의 범주로 이해하는 타종교에 대한 개신교의 태도를 이진구는 '종교적 오리엔탈리즘'(Religious Orientalism)으로 부르고 있다. 이것은 '결핍'(absence) / '충만'(presence)이라는 양분법적 인식의 틀로 타종교를 이해하는 방식을 의미한다고 한다. 이진구, 158.

2. 로마 제국의 종교적 상황

초기 기독교가 당시 세계로 전파되는 과정에서 직면했던 가장 중요한 문제는 두 가지로 정리될 수 있다. 첫째는 로마 제국과의 정치적인 문제였다. 곧 불법의 종교인 기독교가 신교(信敎)의 자유를 획득하는 문제였다. 둘째는 이교(異敎)와의 종교적인 문제였다. 여기서 이교는 기독교나 유대교가 아닌 다신교(polythesim)를 말한다.

기독교 변증가들이 주로 활동했던 2세기의 로마 제국은 어느 특정 종교가 지배적인 영향을 행사하지 않고 다양한 종교가 일정한 영향력을 공유하던 종교다원사회였다. 로마인들에게도 그들만의 고유한 종교가 있었지만 그것을 다른 사람에게 강요하지는 않았다. 즉 종교 문제에 있어서 그들은 관용적이었다. 로마는 주변지역을 정복하고 그 지역을 제국으로 흡수할 때, 로마에 충성을 맹세하는 한 그 지역의 왕권은 물론 왕권의 세습까지 인정했다. 소위 분봉왕 정책을 통해 제국을 다스렸던 것이다. 따라서 종교 문제에 있어서도 로마는 어느 하나를 고집하거나 강요하지 않고, 오직 징세에만 관심을 두었다. 이런 상황은 자연스럽게 다신교적 사회를 형성하였다. 그러면 이런 종교적 상황에서 초기 기독교는 어떻게 대응했으며, 또 이교사상(paganism)을 어떻게 이해했을까?

3. 그리스-로마의 종교들

기독교가 전파되던 1세기 당시 로마 제국에는 다양한 종교들이 있었다. 로마의 신들인 주피터(Jupiter), 머큐리(Mercury) 그리고 미네르바(Minerva)와 이에 상응하는 그리스의 제우스(Zeus), 헤르메스(Hermes), 그리고 아테나(Athena)가 있었다. 올림푸스의 12신으로 대표되는 그리스의 신들은 신인동형적(anthropomorphic)이었다. 만신전(萬神殿)은 이 시대 다신교의 상징이었다. 그 신들에게는 나이나 죽음이 없었고, 육체적인 공간적 제한도 없었다. 또 인간에게 금지된 것도 할 수 있는 초도덕적(amoral)이었다.[6] 이런 신들은 인간에 의해 그려진 신들이었을 뿐이다. 신들은 비록 다른 민족에 의해 각각 다른 이름으로 불렸지만, 사실은 모든 민족에게 속한 같은 신으로 이해했다. 그들은 올림푸스 산에서 제우스를 위주로 일종의 신적 사회를 형성했는데, 그들의 이름은 아래의 표와 같다.[7]

그리스식 이름	로마식 이름	신의 성격
제우스 (Zeus)	주피터 (Jupiter)	신들의 아버지이요 가부장적 의미의 남편으로 가족생활, 권위, 규율의 중심이다. 천둥번개로 상징되는 기후를 주관하는 신이다(행 14:12).
헤라(Hera)	주노(Juno)	제우스의 아내
포세이돈 (Poseidon)	넵튠 (Neptune)	바다, 물, 지진의 신, 제우스의 동생
아폴로 (Apollo)	푀부스 (Phoebus)	남성다운 미의 이상형인 그리스 소년으로서 음악, 궁술, 예언, 이술, 법, 문명, 양떼와 소떼, 그리고 후에는 태양과도 관련되었다.
아르테미스 (Artemis)	다이아나 (Diana)	아폴로와 쌍둥이 여신, 전원과 야생동물의 여신, 아이 출산을 관장하는 신
아테나 (Athena)	미네르바 (Minerva)	지혜와 기예의 처녀신, 아테네의 수호신, 무장한 상태에서 제우스의 머리에서 나왔다.
헤르메스 (Hermes)	머큐리 (Mercury)	신들의 사자이며, 도로와 도로 이용자들을 관장하는 신

---

6. E. Ferguson, *Backgrounds of Early Christianity* (Eerdmans, 19890), 114.

7. Ibid., 115.

아레스(Ares)	마르스(Mars)	전쟁의 신
아프로디테 (Aphrodite)	비너스 (Venus)	사랑과 미와 생산의 신, 성의 화신이며 에로스의 어머니 신
데메테르 (Demeter)	세레스 (Ceres)	곡물의 여신
디오니소스 (Dionysus)	바카스 (Bacchus)	술의 신
헤파이스토스 (Hephaestus)	불칸(Bulcan)	불(火)과 공예의 신

신비종교들

이 외에도 로마에 수입되어 영향을 행사했던 당시 종교로는 이집트의 대모신(代母神)인 이시스(Isis), 페르시아의 빛의 신인 미트라(Mithra)와 여신인 키벨레(Cybele), 아나톨리아 지방에서 유래한 아티스(Atis) 등이 있었다. 이런 종교들을 포함해 고대의 대부분의 종교들은 생식과 풍요의 신이었다. 인간만이 아니라 땅이나 가축에게도 풍요를 가져다주는 '위대한 어머니,' 곧 풍요의 신을 숭상했다는 점은 어느 정도 이해할 수 있다. 그 누구도 풍요를 마다할 이유가 없기 때문이다. 하지만 이런 풍요의 신은 성(性)적 제의를 포함했다. 곧 여성은 많은 아이를 출산하는데 의미가 있었듯이, 풍요의 여신은 수유하고 양육하는 어머니의 모습으로 상징화되었으며, 남성은 육체적인 힘, 성적인 능력을 지녀야 했기에 남성신은 성적 능력을 지닌 형상으로 상징화되었다.

그리스인들은 대중적인 신비종교였던 이시스를 데메테르와 동일시하였고, 그 여신을 그리스 세계의 가장 중요한 신으로 만들었다. 이런 식으로 그리스인들은 이집트 종교가 이집트 밖으로 확장되는 데 중요한 역할을 했다. 중세시대의 마돈나처럼 거룩한 아이를 품에 안고 젖먹이는 어머니의 모습을 지닌 이시스 신상은 경건한 신비로움이 있어 대중적 숭배를 받았다. 이 이시스의 신상이 후일 기독교 예술에서 보게 되는 성모 마리아와 아기 예수 그림의 전례가 되었다는 주장도 있다.[8] 한편 폼페이에서 이시스의 신전이 발굴되면서 이시스 숭배에 관한 여러 가지 기록들도 함께 발굴되었는데, 그 기록들 중 이시스에게 드리는 기도문에서는 그녀를 '하늘의 여왕'이라고 불렀다.

주전 1300년 페르시아에서 시작된 미트라(Mithra)교는 남성신으로서 페르시아의 생식의 신이었다. 또한 이 신은 조로아스터교의 빛의 신에서 유래한 것으로 빛, 진리, 언약에 충실한 신이기도 했다. 이 신비종교는 1세기 당시 소아시아와 로마 제국에 널리 퍼져 있었는데, 특히 불멸에 대한 열망과 사후의 행복을 보장하는 종교라는 점에서 대중적인 인기를 얻었다. 그 중에서도 군 장교들과 군인들에게 큰 인기가 있었다고 한다.[9] 4세기에는 중산층과 군인들 사이에 상당한 영향력을 행사하면서 거의 기독교에 필적할 정도로 확산되었다. 더군다나 이 종교는 기독교의 성만찬과 비슷한 의식까지 행했다. 곧 거룩한 식사를 함께 나누며 사후의 영혼들이 일곱 혹성의 영들의 방해를 물리치고 은하수에 도달할 수 있는 길을 제시해 주었다. 로마인들은 미트라교를 '별의 종교'(astral religion)라 부르며 '정복되지 않는 태양'으로 숭배했고, 동지(冬至) 때는 '정복되지 않는 신'(*deus invinctus*)의 축제를 벌이기까지 했다. 이 축제는 농신제(農神祭, *saturnalia*)와 관련된 것이었는데, 미트라가 바위에서 태어난 날을 기념하는 12월 25일에 행해졌다.

그런데 당시 기독교회에는 이와 같은 축제에 대한 관심을 다른 것으로

---

8. Ferguson, 211.

9. L. Patterson, *Mithraism and Christianity* (Cambridge, 1921), 40.

대체할만한 축제가 없었다. 때문에 4세기 중엽 로마의 감독들은 이 축제일 (12월 25일)을 예수의 탄생일로 지키기 시작했다. 사실 신약성경은 예수의 탄생일과 관련하여 목자들이 들판에 있었다는 것 외에는 아무 것도 알려주지 않는다. 하지만 팔레스타인에서 목자들이 양을 치는 기간은 4월에서 11월로 알려져 있다.[10] 그런데도 굳이 12월 25일을 예수의 탄생일로 지키게 된 것은 이교의 축제를 기독교적으로 대체하려는 의도가 있었기 때문이다. 다시 말해 이교도였으나 기독교로 회심한 자들이 주변의 이교도들과 섞여 태양신 축제에 참여하는 것을 막기 위해 이날을 대립 축일로 정한 것이다. 그러나 동방교회는 이것을 서방교회가 이교도들의 압력에 굴복한 것으로 보고, 1월 6일을 성탄일로 지키게 되었다.

로마에 영향력을 행사한 또 다른 신비종교 중 하나인 키벨레교는 고대 브르기아의 여신(Goddess of Phrygia)인 키벨레를 '여신의 어머니'(大母神)이자 비옥, 다산, 풍요 등 생산력(goddess of fertility)을 가져오는 신으로 믿었다. 풍만한 젖가슴이 상징이기도 했던 이 종교의 중요한 거점은 에베소였다. 키벨레가 로마 원로원에 의해서 신으로 추대된 것은 주전 204년의 일인데, 이는 로마가 받아들인 첫 번째 동방종교였다.[11] 이 종교는 형식면에서는 주신제(酒神祭) 같은 것으로 거세된 자들만이 제관이 될 수 있었다.[12] 때문에 클라우디우스 황제 통치 때까지 로마인들은 이 종교의 제관이 될 수 없었다. 그러나 이 종교가 로마에 도입된 지 불과 십삼 년이 못된

---

10. H. Marshall, *The Gospel of Luke* (Eerdmans, 1978), 108.
11. Livy, XXIX, 10-14.
12. 키벨레는 원수에 의해 난도질당한 자신의 젊은 배우자인 아티스를 살려내지만, 곧 아티스의 신체의 중요한 부분이 없어진 것을 알고 그것을 찾지만 찾을 수가 없었다. 그래서 아티스에 대한 존경의 표로 이 종교의 제사장들은 거세하였다고 한다. 해마다 봄이 되면 광신도들은 아티스의 살해와 환생의식을 재현하였다고 한다.

주전 191년, 팔라틴(Palatine) 언덕에 키벨레[13]를 위한 사원이 국비로 건립되었을 정도로 널리 퍼져갔다.

이 종교는 지중해 동부지역에 크게 번성했는데, 구약의 에스겔 선지자는 예루살렘의 여인들이 봄이 될 때면 아도니즈와 담무스라고도 불리는 아티스를 위해 애곡하는 것을 보고 그들을 꾸짖기도 했다(겔 8:14). 한편 '대모'의 별칭인 아스타르테(Astarte)와 이슈타르(Ishtar)가 부활절, 곧 Easter라는 용어의 기원이라고도 한다.[14]

그런데 대모신은 비단 키벨레만이 아니었다. 키벨레는 단지 고대 전역에서 숭배되던 토지의 비옥과 식물의 순환, 풍요로운 산출을 상징하는 대모신 중 하나였을 뿐이다. 신약성경 에베소에서 거명되는 아데미(아르테미스)도 대모신이었는데, 아데미 여신상은 풍요를 상징하는 풍만한 여덟 개의 유방으로 조형되었다. 이 외에도 '디아나이다'와 로마의 '보나 데아'(Bona Dea. 선한 여신) 등도 대모신의 다른 이름이었다.

그 밖의 신비종교로는 마니(Mani, 216~277)로부터 시작된 마니교가 있었다. 마니교는 빛과 어두움이라는 두 개의 대립적 개념에 기초한 이원론적인 종교로 메소포타미아에서 시원하여 극동과 서방으로 전파되었다.

이들 신비종교들은 오늘날 우리가 말하는 '신비' 혹은 '신비주의적' 요소와 관련이 있기도 하지만, 그보다는 비교(秘敎)적 성격이 짙기 때문에 붙여진 이름이다. 곧 이들 종교는 입문자들의 정결 의식(씻음)과 공동식사, 그리고 신의 승리에 참여하는 비밀스런 지식을 받는 것 등 비교적 성격이 짙었다. 여기서 비교(秘敎)라고 한 것은 이들 종교의 입문의식이 비 입문자

---

13. 그리스-로마 예술에서 키벨레는 일반적으로 보좌에 앉아 있고 수호여신으로서 왕관이나 다산의 상징인 칼라투스(Calathus)를 쓰고 있다. 또한 손에는 접시와 북을 들고 있고, 여신 옆에는 사자가 있다. 아티스상은 거의 나체로 표현되어 있다.
14. 엘버트 벨(오광만 역), 『신약시대의 사회와 문화』(생명의 말씀사, 2001), 253.

에게는 허락되지 않았다는 점을 부각시킨 것이다.[15] 또한 이들 종교의 신들은 구약의 바알과 아스다롯의 경우처럼 남여 한 쌍을 이루며, 신의 죽음과 소생을 공통점으로 하고 있다. 즉 한 신은 죽고 다른 신은 죽은 신의 소생을 돕는 것으로 되어있다. 그리고 모든 신비종교들은 다산(多産)을 비는 요소들이 있었다. 그래서 남성 신인 미트라를 섬기는 미트라교의 조상(彫像)들을 보면 황소를 죽여 피 흘리는 것을 보여주기보다 상처 난 옆구리에서 솟아난 곡식줄기를 보여준다. 한편 이런 자연종교들은 단순히 다산이나 풍요만이 아니라 인간도 죽은 뒤 다시 태어난다는 소생은 물론 소생한 신과 결합함으로써 그들 자신도 신이 되어 불멸하게 된다는 의식을 가지고 있었다.

4. 로마 제국의 종교와 기독교

로마는 모든 신들을 다 수용하였다. 그래서 "로마시의 자유가 인류의 모든 신들에게 부여되었다"라고 말하기도 한다.[16] 이에 대해 초기 변증가였던 펠릭스(Minucius Felix)는 그의 『옥타비누스』(*Octavius*)에서 "로마인들은 모든 인류의 예배의식을 떠맡게 되는 동시에 저들의 제국을 얻었다"

---

15. 이상에서 지적한 신비종교의 의식이 기독교의 그것과 유사하다는 주장이 제기되었다. 초기 기독교를 비난했던 이교도들도 교회가 거행하는 의식은 교회가 또 하나의 신비종교라는 점을 보여준다고 지적했다. 메릴 테니(M. C. Tenney)는 "바울은 기독교적 목적을 위해 신비종교가 사용하던 어휘를 채용했다"고 지적했고, 또 "계시되었지만 '입문자들'만 이해할 수 있는 진리를 가리키기 위해 그가 '비밀'이라는 용어를 사용했다"(M. C. Tenny, *Zondervan Pictorial Bible Dictionary*, 567)고 지적했다. 사실 바울은 뮈스테리온(musterion)이라는 단어를 20회(롬 11:25; 16:25; 고전 2:1,7; 4:1; 13:2; 14:2; 15:51; 엡 1:9; 3:3,4-5,9; 5:32; 6:19; 골 1:26-27; 2:2; 4:3; 살후 2:7; 딤전 3:9,16 등) 정도 사용했다. 그러나 Kittel의 신약신학사전(*TDNT*)에서는 "뮈스테리온은 신비종교와 아무런 상관이 없다"(*TDNT*, 4, 824)고 지적한다.

16. 지동식, 34.

라고 했고, 비두니아 출신의 그리스인 역사가 아리아누스(Arrianus) 또한 "인간들에 의해 숭배되었던 여러 가지 신들의 일부를 로마인들이 떠맡았다. 그리고 그것들을 로마인들의 신으로 숭배하였다"라고 했다.[17] 즉 그만큼 로마는 제국 내의 다양한 주민들의 제사의식을 인정했다는 의미이다.[18]

특히 그리스-로마의 종교들은 그들의 삶의 일부이자 그 시대의 문화였다. 이들은 로마 사회가 지닌 다신교적 특징 때문에 공존이 가능했으며, 또한 하나의 신만 섬긴다거나 다른 신을 배척하지도 않았다. 다시 말해 어떤 도시는 주피터를 숭배하면서 동시에 아무런 내적 충돌 없이 아폴로 신을 숭배할 수 있었다. 그런데 이런 상호수용성은 다양한 신들을 단지 이름만 다른 동일한 신으로 보거나 아니면 최고의 신 휘하에 있는 지역신(地域神)들로 보는 입장에서 비롯된 것이다.[19] 한편 그들은 많은 신을 숭배할수록 신에게 은총 받는 기회가 많아진다고 믿었다. 그래서 아테네에는 '알지 못

---

17. Arrian, *Tactica* 33, 4ff.
18. 로마가 핍박했던 유일한 종교로는 영국의 드루이드교(Druids) 뿐이었다. 드루이드교도들은 영국의 민족주의를 조장하여 결과적으로 로마를 위협한다고 생각했기 때문이다. Joseph F. Kelly(방성규역), 『초대 그리스도인들의 세계』(이레서원,2002), 139 참고.
19. 이 시기 다신론은 본질적으로 특정한 지역 사람들에 이해 숭배되던 지역신(local deities)의 성격이 강했다. 예컨대, 이시스교나 동방의 신비주의 종교들은 본래의 발상지로부터 로마 제국으로 전파되었으나 그 숭배의식에는 보편성이 결여되었다. 2세기의 이교도들은 이 지역신들을 지방 총독에 비유하여 해석하기도 했다. 지방 총독이 제국의 모든 문제에 관여할 수 없는 황제를 위해 특정 지역을 다스리듯이 지역신들은 특정 지역을 관장하는 성격이 있었다. 이런 점에서 헨리 채드윅(Henry Chadwick)은 당시 로마는 전 제국을 포괄하는 보편적인 신, 곧 유일신론 같은 그 무엇이 일반적으로 받아들여졌다고 보았고, 3세기에 이르러 유일신론을 향한 노력은 태양숭배와 결합되었다고 해석했다. 그리고 후일 기독교가 로마 제국 내에서 성공을 거둔 것은 부분적으로는 보편종교에 대한 제국의 필요에 기독교회가 가장 잘 응답했기 때문이라고 설명한다. 곧 로마 제국은 스스로와 동일시할 수 있는 보편종교를 필요로 했던 것이다. 그렇기 때문에 4세기 일부 그리스도인 저술가들은 '로마적'(Roman)이라는 말과 '그리스도교적'(Christian) 이란 말을 동의어로 사용했다고 한다. 헨리 채드윅, 『초대교회사』, 83.

하는 신에게'라는 제단까지 있었던(행 17:16~23) 것이다.

드 생 크라(G. E. M. de Ste. Croix)는 이와 같은 그리스-로마의 종교들이 지닌 공통점을 세 가지로 정리했는데,[20] 그 첫째가 이 종교들은 본질적으로 신앙이나 신념의 문제가 아니라 제사나 의식(儀式)의 문제였다는 것이다. 곧 의식의 종교로서, 마치 신하가 왕에게 아무런 형식 없이 나아갈 수 없듯이, 신에게 나아갈 때는 어떤 의식이 있어야 한다고 보았다. 그리고 이런 의식을 행하기 위해서 사제나 여사제가 필요했다.

둘째는 이들 종교는 도덕성과 무관하지는 않았지만, 계몽이나 정신적 발전과는 무관했다고 한다. 다시 말해 종교행위가 사회계도적 의미를 지니지 못했다는 것이다. 셋째는 이들의 종교행위는 '계약관계'가 분명했다는 점이다. 여기서 계약관계란 인간이 의식을 행하고 신들을 즐겁게 하면, 그 신들은 인간들에게 호의를 베푼다고 보았다. 곧 신들에 대한 정당한 숭배와 공경이 신들의 호의를 불러온다는 것이다. 이런 계약관계를 통해 그들은 '신들과의 평화'(*pax deorum*)를 유지할 수 있었다. 이런 점에서 로마의 종교는 개인적인 제사의 문제가 아니라 국가적인 제사였다고 할 수 있다.[21] 이런 태도는 비단 그들의 종교만이 아니라 다른 민족들의 종교나 예배에도 마찬가지였다.

로마의 종교가 지닌 국가 종교적 성격은 종교를 칭하는 라틴어 *religio*의 개념변화에서도 확인할 수 있다. *religio*는 '종교'(religion)의 어원으로 설명되지만, 오늘날 우리가 말하는 '종교'를 의미하지는 않았다. 그보다 *religio*는 초자연적인 것이나 그 무엇인가의 면전에서 느끼는 '공포의 감정'을 뜻

---

20. G. E. M. de Ste. Croix, "The Religion of the Roman World," *Didaskalos*, vol.4, no. 1(1972), 61.
21. G. E. M. de Ste. Croix, "Why Were the Early Christians Persecuted?" Past and Present, 26(Nov. 1963), 30.

했다. 즉 신과는 전혀 관계없는 개념이었다. 그러다가 주전 1세기경부터 초자연적인 것에 대한 공포감만이 아니라 그 공포감을 해소하려는 인간의 노력, 곧 예배와 의식도 그 의미에 포함되기 시작한 것이다. 그래서 *religio*를 종교 의식이라고 말할 경우, 고대 로마의 종교는 두려움으로부터 자유하기 위해 제물을 바치는 행위였다고 할 수 있다. 즉 로마의 종교는 여러 신에 대한 예배 의식이었던 것이다.

레테(K. Latte)가 그의 『로마종교사』(*History of Roman Religion*)에서 지적하듯이 "종교는 로마인들에게 있어서 하나의 사회적인 활동의 일부였다. … 오랜 세월에 걸쳐 경험을 통해 형성된 이런 종교행위에는 어떤 의식이 있는데, 이런 의식으로부터 이탈한다는 것은 상상할 수 없는 일이었다"[22] 정리하자면, 로마의 종교는 조상 대대의 관습에 기초를 둔 관행들 중의 하나였다고 할 수 있다. 이런 점들을 잘 보여주는 라틴어 어구, '국가의 교훈'(*dis ciplina publica*), '조상의 법들'(*leges veteres*), '우리의 관습'(*mores nostri*) 등은 전통적인 국가의식으로 인정된 국가종교의 성격을 보여주지만, 이와 동시에 허락되지 않는 외래종교에 대한 불관용도 보여준다.

로마인들은 제국이 안녕하고 평화로운 것은 제신(諸神)과 만족스런 관계에 있기 때문이라고 믿었다.[23] 이 점은 주후 384년경에 이교신앙을 신봉했던 귀족 심마쿠스(Symmachus)가 지은 『제3의 신조』(*Third Relatio*)에 잘 나타나 있다. 이에 따르면, 주후 382년에 기독교 황제였던 그라티아누스(Gratianus)가 승리의 여신 빅토리아(Victoria)의 제단을 원로원에서 제거한 일이 있었는데, 이 때 심마쿠스는 황제에게 그 제단의 원상회복을 강청하였고 한다. 그는 단순히 종교의 자유를 수호하려는 차원에서가 아니라,

---

22. K. Latte, *Römisch Religionsgeschichte* (Munich, 1960), 61.
23. 지동식, 『로마 제국과 기독교』(한국신학연구소, 1983), 32.

종교가 경시될 때 로마 제국 전체에 기근이나 질병 같은 재난이 발생한다고 믿었기 때문이다.

그런데 기독교는 이런 로마종교들과는 다른 특성을 지니고 있었다. 이를 다음과 같이 세 가지로 정리할 수 있다. 첫째, 기독교는 다신교가 아니라 유일신 종교였고, 따라서 처음부터 다른 종교의 가치를 인정하지 않는 배타적 성격을 지녔다. 둘째, 기독교에는 신전(神殿)이나 신상(神像)이 없었다. 당시 그리스-로마 세계의 모든 도시에는 신전이나 신상이 있었다. 즉 로마의 모든 종교들은 신전이나 신상을 지니고 있었다. 그러나 기독교는 이런 것들을 필요로 하지 않았다. 별도의 집회소로서 교회당 건물이 최초로 발견된 것은 주후 256년의 일이었다.[24] 기독교는 적어도 로마로부터 공인받기 이전까지는 가정교회(*domus ecclesiae*)[25]의 형태를 유지하였다. 어떤 형태의 외형적인 신상도 없었다. 셋째, 기독교의 집회에는 단순

---

24. 역사적으로 오늘날과 같은 공식적인 집회소로서 예배당 건물이 처음 발견된 것은 주후 256년 유프라데스강 상류지역에 위치한 두라-유로포스(Dura-Europos)에서였다. 고대도시 두라(Dura)를 그리스인들은 유로포스(Europos)라고 불렀는데, 이곳은 영국군대에 의해 1920년 발굴되었다. 그 후 프랑스와 미국의 고고학자들에 의해 연구되기 시작하였는데, 이 발굴은 20세기 가장 중요한 발굴로 간주되고 있다. 그런데 바로 이곳에서 그리스도인들의 정기적인 집회소로 판단되는 교회당이 최초로 발굴되었다. 이 교회당 건물은 주후 256년 이전에 건축되었는데, 칼 볼츠(『초대교회와 목회』, 컨콜디아사, 1974, 97쪽)나 베인톤(R. H. Bainton, *The Church of Our Fathers*, The Westminster Press, 3장 참고)은 주후 230년 혹은 232년경의 것으로 추정하기도 한다. 원래 이 건물은 주택이었으나 후일 교회당으로 개축된 것으로 보이는데, 욕조가 딸린 작은 세례실이 있어 여기서 세례를 베풀었던 것으로 추정한다. 이 유적은 현재 미국 예일대학 미술박물관에 소장되어있다.

25. 문자적으로는 '교회의 집'(house of the church)이란 말인데, 이 용어를 처음 사용한 사람은 Adolf Harnack으로 알려져 있다. L. M. White, *Building God's House in the Roman World: Architectural Adaptation among Pagans, Jews and Christians* (John Hopkins University Press, 1990), 154. n 36. 흔히 이 용어는 개인 가정집(private house church)에서의 회집 이후 나타난 가정교회의 두 번째 단계를 칭하는 용어로서 가정집을 개조하여 전적으로 집회를 위한 공간으로 사용된 것을 말한다. 하지만 *domus ecclesiae*와 *oikos ekkesiae*, *titulus*는 근본적으로 동의어라고 할 수 있다. 이 중 *titulus*는 특히 법률적인 용어였다.

한 의식이나 제사만이 아니라 가르침(敎)이 있었다. 기독교는 로마종교들이 지닌 제의적(祭儀的) 종교의식을 지니지 않았다. 기독교는 처음부터 '책의 종교'였으며, 가르치고 가르침을 받고, 설복하고 교훈하는 가르침의 종교였다. 그래서 에드윈 저지(Edwin Judge)는 초기 기독교를 '학문적 공동체'(Scholastic community)라고 명명한 바 있다.[26] 넷째, 기독교에는 특별한 도덕적 혹은 윤리적 가르침이 있었다. 이것은 가르침의 종교가 지닌 당연한 결과였다. 이와 같은 당시 다른 종교들과의 근본적인 차이점 때문에 기독교는 종교라기보다 철학의 한 분파로 인식되기도 했다.

기독교가 기존의 로마종교들과 무엇이 다른가 하는 점보다 근본적인 문제는 그것이 로마가 인정하는 종교인가에 있었다. 당시 로마는 모든 종교를 두 가지로 구분하였다. 즉 '합법적인 종교'(religio licita)와 '불법의 종교'(religio illicita)이다. 합법적인 종교란 로마가 행하는 국가의식으로서 제사에 참여하고 희생제사를 허용하는 종교였다. 반대로 이를 거부하면 불법의 종교로 간주되어 법의 보호를 받지 못했다. 그런데 당시 대부분의 종교는 다신교(多神敎)였으므로 로마의 제신에 대한 숭배나 제사는 문제되지 않았다. 그러나 그리스도인에게는 이것이 심각한 현실이었다.

당시 키케로는 이렇게 말했다. "누구든 로마국가가 인정하지 않는 신은 새로운 신이건 외래의 신이건 간에 그 자신의 신으로 신앙해서는 안 된다"(*Separatim nemo habessit deos neve novos neve advenas nisi publice adscitos*) 로마시민이 인정받지 못한 외래신앙(*externa religio*)을 신앙한다는 것은 여러 신들에 대한 모독이며 로마시민의 위대함에 대한 거역이었다. 기독교가 박해받은 근원적인 이유는 바로 이런 점에서 불법의 종교였기 때문이다.

---

26. 이 점과 관련한 논의는 이상규, 『헬라 로마적 상황에서의 기독교』(한들출판사, 2006), 38-41을 참고할 것.

5. 황제숭배

로마세계에서 지위나 능력 면에서 신들 바로 밑에 있는 존재가 황제였다. 로마인들은 주전 2세기 중엽 그리스 반도를 정복하면서 신적인 통치자 사상을 수용하기 시작하였다.[27] 이런 영예를 누린 첫 인물이 율리우스 카이사르(Julius Caesar, 주전 100~44)였다. 심지어 그는 사후에 로마의 초대 황제 아우구스투스의 요청에 따라 로마 원로원에 의해 신으로 공포되었고, 후일 그의 신전도 건립되었다. 드 생 크라는 이것이 헬레니즘 세계로부터 도입된 것이라고 주장하지만, 사실 황제숭배는 은혜를 입은 자에 대한 보응의 성격이 짙었다. 따라서 어떤 의미에서 종교적인 감정은 내포되지 않았다고 할 수 있다. 그런데 1세기부터 황제숭배는 통치자에 대한 경모(敬慕) 정도에 머물지 않고, 신적 숭배의 대상으로까지 발전하게 되었다. 결국 이런 종교적 상황은 그리스도인들에게 고통스런 선택을 요구하게 되었다.

당시 그리스도인들에게 황제숭배는 황제를 종교적으로 어떻게 규정하느냐 또는 거기에 어떤 용어를 사용하느냐에 따라 우상숭배의 여부가 좌우되었다. 곧 그리스인들은 살아 있거나 죽은 통치자를 '신과 같은'(θεῖος, theios)이라는 단어를 사용하였는데, 이 말은 황제는 인간보다는 높지만 신과 동일하기에는 충분치 않다는 의미였다. 이에 상응하는 라틴어가 *divus*, 곧 '신격화된'이란 단어였다. 아우구스투스는 이 용어를 자신에 대한 용어로 허용했다. 그러나 칼리귤라(Caligula, 37~41)는 여기서 진일보하여 자신을 신이라고 단정하고, '주와 신'(*dominus et deus*)으로 자신을 부를 것을 요구하였다. 그래서 이때부터 황제가 신으로 숭배되기 시작하였다. 하지만 이 단어는 그리스도인들에게는 엄청난 의미를 지닌 것이었다. '주'라는 의

---

27. 앨버트 벨(오광만역), 『신약시대의 사회와 문화』(생명의 말씀사, 2001), 235.

미의 *dominus*라는 단어는 흔히 노예가 주인을 호칭할 때 사용되었으므로 탐탁치는 않지만 그렇게 문제되지는 않았다. 그러나 *deus*라는 칭호는 받아들일 수 없었다. 그리스도인들은 하나님 외에 그 누구에게도 *deus*라는 용어를 사용할 수 없었기 때문이다.

종교문제에 있어서 관용적이었던 로마 제국도 만신들과 황제숭배를 거부하는 기독교는 용인할 수 없었다. 로마인들은 이것을 시민의 의무를 거부하는 비애국적 행동이라고 간주했기 때문이다. 그래서 로마 사회는 그리스도인들에 대한 비난을 확대 재생산하고, 근거 없는 오해로 기독교를 반사회적 집단으로 몰아갔다. 종교적으로 보면, 다신교적 배경에서 그리스도인들은 신에게 제물을 바치지도 않고 황제도 경모하지 않는 무신론자들(ἄδεοι, *atheoi*)이라는 비난을 면할 수 없었던 것이다. 그러나 사실 기독교 공동체나 그리스도인 개인으로서는 로마 제국에 대해 적대적인 태도를 가질 하등의 이유가 없었다. 오히려 사회질서가 유지되는 것이 선교활동에도 유익했다. 사도행전 역시 로마 제국이 복음의 확장을 위한 도구가 될 수 있다는 점을 암시하고 있다. 그러나 종교적인 문제로 인해 기독교와 로마 제국은 갈등하게 되었다.

6. 기독교에 대한 박해

로마 제국으로부터 기독교가 박해받는 것과 관련해서는 세 번의 시기로 나눠볼 수 있다. 첫째는 기독교의 기원에서 주후 64년 로마에서 대화재가 발생 이전까지이고, 둘째는 주후 64년부터 데키우스(Decius, 249~251)가 황제가 되는 주후 250년까지이고, 셋째는 주후 250년부터 기독교가 공인받는 주후 313년까지이다.

첫 번째 시기에는 로마에 의한 정치적인 박해는 없었다. 다만 유대교와의 대립에서 발생한 소요나 그들에 의한 박해만 있었을 뿐이다. 이런 예가 사도행전에도 기록되어있다.[28] 가령 스데반이나 야고보는 유대인들의 박해에 따른 희생자들이었다. 이런 점에서 테르툴리아누스는 유대인의 회당을 '박해의 근원'(*fontes persecutionis*)이라고도 불렀다.

그 다음 두 번째 시기에서도 일반화된 기독교 박해는 없었다. 단지 지역적 또는 간헐적으로의 박해만 있었을 뿐이다. 이 시기의 박해는 대부분 돌발적인 것이었다. 이와 달리 세 번째 시기의 박해는 보다 조직적으로 전개되었다. 그렇다고 해도 박해가 장기적으로 진행된 것은 아니었다. 가령 데키우스 황제 치하에서 박해는 약 일 년간 지속되었고, 주후 257~259년에 있었던 발레리아누스(Valerianus)의 박해는 약 삼 년간 지속되었다. 흔히 대박해로 불리는 주후 303년 디오클레티아누스와 그 측근들에 의해 행해진 박해도 비록 동부에서는 상당 기간 지속되었지만, 서부에서는 단지 2년간만 지속되었을 뿐이다. 이렇게 볼 때 기독교에 대한 로마의 박해는 대부분 간헐적이고 지역적인 것이었고, 기독교는 그보다 훨씬 더 긴 기간 평화를 누렸다고 할 수 있다.

박해의 근원적인 이유: 비 로마적 성격

기독교가 박해받았던 근원적인 이유는 기독교가 '로마적이지 않다'는 인식 때문이었다. 다시 말해 기독교적인 삶의 방식이 로마의 생활 풍속과 달랐다는 점이다. 이는 바울이 2차 선교 여행 중 빌립보에서 당한 최초의 저항에서도 분명히 나타난다. 곧 바울과 그의 동료들이 빌립보에서 귀신들린 여종을 고쳐준 일로 인해 돈을 벌지 못하게 된 주인이 바울과 실라

---

28. 행 6:8-7:60; 8:1-4; 9:1-2; 12:1-19; 13:45,50-51; 14:2,4-6,19-20; 17:5-9,13-14; 18:12-17; 21:27ff.

를 고소했다. 그들의 고소는 이러했다. "이들은 유대인인데, 우리 성을 심히 요란케 하며, 로마사람인 우리가 받지도 못하고 행치도 못할 풍속을 전한다"(introducing customs and practices that it is not lawful for us, being Romans, to accept, or practise, 행 16:21). 이때는 네로에 의해 기독교에 대한 금교 조치가 있기 이십여 년 전의 일이지만, 이것은 처음부터 기독교의 가르침과 로마(국가나) 사회의 종교적 관습이 근본적으로 상호 대립적이었음을 보여준다.

기독교의 형성 초기에는 단지 그리스도인이라는 이유만으로 박해받는 일은 없었다. 비록 바울이 여러 차례 체포되긴 했으나 그것은 모두 폭도들에 의한 것이었고, 죽임을 당한 사도들 역시 이런 폭도들에 의해 희생된 것이었다. 그들은 로마인들이 받아들일 수 없는 풍습을 전한다는 이유로 희생을 당했다. 타키투스가 "그리스도인들은 거짓되고 악하다"고 했을 때, 이는 그들이 반 로마적이라는 의미였다. 수에토니우스(Suetonius, c. 70~160) 또한 '그리스도인들은 되먹지않고 터무니없는 미신의 신봉자들'이라고 했는데, 이는 로마적인 안목에서 볼 때 그들이 받아들일 수 없는 가르침을 전했기 때문이다. 정리하면, 그리스도인들이 로마로부터 광범위하게 미움을 받은 이유는 그들이 로마인들이 받아들일 수 없는 악을 행하는 집단이라는 믿음 때문이었다.

기독교에서 로마인들이 받아들일 수 없는 또 한 가지 풍습은 종교의식이었다. 당시에는 사적으로나 공적으로 희생제물을 바치는 일이 국가적 의식, 곧 국가 제의(祭儀)였다. 그러나 기독교는 이방 신(神)들에게 희생을 드리는 것을 거부했다. 특히 데키우스 황제 때는 '로마 제국의 중흥'을 꾀한다 하여 로마 제국의 전 지역에서 신들에 대한 숭배를 의무화했다. 그리고 이에 응하는 이들에게 증명서(*libelli*)를 발부하고, 이 증명서가 없는 이들은 범법자로 간주되었다. 당연히 기독교는 이런 일에 참여하지 않음으로써 로

마 제국의 이데올로기를 '능동적으로' 거부하고 국가에 대해 배신행위를 하는 집단으로 간주되었다.[29]

이렇듯 기독교는 조상 때부터 숭배해오던 제신(諸神)이 아니라 로마의 인정을 받지 못한 외래종교(externa religio)이자 불법적인 종교(religio prava)요 해로운 미신(superstitio)이었다. 이와 더불어 황제숭배를 거부하는 반국가적 단체였다. 한 마디로 그리스도인들은 그 시대의 가치와 풍습과 타협할 수 없었던 자들이다. 그들은 비록 제국의 영토에 살았으나 정신적으로는 그 사회에서 이민을 떠난 이들이었다. 즉 기독교 공동체는 심리적으로 그 시대를 초월해 사는(living in an imagined exile), 저들 스스로가 만든 공동체(self-constructed community)였던 것이다. 이렇듯 그리스도인들은 스스로를 국외자로 간주함으로써, 테르툴리아누스가 말했듯이, 위기의 시대마다 쉽게 희생양이 되곤 했다.

64년의 화재와 네로의 박해

주후 64년에 있었던 기독교에 대한 제국의 박해는 로마의 화재가 가져온 우연한 결과였다.[30] 로마의 화재는 주후 64년 6월 18일에 발생하여 칠 주야(晝夜)간 계속되었는데, 당시 로마의 열네 개 구역 중 세 개 지역이 전소되었고, 일곱 개 지역은 부분적으로 불탔다. 이에 네로(Nero, 54~68)는 자신에게로 전가되는 방화의 혐의를 벗기 위해 그리스도인들을 속죄양으로 삼았고, 이것이 정치적 박해의 시작이 되었다. 이로부터 약 오십 년 후

---

29. 기독교를 탄압했던 황제들이 내세웠던 공통적인 특징은 이교의 부흥을 통해 로마의 옛 명성과 영예를 회복한다는 것이었다. 로마의 각종 재난과 질병, 가뭄과 기근은 제신들에 대한 제사를 거부함으로 이들을 노엽게 한 결과로 파악되었기 때문에 기독교에 대한 탄압은 불가피했다.

30. Edward T. Salmon, *A History of the Roman World, From 30 BC to AD 138* (London: Methuen & Co., 1975), 181.

에 타키투스(Cornelius Tacitus, 55/56~117)가 기록한 것이 로마의 화재와 기독교 박해에 관한 유일한 기록인데, 타키투스는 여기서 그리스도인이라고 시인한 이들이 고발되었고, 그 후에는 그들이 제공한 정보에 따라 방화죄가 아니라 인류를 증오했다(*odio humani generis*)는 선고가 내려졌다고 기록했다.[31] 비록 그는 그리스도인들이 방화의 혐의를 받은 것은 부당했다는 점을 암시하고 있지만,[32] 반사회적인 집단으로 간주된 그리스도인들이 받은 형벌에 대해서는 불만이 없었다.

이렇듯 어떤 면에서 로마 정부가 그리스도인들을 고결한 사람들로 인정했다 하더라도 그들이 로마의 옛 종교적 전통에 대해 적대적이며 완고할 정도로 비타협적이라는 점에 대해서만큼은 관용을 베풀 수 없었다. 그래서 이후로는 그리스도인이라는 이유(*propter nomen ipsum*)만으로도 처벌을 받게 되었다. 심지어 로마 사회는 그들이 겪는 기근이나 홍수, 흉작, 야만족의 침입 같은 재앙들은 모두 그리스도인들의 '무신론'이 옛 신들을 분노케 한 결과라고 생각했다. 이에 대해 테르툴리아누스는 "만일 티베르(Tiber) 강이 범람하거나 나일강의 수위가 낮아져 농토를 적시지 못하거나, 하늘에서 비가 내리지 않거나, 지진, 기근, 전염병이 돌기만 하면 사람들은 '그리스도인들을 사자에게 던지라'고 외친다"며 냉소적으로 말하기도 했다.[33]

그런데 주후 64년을 경과하면서 그리스도인들을 박해했다는 사실은 한 가지 중요한 점을 암시하는데, 곧 이 때부터 기독교는 유대교와 다르다는 사실을 로마 제국이 인식했다는 점이다. 당시 유대교 역시 로마의 다신

---

31. Tacitus, *Ann.* xv. 44.5; *Hist*, v. 5.

32. 이 점에 대한 보다 자세한 언급은, 이상규, "로마 역사가들은 초기 기독교를 어떻게 보았을까?," 「헤르메네이아 투데이」 24호(2003. 가을호), 144-5를 참고할 것.

33. *Apologeticum*, 40.1-2.

교적인 사회에서 일신교를 주장하며 황제숭배를 수용하지 않았지만, 로마는 그들의 종교를 조상대대로 내려온 로마의 역사보다도 오래된 종교(*antiquitate defenduntur*)라고 인정해 주었다. 따라서 유대교의 유일신 숭배는 묵인되고 있었다.[34] 이런 상황에서 초기 기독교는 유대교의 한 분파에 지나지 않는다고 생각되었다. 예수에 대한 빌라도의 심문에서도 예시되었듯이 초기 유대교 신앙과 기독교 신앙의 대립은 유대교 내부의 문제로 인식되었다. 그러나 64년을 경과하면서 기독교를 박해함으로써 비로소 로마가 기독교와 유대교가 다름을 인식하게 되었음을 알 수 있다. 그러면 로마는 기독교가 유대교와 다르다는 사실을 어떻게 인식하게 되었을까? 그것은 60년대 이후 기독교가 비유대적 세계로 진출했기 때문이다. 말하자면 기독교가 유대주의 인종적 한계를 넘어서면서부터 기독교와 유대교가 다른 집단임을 인식하게 된 것이다.

기독교 박해의 법률적 근거

로마 제국의 기독교 박해에 대해서는 많은 분야 학자들이 상당한 관심을 가졌다. 무슨 이유에서 일반 이교도들이 기독교에 대한 박해를 요구하였고, 또 무슨 이유로 로마정부가 기독교를 박해했는가? 그리고 그리스도인은 어떤 법 절차에 따라 재판을 받았으며, 그들의 범죄에 대한 법적 근거는 무엇인가? 이러한 질문들에 대해 학자들 간에 상당한 이견이 상존한다. 또한 법적 근거라고 할 때, 그것이 법(lex)을 말하는가, 아니면 원로원의 결의(*senatus consultum*)를 말하는가, 그것도 아니면 기독교에 대한 황제의 칙령 또는 포고령을 말하는가 등에 대해서도 여전히 많은 논란이 있다.

그리스도인들은 단지 그리스도인이란 이름(*nomen christanum*) 때문

---

34. Tacitus, *Hist.* V. 5.

에 처벌을 받았다. 그것은 이교적 사회에서 용납될 수 없는 것이었기 때문이다. 일반적으로 말해서 적어도 주후 112년까지는 기독교에 대한 처벌과 관련된 법령이 없었다고 할 수 있다. 이 점은 비두니아의 플리니우스(Plinius) 총독이 잡혀온 그리스도인들의 처벌에 대해 트라이아누스(Traianus) 황제에게 문의한 사실에서 확인된다. 플리니우스의 편지에 대한 황제의 답변에서 그리스도인들에 대한 처벌과 관련하여 몇 가지 사실을 확인할 수 있는데, 첫째, 그리스도인들을 색출해 낼 필요는 없다. 둘째, 익명의 고발은 무시해야 한다. 셋째, 고발된 그리스도인들은 처벌한다. 그러나 그리스도인이라는 점을 부인하거나 그 증거로 신들에게 제물을 바치는 자는 즉시 석방해야 한다는 점을 적시하고 있다. 이것은 그리스도인들의 처벌에 대한 보편적인 법령이 존재하지 않았음을 보여준다. 오히려 플리니우스는 그의 서신에서 기독교를 불법화하는 점에 대해 당혹스러움을 솔직하게 고백했다. 왜냐하면 그가 조사한 바에 의하면, 그리스도인들의 생활이나 관습에는 유해한 것이 없음을 발견했기 때문이다. 그럼에도 불구하고 트라이아누스 황제는 플리니우스에게 보낸 답신에서 기독교의 근본적인 불법성을 주장했다.

한편 로마정부는 어떤 목적으로 모이든 공식적으로 허용된 집회 외의 집회에 대해서는 항상 의혹의 눈길을 보냈다. 때문에 기독교 공동체의 집회가 비록 불법적이지는 않았다 하더라도 항상 조심스러웠던 것은 틀림없다.

7. 변증과 종교적 관용의 요구

이교도들의 기독교에 대한 탄압 가운데서 기독교를 변증하고자 하는 교회 지도자들이 출현했는데, 이들을 호교론자(護敎論者) 또는 변증가라고 부른다. 변증가들은 기독교에 대한 물리적 탄압과 이단 혹은 이설(異說)

이라는 오해가 대두하자 바른 기독교 신앙을 진술함으로써 황제나 원로원 등 통치자들에게 그리스도인들의 무죄함을 변증하는 한편[35], 이교들과 다른 기독교 신앙을 체계적으로 소개하고자 했다. 곧 변증가들은 기독교도들을 향한 공격, 곧 무신론, 불법의 종교, 인육식(homophagia) 집단, 근친상간, 그리고 사회의 암적 존재라는 주장에 대해 변명할 뿐만 아니라, 이교의 부도덕성과 문제점들을 공격하고 비판했다. 이처럼 변증가들은 자신의 신앙을 수호하기 위해 칼 대신 펜을 선택했다.

 기독교 신앙을 변증하는 가장 뛰어난 작품을 남긴 사람은 테르툴리아누스(Quintus Septmius Florens Tertullianus, 160~c.220)였다. 그는 2세기의 대표적인 라틴 교부로서 신앙을 지키기 위해 고문과 처형을 감수하는 신자들에게 감명해서 주후 195년경 기독교로 개종하였다. 그리고 주후 197년경부터 많은 변증서와 이단 배척서를 쓰기 시작했는데,[36] 그의 해박한 언어, 철학, 수사학, 그리고 법률지식과 천부적인 날카로운 지성은 그의 변증서를 더욱 가치있게 해주었다. 그는 그리스어로도 글을 썼으나 현재는 라틴어로 쓴 서른 한 편의 글만이 존재하는데,[37] 그 목록들이 보여주듯이,

---

35. 최근에는 변증가들의 변증서가 황제나 고위 관리들에게 기독교에 관용을 베풀어 달라고 청원하는 글이 아니라, 선교적 작품으로 보는 경향이 있다. 즉 변증가들의 작품은 이교나 이방 세계에 대해 기독교가 그 사명을 어떻게 이해했는가를 보여주는 문서로 보아야 한다는 주장이다. 실제로 황제가 변증가들의 변증서를 받아 보았다는 증거가 없다는 것이 그 근거가 된다. 결국 변증가들의 문서는 정치지도자들에게가 아니라 교회 자체에 상당한 영향을 끼쳤던 것으로 본다. James E. Bradley & Richard A. Muller, *Church History* (Eerdmans, 1995), 6.
36. 테르툴리아누스는 200년경 카르타고 지방의 장로가 되었으며, 202-205년경에는 기성교회의 타락을 보고 이단이었던 몬타누스파가 지닌 신앙의 엄격성과 경건, 비타협성에 매력을 느끼고 그보다 엄격한 몬타누스파, 곧 테르툴리아누스파를 형성하기도 했다. 그는 '삼위일체'란 용어를 처음 사용한 사람이기도 하다. 또한 양태론을 비성경적이며 비윤리적 이단이라고 주장하고 삼위일체를 말하기 위해 본체(本體, substantia)와 위격(位格, persona)이라는 단어를 처음으로 사용했다. '영혼 유전설' 역시 처음으로 주장했고, 220년경 사망했다.
37. 그의 31편의 작품은 다음의 3가지로 분류될 수 있다. 첫째, 변증적 작품으로서 유대인, 이방

그가 매우 다양한 분야에 관심을 가졌음을 알 수 있다. 그런데 그 시대에는 아직 신학 용어가 분명하게 개념화되지 않았으므로 그가 사용한 용어를 신학적으로 설명하는 일은 쉽지 않다. 그는 바울처럼 당시 통용되던 용어를 차용(借用)하기도 했지만, 새롭게 조어(造語)한 용어들도 많아 고대로부터 그의 글은 난해하다는 평가를 받아왔다. 대표적인 저술로는 『변증론』(Apologeticum)[38], 『우상숭배에 관하여』(De Idololatria)[39] 등이 있는데, 여기서

인, 영지주의, 마르시온 그리고 로마정부에 대항하여 기독교를 옹호한 작품들로서, 『변증서』(Apologeticum), 『여러 민족에게』(Ad Nationes), 『영혼의 증거에 대하여』(De testimonio animae), 『스카폴라에게』(Ad Scapulam), 『유대인 반박론』(Adversus Iudaeos) 등이 있다. 둘째, 교리적 작품으로서 그리스도의 인격, 속죄, 부활과 같은 교리적이고 교회적인 주제들에 관한 기독교 교리를 해설한 작품들로서, 『그리스도의 육신에 관하여』(De Carne Christi), 『이단들의 취득 시효에 관하여』(De praescriptionibus haereticorum), 『마르시온 반박서』(Adversus Marcionem libri), 『바렌티니안파 반박서』(Adversus Valentinianos), 『헤르모게네스 반박서』(Adversus Hermogenem), 『프락세아스 반박론』(Adversus Praxeam), 『그리스도의 육체론』(De carne Christi), 『육체의 부활』(De resurrectione carnis), 『영혼론』(De anima) 등이 있다. 셋째, 실천적 작품들로서 기독교적 삶과 도덕에 관한 여러 주제들, 곧 생활의 순결, 올바른 의상, 일부일처제, 독신, 금식 등과 같은 도덕적 주제들에 관한 것인데, 『순교자들에게』(Ad Martyres), 『극장에 대하여』(De spectaculis), 『우상숭배론(De Idololatria), 『병사의 화관론』(De corona militis), 『박해시의 도주에 대하여』(De fuga in persecutione), 『영지주의자들 반대한 치료책』(Scorpiace contra Gnosticos), 『인내론』(De patientia), 『기도론』(De oratione), 『세례론』(De baptismo), 『회개론』(De poenitentia), 『정결론』(De pudicitia), 『부인에게』(Ad uxorem), 『여자의 옷에 관하여』(De cultu feminarum), 『외투에 관하여』(De pallio), 『정절에의 권고』(De exhortatione castitatis), 『일부일처에 대하여』(De monogamia), 『처녀의 너울에 대하여』(De viginibus velandis), 『육체에 반한 금식에 대하여』(De jejunio adversus psychicos) 등이 있다.

38. 『변증서』(Apologeticum, 196)는 그 당시까지 나온 저술 중 가장 탁월한 저작으로 평가받고 있다. 이 책은 이교(異敎)의 미신행위를 공격하는 한편, 기독교에 대한 모함을 해명하고, 나아가 오히려 그리스도인은 국가에 유익을 주는 자라고 변호하며 교회에 대해 관용해줄 것을 호소한다. 테르툴리아누스는 법률가답게 그리스도인에 대한 박해는 불법적이며 인권침해라고 단정했다. 또한 그는 신자들이 우상숭배, 미신행위, 이교사상 등에 오염되지 않기 위해서는 이교 사회와 격리돼야 한다고 주장하기도 했다.

39. 이 글에서는 우상숭배 문제와 더불어 그리스도인은 이교의식이 행해지는 결혼식이나 기타 사교적 모임에 참석할 수 있는가, 그리고 그리스도인은 군복무나 공직생활을 할 수 있는가 등의 문제를 취급하였는데, 테르툴리아누스는 그리스도인의 군복무나 공직 취임을 반대하는

그는 기독교가 오해받는 범죄 사실에 대해 무죄할 뿐 아니라, 기독교는 일반인들도 납득할 수 있는 신앙이라는 점을 설명하고자 했다.

특히 테르툴리아누스는 『변증론』에서 "다른 주피터인 하나님을 섬기게 하라"(Colat alius Deum, alius Iovem)[40]라고 했는데, 이 간결한 청원으로 그는 기독교 전통에서 종교적 자유와 관용을 주장한 첫 인물이라는 의의를 지닌다.[41] 2세기 로마 제국의 상황에서 그리스도인들은 종교적 관용이 절실한 시기였다. 그래서 테르툴리아누스는 권좌에 앉은 로마의 지식층에게 "기독교는 인류의 원수가 아니라 단지 오류의 원수일 뿐이다"[42]라고 말하면서 기독교에 대한 관용을 호소했다. 그는 그리스도인들은 아무런 범죄도 하지 않으며, 모든 옳은 명령에 순종하며, 세금을 내고 정치적 음모에도 끼어들지 않는다고 변호했다. 또한 종교적 관용은, 적어도 이론적으로는, 모든 사람이 공유한 이성적 원리에 합치된다고 주장함으로써,[43] 종교적 관용을 기독교 신학이 아니라 인간 본성에 근거해 청원하였다.

테르툴리아누스를 비롯해 2~3세기의 변증가들이 불법의 종교로 간주되던 기독교에 대해 종교적 관용을 주장했다고 해서 그들이 종교적 관용의 기본전제인 종교의 상대주의(relativism)까지 받아들인 것은 아니다.[44] 오히려 그들은 기독교의 절대성을 견지하면서 종교적 관용을 주장했다고

입장을 취했다.

40. *Apologeticum* 24.5 (132-33 LCL) 영어로 번역하면, "Let one man worship God, another Jove."

41. Guy G. Stroumsa, *Barbarian Philosophy, The Religious Revolution of Early Christianity* (Mohr Siebeck, 1999), 100.

42. *Apologeticum*, 37.10.

43. 이 원리를 스토아 학파는 *koinai ennoiai* 라고 불렀다.

44. Guy G. Stroumsa, 101.

할 수 있다. 때문에 4세기 초 기독교가 합법적 종교(*religio illicita*)로 공인을 받고 종교적 관용을 누리게 되었을 때, 기독교는 그 이전 시대에 그토록 요구하던 '종교에 대한 관용'을 다른 종교에는 적용하지 않았다. 이렇듯 종교적 관용에 대한 초기 변증가들의 이중적 태도는 처음부터 기독교에 내재한 특성, 곧 기독교의 유일성에 대한 확신 때문이었다. 물론 이것이 테르툴리아누스의 『우상숭배론』(*De Idololatria*)의 대전제이기도 했다.

한편 2세기 당시 로마 사회는 종교다원적인 사회였다. 이에 대해 존 노스(John North)는 '종교들의 시장'(a market-place of religions)이라고 표현했다. 그래서 이때 고대사회에서는 처음으로 지역종교나 민족종교에 매이지 않고 각자가 개인의 취향에 따라 종교를 선택할 수 있었다.[45] 더 이상 그 도시의 종교적 전통, 곧 '아버지의 법'(*patrioi nomoi*)에 따라 하나의 종교를 선택할 필요가 없게 되었다. 다시 말해 종교는 민족(ethnicity)이나 출생지(native identity)에 의해 결정되지 않았다. 그리고 이로써 모든 종교는 공개적인 경쟁관계 하에 놓이게 되었다. 그런데 변증가들은 이와 같은 종교다원화라는 새로운 상황에서 기독교가 다른 종교들과 경쟁해서 승리할 수 있다고 생각했다. 곧 다른 종교와는 달리 종교적 가르침을 통해 그들을 설복시킬 수 있다고 믿었다. 기독교에 대한 관용을 주장한 테르툴리아누스의 청원은 이런 맥락에서 이해되어야 한다. 그래서 2세기 말 아프리카에서 기독교 지성인들은 이교도들에게 기독교도 '종교시장'(religious market-place)에 허용되어야 한다고 주장했는데, 특히 테르툴리아누스의 『변증서』 24장이 이를 강조하고 있다.[46]

---

45. 이 점에 대한 더 자세한 논의는 J. North, "The Development of Religious Pluralism," *The Jews among Pagans and Christians in the Roman Empire*, eds. J. Lieu, J. North, and T. Rajak (Londn and NY, 1992), 174-3.

46. "Let one man worship God, another Jupiter; let one lift suppliant hands to the

하지만 엄밀히 말해 기독교는 로마의 종교를 경쟁의 대상이 되는 하나의 '다른'(just another) 종교로 간주하지 않고 '거짓된'(false) 종교로 간주했다. 테르툴리아누스도 로마의 종교는 종교라고 불리기조차 부당한 컬트(cult)이자 사탄적인(demonic) 것이라고 생각했다. 그래서 그는 『변증서』 24장에서 기독교가 로마의 종교에 대한 반역집단일 수 없는 이유를, 로마의 신들(gods)은 참신이 아니며 따라서 로마의 종교는 진정한 종교일 수 없기 때문이라고 했다.[47] 다시 말해 '참된 신과 거짓된 신'(*de vera et falsa divinitate*)에 대한 관점에서 테르툴리아누스는 기독교에 대한 관용을 주창하고 이를 청원했던 것이다. 그에게 있어서 모든 우상숭배자들이 종교의 자유를 누리는데, 참된 신이신 하나님을 경배하는 그리스도인만 이 자유를 누리지 못하는 것은 너무나 부당한 일이었다.[48]

테르툴리아누스는 우상은 단순히 '거짓종교'가 아니라, 하나님의 눈으로 볼 때, 최상의 범죄(*Atquin smma offensa penes illum idololatria est*)라고 말했다.[49] 즉 우상이나 이교사상은 종교적인 불법이었다. 또한 그것은 윤리적으로도 비난받아 마땅한 것이었다.

---

heavens, another to the altar of Fides; let one, if you choose to take this view of it, count in prayer the clouds, and another the ceiling panels; let one consecrate his own life to his God, and another that of a goat. For see that you do not give a further ground for the charge of irreligion, by taking away religious liberty, and forbidding free choice of deity, so that I may no longer worship according to my inclination, but am compelled to worship against it." (*Apologeticum*, 24.5)

47. *Apologeticum*, 24.1 "*Si enim nonsunt dei pro certo, nec ligio pro certo est: si religio non est, quia nec deipro certo, nec nos pro certo rei sumus laesae religionis.*"

48. Guy G. Stroumsa, 101.

49. *De Spectaculis*, 2.9.

8. 종합과 정리

로마 제국은 모든 종교를 공인된 '합법적인 종교'(*religio licita*)와 공인되지 못한 '불법의 종교'(*religio illicita*)로 구분했는데, 그 가운데서 기독교는 불법의 종교에 해당했다. 이는 그들이 황제숭배를 포함한 제신들에게 제물을 드리지 않았기 때문이다. 결국 기독교는 탄압을 받을 수밖에 없었다. 그런데 이런 상황에서도 어떻게 기독교가 타지역으로 신속하게 확산될 수 있었을까? 당시 그리스도인들은 복음을 공개적으로 증거하거나 전파하지 않았다. 초기 기독교 문서에 나타난 교부들의 가르침에도 복음을 전하라는 공개적인 가르침은 없었다. 그래서 선교에 대한 저명한 연구가인 노베르트 브록스(Norbert Brox)는 초대교회에 선교명령에 대한 반응이 없었다는 것이 대단히 놀랄만한 일이라고 말하기도 했다.[50] 이렇듯 초기 기독교 교부들의 문헌 속에 전도에 대한 목회적 권고가 없었는데도 기독교가 호소력을 지니고 넓은 지역으로 전파된 것은, 메노나이트 학자인 알란 클라이더(Allan Kleider)에 의하면, 그리스도인들의 삶의 모범과 사랑의 실천 때문이었다. 이를 보여주는 한 가지 중요한 흔적이 어떤 그리스도인들은 '위험을 무릅 쓰는 자'라는 의미를 지닌 파라볼라노이(παραβολάνοι)로 불렸다는 사실이다.[51] 이는 그리스도인의 사랑의 실천을 보여주는 선명한 증거였다.

---

50. N. Brox, "Zur christlichen Mission in der Spätantike" in K. Kertelge (ed.), *Mission im Neuen Testament, Quaestiones Disputatae*, 93 (Herder, Freiburg-im-Breisgau, 1982), 211.

51. 이 점에 대한 더 자세한 논의는, 이상규, 『헬라 로마적 상황에서의 기독교』(한들출판사, 2006), 103-6을 참고할 것.

제10장

로마 제국에서의 기독교의 확산

주후 30년경에 설립된 예루살렘교회는 신약시대 최초의 지역교회라고 할 수 있다. 그 후 안디옥에 이방인 교회가 설립되었는데, 이 교회를 중심으로 기독교 복음이 당시 세계로 확장되었다. 기독교는 여러 불리한 정치적 상황에서도 불길처럼 퍼져갔다. 기독교가 공인받기 전인 4세기 초에는 로마 제국 전체 인구의 약 10%를 차지하는 조직화된 종교로 발전하였다. 이 점에 대해 하르낙은 이렇게 해석했다.

최초의 이방인 교회가 시리아 안디옥에 세워진 후 칠십 년째가 되던 해 플리니우스는 강경한 어조로 기독교가 변방지역인 비두니아 지역 전역에 퍼져가던 상황에 대해 기록했다. … 이로부터 다시 칠십 년째가 되던 해에 벌어진 부활절 논쟁(the Pascha controversy)은 로마를 본부로 하여 리용에서부터 에뎃사에 이르는 넓은 지역에 기독교 조직이 있었다는 사실을 말해준다. 이후 또 다시 칠십 년째가 되던 해 데키우스(Decius) 황제는 머지않아 기독교회의 감독이 아니라 자신과 경쟁해야 하는 황제를 로마에서 만나게 될 것이라고 단언했다. 그리고 다

시 칠십 년이 가기 전에 십자가는 로마 국기에 부착되었다.[1]

스데반에서부터 오늘에 이르기까지 기독교가 그 사회의 주류가 되기 전에 기독교의 가르침과 삶의 방식은 이 세상에서 '낯선 것'이요, 세상의 가치와 상합할 수 없는 '전도된 가치'였다. 즉 기독교는 이 세상으로부터 구별된 전도된 왕국(upside down kingdom)이었다. 더군다나 기독교의 가르침은 당시 그리스-로마 사회나 문화전통에서 볼 때 '야만인의 철학'(barbaros philosophia)이었다.[2] 따라서 기독교는 그리스-로마의 가치, 사상, 윤리와 동행할 수 없었다. 그런데도 기독교는 팔레스타인에서 소아시아로, 그리고 유럽으로 확산되었다. 그러면 기독교가 어떻게 4세기 초 제국의 종교로 공인되기 전까지 로마 제국에서 지리적으로 확장되고 수적으로 성장했는가를 고찰해보자.

1. 사도시대의 교회

교회의 설립은 근원적으로 예수 그리스도의 생애와 사역으로부터 시작된다. 그는 삼 년간 복음을 선포하고 증거하면서 교회설립을 의도했다(마 16:16-21).[3] 오순절 성령강림은 언어의 일치를 경험케 하는 역사적 사

---

1. A. Harnack, *The Mission and Expansion of Christianity in the First Three Centuries*, 2: 335f.
2. *barbaros philosophia*의 개념과 개념사에 대해서는 Guy G. Stroumsa, *Barbarian Philosophy* (Tübingen: Mohr Siebeck, 1999), 57ff를 참고할 것.
3. 브레데(W. Wrede) 같은 학자들은 예수 그리스도는 교회 설립을 의도하지 않았으며, 오히려 기독교회의 설립자는 바울이라고 주장했다. 브레데는 바울이 기독교의 창시자이며, 그리스도의 성육신, 죽으심과 부활 등의 종교적 개념을 창안한 사람이라고 주장했다. 또한 그는 바울이 신화적 구원론의 개념을 그리스-로마 세계의 토양에 이식시켰고, 이 신학으로 유대교의 한계를 넘어서는 보편적인 종교가 되었다고 주장했다. 이런 19세기 말의 진보적 입장에 반대하고

건이었을 뿐만 아니라, 언어의 장벽, 사회적 계층, 민족적 한계성을 초월하여 전파되는 복음의 우주적 성격을 보여준 사건이었다. 이 사건을 계기로 주후 30년경 신약시대 최초의 지역교회인 예루살렘교회가 설립되었다. 즉 예루살렘에서 예수를 '주님'(κύριος)이라고 고백하는 사람들이 하나님의 새로운 백성을 의미하는 모임(會)인 에클레시아를 형성한 것이다. 그래서 아우구스티누스는 오순절을 '그리스도교회의 생일'(dies natalis)이라고 불렀다. 이렇게 예루살렘에서 시작된 교회는 빠른 속도로 퍼져갔는데, 이를 기록한 것이 사도행전이다.

사도행전은 교회의 발전, 지리적 확장, 박해, 직분의 기원, 지역교회의 설립, 성령의 역사 등 초기 삼십 년간의 교회상(ecclesia primitiva)을 보여주는 역사적 기록이다. 특히 이 책에는 기독교에 대한 박해와 탄압, 불관용의 상황에도 불구하고 기독교가 어떻게 신속하게 성장을 이루었는가를 잘 보여준다.[4]

예루살렘과 유대지방

성령강림 후 설립된 예루살렘교회의 첫 회중은 삼천 명이었다(행

바울 종교의 기원과 근원은 예수 그리스도이며, 바울과 예수의 근본적 일치를 주장한 이가 메첸(G. Machen)이었다. 그는 *The Origin of the Paul's Religion*에서 이를 변증했다.

4. 사도행전에 기록된 복음의 지리적 확장은 일반적으로 터너(C. H. Turner)의 선례에 따라 6개 단계로 구분하는데, 곧 예루살렘교회(행 1:1-6:7), 팔레스타인으로 확장되는 교회(행 6:8-9:31), 안디옥으로 전파되는 교회 (행 9:32-12:24), 소아시아로 확장되는 교회(행 12:25-16:5), 유럽으로 확장되는 교회(행 16:6-19:20), 그리고 로마로 전파되는 교회(행 19:21-28:31)이다. C. H. Turner, "Chronology of the New Testament," *Dictionary of the Bible* ed., J. Hastings (NY: Scribner's, 1905), 1:421. 이와 달리 아더 파치아는 교회확장의 과정을 5단계로 구분할 수 있다고 말한다. 즉 예루살렘(행 1:15-8:3), 유대, 사마리아, 갈릴리, 그리고 해안지역(행 8:4-11:18), 안디옥과 1차 전도여행(행 11:19-14:28), 에게해 주변 지역들(행 15:36-21:16), 마지막 로마까지(행 21:17-28:31)가 그것이다. Arthur G. Patzia, *The Emergence of the Church* (Downers Grove: IVP, 2001), 79.

2:41).⁵ 오순절에 마가의 다락방에서 열한 명의 사도들과 함께 있었던 백이십여 명의 사람들(행 1:15)이 이 공동체의 중심인물들이었을 것이다(행 1:15). 또 여기에는 예수의 형제들과 갈릴리에서 온 신실한 여인들도 포함되어있었다(행 1:14). 이 공동체는 곧 남자만 오천 명으로(행 4:4) 증가되었다(성경에서 회중을 수적으로 언급하고 있는 곳은 예루살렘교회뿐이다). 당시 예루살렘의 상주인구가 2만~2만 5천명 정도였으니,⁶ 이는 결코 적지 않는 무리였다.⁷ 그런데도 더 많은 남여의 큰 무리들이(행 5:14) 개종하여 교회의 일원이 됨으로 그 수는 더욱 증가했다(행 6:1, 7). 후일에는 유대인 중에도 믿는 자가 수만 명이나 되었다(행 21:20)고 한다. 물론 이 말은 수

---

5. Rodney Stark는 오순절 성령강림 후 세례를 받은 '제자의 수가 삼천'(행 2:41)이라는 기록은 수학적 통계가 아니라고 말한다(*The Rise of Christianity*, 5). 이 수에는 예루살렘에 상주하는 사람만이 아니라 오순절을 지키기 위해 예루살렘에 와 있던 순례자들도 포함된 것으로 보는데, 오순절에 예루살렘에 와 있었던 인구를 산정하기가 어렵다. 많은 디아스포라 유대인들이 오순절을 지키기 위해 예루살렘에 모여들었는데, 벤 위더링톤은 18만~20만 명에 달했다고 추산한다. Ben Witherington, III, *The Acts of Apostles* (Eerdmans, 1998), 157. Arthur Patzia는 예루살렘 거주자들은 *katoikein* (행 2:5)으로, 타지에서 예루살렘을 방문한 여행객들, 혹은 나그네들은 *epidēmountes* (행 2:10)로 구별되어있다고 지적한다(Arthur Patzia, *op. cit*., 81). 그러나 F. F. Bruce, James Dunn, David Williams, 그리고 Ben Witherington III 등은 "예루살렘에 우거하더니…"에서 '우거자'(residents)가 예루살렘 정주민을 의미하는지 순례자를 의미하는지는 분명치 않다고 지적한다(Arthur Patzia, 82).

6. J. C. Russell은 이 당시 예루살렘의 상주인구를 1만 명으로 추산했으나(*Late Ancient and Medieval Population*, 1958) 대체로 2만~2만 5천명으로 추산한다. 한스 콘첼만은 예루살렘의 상주인구를 2만 명으로 추산한다(Hans Conzelmann, 87). 그러나 요아킴 예레미아스는 1세기 당시 예루살렘의 인구를 2만 5천명으로 추산하는데, 이중 2만 명은 에루살렘 성안에 거주하였고, 나머지 5천명은 성 밖에서 살았다고 보았다. 제임스 오르 역시 이 견해를 지지한다. James Orr ed., *International Standard Bible Encyclopedia*, Vol. III (Chicago: Howard Severance Co., 1930), 1595.

7. 한스 콘첼만은 이런 수치들은 수학적 통계일 수 없고, 단지 주님께서 역사하신다는 놀라운 사실을 보여주려는 의도에서 기록된 것일 뿐이라고 말한다. Hans Conzelmann, *History of Primitive Christianity* (Nashville: Abingdon Press, 1973), 63. 또 로버트 그랜트는 고대사에서 수치는 수사적 표현의 일부일 따름이므로 문자적으로 받아들일 수 없다고 말한다. Robert Grant, *Early Christianity and Society* (Harper and Row, 1977), 7-8.

학적 진술이라기보다는 수사적 언급으로 과장된 표현이지만, 어쨌든 박해에도 불구하고 하나님의 교회는 꾸준히 성장했음을 시사한다.[8]

이후 유대의 여러 지방에도 교회가 설립되었다. 이는 바울이 개종한지 삼여 년 쯤 지났을 때 '유대에 그리스도 안에 있는 교회들'이라고 말한 것에서도 알 수 있다(갈 1:22). 바울은 데살로니가전서 2장 14절에서도 이 교회들에 대해 언급하는데, 곧 이 교회들이 유대인들의 핍박을 받았음을 상기시키면서 박해 받고 있는 데살로니가에 있는 교회들을 위로하고 있다. 비록 여기서 바울이 지칭하는 유대에서의 박해가 스데반의 순교시에 있었던 박해(행 8:1)인지 아니면 그 이후의 박해인지는 분명치 않다 하더라도, 바울이 유대에 있는 교회를 데살로니가 교회가 본받기를 바라는 것을 볼 때, 유대의 교회들은 여러 시련에도 불구하고 인내하며 계속 유지되었던 것으로 보인다.

사도행전 8장 4절은 사도들 외에도 여러 무명의 전도자들이 있었음을 암시하는데, 이들에 의해 복음이 유대 각지로 전파되었을 것이다. 특히 누가는 기독교를 박해했던 바울이 개종한 후에는 "온 유대와 갈릴리와 사마리아 교회가 평안하여 든든히 서 갔고, 그 수가 더 많아졌다"(행 9:31)라고 기록한다. 여기서 흥미로운 것은 유대와 사마리아 교회만이 아니라 갈릴리의 교회도 평안히 서 갔다는 것이다. 비록 사도행전에는 갈릴리 지역의 복음전파에 대한 기록이 없지만, 아마도 무명의 전도자들에 의해 복음이 전해진 것으로 보인다. 이렇게 해서 기독교 복음은 팔레스타인 전역으로 확산되었음을 알 수 있다.[9]

---

8. 에버레트 해리슨, 『사도교회의 역사와 성장』(기독교문서선교회, 1990), 321.

9. 성경에 의존해 볼 때 흥미로운 점은 바리새파 사람 중에는 개종자가 있었으나(행 15:5), 사두개인들 중에는 개종자가 없었다는 점이다. 이 집단이 예수의 부활을 부인했다는 점을 고려할 때 놀랄 일은 아니다(마 22:23). 사도들의 설교와 가르침에서 예수의 십자가와 부활이 그 중심

빌립의 활약으로 가이사랴 지방에도 복음이 전파되었는데(행 8:40), 이는 나중에 베드로의 사역에 길을 열어주었으며, 또한 바울이 3차 전도여행을 마치고 예루살렘으로 돌아오는 여정에서 누가는 가이사랴에 빌립 외에도 신자들이 있었음을 언급한다(행 21:16). 또한 베니게 해안 북쪽에 위치한 두로(행 21:3~4)에도 교회가 있었다. 이는 아마도 '스데반의 환란을 인하여 흩어진' 헬라파 사람들(Helleists)이 베니게로 갔을 때(행 11:19), 그들에 의해 두로와 그 주변에 복음이 전해진 것으로 보인다. 나아가 복음은 돌레마이(행 21:7)와 시돈(행 27:3)에도 전해져 신자들을 양산했다.

또 다른 유대지방 중 한 곳인 다메섹에는 아주 초기부터 복음이 전해졌고 다수의 신자들이 있었던 것으로 보인다. 이는 바울이 신자들을 잡으려고 다메섹에 갔다는 점(행 9:1~2)으로도 알 수 있다. 만일 다메섹에 신자들이 소수만 있었다면, 바울은 그리로 가지 않았을 것이다. 폴 바넷(Paul Barnett)의 견해를 따라 바울의 회심을 33/34년으로 본다면, 그 이전에 이미 다메섹에 그리스도인 집단이 있었다고 할 수 있다.

안디옥

안디옥에 복음이 전래된 것은 교회 역사에서 주요한 의미를 지닌다. 왜냐하면 이곳을 거점으로 기독교가 당시 세계로 확산되어 갔기 때문이다. 안디옥은 알렉산더 대왕 휘하의 장군 중의 한 사람인 셀류쿠스(Seleucus Nicator, 주전 312~280)에 의해 설립되었는데, 그는 자기 아버지의 이름 안티오쿠스(Antiochus, 안디옥)을 따라 이 도시의 이름을 지었다. 그리고 선박이 통행할 수 있는 오론테스(Orontes) 강을 따라 24km 서쪽에 항구를 만들고 자기 이름을 따라 셀류키아(Seleucia, 실루기아)로 명명했다. 안

이었기 때문이다.

디옥은 주전 64년에 폼페이(Pompey)에 의해 로마 제국에 흡수되어 수리아 지방의 수도가 되었다. 요세푸스는 이 도시를 로마, 알렉산드리아에 이어 로마 제국의 '세 번째 도시'라고 불렀다. 이 도시는 군사적으로나 상업적으로 중요한 요충지였는데, 남쪽으로는 팔레스타인과 이집트에 연결되어 있었고, 북쪽으로는 소아시아에 연결되었다. 특히 오른테스 강을 따라 실루기아라는 항구가 있어서(행 13:4) 상업과 무역의 중심지가 될 수 있었다. 그러므로 이곳에 기독교가 전해진 것은 특별한 의미를 지닌다고 할 수 있다.

안디옥에서 기독교와 관련된 최초의 언급은 사도행전 6장 5절에 나오는 '유대교에 입교한 안디옥 사람 니골라'이다. 당시 수적으로 성장한 예루살렘교회는 사도들이 공궤하는 일에 매이지 않도록 이 일을 대신할 일곱 사람을 선택했는데, 그 중 한 사람이 니골라였다. 그는 안디옥에 사는 이방인이었는데, 유대교로 개종한 후 예루살렘으로 와서 초기 기독교 공동체의 일원이 된 것으로 보인다. 그 후 예루살렘의 박해를 피해 베니게 해안을 따라 올라가던 몇몇 헬라파 사람들이 안디옥에 이르렀고, 이들에 의해 안디옥에도 복음이 전해졌다. 이 후 안디옥의 신자들은 급증해갔다. "수다한 사람이 주께로 돌아왔고"(행 11:21), 특히 바나바의 사역으로 "큰 무리가 주께 더하였다"(행 11:24). 이러한 수적인 성장은 바나바가 사울에게 도움을 구한 사실에서나, 그들이 함께 일 년 동안 사역하면서 '큰 무리'(행 11:26)를 가르쳤다는 사실에서 과장이 아니었음을 알 수 있다.

더군다나 이곳에서 신자들은 처음으로 그리스도인(*Christianoi*)이라고 불리기 시작했다(행 11:26). 이때는 30년대 후반이었는데, 당시 유대인들은 예수를 그리스도(히브리어로 메시아)로 인정하지 않았으므로 이 용어는 그들과 상관이 없었다. 오히려 유대인들은 초기 기독교신자들을 유대교의 한 종파나 이단으로 보아 후일 '나사렛 이단' 혹은 '나사렛

당'(Nazaraeans)이라고 불렀다(행 24:5). 따라서 '그리스도인'이라는 말은 유대인들이 아니라 로마인들에 의해 붙여진 이름이다.[10] 그런데 이 '그리스도인'이라는 말에는 비기독교적 기원과 그리스도 당파라는 정치적 의미가 있어서 초기 기독교신자들은 이 용어를 선호하지 않았다. 때문에 신약성경에서도 이 용어는 단지 두 번밖에 사용되지 않았다(행 26:28, 벧전 4:16).

안디옥은 예루살렘에 이어 기독교 운동의 중심지로서 바나바와 바울의 선교사역을 지원하는 등 이방 기독교의 전초기지 역할을 수행했다. 이런 점에서 안디옥은 세계기독교의 요람이었다.[11] 한편 4세기 말경 요한 크리소스토무스 때는 안디옥의 기독교 인구가 약 10만 명에 이르렀던 것으로 추정된다.[12]

교회의 확장과 복음의 이방진출

안디옥을 거점으로 복음은 이방지역으로 확산되었다. 여기에 길리기아 지방의 다소에서 벤야민 지파의 후손으로 태어난(빌 3:5) 바울이 중요한 기여를 했다. 그는 로마 시민권자(행 16:37, 22:25-29)이자 유대교 전통과 바리새적 관습에 충실하였던 자로, 어려서부터 아람어와 코이네 그리스어

---

10. 이상규, "초기 그리스도인들은 어디서 모였을까?"「헤르메네이아 투데이」22호(2003, 봄), 67. Christianoi의 어미 -ianoi는 라틴어 어미 -iani의 그리스어 번역으로서 '따르는 자,' 혹은 '추종자'라는 뜻이다. 예컨대 헤롯을 추종하는 자는 Herodianoi(막 3:6)라고 불렸고, 아우구스투스를 따르는 자는 Augustiani라고 불렸다. 이와 마찬가지로 Christianoi는 그리스도의 추종자를 의미했다. 그래서 Christianoi는 라틴어임을 알 수 있고, 이것이 로마인들에 의해 붙여진 명칭임을 알 수 있다.

11. Raymond E. Brown, *Antioch and Rome* (London: Geoffrey Chapman, 1982), 89.

12. Adolf von Harnack, *The Expansion of Christianity in the First Three Centuries* (London: Williams & Norgate, 1904), 2: 285. 그러나 스티븐 닐(Stephan Neill)에 의하면, 4세기 당시 안디옥의 인구 50만 명 중 절반이 그리스도인이었다고 한다. 스티븐 닐,『기독교선교사』(성광문화사, 1986), 35.

를 배웠고, 가말리엘 문하에서 유대주의 교육을 받았다(행 22:3). 그가 기독교역사에 처음 등장한 것은 스테반이 순교당할 때인데(행 7:58), 폴 바넷(Paul Barnett)에 의하면 33/34년에,[13] 악트마이어(Paul J. Achtemeier)에 의하면 35년에 다메섹에서 개종하게 된다.

기독교 복음은 바나바와 바울을 중심으로 시작된 1차 전도여행(행 13:4~14:26)과 바울과 그 동역자들에 의해 전개된 2차(행 15:36~18:22), 3차(행 18:23~21:14) 전도여행을 통해 소아시아와 유럽으로 확장된다. 이런 기독교 복음의 확장은 지리적으로 보면 서진(西進)의 과정이었다. 즉 예루살렘에서 시작된 기독교 복음은 안디옥, 에베소, 빌립보, 아덴, 고린도를 거쳐 로마로 전개되었다. 그렇다고 해서 기독교 복음이 서쪽으로만 전개된 것은 아니다. 비록 기독교의 주된 흐름은 서진 혹은 서행(西行)이었지만, 동쪽으로도 전파되었다. 물론 이에 대해 사도행전이나 서신서는 언급하지 않지만, 안디옥을 거점으로 동쪽으로 여행과 교역이 이루어지고 있었음을 고려할 때 기독교는 동방지역으로도 전파되었음이 틀림없다. 때문에 속사도 시대에 이르러서는 수리아어권 지역의 중심지가 에뎃사(Edessa)가 될 수 있었던 것이다. 라토렛에 의하면, 이 에뎃사를 중심으로 기독교는 티그리스-유프라데스 강 유역과 페르시아, 중앙아시아를 거쳐 중국에까지 이르렀다고 지적한다.[14]

소아시아

소아시아는 1세기 이후 기독교의 중요한 거점이 된다. 이곳에 복음이 전파된 것은 이 지역 출신들이 예루살렘에서 오순절 성령강림을 경험한

---

13. Paul Barnett, *Jesus and the Rise of Early Christianity* (Downers Grove: IVP, 1999), 21.
14. K. S. Latourette, *A History of the Expansion of Christianity*, vol. 1. *First Five Centuries* (NY: Harper & Bros, 1937), 102.

후(행 2:9~10), 다시 돌아와 복음을 전했기 때문인 것으로 보인다. 사도행전 13장에서 14장은 갈라디아 지역에서 행한 바울의 사역에 대해 기록하는데, 바울은 이 지역 남부에 교회를 설립한 것으로 보인다. 한편 누가는 갈라디아의 북부 지역에 흩어져 있는 신자들에 대해서는 언급하지만, 이곳의 교회 설립에 대해서는 언급하지 않는다(행 16:6, 18:23).

아시아의 교회들은 바울이 에베소에서 삼 년간 사역한 결과로 생겨났는데, 가령 요한계시록에 기록된 여섯 개의 교회들이 그것이다. 골로새는 에베소에서 동쪽으로 약 백 마일 떨어진 곳에 위치한 도시인데, 바울이 이곳에 교회를 세우지 않은 것은 분명하다. 그보다 에베브라(Epaphras)가 에베소에서 바울의 가르침을 받고 이곳에 복음을 전하고 교회를 설립한 것으로 보인다. 따라서 에베소서는 에베소교회만을 위한 것이 아니라 그 주변의 교회들을 위한 회람서신이었을 가능성이 높다. 후에 언급하겠지만 2세기 초 이그나티우스가 로마로 압송되면서 남긴 일곱 통의 편지에는 요한계시록에 언급되지 않는 트랄레스(Tralles)와 마그네시아(Magnesia)의 교회도 등장하는데, 현재는 그 위치를 정확히 알 수 없지만 이들 역시 바울이 에베소에서 일한 결과로 생겨난 교회였을 것으로 보인다.

한 가지 흥미로운 것은 베드로전서 1장 1절에서 베드로가 '흩어진 나그네들'에게 문안하는데, 이것은 기독교 확산에 대해 중요한 정보를 준다. 왜냐하면 여기서 베드로는 '본도, 갈라디아, 갑바도기아, 아시아와 비두니아에 있는 택하심을 입은 자들'에게 문안함으로써 소아시아의 북부지방에도 복음이 전파되었음을 증거하고 있기 때문이다. 바울은 2차 전도여행 때 비두니아로 가려고 했으나 성령께서 허락하지 않았다(행 16:5). 그래서 다른 전도자들에 의해 비두니아 지방에 복음이 전해졌을 것이다. 베드로전서가 62년경에 기록된 것임을 감안한다면, 이 때 이미 이곳에도 기독교 복음이 전해졌음을 알 수 있다. 한편 베드로는 '바벨론에 있는 교회가 너희에게 문안하고'(벧전 5:13)라는 말로도 인사하는데, 여기서 바벨론을 계시록에서처럼 로마로 보든, 문자 그대로 바벨론 지역으로 보든, 복음이 '예수 그리스도의 이름을 위하여 생명을 아끼지 아니하는'(행 1:25,26) 이들에 의해 팔레스타인의 한계를 벗어나고 있었다는 것은 분명하다.

해리슨은 소아시아에서 기독교가 발전할 수 있었던 요인으로 회당의 역할을 강조한다. 그에 의하면, 당시 소아시아에는 82개의 회당이 있었는데, 이들이 대체로 도시 중앙에 있어서 복음전도의 징검다리 역할을 했다고 한다.[15] 이렇듯 소아시아는 사도시대 이후 4세기 니케아 회의에 이르기까지 기독교 신앙의 본거지가 되었고, 그래서 훗날 영지주의와 몬타니즘에 대항하여 싸웠던 논쟁의 중심지가 되기도 했다.

로마와 유럽

기독교복음은 도서지방인 구브로(행 13장)와 그레데(딛 1:5)에도 전해졌을 뿐 아니라, 바울의 전도여행을 통해 빌립보, 데살로니가, 뵈레아, 아덴, 그리고 고린도 등 마게도니아와 아가야 지방(고후 1:1)에도 교회가 설립되었다. 또한 고린도에 인접한 겐그레아에도 교회가 있었다(롬 16:1).

3차 전도여행을 마치고 예루살렘에서 체포된 바울은 약 2년간 가이사랴에 구금되어있다가 로마로 압송되어 거기서 2년간 구금된다.[16] 그런데

---

15. 해리슨, 146.

16. 사도행전은 로마에서 2년간 구금된 이후 바울의 행적에 대해 침묵한다. 그러나 대부분의 학자들은 로마에서 2년간 구금되어있다가 일시 석방되어 로마 제국의 동부지역을 순회했고, 그 뒤 64년 네로의 박해 하에서 드로아에서 체포되어(딤후 4:13) 로마로 압송되었다가(딤후 1:17) 그곳에서 순교한 것으로 보고 있다. 바울이 순교하기 전 일시 자유로운 상태에서 선교활동을 계속하였음은 몇 가지 성경 외의 기록들이 확인해주고 있다. 로마의 클레멘스(Clemens of Rome)는 95년경 고린도교회에 보낸 편지에서 "바울은 온 세상에 진리를 전하고 서쪽 끝까지 여행하였다"고 했고(5:7), 180년경에 쓰인 『무리토리아 단편』(*Muratorian Fragments*)에서도 "바울이 로마를 떠나 에스파냐로 떠났다"(38-39행)고 언급한다. 유세비우스도 그의 『교

그가 로마에 도착하기 전에 이미 로마에도 그리스도인들이 있었다. 1세기 당시 약 백만 명의 인구를 가졌던[17] 로마는 자타가 공인하는 세계의 중심지였다. 이곳에 복음이 전해진 경로에 대해서는 분명하지 않지만, 아마도 오순절 성령강림 때, '로마로부터 온 나그네들'도 있었는데(행 2:10), 이들 중 일부가 복음을 로마로 가져갔을 것으로 생각한다. 일반적으로는 40년대 초에 로마에 기독교가 전해진 것으로 본다. 흔히 로마교회는 베드로에 의해 설립되었다고 주장하지만, 이를 뒷받침할 아무런 근거가 없다. 다만 베드로와 바울은 60년대 중반 로마에서 순교했고, 로마교회에 커다란 영향을 끼쳤을 뿐이다. 이는 주후 96년경에 기록된 클레멘스 서신(The Letter of the Church of Rome to the Church of Corinth, 5:3~5)과 로마에 보낸 이그나티우스 서신(4:3)에 잘 나타나 있다. 베드로와 바울이 로마교회에 끼친 영향이 크기 때문에 그들이 순교한지 1세기가 지난 뒤에 이레네우스가 그들을 통해 로마교회가 설립되었다고 말한 것이다.[18]

로마를 방문하기 전에 기록한 서신인 로마서 1장 8절에서 바울은 "너희 믿음이 온 세상에 전파됨을 인하여 내 하나님께 감사한다"고 말한다. 이는 네로가 즉위한지 삼 년이 못되어 로마의 신앙공동체의 소문이 온 세계에 알려졌을 뜻한다. 그런데 이때는 글라우디오의 칙령이 내려진지 팔 년이 지난 때이다. 그만큼 로마의 기독교는 박해 하에서도 경이로운 성장을

회사』에서 바울이 다시 복음을 전하다가 로마에서 순교하였다고 기록한다. Eusebius, *The Ecclesiastical History*, II, 25, 1.

17. 가제(Gage)는 당시 로마의 인구를 60만-100만 명으로 추산한다. 폰 게르칸(von Gerkan)은 3세기 중엽의 로마시의 인구를 70만 명으로 추산한다(A. V. Gerkan, in *Mitteilungen des Deutschen Archaeologischen Instituts, Roemische Abteilung* 55(1940), 149-195). Duff는 로마시민 중 80%가 해방된 노예이거나 이들의 자손이었다고 했다(Duff, *Freedmen*, 199ff.).

18. Irenaeus, *Adversus Haereses*, 3.3.3; Raymond E. Brown & John Meier, *Antioch and Rome* (London: Geoffery Cchapman, 1982), 90.

이루었음을 알 수 있다. 로마서는 흔히 57년경 기록된 것으로 보는데, 로마서 16장 5절, 14절, 15절에 근거하여 볼 때 이때 로마에는 적어도 세 곳 이상에 교회가 있었음을 알 수 있다.[19] 신자들 가운데는 가이사의 집안사람들도 있었다(빌 4:22). 바울은 60년경 로마로 가게 되는데, 로마에서 남동쪽으로 150마일 떨어진 보디올(Puteoli)에서 믿는 형제들을 발견했고(행 28:13~14), 로마에 도착하기 전에 로마에서 온 형제들을 만나기도 했다(행 28:15). 이후 로마는 예루살렘과 안디옥에 이어 기독교의 제3의 중심지가 되었다.

네로가 기독교를 박해했던 64년경 로마시에는 기독교 신자들이 많았다. 그래서 타키투스는 그들을 '헤아릴 수 없는 무리'라고 묘사했다.[20] 한편 당시 로마교회는 하층민이 다수를 점했던 교회로 알려져 있다.[21] 물론 그들 중에는 소수의 상류층도 있었지만 말이다. 가령 96년 도미티아누스 황제의 핍박 때 황제의 아내였던 도미틸라(Domitilla)는 '모독죄'(sacrilege)로 판데테리아(Pandeteria)섬으로 추방되었고, 그의 사촌이었던 클레멘스(Titus Flavius Clements)는 그리스도인이라는 이유로 사형에 처해졌다. 여기서 '모독죄'가 무엇을 의미했는지 분명치는 않으나, 학자들은 대개 이를 기독교 신앙을 고수한 죄로 보고 있다.[22] 또한 로마교회 신자들 중에는

---

19. 이상규,『헬라 로마적 상황에서의 기독교』63.

20. 해리슨, 147.

21. 로마교회는 1세기 이상 그리스어를 사용하는 교회로 남아 있었는데, 이는 이 교회의 신분계층을 짐작하게 해준다. 왜냐하면 당시 상류층의 로마인들은 라틴어를 쓴데 반해, 빈민층이나 노예 계층은 그리스어를 사용했기(S. Neill, 36) 때문이다. 따라서 당시 로마교회 구성원들은 하층민이 다수를 점했던 것으로 볼 수 있다. 주후 189년에서 199년까지 로마의 감독이었던 (가톨릭교회는 그가 이 기간 동안 교황이었다고 보고 있음) 빅토르(Victor)가 라틴어로 의사를 표시한 최초의 로마교인으로 알려져 있다.

22. 스토아 철학자이자 황제였던 마르쿠스 아우렐리우스도 신성모독죄로 그리스도인들을 처벌했는데, 이 신성모독이 그리스도인이 범하는 가장 큰 범죄라고 생각했다. Walter W. Hyde,

개종자도 많았지만, 타지역에서 이주해 온 신자들도 많았다.

로마교회가 급성장한 것을 증거하는 것이 두 가지가 있는데, 하나는 166년 소테르(Soter) 감독이 그리스도인 인구가 유대인의 숫자를 능가했다고 언급한 것이다. 다른 하나는 로마의 감독 코넬리우스(Cornelius)가 자신의 동료인 안디옥의 파비우스(Fabius of Antiock)에게 보낸 편지[23]에서 언급한 내용인데, 하르낙은 이를 근거로 3세기 중엽 로마시에만 적어도 삼만 명의 신자들과 사십 여개의 바실리카(basilica) 교회당이 있었을 것이라고 보았다.[24]

골(Gaul) 지방에 기독교가 어떻게 전해졌는지는 알 수 없지만, 디모데후서 4장 10절에 나오는 '갈라디아'(Γαλατίαν)를 '갈리아'(Γαλλίαν)로 읽고 이것을 다시 '골'로 읽게 되었다는 견해가 있다. 그렇다면 이곳 역시 바울 시대에 복음의 역사가 시작되었다고 할 수 있다. 만일 이렇게 본다면, 이것은 신약에서 지중해가 아닌 서부유럽지역에 대한 유일한 언급이 된다. 즉 스페인으로 가고자 했던 바울의 소망(롬 15:24, 28)이 이루어졌다면, 그가 스페인으로 가는 도상에서 남부의 골 지방에 들렀을 가능성이 높다. 물론 바울이 스페인을 방문했는가에 대해서는 여전히 논쟁중이다. 그러나 분명한 것은 1세기에 이곳에도 복음이 전해졌다는 점이다. 이에 대해서는 이레네우스나 테르툴리아누스가 증거한다.

이와 같이 복음은 이미 사도시대에 지리적으로 광범위하게 확산되었다. 이에 대해 바울 역시 복음이 세계 도처에서 열매를 맺고 있으며(골 1:6), 천하 만민에게 전파되었다(골 1:23)고 말했다. 당시 골로새에서 유행

Paganism to Christianity in the Roman Empire (Octagon Books, 1970), 171.

23. 이 편지의 내용은 Eusebius, *Historia ecclesiastica*, VI, 43, 11에 실려 있음.

24. Harnack, 2: 387.

하던 유대교의 의식주의나 이교 철학, 혹은 금욕주의와 같은 가르침들은 일부 제한된 사람들에게만 받아들여진 반면, 복음은 모든 사람들에게 보편적으로 받아들여지고 있음을 강조하기 위해 바울이 의도적으로 과장한 측면이 있다 하더라도, 복음이 로마 제국 전역으로 확산되고 있음을 증언하는 것이 틀림없다.

정리하면, '극동의 떠오르는 태양'인 예루살렘[25]에서 기원한 복음은 바울이나 사도들 외에도 무명의 전도자들에 의해 안디옥, 소아시아, 로마, 골, 스페인, 알렉산드리아와 북아프리카 지역으로 전파되었다.

2. 사도시대 이후의 복음의 확장

바울의 선교 여행에서 잘 드러나지만, 기독교 복음은 도시지역에 먼저 소개되었고, 점차 중소지역과 농촌지역으로 전파되었다. 기독교는 1세기 안에 가이사랴, 두로, 구브로, 라오디게아, 안디옥, 다소, 소아시아 지역, 빌립보, 베뢰아, 아덴, 고린도, 로마 등 유럽과 알렉산드리아, 구레네 등 아프리카 지역으로 확산되었다.

성경 외에도 기독교가 여러 지역으로 전파되었음을 보여주는 자료들이 있다. 이런 문헌들은 사도시대 이후 복음의 확장에 대해 정보를 제공해주

---

25. 유세비우스의 『팔레스타인의 순교자들』(*Martyrs of Palestine*)에서는 3세기 말 팔레스타인의 로마총독과 그리스도인 팜피루스(Pamphilus)간에 있었던 대화를 소개하고 있는데, 총독이 "당신 어디서 왔소?"라고 물었을 때에 팜피루스는 "예루살렘에서 왔습니다"라고 대답했다. 이에 총독이 다시 물었다. "그곳이 어디 있소?" 그러자 팜피루스는 "그곳은 극동 떠오르는 태양에 있소"라고 대답했다(*Martyrs of Palestine* 11. 9-12). 이 대화는 두 가지 사실을 암시해 주는데, 첫째, 팔레스타인의 총독마저도 예루살렘을 알지 못했다는 것, 둘째, 팜피루스는 이 땅의 도시인 예루살렘이 아니라 하늘의 예루살렘을 말하려고 했다는 것이다. 이것은 진정한 본향을 사모했던 콘스탄티누스 이전 시대의 기독교 공동체의 신념을 반영한다. 이들에게 있어서 예루살렘은 저 먼 극동의 해 뜨는 곳이었다. Guy G. *Stroumsa*, 294 참고.

는데, 그 첫 문서가 2세기 초의 『이그나티우스 서신』(*The Epistles of Ignatius*)이다. 이그나티우스는 안디옥의 감독이었는데, 110년경 로마로 압송되어 가는 도중에 일곱 통의 편지를 남겼다. 이 서신은 서머나에서 에베소교회, 마그네시아교회, 트랄리아교회, 그리고 로마교회에 보낸 네 통과 서머나를 떠나 로마로 가는 도상인 드로아에서 빌라델비아교회, 서머나교회, 그리고 폴리카르푸스에게 보낸 세 통이다. 이 서신의 수신처 중 에베소, 로마, 빌라델비아, 서머나 등은 잘 알려진 지역이지만, 마그네시아와 트랄리아는 이 편지 외에서는 전혀 알려지지 않은 지역이다. 아직까지도 그곳이 어디인지는 분명치 않지만, 어쨌든 이런 지역에까지 그리스도인들이 있었다는 증거이다.

또 다른 증거는 112년경 비두니아의 총독 플리니우스(Pliny)가 황제 트라이아누스(Traianus)에게 보낸 서신이다. 이 서신에 보면 대부분이 농촌 지역인 북서 소아시아와 비두니아에 이미 기독교가 급속히 전파되었음을 알 수 있는데, 이는 베드로의 언급(벧전 1:1)이 사실임을 뒷받침한다. 한편 이 서신에서 플리니우스는 '모든 연령층에, 사회 각층에, 남녀 모두에게, 그리고 도시나 농촌, 어디에든지 흩어져 있는 수많은 그리스도인들'에 대해 언급하면서 "미신(기독교)의 전염력은 도시들에만 미친 것이 아니라 이미 마을과 시골에까지 미치고 있다"라고 말했고, 나아가 "이교의 신전들이 머잖아 황폐화될 것이다"라며 두려워했다.[26]

이렇듯 기독교가 각 지역으로 전파되고 빠르게 성장하였다는 점은 의심의 여지가 없다.[27] 2세기 후반에 무명의 인물이 기록한 『디오그네투스에게 보낸 서신』(*Epistle to Diognetus*)에는 "그리스도인이 날마다 점점 더 증가

---

26. Pliny, *Epistles* X, 96-97. 이와 관련된 전문은 J. Stevenson, *A New Eusebius* (1957), 13-16을 참고하라.

27. Alan Kreider, *Vox Evangelica*, 24(1994), 7.

하고 있다"(day by day increase more and more)는 기록이 있다.[28] 3세기의 오리게네스 역시 "수다한 사람들이 반대자들의 두려움에도 불구하고 믿음으로 나오고 있다"[29]고 기록했다. 기독교는 로마 제국으로부터 공인받기 이전(pre-christendom)까지는 상당한 제약가운데 있었다. 불법의 종교로 간주되어 공개적인 집회를 할 수 없었던 기독교는 신자들만의 제한된 집회소인 가정교회 형태로 유지되었다. 더군다나 사회적으로 약자인 하층민이 중심을 이루었을 뿐 아니라 이교적이고 비도덕적인 당시 사회에 적극적으로 참여할 수도 없는 제한된 삶을 살아갔다. 그럼에도 불구하고 기독교는 도처에서 빠른 속도로 증가해갔다. 그러나 정확한 통계수치를 제시하는 자료는 남아 있지 않다. 삐에르 꾸방(Pierre Chuvin)이 말한 바와 같이, 고대사에서 수적인 평가(quantitative evaluations)는 여전히 난해한 과제이다.[30]

초기 로마 제국의 기독교 인구를 측정해 보고자 했던 첫 번째 인물은 18세기 영국의 역사가 에드워드 기번(Edward Gibbon)이다. 그는 콘스탄티누스가 개종할 당시의 기독교 인구를 전체인구의 이십분의 일로 보았다.[31] 하지만 후대 학자들은 이 수치를 지나치게 적은 것으로 보았다. 가령 어윈 구디노프(Erwin Goodenough)는 1931년에 쓴 『로마 제국 하에서의 교회』(*The Church in the Roman Empire*)에서 콘스탄티누스 시대, 곧 4세기 초의 기독교 인구를 전체인구의 약 10%로 추정했다. 이는 당시 제국의 인구

---

28. *Epistle to Diognetus*, 6. 9.

29. Origen, *Contra Celsum*, 3. 9.

30. Pierre Chuvin, *A Chronicle of the Last Pagans* (Cambridge: Harvard University Press, 1990), 12.

31. Edward Gibbon, *The Decline and Fall of the Roman Empire*. An abridgement by D. M. Low NY: Harcourt, Brace and company, 1960), 187.

를 육천만 명으로 볼 경우, 기독교 인구가 육백만 명에 달한다는 말이다. 이는 Arthur Boak, J. C. Russell, Ramsay MacMullen, Robert Wilken 등 여러 학자들에 의해 광범위한 지지를 받았다.[32] 한편 하르낙에 의하면, 3세기 말에 기독교는 로마 제국 전역으로 확산되어 제국의 총인구 오천만 명 중에서 적어도 15%인 칠백만 명에 이른 것으로 보았다.[33] 그는 어떤 작은 도시는 거의 모든 주민이 기독교인이었으며, 제국의 서부지역보다는 동부지역의 교세가 강했다고 평했다.

하지만 맥뮬렌(Ramsey MacMullen)은 300년 당시 기독교 인구를 오백만 명으로 추산했는데, 그는 1세기 말부터 312년 콘스탄티누스가 회심하기까지 매 세대마다 오십만 명씩 기독교인이 증가했다고 말한다. 또한 기독교인은 로마 제국에 불균형하게 분포되어있었으나, 대체적으로 그 비율은 제국 전체인구의 5~8%를 차지했다고 추정한다.[34] 물론 이 보다 더 높은 성장을 이루었다는 주장도 있다. 예컨대 독일 에르랑겐대학교 교수인 볼프강 비쉬마이어(Wolfgang Wischmeyer)는 최근 연구에서 기독교인은 로마 제국 전체 인구의 20%에서 50%에 육박했을 것이라고 주장하기도 했다.[35] 그러나 이것은 소아시아 일부 지역의 경우라면 몰라도 로마 제국 전체를 놓고 보았을 때는, 현재까지의 연구 결과에 따르면, 너무 높은 수치임

---

32. R. Stark, 6.

33. Adolf von Harnack, *Mission and Expansion of Christianity in the First Five Centuries* (New York, 1961), 946-955.

34. Ramsey MacMullen, *Christianizing the Roman Empire (AD 100-400)* (Yale University Press, 1984), 86, 109-110.

35. Wolfgang Wischmeyer, *Von Golgatha zum Ponte Molle: Studien zur Sozialgeschichte der Kirche im dritten Jahrhundert* (Vandenhoeck & Ruprecht, Güttingen, 1992), 24. Cf. Stephen Mitchell, *Anatolia: Land, Men, and Gods in Asia Minor:* II, *The Rise of the Church* (Clarendon Press, Oxford, 1993), 62-63.

에 틀림없다.

이렇듯 기독교인의 비율에 대해서는 학자에 따라 약간의 차이가 있지만, 초기 기독교회의 성장이 주목할 만했다는 점에는 이견이 없다. 대체적으로 학자들의 견해를 종합해 볼 때, 300년 당시 기독교인의 숫자는 5백만~7백 50만 명으로 추산된다.

한편 사회학자인 로드니 스타크(Rodney Stark)는 3세기 말과 4세기 초의 로마 제국에서 기독교인의 수에 대해 여러 학자들의 공통된 견해에 근거하고, 또 주후 40년 당시 기독교인의 수를 천 명으로 산정하고 여기서부터 매 십년마다 40%(연 3.42%)씩 성장했다고 판단하여 아래와 같은 통계를 제시한 바 있다.[36] 이런 입장은 그랜트(R. Grant), 맥뮬렌(R. MacMullen), 구데노프(E. R. Goodenough) 등의 학자들의 견해와 거의 일치하는데, 특히 스타크는 '지속적인 성장'(steady growth)이라는 가정 아래 이렇게 추정한 것이다.[37]

연도(AD)	기독교인의 수(명)	기독교인의 인구 비율(%) (로마 제국의 인구 6천만 명)
40	1,000	0.0017
50	1,400	0.0023
100	7,530	0.0126
150	40,496	0.07
200	217,795	0.36
250	1,171,356	1.0
300	6,299,832	10.5
350	33,882,008	56.5

---

36. Stark, 6-7. 이 통계를 포함한 Stark의 저서 *The Rise of Christianity* 는 심각한 토론을 불러일으킨, 우리 시대의 가장 큰 논쟁적인 작품이 되었다. Stark의 견해에 대해 비판하는 논문 3편이 *Journal of Early Christian Studies*, 6호(1998)의 특집으로 편집되기도 했다.

37. Toodd E. Klutz, "The Rhetoric of Science in *The Rise of Christianity*: A Response to Rodney Srark's Sociological Account of Christianization," *Journal of Early Chtistian Studies*, 172.

물론 위의 통계는 한 사회학자의 추정으로서 참고자료일 뿐이다. 이것은 기독교의 실제 성장과 그 성장도에 대한 후대의 추정과는 별개이다. 우리는 초기 기독교의 성장에 대한 분명한 기록이나 통계적 자료를 갖고 있지 못하므로 그 성장도를 추정하는 일은 불가능하다. 따라서 추정은 각기 다를 수 있으나, 초기 기독교는 여러 억제 요인에도 불구하고 주목할 만한 성장을 지속했다는 사실은 부인할 수 없다.

기독교가 로마 제국에서 공인을 받은 후에는 신자의 수가 급증했지만, 이러한 변화가 교회에 유익보다는 위험을 가져다주기도 했다.[38] 이 시기 기독교는 로마 제국 내에서 가장 효과적으로 조직되고 훈련된 집단이었다. 콘스탄티누스(306~337)는 그러한 기독교의 힘과 영향력을 인지하고 324년 크리소폴리스 전투(the battle of Chrysopolis)를 통해 제국의 독자적인 통치자가 된 후 기독교를 제국의 공식적인 종교로 인정했다.[39] 이후 로마황제 율리안 2세(Julian II)가 이교(異敎)를 부흥시킴으로써 교회를 대체해보려고 시도한 일이 실패한 때(360~363)부터 기독교는 로마 제국에 확고하게 자리 잡게 되었다. 그래서 4세기 중엽의 기독교는 도시적이고 반유대적이고 중산층의 종교로 변모되었다. 콘스탄티누스의 친기독교 정책으로 이교는 쇠퇴하였고, 급기야 4세기 말에는 전 제국의 기독교화가 이루어졌다. 그래서 380년 로마황제 데오도시우스(Theodosius, 347~395)는 기독교를 국교로 선포함은 물론, 391년에는 이교의 신전을 폐쇄하고 모든 형

---

38. Stephen Neill은 그의 책 *A History of Christian Mission*에서 이 점을 다음과 같이 지적한다. "Faith became superficial, and was identified with the acceptance of dogmatic teachings rather than with a radical change of inner being. As the Church became rich, bishops became objects of contention rather than instruments of humble service. With a new freedom, the Church was able to go out into the world; at the same time, in a new and dangerous fashion, the world entered into the Church."(46-47).

39. Aantonia Tripolitis, *Religions of the Hellenistic-Roman Age* (Eerdmans, 2002), 116.

식의 이교 숭배를 금지시켰다. 이러한 조치에 따라 점차 제국의 토착 종교(cult)와 이교주의(paganism)는 사라져갔다.

3. 복음의 급속한 확장, 그 요인은 무엇인가?

우리에게 가장 중요한 질문은 로마 제국의 변방에서 일어난 예수운동이 어떻게 3세기가 못되어 제국의 주도적인 종교로 성장할 수 있었는가 하는 점이다.

불리한 상황들

초기 기독교는 정치적으로나 사회적으로 매우 불리한 조건에 있었다. 기독교는 삼백여 년간 불법의 종교(*religio illicita*)로 간주되었다. 그들에게는 어떤 체계적인 조직도 없었으며, 또한 정치적인 집단으로 오해되어 집회의 자유를 누리지도 못했다. 당시에는 트라이아누스(Traianus, 98~117) 같은 진보적인 황제조차 비두니아 지방의 총독이었던 플리니우스(Pliny)에게 보낸 글에서 화재를 대비한 소방대 조직과 같이 아무리 순수한 비정치적인 모임이라도 열다섯 명 이상 모이는 것을 허락하지 말라고 지시했다.[40]

또한 기독교회는 정상적인 재산의 취득이 불가능했기 때문에 교회당 건물을 소유하지 못했다. 교회의 집회소로 독립된 건물이 최초로 발

---

40. *Epistles of Pliny*, X, 33, 34. 112년 트라이아누스 황제는 비두니아(Bithynia) 지방 총독으로 플리니우스를 파견했는데, 그를 그의 삼촌이었던 역사가 플리니우스와 구별하기 위해 젊은 플리니우스(Pliny the younger)라고 불렀다. 그는 매사를 스스로 결정하지 못하고 황제의 지시를 따르는 전형적인 공무원이었다. 한편 비두니아 지방 대도시에서 화재사건이 일어난 이후 그는 일종의 의용소방대 조직을 건의했는데, 황제는 이 조직이 정치적인 성격을 띨 위험이 있다고 보아 이를 허락하지 않았다. 그 대신 각 가정에서 물동이와 펌프를 준비하게 하고, 소화(消火) 작업을 개인의 의무로 간주했다. 마이클 그린(김경진), 『초대교회의 전도』 (생명의 말씀사, 1984), 18; F. F. 브루스(서영일역), 『초대교회 역사』(CLC, 1992), 212-3 참고.

견된 것은 256년 유프라데스강 상류지역에 위치한 두라-유로포스(Dura-Europos)에서였다. 말하자면 예루살렘에서 기독교회가 탄생한 이래 교회는 이백삼십여 년간 독립된 집회소로서 예배당을 갖지 못했다. 따라서 초기 3세기 동안 교회는 가정교회에 바탕을 두었다. 그런데도 기독교는 급속한 성장을 계속하였다.

사회적 제약 또한 초기 기독교인들이 감내해야할 몫이었다. 테르툴리아누스의 경구가 이를 잘 드러내주는데, 그는 기독교인들은 군인이나 공무원이 될 수 없으며, 격투기나 연극을 관람해서도 안 된다고 했다. 왜냐하면 기독교인들은 '그 땅의 질서'에 안주하거나 정주할 수 없다고 보았기 때문이다. 테르툴리아누스에게 금욕주의적인 경향이 있었음을 감안하더라도 당시 기독교인들은 그 사회의 구성원들과 동일한 가치를 지닐 수 없었음이 분명하다. 그들은 이 땅에서 스스로를 '파로이코이'(παροικοί)[41], 곧 '나그네'(歷旅過客)로 인식했다. 베드로전서 2장 11절의 '나그네와 행인 같은 …'에서 처음 사용된 이 말은 기독교인들의 삶의 방식과 현실 세계에 대한 태도를 반영하는 용어였다. 기독교인들은 이교적인 세계에서 이질성(heterogeneity)을 인식하고 이 세상의 가치와는 구별된 삶을 지향했기 때문에 그리스-로마세계에서의 '사회적 제약'을 즐거이 수용했다.

긍정적인 요인들

로마 제국은 기독교의 신속한 확장에 유리한 환경도 없지 않았다. 가령, 블레익록(E. M. Blaiklock)이 지적하듯이, 로마 제국의 통일과 한 황제의 지배도 기독교의 확장에 유리한 여건을 제공하였다. 로마 제국은 아우

---

41. 고대 그리스세계에서 사용된 파로이코스(παροικός)는 법적인 용어로서, 시민권이 없이 국내에 거주하는 외국인을 가리켰다. 이에 해당하는 라틴어는 페레그리누스(peregrinus)였다(영어의 pilgrim이 여기서 기원한다). 이 용어에는 비영속성, 일시성, 잠정성 등의 의미가 있다.

구스투스(Augustus) 황제 때에 정치적 통일을 이룩하였는데, 아우구스투스 황제는 주전 27년(32세)에 황제가 되어 44년 동안 통치한 뒤 주후 14년 8월 19일에 사망했다. 그는 비록 영국까지 지배하지는 못했지만, 라인강과 다뉴브강을 국경선으로 정했다. 그 후에도 제국의 영토는 더욱 확대되었다. 과거 군소 국가들이 제각기 자기 변방을 지키던 시대는 지나갔고, 이제 로마황제 가이사가 세계를 지배하는 시대가 되었다. 대서양에서 카스피해까지, 스페인에서 나일강까지, 그리고 하드리아 국경에서 유브라데에 이르기까지 모든 지역에 로마 제국의 깃발이 휘날렸다. 이러한 통일은 기독교의 복음전파에 세 가지 측면에서 공헌했다.

첫째, 이동과 여행의 편리함을 제공했다. 만일 세계가 수많은 민족으로 분리되어 독립된 국가로 존재했다면 가는 곳마다 반대와 저항에 부딪치고 입국과 수속에 상당한 지장을 받았을 것이다. 그러나 통일된 제국에서는 국경을 넘거나 이동하는 데 매우 용이했다.

둘째, 로마의 도로인 공공도로가 복음 사역에 많은 편의를 제공했다. "모든 길은 로마로 통한다"는 말은 당시의 교통과 도로 사정을 드러내는데, 2세기의 이레네우스는 "로마인들은 세계평화를 이룩했고, 우리는 도로를 따라 바다를 건너 우리가 가고 싶은 곳은 어디나 두려움 없이 갈 수 있다"라고 했다. 당시 로마 제국의 간선도로의 총연장 길이는 8만 5천km였는데, 이는 로마 제국의 영토가 오늘날 미국 영토의 80% 정도에 불과한데도 미국의 간선도로 총연장 길이 8만 8천km와 별로 차이를 보이지 않는 수치이다.[42] 이렇게 준비된 도로를 통해 기독교 복음은 어디든 나아갈 수 있었다.

셋째, 언어의 통일 또한 기독교의 신속한 확장에 유리한 환경을 제공했

---

42. 이 점에 대한 자세한 정보는 이상규, 『교양으로 읽는 역사』(SFC, 2009), 10-15를 참고할 것.

다. 예수가 탄생하기 삼백여 년 전에 알렉산더는 세계를 제패하고 그리스어를 편만하게 했다. 만일 언어가 통일되지 않았다면, 초기 기독교 사역자들의 사역은 많은 장애를 받았을 것이다.

성장의 요인들

알렉산드리아의 클레멘스[43]나 오리게네스는 초기 3세기 동안 기독교의 급속한 성장을 '하나님의 섭리'라고 말했다. 특히 오리게네스는 "하나님께서는 당신의 가르침을 받아들일 수 있도록 모든 민족들을 준비시키셨다. 모든 민족들이 로마의 한 황제의 지배를 받도록 하셨다. 그리하여 민족 간에 상호 적대적인 태도가 사라지고 … 예수께서 '가서 모든 민족을 가르치라'고 하신 분부를 사도들이 실천하는데 큰 장애가 되지 않도록 하셨다. … 만일 여러 왕국이 난립하여 있었더라면, 예수의 가르침이 온 세계로 퍼져 나가는데 난관이 생겼을 것이다"라고 말했다.[44] 유세비우스는 이러한 수용적 정황을 '복음의 준비'(*praeparatio evangelica*)라고 불렀다.[45]

물론 복음의 급속한 확장을 간단명료하게 대답할 수는 없다. 즉 그리스도인의 건실한 결혼 가정 윤리, 기독교의 평등사상, 형제애적 사랑, 그리스도인의 모범적인 생활, 평신도들의 증거와 선교, 변증가들의 활동, 공용어(혹은 *lingua franca*)로 그리스어의 사용, 설교나 저술에서 그리스어의 사용,

---

43. *Stromata* I, 28. 3.

44. Origen, *Against Celsus* 2. 30.

45. 이와는 달리 부정적으로 설명하는 이들도 있다. 대표적인 인물이 에드워드 기번(Edward Gibbon)이었다. 그는 『로마 제국 쇠망사』 1권(1776) 15, 16장에서 기독교의 기원과 발흥을 다루는데, 기독교를 사회적인 암으로 보았던 철학의 부패와 미신의 발흥이 기독교가 성공하는데 기여한 요소들이라고 보았다. 도즈(Dodds)는 "기독교가 성공한 단 하나의 이유는 그의 반대세력이 약화된 점에 있었다"고 하여 그 당시의 종교적 진공상태를 그 이유로 들었다. 말하자면 기독교의 싸움은 시체와의 싸움이었다는 것이다(Dodds, *Pagan and Christian*, 132).

디아스포라와 회당의 존재, 그리고 로마 제국의 지배와 편리한 교통망 등이 모두 유효한 영향을 주었다. 하지만 그것들은 필요조건이었을 뿐 어느 것도 충분조건은 되지 못했다.

한편 선교사학자인 스테펀 닐(Stephan Neill)은 복음에 대한 확신(Burning conviction), 수용적 배경(welcomed to their hearers), 그리스도인의 순결한 생활(purity of lives), 평등사상(a society without distinction), 자선사업의 영향(charitable service), 그리고 순교의 모습(effect of the persecution of the Christians) 등이 기독교의 확장에 영향을 주었다고 말한다.[46] 특히 순교자들의 태도, 그 중에서도 여성도들의 태도가 공개적인 감동을 불러 일으켰는데, 그들은 극심한 탄압과 박해에서도, 그리고 순교 직전에서도 침착하고 품위 있는 행동, 바른 예절, 냉정을 잃지 않는 용기, 원수들을 대하는 예의, 고난을 기쁘게 받아들이는 태도 등을 보였고, 이것이 불신자들에게 감동을 주어 훗날 신앙을 갖게 한 사례들도 많았다고 한다.[47] 순교자들은 누구도 부정할 수 없는 인간적 용기의 모범이었으므로 기독교의 박해가 오히려 선교와 복음의 확장에 유리하게 작용했다고 할 수 있다. 이는 2세기 중반 무명의 변증가가 기록한 『디오그네투스에게 보낸 편지』(*Letter to Diognetus*)에서도 잘 드러난다. "그리스도인들이 박해를 받으면 받을수록 그 수는 날로 증가해 가고 있다"

이에 비해 고펠트(Goppelt)는 기독교의 신속한 확장이 디아스포라 유대인의 영향이라고 지적한다. 유대인 역사가 요세푸스(Joshepus)가 1세기 말에 쓴 그의 『유대전쟁사』에서 "우리 민족(유대인)의 일원이 살지 않는

---

46. Stephan Niell, 27-43.

47. E. R. Hardy, *Faithful Witnesses* (World Christian Books, 1960) 참고.

곳은 이 세상 어디에도 없다"고 할 만큼,[48] 로마 제국의 중요도시마다 유대인 공동체와 회당이 있었다. 기독교가 한 세대 안에 당시의 전 세계에 전파될 수 있었던 것은 이러한 유대인 회당이 지중해 전 지역에 그물처럼 퍼져 있어 그것이 복음의 징검다리 역할을 했기 때문이다.[49] 학자들은 당시의 디아스포라 유대인의 인구를 로마 제국 인구의 7~10%로 산정하는데, 스테판 닐은 7%이상이었을 것으로 보고,[50] 한스 콘첼만은 약 10%정도로 간주한다.[51] 이방인들 중에는 할례를 받고 유대민족의 일원이 된 사람들, 또는 관심을 가진 관찰자(interested spectators)로 머물러 있는 사람들이 있었다. 이들을 사도행전에서는 '하나님을 경외하는 자'(God-fearers)라고 불렀다 (행 13:16). 해리슨(Everett F. Harrison) 역시 디아스포라 유대인들이 그들의 회당을 통해 이방세계와 접촉한 결과가 기독교의 확장에 영향을 주었다고 주장한다. 그런데 유대교는 개종자들에게 세례와 제물(祭物), 그리고 할례를 요구했는데, 이 중에서 할례는 그리스도인들이 받아들이기 어려운 요구였다. 때문에 유대교에 매력을 느낀 사람들도 그냥 하나님을 경외하는 사람(God-fearer)로만 남아 있어야 했다. 유대인들은 그들이 개종자가 되기를 기대하면서 양성했지만, 훗날 그들은 유대교가 아닌 기독교로 개종했는데, 이것이 기독교의 확장 원인이라고 추정한다. 이에 대해서는 사도행전에도 흔적이 있는데, 이 때문에 유대교가 기독교를 반대했다고 주장하기도 한다.[52]

    초기 3세기 동안 로마 제국에서 기독교의 지리적 확장과 수적 성장에

---

48. Joshepus, *War*, 2,16,4.

49. Goppelt, *Apostolic and Post-apostolic Times* (London: Adam & Charles Black, 1970), 81-82.

50. Stephan Niell, 27.

51. Hans Conzelmann, 190.

52. 해리슨, 112.

가장 중요한 영향을 미친 것은 그리스도인들의 삶의 모범 때문이라는 알란 클라이더(Alan Kreider)의 주장은 설득력이 있다.[53] 초기 그리스도인들은 제한된 환경에서 박해를 받았을 뿐 아니라, 복음을 공개적으로 증거할 수도 없는 매우 불리한 환경 가운데 있었다. 그러나 기독교 공동체는 예수를 따라 산상수훈을 실천하는 삶을 살며, 이기적 물질주의에 매몰되지 않고, 노예나 여성들과 같은 사회적 약자들에 대한 평등을 실천하며, 가난하고 병든 자들을 위해 자비와 사랑을 실천했다. 이와 같은 기독교인의 삶의 방식이 생명력을 지니며 기독교 복음을 당시 세계로 확장되게 했던 힘의 원천이었다. 따라서 비록 교부들의 문서에는 불신자들에게 전도를 촉구하는 내용이 없음에도 복음은 광범위하게 전파되어 갔다. 정리하면, 사랑의 실천(가령, παραβολάνοι[54]), 평등사상 등 기독교의 가치가 기독교의 확장에 가장 큰 요인이었다고 할 수 있다.

---

53. Alan Kreider, *op. cit.*, 7-38.

54. F. L. Cross and E. A. Livingstone, *The Oxford Dictionary of the Christian Church* (Oxford Univ. Press, 1977), 1029-30.

{ 제11장 }

초기 기독교의 복음의 변증

　초기 기독교는 이중적인 위기에 직면했다. 외적으로는 기독교에 대한 물리적인 박해와 이론적인 공격이었고, 내적으로는 이단의 출현이었다. 2세기 중엽을 지나면서 기독교는 급성장하여 세속사회가 무시하지 못할 단체로 부상하였다. 급기야 기독교인은 로마 제국 내에서 로마인과 유대인 다음으로 강력한 집단이 되었다. 이런 현실에서 기독교는 내부의 이단이나 이설의 대두만이 아니라 외부의 물리적 박해와 식자들의 논리적 비판을 받기 시작하였다. 따라서 기독교회는 그들의 신앙을 체계적으로 설명하지 않으면 안 되었고, 황제나 원로원 의원들에게 신앙을 변호하거나 해명하지 않을 수 없었다. 이런 필요에 의해 자연스럽게 등장한 이들이 변증가(辨證家)였다. 호교론자(護敎論者)로 불리기도 하는 이들은 2세기 중엽부터 나타나 200년 혹은 250년 어간에 활동했는데, 이들에 의해 기독교 신앙이 체계적으로 설명되기 시작하였고, 결과적으로 교리의 발전을 가져오게 되었다.

1. 변증가란 누구인가?

변증(辨證, apology), 변증가(Apologist), 변증학(Apologetics) 등의 용어는 그리스어 *apologia*에서 유래하였는데, 이들이 출현하기 전에 이미 바울이나 베드로가 이 용어를 사용하였다(빌 1:16, 벧전 3:15). 곧 바울은 옥중에서 빌립보서를 기록하면서 자신은 "복음을 '변명'하기 위해 임명되었다"고 했고, 베드로는 가혹한 시련에 처한 소아시아의 동료 그리스도인들에게 편지하면서, "너희 속에 있는 소망의 이유를 묻는 자들에게 '변증'할 것을 항상 예비하되 온유와 두려움으로 하라"라고 권면했다. 비록 한글개역성경에서는 '대답할 것을 항상 예비하되'라고 번역되었으나, 여기서 사용된 단어는 '아폴로기아,' 곧 '변증'이었다.

앞에서 설명했듯이, 변증가란 이교나 유대교, 혹은 이단에 대항하여 기독교의 신앙과 생활을 변호하는 교부들을 칭하는데, 꾸아드라투스(Quadratus), 아리스티데스(Aristides), 유스티누스(Justinus), 타티아누스(Tatianus), 아데나고라스(Athengoras), 오리게네스(Origenes), 키프리아누스(Cyprianus), 미니키우스 펠릭스(Minucius Felix), 테르툴리아누스(Tertullianus), 오리게네스(Origenes), 키프리아누스(Cyprianus) 등이 있다. 이 외에도 디오그네투스(Diognetus)에게 편지를 쓴 무명의 저자와 고위관리들에게 편지를 쓴 무명의 변증가도 있다.

이들은 한편으로는 그리스도인들의 무죄를 변증하고, 다른 한편으로는 기독교 신앙을 소개하고 전도할 목적으로 기독교의 가치와 진리성, 고유성을 변증하였다. 그래서 기독교인들을 향한 공격, 곧 무신론, 불법의 종교, 인육식(人肉食, homophagia) 집단이라는 낭설, 근친상간, 사회의 암적 존재라는 오해나 주장에 대해 변호할 뿐만 아니라, 이교의 부도덕성과 문제점들을 공격하거나 비판했다. 한편 이들은 사도 교부(apostolic fathers)

시대와 그 이후 교회를 연결해준다는 점에서 '다리 놓는 사람들'로 불리기도 한다.

2. 기독교회에 대한 오해와 비판

교회에 대한 최초의 비판은 정통 유대주의자들로부터 시작되었다. 즉 교회가 이스라엘의 과거 역사와 연속성을 지니고 있다고 주장하자, 정통 유대인들은 분개하면서 나사렛 사람을 구약에서 예언한 하나님의 아들로 받아들일 수 없다고 했다. 또 구약에 언급된 할례, 음식규례, 희생제사, 안식일 제도 등 모세의 율법에 대한 교회의 우의적 해석을 궤변이라고 배척하였다. 가령 『바나바 서신』에서 제시하는 구약의 규례에 대한 우의적 해석은 모세에게 주신 개변될 수 없는 가르침을 이방인의 편견에 따라 손질한 이단적 궤변이라고 주장했다. 특히 교회가 말하는 아브라함과의 혈통관계에 대한 무관심은 유대교에는 모독이었다.

기독교인들이 그 특수성과 배타성 때문에 유대교를 비판했지만, 이방인의 눈으로 볼 때, 기독교인들은 유대교 못지않게 배타적이고 때로는 반사회적이었다. 그래서 이방인들은 기독교인들과 교회를 비판했지만, 기독교의 박해에는 기독교에 대한 이방인들의 오해도 적지 않았다. 가령 기독교인들의 집회를 비밀 결사로 오인하거나, 신자들의 모임에서 행해지는 성찬식을 인육식으로 곡해하기도 했다. 심지어 기독교인들이 커다란 빵 속에 유아를 감추어 두고 성찬식에 참여하는 자들이 그 빵을 잘라 유아의 살을 나눠 먹는다고까지 생각했다. 기독교인들이 서로를 '형제,' '자매'라고 부르는 것도 오해를 샀다. 피를 나눈 가족관계가 아니면서 서로를 '형제,' '자매'라고 부르는 것은 고대 사회에서 흔치 않는 일이었다. 따라서 이런 호칭은 기독교 공동체 또는 바울에 의해 시작된 호칭이라고 할 수 있다. 바울은 동료 신자를 칭하는 용어로 이를 빈번하게 사용했는데, 이 '형제은유'(sibling metaphor)는 '에클레시아' 개념보다 더 넓은 '몸으로서의 공동체'(고전 10:17, 12:27, 롬 12:5)를 말한다. 그러나 이방인들은 이런 형제, 자매라는 가족관계 은유를 곡해하여 기독교인들이 비밀리 모여 먹고 마시고 방탕을 즐기고 불을 끈 다음에는 근친상간과 혼음을 행한다고 상상했다.

그런데 이런 풍설보다 더 심각한 도전은 기독교에 대한 이론적 공격이었다. 비교적 학식 있는 이교도들은 그리스 철학의 논리로 책을 집필하여 기독교를 공격하고 비판하기 시작했다. 이들은 주로 그리스 철학을 공부한 이들이었는데, 대표적인 인물이 120년경 수리아 사모사타에서 출생한 루시안(Lucians of Samosada)이었다. 에피큐러스 학파에 속했던 그는 180년경 『페레기너스의 죽음』(*De Morte Peregrini*)이란 책을 써서 기독교의 생활과 신앙을 비방하였다. 이교 철학자로서 기독교를 비난했던 대표적인 인물은 켈수스(Celsus)였다. 그는 2세기 후반의 인물로서 플라톤 학파에 속했는데, 178년경 『참 말씀』(ἀληθὴς λόγος)이라는 책을 써서 기독교를 비판하였다. 비록 현존하지는 않지만 이 책의 내용은 오리게네스가 지은 『켈수스 반박론』(*Contra Celsum*)를 통해 간접적으로 알 수 있다. 기독교는 무식한 대중들로 구성된 집단이며, 이들의 교리가 지혜의 탈을 쓰고 있으나 실상은 모순에 가득한 거짓된 주장이라고 비난했다. 켈수스는 이렇게 썼다.

> 개인의 가정에서도 우리들은 옷감과 자갈을 가지고 일하는 자들, 즉 가장 무식하고 교양 없는 자들을 찾아볼 수 있다. 이들은 집안의 가장 앞에서는 아무 말도 감히 못한 채 침묵을 지킨다. 그러나 기회만 있으면 어린아이들과 무지한 여인들을 황당한 말로 유혹한다. … 따라서 당신이 진정한 진리를 알기 원한다면 스승들과 아버지를 떠나 여인들과 아이들을 좇아 목공소나 철공소, 그리고 여인들의 안방으로 가라. 거기

서 완전한 생활의 지혜를 배울 수 있으리라. 이것이 곧 소위 그리스도인들이 자기들을 좇는 자들을 기만하는 방법이다.[1]

켈수스와 동시대 인물인 프론토(Cornelius Fronto) 또한 기독교를 이론적으로 비판하였는데, 그의 글도 현존하지 않는다. 그러나 그의 비난도 그를 반박했던 미누키우스 펠릭스(Minucius Felix)를 통해 헤아려 볼 수 있다.

> 만약 그대에게 아직도 지혜나 염치의 일부가 남아 있다면 더 이상 천상계의 신비와 우주의 종착지나 비밀을 탐구하기를 그치라. 그대가 걷고 있는 발 앞을 바라보는 것만으로도 충분하다. 특별히 그대처럼 교양과 문화가 부족하고 무지하고 무식한 인간들에게 있어서는 더욱 그러하다.[2]

이 외에도 신플라톤 학파에 속하는 포르피리우스(Porphyrius)도 15권의 책을 저술하여 기독교를 공격하였다. 그는 구약과 신약은 모순되고 예수는 거짓말쟁이며 사도들 간의 분쟁이 심했다고 기독교를 폄하하였다.

로마의 역사가들도 기독교를 곡해하여 공격하였는데, 플리니우스(111년), 타키투스(115년), 수에토니우스(122년) 등이 대표적이다. 이들의 기독교 공격이 지닌 공통점은 기독교 신앙은 새로운 타락한 미신(*superstitio nova et prava*)이라는 것이었다. 이처럼 당시 식자들은 공통적으로 기독교 신앙을

---

1. Origen, *Against Celsus*, 3.55; 오리게네스(임걸역), 『켈수스를 논박함』(새물결, 2005), 118ff. 참고.
2. Octavius, 12,

미신(superstitio) 혹은 해로운 미신(exitiablilis superstitio)으로 간주했다. 따라서 기독교회는 이런 비난들이 오해에서 빚어진 것임을 변호할 필요가 생겼다. 그런데 기독교를 비판했던 이들이 주로 그리스 철학의 논리에 근거하여 기독교를 비방하였기 때문에 변증가들 또한 그리스 철학의 논리로 기독교를 옹호하고 변증하였다. 그래서 당시 변증가들은 대부분 철학적 이해를 가진 동방의 신학자들이었다. 물론 후기에는 라틴어를 사용했던 서방지역에서 변증문서가 나오기도 했다.

이교도들은 근본적으로 그리스 철학에 익숙한 지적 소유자들이지만, 기독교인들은 그리스-로마의 배경이 아닌 유대에서 나온 야만인들이라고 폄하했다. 그들에게 유대인들은 그리스 철학의 경지에 이르지 못한 야만적인 집단으로서, 설령 그들에게 진리라고 부를 수 있는 것이 있다면 그것은 단지 그리스인들의 것을 복사한 것에 지나지 않는다고 생각했다. 이미 사도바울도 시사했듯이, 그리스적 배경에서 볼 때 기독교 복음은 어리석은 것이었다. 전능하시다는 하나님이 인간이 되셨다는 사실 자체가 모순이었고, 십자가에 달려 죽은 이를 구세주라고 말하는 것도 받아들일 수 없는 무지였다. 예수가 하나님의 아들이라면 그가 어떻게 십자가에 달려 죽는다는 말인가? 십자가형을 받은 범죄자가 어떻게 숭배의 대상이 될 수 있단 말인가? 그것은 도무지 수용할 수 없는 도덕적 모순이었다. 그래서 켈수스는 예수는 마리아와 로마 병사 사이에서 출생한 사생아에 불과하다고 했다. 그리고 이런 기독교를 신봉하고 예배하는 것은 사회질서를 어지럽히는 행위라고 말했다. 특히 기독교인들이 황제숭배 이데올로기와 우상숭배 환경에서 사회활동에 참여하지 않고 심리적 이민자로 산 것과 병역을 거부한 것 등은 제국의 번영이나 평화를 원치 않는 반사회적인 행위였다.

변증가들은 이러한 교회의 외적인 도전은 물론 교회 내부에서 출현한 이단들에도 대응해야 했다. 당시의 이단 중에는 에비온파(Ebionites)가 있는데, 그들은 바울의 전도여행의 결과로 할례 받지 않는 이방인의 구원문제가 제기되었을 때, 예루살렘 회의의 결정을 따르지 않은 극단적인 유대주의자들이었다. 그들은 모세율법의 전통을 기독교 신앙의 한 부분으로 인식하고 할례, 안식일 제도, 음식규례를 고수하였다. 이 집단은 이방인 그리스도인 수가 증가하면서 자연히 소멸되었지만, 사상적 맥락만큼은 그 이후에도 유지되었다.

2세기 초엽부터는 새로운 이단들이 출현하여 기독교의 바른 가르침을 훼손하거나 왜곡하였는데, 대표적인 집단이 영지주의(Gnosticism)였다. 물론 영지주의는 2세기에 대두된 것은 아니었다. 당시 세계에 광범위한 영향을 끼친 영지주의는 에비온파와는 여러 면에서 대조적이었다. 무엇보다 이들은 유대주의가 아니라 그리스 사상에 근거하여 기독교를 이해하려 했는데, 영과 정신은 선하지만 육과 물질은 악하다는 극단적인 이원론을 지니고 있었다. 그래서 그들은 선하신 하나님이 육신을 입었다는 것, 곧 그리스도가 육신을 입었다는 것을 인정할 수 없었다. 여기서 대두된 것이 가현설(假現說)이었다. 그들은 육체는 영혼의 감옥이기 때문에 육체를 제어하고 영을 육체의 감옥으로부터 자유하게 하기 위해 과도한 금욕주의를 지향했다.

2세기의 마르시온파와 몬타누스파 또한 바른 신앙으로부터 이탈한 자들이었다. 비두니아 지방인 본도(Pontus)의 시노페(Sinope) 출신인 마르시온(Marcion, 85~160)은 영지주의 사상에 매혹되어 극단적인 엄격주의를 지향하였다. 테르툴리아누스에 의하면, 마르시온은 『대립명제』 (*Antithesis*)라는 자신의 책에서 율법의 하나님과 복음의 하나님을 대립시킴으로써 성경의 단일성을 파괴하였다. 또한 그는 반유대주의적 성향에 빠져 구약은 물론 바울서신과 누가복음을 제외한 신약의 다른 책들도 정경으로 인정하지 않았다. 결국 그는 144년경 교회로부터 추방령을 받았다. 마르시온파 교회에서는 결혼이 금지되었으며, 물고기를 제외한 모든 육류도 먹을 수 없었다. 이들의 도덕적인 엄격주의는 많은 광신적인 신봉자를 얻었으며, 당대에 상당한 부자이기도 했던 마르시온은 금력으로 교회를 위협하기도 했다. 마르시온의 영향력은 2세기경에 절정에 달하여 아라비아와 아르메니아 그리고 이집트까지 전파되었다. 이런 이단사상이 세력을 확대한 것은 여러 지역에서 수용될 수 있는 혼합주의적 성격 때문이었다. 마르시온파는 이후 약 이백 년간 지속되었다.

156~172년 사이에 소아시아에서 일어난 몬타누스파(Montanism)는 창조주 하나님과 구속자 예수 그리스도를 믿었다는 점에서 영지주의나 마르시온파와는 다른 성격을 지녔다. 이는 근본적으로 기독교운동으로서 어떤 면에서는 교회개혁운동이었다고 할 수 있다. 그러나 성령에 대한 그릇된 사상에서 출발하여 시한부 종말론적 이단으로 발전하였다. 이들은 2세기에 임박한 재림에 대한 기대가 식고 교회 안에 안일함과 나태함이 자리하자 이에 대한 반발로 보혜사(Paraclete) 성령을 강조하였다. 하지만 이는 곧 잘못된 방향으로 전개되어 거짓계시운동(僞經運動)으로 발전하였다. 결국 그들의 예언이 거짓으로 판명되고, 또 179년에 지도적 인사들인 몬타누스와 막스밀라, 프리스길라가 죽으면서 급격히 쇠퇴했다. 그러나 이 이단도 완전히 사라지지 않고 6세기까지 계속되다가 500~550년쯤에서야 완전히 사라졌다. 이상과 같은 교회 내부에서 출현한 이단들이 기독교 신앙을 심각하게 왜곡하게 되자, 바른 신앙에 대한 변호와 변증이 불가피하게 되었다.

3. 변증가들

이런 현실에서 그리스 철학적 소양을 지닌 교회지도자들이 기독교 신앙을 옹호하거나 변증하는 활동을 시작했는데, 대표적인 인물들은 다음과 같다.

꾸아드라투스(Quadratus)

최초의 변증가 중의 한 사람인 꾸아드라투스는, 필립 샤프에 의하면, 사도들의 제자로서 아테네 교회의 감독이었다고 한다. 그는 125년경 하드리아누스(Hadrian) 황제에게 보낸 편지형식의 변증서를 썼으나 현존하지는 않고, 단지 유세비우스의 『교회사』에 인용되어 그 일부만 전해오고 있다.³ 여기서 그는 기독교를 유대교 및 이방종교와 비교하는 한편, 예수께 병 고침을 받은 자가 현재까지 살아있다고 하였다. 그는 이렇게 쓰고 있다.

> 우리 주님의 사역은 항상 여러분 앞에 있었습니다. 왜냐하면 그것들은 진정한 기적이기 때문입니다. 그분으로 말미암아 병 고침을 받은 사람들과 죽은 자들 가운데서 부활한 사람들은 병 고침을 받고 부활했을 때만 보인 것이 아니라 언제나 있어 왔습니다. 그들은 주님이 지상의 세상에 계실 동안은 물론이고 그가 세상을 떠난 후에도 오랫동안 살아 있었습니다. 그들 중 어떤 이들은 우리시대에까지 살아 있습니다.⁴

아리스티데스(Aristides)

아테네의 철학자 출신인 아리스티데스는 19세기 중엽까지 유세비우스나 제롬의 글을 통해 겨우 그 이름정도만 알려져 있었다. 유세비우스에 의하면, 아리스티데스는 꾸아드라투스와 동시대인으로서 그 역시 하드리아

---

3. *HE*, IV, 3.

4. Eusebius, *HE*, IV, 4.

누스 황제에게 기독교 신앙을 변증하는 편지를 썼다고 알려져 왔다. 후에 그의 편지는 아르메니아 역본, 시리아 역본, 그리고 그리스 역본 등 세 가지의 다른 역본들로 발견되었는데, 아르메니아 역본은 1878년 베니스의 라자리스트 수도원(Lazarist Monastery in Venice)의 아르메니안 신부들을 통해 출판되었고, 1889년에는 렌델 해리스(Rendel Harris)가 시내산 수도원에서 시리아 역본을 발견했다. 그 뒤 얼마 후에 로빈슨(J. A. Robinson)이 '발람과 요사밧'(Barlaam and Josaphat)이라는 동방의 기독교 전설 속에 포함되어 있는 그리스어 역본을 발견했다.

이 변증서는 140년경에 기록되었는데, 현존하는 역본들에는 수신자가 하드리아누스의 후임자인 안토니우스 피우스(Antoninus Pius, 138-61)로 되어있다. 이 변증서는 아리스토텔레스의 철학에 근거하여 하나님의 존재 증명에서부터 시작해 참된 신의 속성을 설명하고, 나아가 이교도들의 신화를 공격하는 한편 기독교인의 삶을 통해 기독교를 변증하였다. 그는 인류를 야만인, 그리스인, 유대인 그리고 그리스도인 등 네 종족으로 구분하면서 이 중 그리스도인이 하나님의 본성과 이에 준하는 도덕적 규범들을 가장 완전하게 이해한다고 말했다. 특히 그가 말하는 기독교의 가르침은 고아와 과부를 돌아보고, 죽은 자를 장사지내는 일을 도와주는 일이었다. 이와 같은 그의 글에서는 바울적 특성이 강하게 나타나는데, 그의 변증서의 일부를 소개하면 다음과 같다.

그리스도는 성령으로 말미암아 계시되시고 히브리인 동정녀에게서 태어나신 지극히 높으신 하나님의 아들이셨습니다. 그분은 그 육신을 동정녀로부터 받으셨으며 스스로를 하나님의 아들로서의 인간본성 가운데 계시하셨습니다. 자신의 선하심 가운데 좋은 소식을 가져다 주신 그분은 생명을 주시는 설교를 통하여 온 세상을 구원하셨습니다.

… 그분은 열두 사도를 선택하셨으며 중보적인 빛을 주시는 진리를 통해 온 세상을 가르치셨습니다. 그분은 유대인들에 의해서 십자가에 못 박히셨습니다. 그러나 죽음 가운데서 부활하셔서 하늘로 승천하셨습니다. 그분은 사도들을 온 세상으로 보내셨으며 모든 사람들을 지혜가 가득한 신적인 기적들을 통해서 교훈하셨습니다. 그들의 선포는 오늘날까지 꽃을 피우고 열매를 맺고 있으며 온 세상을 빛 가운데로 인도하고 있습니다.[5]

유스티누스(Justinus, c. 110-166)

유스티누스는 초기 기독교회에서 가장 유명한 신앙의 변호자로 알려져 있다. 그는 110년경 사마리아에 있는 플라비아 네아폴리스(Flavius Neapolis)에서 출생했는데, 이곳은 고대에는 세겜이라고 불렸던 곳이다. 그의 부모는 이방인이었다. 그는 에베소에서 철학을 공부한 후 기독교로 개종하였고, 130년경 에베소에서 세례를 받았다. 훗날 그는 죽음도 두려워하지 않는 그리스도인들의 용기와 견고한 신앙을 보고 마음이 움직였다고 고백했다. 그는 철학자 출신답게 기독교를 가장 고상한 철학 또는 '진정한 철학'(*vera philosophia*, true philosophy)이라고 불렀다. 그만큼 그는 기독교 진리가 기존의 철학 체계를 통해서도 조화롭게 설명될 수 있다고 믿었다. 따라서 그에게 있어서 철학한다는 것과 신앙한다는 것은 별개의 일이 아니었다. 그는 사람은 누구나 하나님의 '말씀의 씨앗'(*semina Verbi*)을 소유하고 있다고 믿었다.

유스티누스는 기독교를 변증하기 위해 유리피데스, 크세노폰, 플라톤 등의 그리스 문필가들의 작품을 이용하였다. 이에 대해 유세비우스는 "이

---

[5] 조시 맥도웰, 빌 윌슨, 『예수님은 실존 인물인가?』(생명의 말씀사, 1998), 127.

시대에 활약한 사람들 중에 가장 뛰어난 인물은 유스티누스다. 그는 철학자로 자처하면서 하나님의 진리를 전파하였고, 또 자신의 저술을 통해 신앙을 위해 싸웠다"라고 하였다.[6] 유스티누스는 163년 혹은 165년경 마르쿠스 아우렐리우스 황제 치하에서 견유학파 철학자인 크레센스(Crescens)의 교시에 의해 여섯 명의 동료(남자 다섯 명과 여자 한 명)와 같이 로마에서 참수형을 당했다. 그래서 그를 순교자 유스티누스라고도 부른다.

그는 다작의 변증가였으나 현재는 세 종류의 변증서만 남아 있다. 곧 『제1변증서』(Apologia; The First Apology, 155년경, 대변증서) 『제2변증서』(Apologia, The Second Apology; 165년경, 소변증서), 그리고 『트리포와의 대화』(Dialogus cum Tryphone Iudaeo; Dialogue with Tripho)가 그것이다. 이 외에 『이단에 대하여』나 『말시온에 대하여』와 같은 작품들은 모두 소실되었다. 유대인으로서 그리스도인이 아닌 트리포와 담론 형식으로 쓴 『트리포와의 대화』는 유스티누스의 작품 중 가장 긴 글로서, 유대인들에게 그리스도인의 신앙을 설명하기 위한 것이다. 여기서 유스티누스는 기독교 신앙은 공허한 신화이기는커녕 보다 우월한 것임을 강조하였다. 특히 그는 구약을 우의적(寓意的) 혹은 유형론적(類型論的)으로 해석하였다.

또 다른 변증서에서도 유스티누스는 기독교의 정당성을 호소하는 한편, 그리스도인이라는 이유만으로 박해받는 것은 부당하다고 주장하였다. 또한 국가는 불확실한 근거로 그리스도인을 처벌할 권리가 없다는 것도 함께 지적하였다. 비록 유스티누스가 그리스 철학과 기독교를 종합하였으나 그렇다고 그가 기독교의 계시적 성격을 헤친 것은 아니다. 이후 그의 글은 창조론이나 우주론, 로고스(logos)-기독론 등 기독교 교리를 형성하는 데 크게 기여하게 된다. 또한 그의 작품들은 2세기의 예배의식, 신약본문,

---

6. Eusebius, *H.E.*, IV,13

경전 등을 연구하는 데 중요한 자료가 되고 있다.

타티아누스(Tatianus, 110-172)

타티아누스는 철학자 출신으로서 유스티누스의 제자였으며 극단적인 금욕주의적 성향을 지닌 인물이었다. 주요 작품으로는 『그리스인에 대한 담론』(*An address to the Greeks*, 150년경, 170년경)과 『디아테사론』(*Diatessanon*) 등이 있다. 전자는 그리스인의 신화를 논박한 것으로서 타티아누스의 사상을 잘 보여주는 작품인데, 여기서 타티아누스는 그리스인들의 종교가 그 기원에 있어 야만족들로부터 유래된 것이라고 말하면서 그리스인들의 종교적인 자긍심을 공격한다. 그가 그리스인들의 종교를 이렇게 비판하는 것은 그리스의 신들이 방종하고 음란한 신들이기 때문이다. 타티아누스는 유스티누스와는 달리 이교 철학과 사상은 아무런 가치도 없고, 어떤 진리도 담지하지 못한 야만적인 것으로 보았다. 오직 기독교 신앙만이 유일하게 참된 것이었다. 『디아테사론』은 1886년 아라비아에서 발견된 것으로, 사복음서를 종합하여 하나의 이야기로 편집한 책이다. 따라서 가장 오래된 예수의 전기 혹은 사복음 대조서라고 할 수 있다. 이렇듯 타티아누스는 기독교의 우월성을 논증하려고 힘썼으나, 후일에는 영지주의적 경향을 띠게 되었다.

아데나고라스(Athenagoras)

2세기 후반의 변증가인 아데나고라스는 아테네 출신의 철학자로서 뛰어난 문체와 논리정연한 이론가였다. 그가 쓴 변증서로는 『그리스도인을 위한 탄원』(*Plea for the Christians*, 177년경), 『죽은 자의 부활』(*On the Resurrection of the Dead*) 등이 있다. 전자는 삼위일체론을 논구하고, 이를 철학적으로 변호한 것으로서, 기독교회의 삼위일체 교리에 대한 초기 단계의 논의를 엿볼 수 있다.

이상 2세기의 변증가들은 그리스어로 변증서를 썼으나 3세기부터는 라틴어를 사용하는 변증가들도 등장했다. 그 중 하나인 펠릭스(Minucius Felix)는 로마의 법률가 출신으로 230년경 활동하면서 『옥타비우스』(Octabius)라는 변증서를 썼다. 또 다른 변증가인 테르툴리아누스(Tertullianus)도 『변증서』(Apology)라는 글을 남겼는데, 이글은 『옥타비누스』와 내용상 유사한 점이 많다. 둘 중 어느 것이 먼저 기록되었는지 알 수 없으나, 후에 기록된 것이 앞선 책에 크게 의존하고 있음이 분명하다. 테르툴리아누스는 교회의 가장 위대한 신학자 중의 한 사람으로, 교회에서 라틴어로 작품을 쓴 라틴 신학의 선구자였다. '한 본체 안의 세 위격'이라는 삼위일체론을 새로운 용어로 정착시키는 등 그가 만든 라틴어 신조어만도 982개나 된다.[7]

테르툴리아누스는 기독교에 대한 당시 사회의 부당한 비난에 대해 답하면서, "티베르강이 범람하거나 나일강이 마르면, 혹은 날씨가 변하지 않거나 지진이 일어난다면, 혹은 기근이나 페스트가 발생한다면, 사람들은 즉시 '그리스도인들을 사자의 밥으로 던지라'고 소리칠 것이다"라고 말했다. 또한 "우리 그리스도인들은 박해를 받으면 받을수록 더 늘어난다. 순교자들의 피는 교회의 씨앗이다"라고 말하기도 했다. 그는 이단들에 대항해서는 신앙을 합리적으로 설명하기보다 오히려 "어리석기 때문에 믿는다"라고 역설적으로 변호하기도 했다.

4세기 초 변증가로서는 락탄티우스(Lactantius, 240~325)가 있는데, 그는 스스로 '이교도 출신인 우리들'(nos qui sumus ex gentibus)이라고 밝힘으로써 자신이 북아프리카 출신임을 확인시켜 준다. 그는 그리스도인들

---

7. 한국교부학연구회, 『내가 사랑한 교부들』(분도출판사, 2005), 134.

이 박해에도 불구하고 시련을 이겨내는 것을 보고 기독교로 개종한 것으로 알려진다. 그는 카르타고 지역의 큰 지방도시인 시카 베네리아(Sicca Veneria)에서 후일 기독교로 개종한 아르노비우스(Arnobius)에게 수사학을 배웠고, 비두니아 지방의 수도인 니코메디아의 수사학교에서 교사로 일한바 있다. 그러나 그곳에서 일어난 기독교 박해로 305년경 교사직을 사임하였고, 313년경 콘스탄티누스의 장남 크리스푸스의 가정교사로 갈리아로 갔다. 그의 저서로는 『신의 교훈』(*Divinae institutiones*) 등이 있다. 그는 문장이 수려하여 크리스챤 키케로(Christian Cicero)라는 별명을 얻기도 했다.

　이 외에도 『디오그네투스에게』(*Ad Diognetum*)라는 변증서를 쓴 무명의 변증가가 있었다. 이 책은 서간문 형식으로 귀족 가문의 비신자 디오그네투스가 제기하는 세 가지 질문에 답하면서 그에게 기독교 신앙을 받아들이도록 권유하는 한편 기독교인을 세상의 영혼이라고 강조한다. 디오그네투스의 첫 번째 질문은 하나님이 어떤 분이시기에 그리스도인들은 하나님을 공경하고 유대교와 이교도들의 종교를 배척하는가? 두 번째 질문은 그리스도인들이 중요하게 여기는 형제사랑이나 이웃사랑은 무엇인가? 세 번째 질문은 그리스도는 왜 이토록 늦게 이 세상에 오셨는가 였다. 이에 저자는 첫째 유대교는 유일하고 참되신 하나님을 섬기지만 여러 가지 제물을 바침으로써 하나님을 잘못 공경하고 있고, 이교도들은 피조물을 섬기기 때문에 그 행위가 무의미하다고 지적하는 한편 그리스도인들의 생활 방식을 소개한다. 둘째는 하나님께서 세상을 사랑하시고 구원하시기 위해 성자를 보내셨는데, 이러한 하나님의 사랑에 대한 반응이 형제사랑이라고 말한다. 마지막 셋째는 하나님과 성자의 구원계획은 처음부터 예정된 것인데, 이는 인간은 스스로를 구원할 능력이 없고 오직 구세주를 통해서만 구원 받을 수 있음을 깨닫게 하기 위한 것이라고 답한다.

4. 종합과 평가: 변증서의 내용과 특징

이상에서 살핀 것처럼, 변증서의 내용은 기독교를 정당하게 취급하도록 정치인들에게 호소함은 물론, 이방종교와 그 신봉자들의 부도덕한 의식과 종교 생활을 비판하면서 동시에 기독교 신앙의 고상함과 도덕성을 증거함으로써 기독교 신앙의 우월성을 강조하였다.

이와 같은 변증가들의 활동과 그 논설에 나타난 특징 또는 성격을 세 가지로 정리할 수 있다. 첫째는 기독교 사상사적으로 볼 때, 변증가들은 최초의 기독교 사상가 혹은 신학자였다는 것이다. 왜냐하면 이들의 기독교 신앙에 대한 해명이 교리의 체계적인 진술을 가져왔고 교리형성에 기여하였기 때문이다. 둘째는 이교철학의 공통된 기초인 그리스의 도덕철학에 기초하여 기독교 신앙을 설명하려고 했다. 이런 점에서 이들의 신학은 일종의 유신론적 신관, 로고스론, 도덕적 신학의 성격을 지닌다는 것이다.

당시 변증가들은 그리스 철학의 용어나 사상을 기독교 신앙과 연결하는 소위 '연결의 방법'(method of correlation)을 사용하였다. 즉 그리스 철학은 기독교 신앙을 설명하는 지적 도구였다. 예를 들면, 우시아(οὐσία, 실체)나 휘포스타시스(ὑπόστασις, 개체), 혹은 프로소폰(πρόσωπον, 가면, 품격, 대표)이란 말이 대표적인데, 이런 용어들이 없었다면 기독론을 선명하게 설명하지 못했을 것이다. 셋째는 기독교를 철학과 근본적으로 다른 것이 아닌 일종의 철학, 곧 보다 고상한 철학으로 설명하려는 경향이 있었다.

그럼에도 불구하고 변증가들은 그 시대의 이교도와 세속의 도전에 대항하여 기독교 신앙을 변호하며 수호하기 위해 정치인에게 호소하는 한편 동료 그리스도인들을 바르게 지도하였다. 그런데 초기 기독교 변증가들에 대한 최근의 연구는 변증가들의 작품을 황제나 고위 관리들에게 기독교에 관용을 베풀어 줄 것을 청원하는 글이 아니라, 선교적 의도를 지닌 글로 보는 경향이 강하다.⁸ 실제로 변증서들이 황제나 정치 지도자들에게 전달되었다는 증거도 없고, 또 황제나 원로원 의원들이 변증서를 받아 보았다는 증거도 없다. 그보다는 이런 변증서들이 당시의 그리스도인들과 교회가 기독교 신앙의 정체성을 확립하는 데 상당한 영향을 끼쳤다는 많은 증거들이 남아 있다.

---

8. James E. Bradley & Richard A. Muller, *Church History* (Eerdmans, 1995), 6.

{ 제12장 }

요세푸스는 초기 기독교를 어떻게 이해했을까?

　요세푸스(Flavius Josephus, AD 37~ c.100)는 바울보다 나이가 어렸으나 그와 동시대의 인물로서 예루살렘에 거주했던 유대 역사가였다. 그가 생존해 있는 기간에 바울, 누가, 요한, 베드로 등에 의해 신약의 책들이 기록되었다. 요세푸스는 세례요한이나 예수를 알고 있었고, 그의 저술 가운데서도 이들을 언급하고 있다. 그는 아주 분명하게 "그리스도인들이라고 하는 집단이 오늘까지 우리 가운데 있다"(the tribe of Christians is with us to this day)라고 말하는데, 이는 그가 기독교에 대한 목격자이며, 따라서 1세기 기독교회에 대한 그의 증거는 중요한 의미를 지닌다.[1]

　요세푸스가 유능한 역사가였다는 것만이 아니라 그의 삶의 현장이 예수의 사역지이자 초기 기독교의 발원지인 팔레스타인이었다는 점에서도, 그의 기록은 신약성경의 역사성을 뒷받침해 주는 중요한 전거가 된다. 특히 신약의 첫 다섯 권에서 언급되고 있는 스무 명 이상의 사람들, 예컨대,

---

1. Josephus, *Jewish Antiquities*, 18. 64, Tessa Rajak, *Josephus: The Historian and His Society* (London: Duckworth, 1983), 1.

헤롯, 세례요한, 펠릭스, 베스도, 헤로디아, 두르실라 등이 요세푸스의 기록에 보다 자세히 나타남으로 신약과 초기 기독교에 대한 중요한 사료가 되고 있다. 따라서 유대인들의 저술들 중에서 흥미나 중요도 면에서 요세푸스의 저술에 필적할 만한 것은 없다.

그렇다면 요세푸스는 그의 저작에서 신약의 인물들과 초기 기독교에 대해 어떻게 기술하고, 또 어떻게 이해하고 있을까? 이를 위해 먼저 그의 생애와 그가 남긴 저작들에 대해 살펴볼 필요가 있다.[2]

1. 요세푸스의 생애

고대의 작가들은 자기 자신에 대해서는 별다른 정보를 남기지 않고 있다. 신약성경의 저자들의 경우도 크게 다르지 않다. 기껏해야 자신의 이름만 남기는 정도일 뿐이다. 당시에 많은 작품을 남겼던 알렉산드리아의 필로(Philo Judaeus, 20 BC~AD 50)[3] 역시 자신의 삶의 여정에 대해서는 침

---

2. 이 글을 쓰도록 동기를 준 학자는 요세푸스에 대한 세계적인 연구가인 고대사학자 테사 레자크(Tessa Rajak) 박사이다. 그는 영국 리딩(Reeding)대학교 고전학과 교수로서 필자가 연구교수로 있던 호주 시드니의 맥콰리대학교에 2002년 방문교수로 와서 공개강좌와 세미나를 통해 신약시대와 초기 기독교에 있어서 요세푸스의 중요성에 대한 관심을 환기시켜 주었다. 그가 1983년에 출판하고 2001년 재판했던 『요세푸스: 한 역사가와 그의 시대』(*Josephus: The Historian and His Society*)는 요세푸스에 대한 최고의 연구로 평가받고 있다.

3. Philo Judaeus(Philo the Jew)는 알렉산드리아의 필로(Philo of Alexandria)라고 불리기도 하는데, 예수님이나 바울의 동시대인으로서 가장 중요한 유대인 저술가였다. 그리스어로 저술했던 그의 현존하는 책은 43종에 이르며, Charles Duke Yonge(1812-1891)에 의해 영역되어 1854-1855년 어간에 Dohn's Ecclesiastical Library의 4권의 책으로 출판된 바 있다. 이 책은 1993년 미국의 Hendrickson Publications에 의해 *The Works of Philo: New Updated Edition, Complete and Unabridged in One Volume* 이란 제목으로 출판되었다. 필로의 생애에 대해서는 거의 알려져 있지 않다. 그는 이집트의 알렉산드리아에서 일생을 살았는데, 당시 알렉산드리아는 팔레스타인을 제외하고는 가장 큰 유대인 공동체가 형성된 곳으로, 그 인구는 약 100만 명으로 추산된다(C. D. Yonge trans., *The Work of Philo*, xi-xii). 그는 그의 생애에서 오직 한번 예

묵한다. 그러나 요세푸스는 흔히 서방에서 최초의 자서전이라고 불리는 『생애』(Life of Josephus)라는 작품을 남겼고, 이 책을 통해 자신에 관한 많은 정보를 주고 있다. 그의 『유대전쟁사』(Jewish Wars) 또한 그의 삶의 세세한 여정을 확인하는 데 중요한 자료가 된다. 비록 과장된 점이 있고 수사학적 첨언들도 많지만, 이 자전적 기록은 한 사람의 삶의 여정을 헤아리는 데 있어서 소중한 문헌이다.

요세푸스는 주후 37년 가이우스 가이사(Gaius Caesar)[4]가 통치하던 첫 해 예루살렘에서 마티아스(Matthias)의 아들로 태어났다. 이 해는 본디오 빌라도가 유대총독으로서 임기를 마감하는 해였다. 동시에 예수가 십자가에 달린 지 몇 년 밖에 안 되었고, 바울이 개종한지도 얼마 안 되는 해였다. 요세푸스의 본래 이름은 조셉 벤 마티아스(Joseph ben Matthias, 마티아스의 아들 조셉)이었다. 그는 대단한 자부심을 가지고 자신의 출신배경을 밝히는데, 곧 제사장 가문의 귀족 출신이자 하스모니안가(家, Hasmoneans)의 후예였다. 그가 겨우 열네 살이 되었을 때 대제사장과 그 도시의 중요한 인물들이 유대 율법의 조문에 대한 그의 견해를 듣기 위해 빈번하게 찾아왔다고 한다. 열여섯 살 때는 바리새파와 사두개파, 그리고 에세네파의 입장을 비교 검토하기 시작했는데, 이 과정을 통해 그는 바리새파를 신봉하게 되었다. 그 후 바누스(Banus)라는 수도사의 탈 현세적 삶의 방식에 감동을 받고 그에게로 가서 삼 년간 같이 지냈다.[5] 그로부터 약

루살렘 성전을 방문했다고 한다(De Providentia, 2.64).

4. 그의 생애 여정에 대한 정보는 요세푸스의 1차 자료 외에도 David Bentley-Taylor, *Josephus, A Unique Witness* (Fearn: Christian Focus, 1999), 17-33, Steve Mason, *Josephus and the New Testament* (Peabody: Hendrickson, 1992), 35-52, 그리고 The Leob Classical Library (Harvard University Press, 1969)로 출판된 Josephus, *Life of Josephus, Books I* 의 서론(vii-xx) 등에 근거함.

5. *Life*, 12.

칠 년간의 젊은 날에 대해서는 특별한 정보가 없다. 그가 이십칠 세가 되던 64년에는 펠릭스(Felix)에 의해 투옥된 제사장을 신원하기 위해 로마에 파견되었다.[6] 당시 황제는 네로(Nero, 54~68)였는데, 이 해는 로마에 대 화재가 발생한 해이자 기독교에 대한 박해가 시작된 때였다. 아마도 바울은 이 때 로마에 있었을 것이다. 요세푸스는 네로에게서 많은 사랑을 받았던 유대인 배우를 통해 네로의 부인 폽피아(Poppea)를 만나 제사장의 석방을 요청했다. 네로의 부인은 유대교에 대해 호의적인 입장을 취했던 인물이다. 결국 이 일은 잘 해결되었고, 이 기회를 통해 요세푸스는 로마의 위용과 엄청난 군사력을 보게 되었다. 특히 유대인의 수도라고 할 수 있는 예루살렘에서 출생하고 성장한 그가 이방 나라의 수도인 로마의 위용을 보고 유대인의 반로마 항쟁은 성공하기 어려울 것이라는 인식을 하게 되었다.[7]

그로부터 삼 년 후인 66년에 발발한 유대인들의 반로마 항쟁인 유대 전쟁은 유대인의 역사에서나 요세푸스 개인의 생애에서 모두 중요한 사건이었다. 그의 자서전인 『생애』에서는 이 기간의 일을 집중적으로 기록하고 있으나, 그가 앞서 기록한 『유대 전쟁사』와 상충되는 부분이 많고 요세푸스의 지위와 행적에 대해서도 논란이 있다. 요세푸스는 갈릴리 지역 항쟁군의 사령관으로 임명되었는데,[8] 칠십 명으로 구성된 위원회를 구성하여 지역 수비를 했고, 다른 이의 수비지역이었던 기쉬아라(Gischala)와 세포리스(Sepphoris) 지역까지 관할했다. 그러나 갈릴리에서 유대인들의 항쟁은 실패로 돌아갔고 67년 7월 요타파타(Jotapata) 요새가 함락되었을 때, 그는 동료 사십 명과 같이 동굴로 피신하였다. 자신의 동료들은 항복하는

---

6. Tessa Rajak, *Josephus: The Historian and His Society* (London: Duckworth, 1983), iii.

7. *Life*, 3, David Bentley-Taylor, 18.

8. *War* 2. 20. 3.

대신 자살을 선택했지만, 요세푸스는 로마의 장군 베스파시안(Vespasian)에게 항복했다.[9] 이에 대해 그는 자살은 하나님의 뜻이 아니라고 변명했다. 그리고 여기서 요세푸스는 언젠가 베스파시안 장군이 로마의 황제가 될 것이라고 예언했다.[10] 베스파시안은 이 말에 감동을 받고 그의 예언이 성취되는지를 알아보기 위해 요세푸스의 생명을 해치지 말고 감금해 두도록 명령했다. 그로부터 이 년 후인 69년 12월 이 예언은 성취되었고,[11] 요세푸스는 자유로운 몸이 되었다. 요세푸스는 베스파시안의 군대를 따라 알렉산드리아로 갔다가 타이투스와 함께 포위된 예루살렘으로 돌아왔다. 주후 70년 예루살렘은 함락되었고 성전은 불탔다. 전쟁은 74년 마사다(Masada)가 폐허되기까지 계속되었으나 이 과정에서 요세푸스는 친로마적인 입장을 취하게 된다. 70년 로마군이 예루살렘을 공격했을 때, 요세푸스는 베스파시안의 아들이자 팔레스타인 주재 로마군의 후임 사령관인 디도(Titus)와 그 군대의 통역관으로까지 활동했다.

이제 그의 생애는 급변했다. 그는 로마인들에게 협력했고, 그 이후의 전

---

9. *War* 3. 8. 7.

10. *War* 3. 400-401. 이 예언은 요세푸스가 자신의 항복의 정당성을 주장하기 위한 의도였다는 해석이 지지를 받는다. 이 예언이 성취된 것은 우연의 일치였다고 보는 견해도 있는데, 예언보다 더 중요한 것은 예언의 근거이다. F. F. Bruce는 요세푸스는 창세기 49장 10절, 곧 "홀(笏)이 유다를 떠나지 아니하며 치리자의 지팡이가 그의 발 사이에서 떠나지 아니하시기를 실로가 오시기까지 미치리니 그에게 모든 백성이 복종하리로다"에서 유다에서 통치자가 출현할 것이라는 예언은 유대인 혈통에서 나온 어떤 사람을 가리키는 것이 아니고 유대지방에 있는 로마군대의 지휘관을 지적하는 것이라는 결론에 이 예언이 근거하고 있다고 말한다. 요세푸스 같은 애국적인 유대인이 이스라엘 조상 대대로 믿어오던 소망에 대하여 일반적 해석과는 상이한 해석을 할 수 있었겠는가 하는 의구심이 있지만 그래도 그는 다니엘의 예언, 곧 70주간 혹은 490년(단 9:24-27)은 그 때 당시에 끝나도록 되어있었는데, 요세푸스가 바로 이러한 계산법에 영향을 받아 베스파시안을 '장차 올 왕'(단 9:26)으로 동일시했을 것이라고 해석한다. 브루스, 『예수님과 기독교의 기원』 (생명의 말씀사, 1984), 39-40.

11. *War* 4. 10. 4.

쟁기간 동안 로마인들의 대변자 역할을 했다. 로마의 시민권을 부여받은 그는 바울이 처형된 지 십 년도 지나지 않은 주후 70년에 디도 장군을 따라 로마로 이주했고, 여기서 여생을 보내게 된다. 이때 그의 나이는 삼십삼 세에 불과했다. 그는 베스파시안의 사저(*priuata aedes*)에서 황제의 가신으로 연금을 받으며 특권을 누리는 노후를 보냈다. 그리고 저술에 진력하여 네 권의 중요한 작품을 남겼다. 그는 황제의 성(family name) Flavius을 자기 이름으로 채용하여 Flavius Josephus라고 불렀는데, 이는 그가 베스파시안으로부터 시작되는 플라비안 황제들의 사랑과 보호 아래 있었고, 저들이 그의 후견인이었음을 보여준다.

요세푸스는 친로마적 활동 때문에 유대인들로부터 배교자, 반역자, 이중인격자, 혹은 배신자라는 혹독한 비난을 감수해야만 했다. 어떤 이는 그를 죽이려했고, 또 어떤 이는 요세푸스의 자기변호를 반박하기 위한 의도에서 전쟁 중에 술에 취한 요세푸스를 비난하는 글을 남기기도 했다.[12] 그는 자서전에서 이런 비난을 변호하려고 했으나, 그에 대한 유대인들의 적대감은 오늘날에 이르기까지 지워지지 않고 있다.

요세푸스가 언제까지 살았는지는 분명치 않으나 그의 작품들을 통해서 볼 때, 그는 적어도 육십삼 세가 되는 주후 100년까지는 살아있었음이 분명하다.[13] 유세비우스에 의하면, 그의 조각상이 로마에 세워졌고, 그의 저작들은 공중도서관에 두게 했다고 한다.[14] 그의 가정생활은 결코 순탄치 못했는데, 적어도 세 번 이상 결혼한 것으로 보인다.

---

12. *Life* 425, *War* 3. 438, 7. 447-450.

13. 요세푸스 자신이 언급한 기록 중에 가장 늦은 연대는 그의 나이 56세이던 AD 93년이었다. David Bentley-Taylor, 33.

14. Eusebius, *Hist. Eccl*. iii. 9.

2. 요세푸스의 저작과 역사적 의의

요세푸스의 작품이 중요한 의의를 지니는 것은 그것이 신약과 초기 기독교의 배경에 관하여 중요한 정보를 제공하기 때문이다. 요세푸스의 기록에는 복음서에서 언급되고 있는 인물과 지명, 제도와 관습이 그대로 나타난다. 헤롯왕에 대한 기록에서부터 그의 분봉왕 아켈라오, 안티파스, 로마의 총독 본디오 빌라도, 벨릭스, 베스도, 알비누스가 언급되고 있고, 로마 황제들, 곧 아구스도, 디베료, 글라우디오, 네로 등이 언급되고 있다. 대제사장 안나스와 가야바 등에 대한 언급도 있고, 예수가 활동했던 갈릴리 지역, 사마리아 사람들, 유대와 유대교의 종파들, 예루살렘 성전, 그리고 당시의 정치 사회적 상황에 대해서도 언급하고 있다. 특히 팔레스타인의 지리적 상황(지형)에 대한 상세한 기록 때문에 요세푸스의 작품은 12세기 십자군 전쟁 당시에 상당한 인기를 누리기도 했다고 한다. 이런 이유들로 이 책은 기독교인들에게 성경 다음으로 1세기 상황에 대한 중요한 역사적 기록으로 간주되어 왔다.

요세푸스의 저술의 의의에 대하여 스티브 메이슨은 이렇게 말한다. "요세푸스의 작품들은 다른 고대의 저자들과는 비교할 수 없는 자원을 제공할 뿐 아니라 신약성경시대를 이해하기 위한 잠재력을 지닌 금광의 역할을 한다. 만약 그의 작품들이 남아있지 않았다면 지금의 성경사전들은 문고판 정도의 크기로 축소되었을 것이고, 신약성경의 배경에 관한 교과서들도 우리에게 말해줄 만한 내용이 별로 없었을 것이다."[15] 이런 극찬을 받는 그의 저서로는 네 권이 있는데, 76~79년에 기록한 『유대전쟁사』(*The*

---

15. Steve Mason, *Josephus and the New Testament* (Hendrickson Pub., 1992), 스티브 메이슨의 이 책은 유태엽에 의해 『요세푸스와 신약성서』(대한기독교서회, 2002)라는 제목으로 역간되었다.

History of the Jewish War, 75~79년), 93년 혹은 94년에 기록한 『유대고대사』(*Jewish Antiquities*)와 『생애』(*Life*), 그리고 96년경에 기록한 『아피온에 반대하여』(*Against Apion*)가 있다.[16]

『유대전쟁사』[17]는 요세푸스의 첫 작품으로서 가장 중요한데, 이는 요세푸스가 로마시민권을 얻고 베스파시안이 살던 사저에 살면서 로마황실의 은급을 받으며 쓴 첫 결실이었다. 그는 유대전쟁에 참여했던 지휘관으로서 목격자였을 뿐만 아니라 로마에 정보를 제공하는 등 전쟁에 적극적으로 개입한 사람이었다.[18] 또 그는 전쟁 후에 전쟁과 관련된 모든 공식문서를 열람할 수 있는 특권을 지니고 있었다. 따라서 이 책은 전쟁사에서 실제로 무엇이 일어났는가를 기술하는 데 있어서 신뢰성을 더하며, 요세푸스 자신도 이 점을 과시하고 있다.[19] 『유대전쟁사』에 요세푸스가 붙였던 원래 제목은 문자적으로 『유대 전쟁에 관하여』(Περὶ τοῦ Ἰουδαϊκοῦ πολέμου)였다. 그래서 리처드 라끄에르(Richard Laqueur)는 이 책의 제목 자체가 유대전쟁사를 로마적 시각에서 썼음을 보여준다고 평가했다.[20] 이 책은 본래

---

16. 요세푸스의 저작은 여러 가지 형태로 출판되었으나, 대표적인 영역본은 William Whiston의 *The Works of Josephus* (Hendrickson, 1987)이다. William Whiston(1667-1752)는 Isaac Newton을 이어 캠브리지대학 수학과장을 역임했던 고전학자로서 1736년 요세푸스의 저작을 영역하였는데, 이 영역본은 '흠정역본'(the Authorised English Version)으로 불릴 정도로 권위 있는 영역본으로 인정을 받아왔다.

17. 이 책의 현존하는 그리스어 사본은 9개뿐인데, 10-12세기에 기록된 것이다. 라틴어로 번역된 사본으로는 4세기의 것이 있다.

18. *Apion* 1. 10. "… having been an actor myself in many of its transactions and an eye-witness of most of the rest."

19. Steve Mason, 60.

20. R. Laqueur, *Der jüdische Historiker Flavius Josephus*, 1920, 274ff. 그러나 스티브 메이슨은 이 견해에 반대한다. 메이슨은 "요세푸스는 자존심 있는 유대 제사장으로 글을 쓰고 있지만(1.3), 유대인의 용기에 대해 마땅한 관심을 표명하면서도 로마의 저자들처럼 그것을 과장하지는 않는다"고 말한다. 또 그는 요세푸스의 유대전쟁사 서문의 내용을 보면, 요세푸스의 유대전

로마 제국의 가장 동쪽 변경(Upper Syria)에 사는 유대인들을 위해 아람어로 기록되었지만, 이 아람어 본은 현존하지 않는다. 다만 후에 그리스어로 번역되어 출판된 것이 현존하는데, 이는 그리스어에 능통한 누군가의 도움을 받으며 저술된 것으로, 주전 170년부터 주후 74년까지 유대인의 역사를 다루고 있다.

비록 요세푸스는 전쟁의 '사실들을 신실하게 기록했다는 확신'을 가지고 있었고 또 그런 확신에서 이 책을 제일 먼저 베스파시안 황제와 그 아들 타이투스에게 보냈다고 말하지만,[21] 요세푸스의 로마에서의 은급생활, 타이투스가 그의 서명과 함께 이 책을 출판하도록 한 점, 베스파시안과 타이투스의 전시(戰時) 비망록(memoirs)을 이용하도록 허락한 점 등을 고려해볼 때, 요세푸스의 『유대전쟁사』를 편견없는 객관적인 기록으로 보기는 어렵다. 적어도 베스파시안이나 타이투스에 대해서만큼은 비판적일 수 없었을 것이다. 즉 그는 친로마적 시각에서 자유할 수 없었을 것이다.

『유대고대사』(ΙΟΥΔΑΪΚΗΣ ΑΡΧΑΙΟΛΟΓΙΑΣ, Jewish Antiquities)는 그가 남긴 두 번째 작품인데, 『유대전쟁사』를 쓴지 이십여 년이 지난 93년 혹은 94년에 완성한 작품이다. 아마도 약 이십 년간의 공백기는 이 대작(magnum opus)을 위해 필요한 자료를 수집하는데 필요했을 것이다. 물론 여기에는 다른 이유도 있었을 것이다. 가령 도미티안 황제(Domitian, 81~96)는 문필활동을 증오했던 황제로서 그가 재임하는 기간 동안 역사가의 위치는 불안정할 수밖에 없었다. 이 기간 동안 로마의 역사가들인 타키투스, 플리니우스, 그리고 주베날(Juvenal) 등도 아무런 책을 발표하지 않

쟁사는 결코 로마적 관점에서 로마의 정치적 목표를 위해 기술되지 않았으며, 오히려 보다 객관적으로 기술했다고 주장한다(Steve Mason, 60).

21. *Apion* 1. 9, David Bentley-Taylor, 30-31 참고.

은 것을 보면, 요세푸스도 의도적으로 침묵을 지키고 있었을 것으로 보인다. 그러다가 도미티안 황제 임기 말년에 이 책을 발표한 것이다.

이 책은 요세푸스의 작품 중 가장 긴 작품으로서 전 스무 권으로 구성되어 있어 구약성경보다 분량이 많다. 이 책은 창세기부터 자기 당대까지의 유대인의 역사를 기술한 것으로, 자기 조국에 대한 정신적 봉사였다고도 할 수 있다. 이 책은 흔히 "모든 유대인은 인간성을 증오한다"는 그릇된 비난에 대항하여 유대인을 변호하기 위한 동기에서 쓴 책이라고 말한다. 즉 『유대전쟁사』가 로마의 정치적 목적을 위한 선전의 도구였다고 평가되면서, 그로부터 이십 년 후 이 책이 저술되기까지 요세푸스의 심경에 변화가 나타나 친로마적 입장을 철회한 작품이라는 것이다. 요세푸스 당시 유대인과 그들의 기원, 종교, 의식 등에 대한 그리스-로마 세계의 인식은 부정적이었다. 그래서 요세푸스는 유대인들은 제국의 모범적인 시민이며, 그들은 신에 대한 경건, 인간에 대한 정의를 추구하며 동시에 가장 고상한 특성의 고대 전통을 지니고 있음을 변호할 필요가 있었다. 요세푸스는 유대교를 변호하면서 '유다이모니아'(eudaimonia, '선한 정신', '행복', '번영')라는 용어를 반복적으로 사용하는데, 이는 아리스토텔레스가 철학의 목표라고 말한 점을 고려해 볼 때, 유대교를 그리스-로마 세계에서 철학적으로 중요한 위치에 두려고 한 것임을 알 수 있다. 한 마디로 유대민족이 다른 민족보다 우월하다는 점을 드러내고자 한 것이다.

이상의 두 권이 대작에 속한다면, 『생애』와 『아피온에 반대하여』는 그리 길지 않은 책이지만 꽤 논쟁적인 저술이다. 요세푸스의 생애(ΙΩΣΗΠΟΥ ΒΙΟΣ, Life)는 내용상으로 볼 때 『유대전쟁사』의 속편이라고 할 수 있다. 왜냐하면 『생애』는 별도의 서론이 없으며, 『유대전쟁사』의 마지막에 소개되고 있기 때문이다. 특히 요세푸스는 『생애』를 끝내면서 이제 '우리의 전쟁사'에 대한 설명을 끝맺는다고 말한다.[22] 때문에 『생애』는 모든 사본에서 『유대전쟁사』와 함께 편집되었고, 유세비우스도 『생애』를 『유대전쟁사』의 일부로 인용했다.[23] 『생애』는 유대인의 항쟁기간 중 요세푸스가 갈릴리 지역 지휘관으로 있었던 5개월간의 일을 집중적으로 기록한다(*Life* 28~406)는 점에서 그 동기와 목적을 헤아릴 수 있다. 곧 『생애』는 또 다른 유대인 역사가인 디베랴의 저스투스(Justus of Tiberias)의 비판에 대하여 자신의 입장을 변호한 글(*apologia pro vita*)이었다. 저스투스는 요세푸스가 그의 『유대전쟁사』에서 기술한 바를 비판했는데, 이 글을 접한 요세푸스는 『생애』를 통해 66~74년에 있었던 유대전쟁에서 자신이 취한 행동을 변호했다. 그렇기 때문에 이 책을 완전한 자서전이라고 볼 수는 없다. 『생애』는 보통 93년 혹은 94년에 기록된 것으로 보지만, 라끄에르는 이 책의 요점이 요세푸스가 삼십 세 때 이미 기록한 것이라고 주장한다.[24] 그럴 경우 이 책은 요세푸스의 말년의 책이 아니라 최초의 저서가 된다.

96년경에 기록된 것으로 보이는 『아피온에 반대하여』는 가장 매력적인 작품으로 『유대고대사』의 속편이며 두 권으로 구성되어있다. 비록 짧은 책이지만 적절한 배열, 문학적인 가치, 그리스 철학과 시에 대한 익숙함, 그리고 유대교에 대한 열정이 잘 나타나 있다. 그런데 사실 이 책의 제목은 적절하지 못하다. 왜냐하면 아피온은 이스라엘의 원수 중 한 사람의 이름일 뿐인데다가 아피온에 대해서는 제2권 전반부에서만 잠깐 언급하기 때문이다. 그보다 이 책은 훨씬 더 광범위한 내용을 취급하고 있다. 따라

---

22. *Life* 430, Steve Mason, 73.

23. Eusebius, *Hist. Eccl.* iii. 10. 8.

24. 라끄에르는 이 기록은 조타파타가 함락되기 이전 갈릴리에서 자신의 활동에 대하여 예루살렘 최고 당국자에게 보내기 위해서 작성된 공식적인 보고서라고 주장한다. Josephus, *Life of Josephus, Books I* (Leob Classical Library, Harvard University, 1969), xiv-xv.

서 보다 오래된 제목은 『유대인의 고대성에 관하여』(*On the Antiquity of the Jews*)나 『그리스인들에 반대하여』(*Against the Greeks*)였을 것으로 추측된다.[25] 이 책 역시 자신의 『유대고대사』에 대한 비판에 답하는 형식으로 기록되었는데, 그리스 사상의 여러 측면들과 대비하면서 유대교를 변호한다. 특히 반(反)유대적인 모함과 유대인의 고대성에 대해 변호한다. 때문에 이 책에는 1세기 당시의 반유대주의(anti-Semitism)에 대한 정황이 잘 드러나 있다. 이 책이 현존하지 않는 자료들을 많이 인용하고 있다는 점도 이 책의 가치를 더해준다.

이렇듯 요세푸스의 저작이 갖는 중요성은 매우 크다. 무엇보다 이것들은 신약성경 및 초기 기독교의 배경과 역사적 상황에 대한 안내서 역할은 물론이고 성경의 내용을 확인하는 데도 도움을 준다.[26] 예컨대, 가말리엘이 사도행전 5장 37절에서 언급한 '갈릴리의 유다'에 대한 기록은 요세푸스의 전쟁사(2:8)와 고대사(18:1)에 언급되어있고, 사도행전 11장 28절에서 언급하는 글라우디오 황제 당시의 흉년에 대해서도 언급되어있다. 누가는 이 때 안디옥에 있는 그리스도인이 어떻게 예루살렘교회에 원조를 보냈는지를 기록하지만, 요세푸스는 메소포타미아 동북쪽에 위치하고 있는 아디아빈의 유대인들이 아사 직전에 있는 예루살렘 주민을 구하기 위해 알렉산드리아에서 옥수수를 구입해서 보낸 사실을 언급한다.[27] 또 사도행전 12장 19절에서 23절까지에 언급된 헤롯 아그립바 1세의 죽음에 대해서도 요세푸스는 『유대고대사』(19:8,2)에 기록하고 있다. 그 내용은 다음과 같다.

---

25. *Ibid.*, xvi.

26. 이 점에 대해서 Steve Mason는 그의 책 4장 이하(85-235)에서 구체적으로 다루고 있고, 보다 간단한 정리를 위해서는 David Bentley-Taylor, 123-136을 참고할 것.

27. 이 점에 대한 더 자세한 기록은 브루스, 『신약성경 문헌』(생명의 말씀사, 1987), 109을 참고할 것.

아그립바왕은 유대지방을 만 3년 통치한 후에, 전에 스트라토의 탑이라고 불리던 가이사랴로 오게 되었다. 거기서 그는 가이사 황제를 기념하기 위하여 연극을 상연하였다. 그는 이것을 황제의 존영을 위한 향연으로 축하하였다. 그 때 그 향연에는 지방 관리들을 비롯한 중직으로 영전한 많은 관리들이 참석하였다. 향연 제2일째 되는 날에 그는 아주 곱게 짜인, 모두 은으로 된 예복을 입고 먼동이 틀 때 연극장에 출두하였다. 그 때 그 은은 첫 햇살을 받자 멋지게 반짝였으며, 그 광휘는 그것을 보는 사람으로 일종의 공포와 경외를 고취시켰다. 갑자기 그의 아첨자들이 사방에서 그를 신이라고 부르며 "창성할지어다. 지금까지는 폐하를 하나의 인간으로 존경하였지만, 이제부터는 당신을 자연계의 영장으로 추대하오리다"라고 외치며 신의 도움을 빌었다. 왕은 그들을 꾸짖지도 않았고 그들의 불경건한 아첨을 거절하지도 않았다. 그러나 얼마 후 머리를 들어본즉, 자기 머리 위 밧줄 위에 올빼미가 날아와 앉아 있는 것을 보고 갑자기 그것이 전에 길조의 사자가 되었던 것처럼 흉조의 사자가 될 줄로 알게 되자 비통이 그의 심장을 찔렀다. 설상가상으로 그의 배가 매우 아파 극심한 고통을 받게 되자 그는 급히 궁전으로 옮겨졌다. 그러나 얼마 후 그가 죽게 되리라는 소문이 퍼졌다. … 그는 배의 발병으로 병석에서 5일간 고생하다가 그의 나이 54세 재위 7년 만에 죽게 되었다.

이상과 같은 요세푸스의 기록은 누가의 기록과 상호 의존적이다. 누가는 헤롯 아그립바 1세의 죽음을 "주의 사자가 그를 쳤다"(행 12:23)고 표현했으나, 요세푸스는 단지 질병으로 죽었다고 했다. 그러나 왕의 변사의 보다 근원적인 원인이 자신을 신격화하려는 불경이었다는 점에는 요세푸스와 누가가 동일하게 증거한다. 어쨌든 요세푸스의 기록은 사도행전의 기록이 분명한 역사적 사실임을 확인시켜 준다. 요세푸스의 모든 작품이 신약시대와 초기 기독교의 배경을 이해하는 데 유용하지만, 그 중에서도 가장 중요한 문헌은 『유대고대사』이다. 왜냐하면 이 책은 직접적으로 세례요한을 살해한 헤롯에 대해, 그리고 예수의 형제인 야고보의 순교에 대해 기록하고 있고, 특히 플라비우스의 증언(*Testimonium Flavianum*)에서는 예수 그리스도에 대해서도 기록하고 있기 때문이다.

3. 초기 기독교에 대한 언급

요세푸스는 그의 『유대고대사』에서 초기 기독교와 관련하여 직접적으로 세 가지 사실을 언급하는데, 이는 신약인물의 역사성과 초기 기독교의 상황, 그리고 성경의 기록을 확증하는 데 있어서 주목할 만한 가치를 지닌다.[28]

세례요한의 처형

요세푸스는 세례요한을 살해한 헤롯에 대해 언급하는데, 비록 이것을 기록한 동기가 성경과는 다르지만 복음서의 기록이 신빙성 있음을 드러내

---

28. 요세푸스같은 1세기 역사가가 그의 방대한 기록에서 예수에 대해서나 초기 기독교에 대해서 직접적으로 언급한 경우가 오직 3회에 지나지 않는다는 점이 이해하기 어렵다는 주장이 있다. 보스톤 대학교의 철학교수인 마이클 마틴(M. Martin)은 "만일 예수가 실존 인물이었다면, 요세푸스가 더 많이 언급했을 것이라고 예상할 수 있다. … 그러나 요세푸스가 다른 메시아적 인물들과 세례요한을 더 상세히 언급하면서 예수는 지나가는 투로 언급한 것은 예상치 못한 일이다"고 말하면서 예수의 역사성을 부인하려고 했지만, 요세푸스의 저술에서 기록의 희소성(稀少性)이 예수의 역사성을 부인할 수 있는 근거가 되지는 못한다. 야마우찌의 설명처럼, 요세푸스에게 있어서 관심사는 정치적 사안이나 반 혹은 친로마적 투쟁이나 대결이었다. 그래서 예수에 대한 문제는 그의 관심사가 되지 못했다. 어떤 점에서 세례요한은 예수보다 더 큰 관심을 끌었다. 왜냐하면 그는 예수보다 정치적으로 더 위협적인 존재로 인식되었기 때문이다. 참고, 리 스트로벨, 『예수사건』(두란노,1998), 103.

준다. 요세푸스는 『유대고대사』 18권에서 갈릴리의 분봉왕이었던 헤롯 안티파스(Herod Antipas)가 나바티안 아랍(Nabataean Arabs)의 왕 아레타스 4세(Aretas IV, 9BC- AD40)[29]에게 참패한 내용을 기록하면서 세례요한의 죽음을 함께 언급한다. 아라비아 왕 아레타가 헤롯 안티파스에게 적대감을 가진 충분한 이유가 있었다. 그것은 헤롯이 제수인 헤로디아와 결혼하기 위해 본처를 버렸는데, 그녀가 바로 자신의 딸이었기 때문이다. 세례요한의 죽음과 관련한 요세푸스의 기록은 다음과 같다.

유대인들 가운데 어떤 이들은 헤롯의 군대가 패망한 것을 헤롯이 세례요한을 죽인 일에 대한 정당한 형벌로서 하나님의 심판(divine vengeance)이었다고 생각했다. 세례요한은 유대인들에게 의로운 삶을 살도록 권면했고, 피차를 향해 의를 나타내고, 하나님을 향해 경건을 보이며, 세례에 의해 연합할 것을 가르친 선한 사람이었음에도 불구하고 헤롯이 그를 죽였기 때문이다.

세례요한은 가르치기를 이 세례는 자신의 죄사함을 얻기 위해서가 아니라 의로운 행위로 이미 영혼이 정결케 된 후에 육신을 정결케 하기 위하여 받는 것이라면서 하나님께 용납될 수 있는 것이라고 했다. 그의 동료 유대인들이 그 주위에 모여들기 시작했는데, 그 이유는 그들이 그의 가르침을 들을 때 큰 감명을 받았기 때문이다. 그러나 헤롯은 세례요한이 사람들을 설득하는 놀라운 능력이 있으므로 반란을 일으킬까봐 두려워하게 되었다. 왜냐하면 사람들은 매사에 그의 말을 기꺼이 따를 것처럼 보였기 때문이다. 그래서 헤롯은 그가 반란을 일으키기 전에 그

---

[29] 바울은 고린도후서 11:32에서 이 왕에 대해 언급한다. "다메섹에서 아레다왕의 방백이 나를 잡으려고 다메섹 성을 지킬새 …"

를 체포하여 죽이는 것이 바람직한 대처라고 생각하게 되었다. 헤롯은 이전에 한차례 폭동이 있었던 일을 감안하여 사건이 터지고 난 후에 후회하는 것보다 요한을 죽이는 편이 더 나을 것이라고 생각했다. 헤롯의 의심 때문에 요한은 마카에루스(Machaerus)에 감금되어있다가 거기서 처형을 당했다. 그리하여 유대인들은 하나님이 헤롯의 군대에 이런 화를 내리신 것은 요한의 죽음에 대한 복수라고 믿었다.[30]

요세푸스가 남긴 이 글의 목적은 헤롯 안티파스의 패배를 기록하는 것이지만, 의로운 세례요한을 처형한 것이 그의 패배의 원인일 수 있다는 당시의 일반적인 여론을 함께 소개하고 있다. 이런 그의 글에는 성경의 내용과 유사한 면과 함께 상이한 면도 함께 지니고 있다. 그것은 첫째, 헤롯이 요한을 투옥하고 처형한 것은 헤로디아와의 불법적인 결혼에 대한 요한의 책망에 대해 반감을 가진 것 외에도 순전히 정치적인 이유가 있었음을 보여줌으로써 공관복음서의 기록과 상호보완을 이룬다, 둘째, 요세푸스는 세례요한의 세례가 죄의 용서를 위한 것이 아니라고 말하는데, 마가복음 1장 4절은 그의 세례가 죄의 용서를 위한 것이라고 말하고 있어 분명한 차이를 보인다. 그러나 '사해사본'의 발굴과 연구결과에 따라 요세푸스가 그렇게 기술한 이유가 드러났는데, 그것은 엣세네파가 이해한 세례로서 그것은 자신들의 영혼을 정결케 한 의로운 사람들이 받는 것이요 육신을 깨끗케 하는 의식이었다. 엣세네파에 익숙했던 요세푸스는 아마도 요한의 세례를 엣세네파의 그것과 동일한 것으로 추정했던 것 같다. 셋째, 요세푸스는 요한

---

30. *Antiquities* 18. 116-119. Graetz는 요세푸스가 요한을 '세례주는 자'(a baptist)라고 부르지 않았을 것이라는 점에서 이 본문을 개변된 것으로 보지만(Josephus, *Jewish Antiquities, Book XVIII-XX*, The Loeb Classical Library, 1969, 81), 일반적으로 세례요한의 처형에 대한 본문의 진정성은 인정받아왔다.

을 가리켜, "세례에 의하여 연합할 것을 가르친 선한 사람이었다"고 했는데, 이것은 누가복음 1장 17절과 동일하다. 여기서 누가는 세례요한을 "주를 위하여 세운 백성을 예비하기 위하여" 오는 자로 묘사했는데, 요세푸스에게서 이런 이해를 기대하기는 힘들다. 어쨌든 요세푸스의 기록은 세례요한의 실재와 그의 죽음이 분명한 역사적 사실임을 보여준다.

예수의 활동, 죽음과 부활, 그리스도인 집단

요세푸스는 흔히 학자들에 의해 '플라비우스 증언'(*Testimonium Flavianum*)이라고 불리는 그의 『유대고대사』(*Antiquities*) 18권 63~64항에서 유대총독 본디오 빌라도의 통치기간(주후 26~36년)의 일을 기록하면서 예수에 대해 언급하는데, 이것은 아주 중요한 기록이다. 왜냐하면 예수에 대해서는 4세기 유세비우스 때까지 아무도 언급하지 않았기 때문이다.[31] 이 글은 성경 이외의 기록으로 예수의 죽음과 부활에 대한 역사성을 뒷받침해 준다는 점에서 상당한 문헌사적 의의가 있다. 요세푸스의 언급은 다음과 같다.

> 이 무렵 예수라는 사람이 살았는데, 만일 그를 사람이라고 불러야 한다면 그는 지혜로운 사람이었다. 그 이유는 실로 그가 놀라운 일들을 행하는 자였고, 기쁨으로 진리를 받은 사람들의 스승이었기 때문이다. 또한 그는 많은 유대인들과 많은 그리스인들의 지지를 받았다. 그는 메시아였다. 빌라도가 우리 중에서 높은 지위에 있는 사람들의 예수에 대한 고소를 듣고 그를 십자가에 처형하라는 선고를 내렸을 때, 처음부터

---

31. 4세기 가이사랴 지방의 감독이자 역사가였던 유세비우스(Eusebius)는 그의 『교회사』(*Hist. Eccl.*, 1. 11.7ff.)에서 요세푸스의 예수에 대한 언급을 인용한 바 있다.

그를 사랑한 사람들은 그에 대한 애정을 버리지 않았다. 죽은 지 사흘째 되는 날 그는 부활하여 나타났는데, 이는 하나님의 선지자들이 이와 같은 일들과 그에 대한 무수히 많은 다른 일들을 예언했기 때문이다. 그리고 그의 이름을 따라 소위 그리스도인이라고 불리는 이들이(the tribe of the Christians) 오늘날까지 사라지지 않고 있다.[32]

이 기록을 보면 초기 기독교에 대한 요세푸스의 견해가 동정적임을 알 수 있다. 동시에 이 기록은 역사적 예수에 대한 정보가 유대인 역사가가 활동한 곳까지 소개되고 알려졌음을 보여준다. 그러나 이 요세푸스의 기록의 진정성에 대해 오랫동안 논쟁이 있어왔다.[33] 초기 기독교인들은 이 글을 신뢰하고 예수와 초기 기독교에 대한 사실적인 증거라고 보았으나, 계몽주의 시대를 거치면서 이 글에 가필과 의도적 변조가 있었다는 주장이 제기되었다. 이 기록의 진정성을 의심하는 근거는 네 가지로 요약될 수 있다. 첫째, 바리새파 유대주의에 충실했던 요세푸스가 예수를 메시아였다고 말할 가능성이 없다는 점, 둘째, 오리게네스가 그의 글(*Contra Celsum* 1. 47과 *Comment. in Matt.* xiii. 55)에서 요세푸스는 예수를 그리스도로 믿지 않았다고 분명히 말한 점(주후 280년경), 셋째, 일련의 반란(a series of riots)을 기술하는 문맥에서 예수에 대해 기록한 것은 문맥의 흐름으로 볼 때 자연스럽지 않다는 점, 즉『유대고대사』18권 65항은 62항에 바로 연결될 수 있는 글이므로 소위 *Testimonium Flavianum*이라고 불리는 18권 63, 64항은

---

32. *Antiquities*, 18: 63, 64. 특히, "… εἰς ἔτι τε νῦν τῶν Χριστιανῶν ἀπὸ τοῦδε ὠνομασμένον οὐκ ἐπέλιπε τὸ φῦλον"와 같은 증언은 기독교의 실제를 증거하고 있다.

33. 소위 *Testimonium Flavianum*이라고 불리는 이 기록의 진정성을 의심했던 첫 인물은 16세기의 Scaliger였다. 그 후 Schüer, Niese, Norden, Zeitlin, Lewy 그리고 Juster 등이 이 글의 진정성에 의문을 제기했다.

삽입일 수 있다는 점, 넷째, 이 본문의 문장은 요세푸스의 문장이나 숙어(idioms) 등에서 보이는 독특성과 일치하지 않는다는 점, 즉 요세푸스는 분명히 기독교인이 아니었는데도[34] 그의 글에 오직 기독교인만이 사용할 수 있는 독특한 표현들이 나타난다는 점이다.

하지만 이와 달리 이 글의 진정성을 인정하는 이들은 *Testimonium Flavianum*은 모든 사본(MSS)에서 동일하게 나타나며, 유세비우스에 의해서도 인용되며(Eusebius *Hist. Eccl.* i. 11 그리고 *Dem. Evang* iii. 5. 105), 문장 형태나 숙어가 근본적으로 요세푸스의 것과 상이하지 않다는 점을 그 근거로 제시한다.[35]

위에서 인용한 요세푸스의 글에서 가필이거나 첨가된 것으로 의심받는 구절은 세 개인데, 첫째 구절은 "그를 만일 사람이라고 불러야 한다면"이다. 이 말은 예수가 인간 이상의 존재였음을 암시하는 것으로, 예수가 인간이었을 뿐만 아니라 하나님이었음을 상기시키기 위해 삽입되었을 것이라는 견해가 제기되었다. 위대한 고대사학자인 에드윈 야마우치(Edwin M. Yamauchi)도 이점을 인정한다.[36] 둘째 구절은 "그는 메시아였다"(ὁ χριστὸς οὗτος ἦν)이다. 그 앞에 "그 이유는 실로 그가 놀라운 일들을 행하는 자였고, 기쁨으로 진리를 받은 사람들의 선생이었기 때문이다. 또한 그는 많은 유대인들과 많은 그리스인들의 지지를 받았다"는 진술은 요세푸스가 다른 곳에서 사용했던 언어나 문장형태와 아주 유사하다는 점에서

---

34. 오리게네스는 요세푸스가 그의 책에서 세례요한과 예수의 형제 야곱에 대해 언급한 것을 알고 있었다. 그러나 오리게네스는 요세푸스가 "예수를 그리스도로 믿지 않았다"고 증언한다. Origen, *Against Celsus* I. 47.

35. 이 점에 대한 보다 자세한 논의는 Josephus, *Jewish Antiqiities, Books XVIII-XX*, (The Leob Classical Library, Harvard University Press, 1969), 49를 참고할 것.

36. 리 스트로벨, 102.

진정성을 인정받았으나, 그 다음에 나오는 "그는 메시아(그리스도)였다"는 구절은 누군가에 의해 첨가된 것으로 보는 이가 많다.[37] 이는 요세푸스가 야고보를 언급하면서 예수는 "그리스도라고 불리었다"는 식으로 예수의 추종자들에 의해 메시아로 간주된 것을 언급하는 반면, 여기서는 본인이 직접 예수를 메시아라고 단정적으로 말하고 있기 때문이다. 즉 요세푸스의 예수에 대한 인식과 다르다는 점에서 "그는 메시아였다"는 기록은 신뢰할 수 없다는 것이다. 그래서 리처드(G. C. Richards)와 셔트(R. J. H. Shutt)는 '그리스도'(메시아) 앞에 '소위'(so-called)를 삽입하는 것이 본래의 기록이었을 것이라고 추정한다.[38] 진정성을 의심받는 세 번째 구절은 "죽은 지 사흘째 되는 날 그는 부활했다"이다. 요세푸스의 기록 후반부에서 예수의 처형과 십자가에 대한 진술, 그리고 그의 제자들이 여전히 그를 사랑하고, 그를 따르는 자들이 사라지지 않고 있다는 기록들은 진실한 것으로 인정을 받지만, 부활에 대한 기록인 "죽은 지 사흘째 되는 날 그는 부활했다"는 부활신앙에 대한 명백한 선포로서, 요세푸스가 그것을 기록했을 가능성이 희박하다는 것이 일반적인 견해이다.

그런데 유세비우스는 이러한 요세푸스의 글을 두 번이나 인용하고 있는 것으로 보아 많은 연구가들은 오리게네스(280)와 유세비우스(324) 시대 사이에 위의 세 구절이 삽입된 것으로 본다.[39] 그리고 예수에 대한 요세푸스의 기록의 진정성에 대한 이러한 판단에 근거하여 본래 요세푸스가

---

37. 이런 입장의 대표적인 인물이 G. C. Richards 와 R. J. H. Shutt인데, 이들은 이 본문은 본래 "그는 소위 그리스도였다"(He was so-called Christ)라고 주장한다.
38. G. C. Richards, "The Testimonium of Josephus," *Journal of Theological Studies* 42 (1941), 70ff.
39. Josephus, *Jewish Antiqiities, Books XVIII-XX*, The Leob Classical Library, 49. 에프 브루스, 『예수님과 기독교의 기원』, 48.

기록한 것으로 판단되는 원본을 재구성하려는 시도들이 여러 차례 있었다.[40] 특히 요셉 클라우스너(Joshep Klausner) 교수가 제시한 요세푸스 기록의 원작의 내용은 다음과 같다.[41]

> 이 무렵 예수라는 사람이 살았는데, 그는 지혜로운 사람이었다. 그 이유는 실로 그가 놀라운 일들을 행하는 자였고, 기쁨으로 진리를 받은 사람들의 스승이었기 때문이다. 또한 그는 많은 유대인들과 많은 그리스인들의 지지를 받았다. 빌라도가 우리 중에서 높은 지위에 있는 사람들의 예수에 대한 고소를 듣고 그를 십자가에 처형하라는 선고를 내렸을 때, 처음부터 그를 사랑한 사람들은 그에 대한 애정을 버리지 않았다. 그리고 그의 이름을 따라 소위 그리스도인이라고 불리는 이들이 오늘날까지 사라지지 않고 있다.

클라우스너의 가정은 앞서 언급한 의문시되는 세 개의 구절을 모두 제거한 것에 지나지 않는다. 비록 클라우스너의 견해가 광범위한 지지를 받는다 하더라도 이것은 추정일 뿐이다. 비록 세 개의 구절에서 의문이 제시되고 있긴 하지만, 요세푸스의 기록은 여전히 예수의 역사성, 곧 그의 실존과 십자가의 죽음, 광범위한 그리스도인 공동체의 실재 등에 대한 중요한 정보를 주고 있다는 점은 부인할 수 없다.

---

40. 예컨대, 로버트 아이슬러(Robert Eisler)는 *Testimonium Flavianum*의 첫 번째 문장에 '더 큰 문젯거리'를 첨가해서 "이 무렵 예수라는 사람이 살았는데, 그로 인하여 '더 큰 문젯거리'가 발생했다"로 읽어야 한다고 주장했다. 이것이 전체 문맥을 보다 자연스럽게 연결해 준다고 보았다. R. Eisler, *The Messiah Jesus and the John the Baptist* (London, 1931), 50ff.

41. J. Klausner, *Jesus of Nazareth* (London:19129), 55.

예수의 형제 야고보의 죽음

『유대고대사』에서 초기 기독교와 관련된 세 번째 언급은 예수의 형제 야고보의 죽음과 관련된 것인데, 여기서 요세푸스는 산헤드린이 야고보를 죽인 살인자라고 기록한다. 『유대고대사』 20권 197항에서 207항까지 요세푸스는 안나스가 대제사장이 되는 배경을 설명하면서 베스도 총독 사후 문제를 기술하는데, 특히 199항과 200항에서 다음과 같이 기록한다.

> 우리가 이미 말한 바대로 안나스 2세(the younger Ananus)는 대제사장에 임명되었는데, 그는 성격이 급하고 보통 이상으로 과감한 사람이었다. 그는 사두개파를 따랐는데, 이미 설명한 바처럼 어떤 결정을 할 때 그는 다른 유대인과는 달리 매우 엄격한 인물이었다. 이런 성격을 지닌 안나스는, 베스도가 사망하고 알비누스(Albinus)는 아직 임지에 도착하지 않았으므로 호기가 왔다고 판단했다. 그래서 대제사장 안나스(Annas)는 산헤드린 공회를 소집하고 그리스도라고 불리는 예수의 동생, 곧 야고보라고 하는 이름의 사람과 어떤 사람들을 그들 앞에 데리고 왔다. 그는 그들이 율법을 어겼다고 고소하고 돌로 쳐죽이도록 그들을 넘겨주었다. 가장 공정하고 그리고 율법준수에 가장 엄격했던 것으로 간주되는 그 도시의 주민들은 이 일로 크게 분노했다.[42]

이 기록에서 말하는 안나스는 안나스 2세(Annas the younger)인데, 누가복음 3장 2절과 요한복음 18장 13절, 그리고 사도행전 4장 6절에서 언급하는 대제사장 안나스의 아들이다. 그는 유대총독 베스도(Festus)가 62년에 급사한 이후 그의 후임자 알비누스(Albinus)가 임지인 유대에 도착하기

---

42. *Antiquities*, 20. 199-200.

까지 삼개월간의 공석기간 중에 대제사장으로 임명된 인물이었다. 유대총독이 부임하기 전에 대제사장이 된 그는 야고보를 처형했지만, 곧 권력남용으로 대제사장직을 박탈당했다.[43] 여기서 말하는 예수의 동생 야고보는, 비록 요세푸스는 침묵하지만, 예루살렘 교회의 지도적 인물이었다.

요세푸스의 기록에서 흥미로운 사실은 율법에 엄격했던 자들이 왜 야고보의 처형에 대해 분노했는가 하는 점이다. 요세푸스가 말하는 '율법에 가장 엄격했던 이들'이란 틀림없이 바리새파를 의미하는데, 요세푸스의 이 기록은 바리새파 사람들이 예루살렘 교회의 지도적 인물이자 예수의 형제인 야고보에 대해 어느 정도 동정심을 보여주고 있음을 알게 된다.[44] 바울이 지적하듯이 예루살렘교회의 교인들은 '율법에 열심 있는 자'(all zealous for the law)들이었는데(행 21:20), 바로 이 점이 당시 바리새인들이 왜 야고보에 대해 동정적이었던가를 설명해준다. 바울이 3차 전도여행을 마치고 예루살렘을 방문하여 야고보와 대화하는 중에 야고보가 예루살렘에 "그대도 보는 바에 유대인 중에 믿는 자 수만 명이 있으니"라고 언급한 것은, 비록 어느 정도 과장이라 하더라도, 그만큼 많은 이들이 기독교를 받아들이고 있고, 또 기독교 신앙이 이미 세계적인 운동이 되었음을 암시한다.[45]

어쨌든 요세푸스의 이 기록을 통해서 신약성경이 말하는 두 가지 사실, 곧 예수가 그리스도로 불렸다는 사실(행 2:36)과 야고보가 예수의 형제였다는 사실을(갈 1:19) 증거할 수 있다. 동시에 예수와 야고보가 역사적 인물이었음도 알 수 있다.

---

43. 에프 브루스, 『예수님과 기독교의 기원』, 45.

44. Paul Barnett, *Is the New Testament History?* (Sydney: Hodder & Stoughton, 1986), 27.

45. *Ibid.*

4. 맺는 말

위에서 언급한 요세푸스의 기록들을 종합해 볼 때, 그는 예수가 실재했고, 이적들을 행하였고, 이로 인해 명성을 얻었고, 야고보의 형제였고, 유대인들의 고소로 빌라도에 의해 십자가에서 처형되었고, 메시아라고 주장했고, 그리스도인이라고 불리는 그룹의 창시자가 되었고, 그리고 그가 죽은 자 가운데서 부활했다는 점 등을 확인해준다. 이처럼 요세푸스의 기록은 예수의 출생에서부터 초기 기독교회의 형성과 발전에 대한 많은 증거를 제시해준다는 점에서 중요한 의의를 지닌다.

제13장

로마 역사가들은 초기 기독교를 어떻게 보았을까?

예수의 지상사역을 포함해 초기 기독교에 대한 기록들로는 어떤 것이 있을까? 오직 성경만이 그 증거일까? 아니면 당대의 다른 기록들이 존재할까? 예수가 실제로 이 세상에 오셨고, 역사의 한 시대를 살아갔다면 그에 대한 성경 밖의 기록은 무엇일까? 특히 그는 로마 제국 치하의 팔레스타인에서 사셨고 로마총독 빌라도의 신문을 받고 처형되었다면, 로마의 역사에서나 빌라도의 보고서에 그의 '역사성'을 증거해주는 기록이 있지 않을까? 이런 의문들에 대해 초기 기독교 변증가였던 유스티누스(Justinus, 125~163)는 그 가능성을 인정했다. 그는 150년경 흔히 『제1변증서』(The First Apologia)라고 불리는 변증서를 기록해 황제인 안토니우스 피우스(Antoius Pius)에게 보냈는데, 여기서 그는 예수의 공생애와 죽음에 대한 성경의 기록은 빌라도의 임기 중에 남긴 공식 기록들을 통해서 확증될 수 있으리라고 굳게 믿고 있었다. 그는 이렇게 말했다.

그러나 "악한 무리가 나를 둘러 내 수족을 찔렀나이다"라는 말은 십자가에 달리신 예수의 손과 발에 박혀 있던 못을 말하고 있다. 그리고 예수께서 못 박히신 후에 사형 집행자들은 예수의 겉옷을 제비뽑아 그들 가운데서 서로 나누어 가졌다. 이러한 일이 일어났다는 것을 우리는 본디오 빌라도의 치하에서 기록되었던 행전을 통해서 알게 된다.[1]

유스티누스보다 후기의 인물인 테르툴리아누스(c. 150/160~250) 역시 예수의 역사성을 말하면서 당시의 공공문서 속에 요셉과 마리아의 명단을 찾아볼 수 있으리라고 확신했다. 그는 예수의 탄생시기에 있었던 인구조사가 아우구스투스 치하의 문서 속에 기록되었으므로 이 문서 창고를 뒤지는 수고만 감내한다면, 호적 명부에서 요셉이나 마리아의 명단을 발견할 수 있으리라고 확신했다.[2] 유스티누스나 테루툴리아누스의 독자들이 실제로 문서고를 뒤지며 예수의 역사성을 성경 밖의 자료로 추적해 보았는지는 알 수 없다. 그러나 분명한 사실은 변증가들은 예수와 초기 기독교에 대해서 성경 이외의 문서를 통해서도 확인할 수 있다고 확신했다는 점이다.

따라서 여기서는 초기 기독교에 대한 성경 밖의 증거들, 특히 로마의 역사가들의 기록들을 검토함으로써 로마인들은 예수의 생애와 초기 기독교에 대해 어떻게 인식했는지를 살펴보고자 한다. 예수의 지상사역에 대한 성경 밖의 기록으로는 크게 나누어 이교적 자료(pagan documents)와 유대교적 자료가 있다. 이교적 자료 가운데 로마 역사가들의 기록은 예수의 행적과 그 이후의 초기 기독교에 대해 증거하고 암시해주는 소중한 기록들로 간주된다. 2세기 초 트라이아누스(Traianus, 98~117)[3] 황제의 통치

---

1. Justin, *First Apologia* 35. 7~9.

2. Tertullianus, *Adversus Marcionem* iv. 7. 19

3. 트라이아누스은 황제로 위임되기 전 독일 지역에 주둔 중인 군대의 장군이었다. 그는 일생동안 군인이자 행정가로서 로마 제국의 공복으로 살았다. 그는 키가 크고 튼튼한 체격의 스파르타적인 용기를 지닌 인물로 알려져 있다. 근면했던 그는 국력을 신장하고 영토를 확장하였으

기에 활동했던 세 명의 로마인 역사가들의 기록을 연대순으로 보면 플리니우스(AD 111~112), 타키투스(115~117), 그리고 수에토니우스(122)이지만, 그 기록이 담고 있는 역사의 내용 순으로 보면 그 반대이다. 즉 수에토니우스는 주후 49년에 로마에서 있었던 유대인 추방 사건을 다루고, 타키투스는 64년 네로에 의한 기독교 박해 사건을 다루며, 플리니우스는 112년경 비두니아와 본도 지방에서 기독교의 실상이 어떠했는지를 보여준다. 이들의 기록들은 당시 로마인들이 기독교를 어떻게 인식했는가를 헤아려 볼 수 있게 해준다.

1. 수에토니우스의 기록: 로마에서의 유대인 추방

성경 밖의 기록으로서 초기 기독교에 대한 가장 오래된 기록 중 하나로는 로마의 행정가였던 수에토니우스(Gaius Suetonius, 69~140)가 남긴 기록이 있다. 후에 언급할 플리니우스의 친구이기도 한 수에토니우스는 기사(騎士) 출신으로서 하드리아누스 황제의 비서였다. 따라서 그는 공문서를 자유롭게 열람할 수 있었고, 때문에 『열두 황제의 생애』(De Vita Caesarum; Lives of the Twelve Caesars)도 기록할 수 있었다. 트라이아누스 황제의 친구였던 것으로 판단되는 그도 다른 로마의 역사가들처럼 기독교를 폄하하였는데, 『네로의 생애』(Life of Nero)에서는 "그리스도인들에게 형벌이 가해졌는데, 그들은 어떤 새로운 악한 미신에 빠진 집단의 사람들이었다"[4]라고 기술했다. 여기서 '새로운 악한 미신'이라는 표현은 그리스도인들에 대해 당

며, 117년 64세의 나이로 세상을 떠났다. 그는 로마 제국의 위대한 황제로 칭송을 받았는데, 이는 역사가 타키투스와 플리니우스로부터 좋은 평가를 받았기 때문이다.

4. Suetonius, *Nero* 16. 2; Paul Barnett, *Is the New Testament History?* (Sydney: Hodder & Stoughton, 1986), 23.

시 교육받은 로마인들이 가졌던 일반적인 견해를 반영하며, 신자들을 하나의 집단(a class of man)으로 말한 것은 그들이 이미 수적으로 상당한 집단을 형성했음을 암시한다.

수에토니우스는 122년경 줄리어스 시저에서부터 열두 명의 황제의 전기를 기록했는데, 그 중『클라우디우스의 생애』(*Life of Claudius*)에서 로마에서의 초기 기독교와 관련해 다음과 같은 짧은 기록을 남기고 있다.

> "유대인들이 크레스투스(Chrestus)의 선동으로 계속 문제를 일으키므로 그는 그들을 로마에서 추방했다"("*Iudaeos impulsore Chresto assidue tumultuantes Roma expulit*").[5]

주후 49년에 있었던 것으로 보이는[6] 유대인 추방에 대한 짧은 기록은 그 후 많은 역사가들과 신학자들 사이에 논쟁을 불러 일으켰다. 수에토니우스가 말하는 유대인 추방이 언제 일어났으며, 그 원인은 무엇인가? 그리고 추방된 유대인의 수는 얼마인가? 난동(disturbances, *tumultuantes*)을 일으킨 유대인만이 추방되었는가 아니면 유대인 공동체 전체가 추방되었는가 하는 것은 로마에서의 기독교의 기원과 초기 기독교, 그리고 로마에서

---

5. Suetonius, *Claudius* 25. 4. 흔히 영어로는 이렇게 번역된다. "Since the Jews constantly made disturbances at the instigation of Chrestus, he[Claudius] expelled them from Rome."(J. C. Rolfe, *Suetonius*, LCL, 53).

6. 로마에서 유대인 추방을 명한 클라우디우스 칙령이 49년에 발표되었다는 근거는 5세기 기독교 역사가였던 오로시우스(Orosius)의 기록(Orosius, *Historiae adversus paganos* 7.6.15~16)에 근거하고 있고, 현대의 거의 대부분의 학자들에 의해 광범위한 지지를 받고 있다. David W. Gill and Conrad Gempf, *The Book of Acts in Its First Century Setting*, Vol. 2 *Graeco-Roman Setting* (Eerdmans, 1994), 469.

의 유대인 공동체에 대해 중요한 문제를 포함하고 있다.[7] 우선 가장 큰 문제는 수에토니우스의 이 짧은 글에서 말하는 크레스투스(Chrestus)가 누구인가 하는 것이다. 즉 크레스투스가 크리스투스(Christus)의 오기인가 아니면 크리스투스와 무관한 인물인가 하는 것이다.[8] 만일 수에토니우스가 말하는 크레스투스가 예수 '크리스투스'(Christus)를 칭하는 것이라면, 적어도 주후 49년에 로마에 그리스도인이 있었다는 중요한 증거가 된다. 주후 49년에 유대인 추방사건이 발생한지 약 칠십 년 후에 기록된 이 글에서 수에토니우스가 언급한 크레스투스(Chrestus)를 대부분의 역사가들과 신학자들은 그리스도를 칭하는 크리스투스(Christus)의 오기라고 믿고 있고, 그리스도에 대한 로마 역사가의 '역사적' 언급으로 간주한다. 그래서 클라우디우스 황제 재위기간(41~54) 중에 복음 전파와 관련하여 로마에서 기독교인 유대인들과 비기독교인 유대인들 사이에 소요가 있었던 것으로 이해했다(행 13:49~51, 14:19~20). 이 사건은 사도행전 18장 2절의 기록, 곧 "아굴라라 하는 본도에서 난 유대인 하나를 만나니 글라우디오가 모든 유대인을 명하여 로마에서 떠나라 한 고로 그가 그 아내 브리스길라와 함께 이달리야로부터 새로 온 지라"라는 기록이 말하는 내용과 일치한다.

저명한 신약학자인 브루스(F. F. Bruce),[9] 초대교회사가인 헨리 채드윅 (H. Chadwick), 피츠마이어(J. A. Fitzmyer) 등이 수에토니우스의 기록을

---

7. H. J. Leon, *The Jews of Ancient Rome*, 22~23.

8. 이 점에 대한 더 자세한 논의는, D. Slingerland, "Chrestus: Christus," in A. J. Every-Peck ed., *New Perspectives on Ancient Judaism*, Vol. 4, *The Literature of Early Rabbinic Judaism* (Lanham: University Press of America, 1989), 133~34; Stephen Benko, "Pagan Criticism of Christianity During the First Two Centuries A.D.," *Aufstieg und Niedergang der römischen Welt*, Band II.23.2 (1980), 1056~1061을 참고할 것.

9. F. F. Bruce, *The Book of the Acts* (Eerdmans, 1988), 347.

Christus의 오기라고 믿는 대표적인 학자들이다.[10] 특히 브루스는 이 사건을 기술한 수에토니우스가 주후 49년 로마의 치안기록에서 언급된 크레스투스를 그로부터 칠십 년이 지나 이 사건을 기술하면서 클라우디우스 황제 시대에 로마에 거주했던 한 개인을 지칭하는 이름으로 오해한 것이 아닌가라고 해석한다.[11] 어쨌든 수에토니우스가 말한 크레스투스가 크리스투스를 칭하는 것이라면, 주후 49년에 클라우디우스 황제는 기독교인으로 인해 제기된 문제 때문에 로마에서 유대인들을 추방한 것이라고 해석할 수 있고,[12] 브리스길라와 아굴라도 이 중 일원으로 이곳을 떠나 고린도로 간 것으로 볼 수 있다.

그런데 이처럼 40년대 말에 로마에 기독교인이 있었다면, 그 기원을 어떻게 설명할 수 있을까? 사실 로마에서의 기독교의 기원에 대한 분명한 기록은 없다. 따라서 여러 가지 역사 기록과 고고학의 발견들을 통해 추측해 볼 수밖에 없는데, 일반적으로는 주후 30년 오순절을 지키기 위해 모여든 순례자들 가운데 '로마로부터 온 나그네 곧 유대인과 유대교에 들어온 사람들'(행 2:10) 가운데 누군가가 베드로의 설교를 듣고 신앙을 갖게 되고

---

10. 그러나 에드윈 저지(Edwin Judge), 벤코(Benko) 등은 견해를 달리한다. 호주의 저명한 고대사학자로서 로마사를 전공한 저지는 로마에서 유대인과 그리스도인들 간의 폭력이 있었다는 역사적 증거가 없다는 점을 지적하고, 수에토니우스는 기독교의 현존에 대해 인식하고 있었다고 지적한다. 그래서 그는 Chrestus를 Christus로 오기할 정도의 실수를 할 수 없다고 지적한다[E. A. Judge and G.S.R. Thomas, "The Origin of the Church at Rome: A New Solution?" *RTR* 25(1966), 84~86]. 벤코 또한 Chrestus는 그리스도가 아니라 유대행동주의자로서 이 난동은 기독교와 무관하고, 도리어 유대민족주의나 애국주의 혹은 열혈당(Zealotism)과 관련된 것이라고 지적했다[S. Benko, "the Edict of Claudius of AD. 49 and the Instigator of Chrestus," *TZ* 25(1969), 406~418]. 한 역사가의 짧은 기록이 2천년이나 지난 오늘날에도 여전히 논쟁점으로 남아 있다.

11. F. F. 브루스(서영일 역), 『초대교회역사』(CLC, 1992), 173; F. F. 브루스(한균 역), 『예수님과 기독교의 기원』(생명의 말씀사, 1984), 21.

12. Paul Barnett, 23.

후일 로마교회를 설립한 인물이 되지 않았을까 추측한다. 어쨌든 후대의 교회들과는 달리 로마교회는 바울이나 베드로에 의해 시작되지 않은 것은 분명하다. 40년대 후반까지 베드로는 팔레스타인을 떠나지 않았고(갈 2:11), 바울은 60년대 초까지 로마에 도착하지 않았다(행 28:14). 로마교회에 대한 베드로나 바울의 기여가 있다면, 그것은 이미 존재하는 기독교 공동체를 지원하고 후원한 것일 뿐이다. 일례로 바울이 3차 전도여행을 마치고 주후 60년경 이탈리아에 도착했을 때 남쪽 지방인 보디올(Puteoli)에서 그리스도인을 만났는데(행 28:13), 이곳은 로마로부터 약 40마일 떨어진 곳이었다. 뿐만 아니라 로마에 도착하기 전에 바울은 또 다른 그리스도인들로부터 영접을 받았다(행 28:14). 무엇보다 이보다 약 삼 년 앞서 바울은 로마서를 기록했는데, 이 글에는 로마에 이미 기독교 공동체가 형성되었음이 암시되어있다.

그러면 유대인들은 로마에 언제부터 거주하기 시작했을까? 이 또한 정확하게 말하기는 어렵지만, 주전 2세기부터 로마에 유대인들이 집단적으로 사는 거류지가 있었다는 점에서 그 이전부터 간헐적인 이주가 있었을 것으로 보인다. 그리고 주전 62년에는 폼페이(Pompey)의 승리를 축하하기 위하여 팔레스타인 지방으로부터 포로로 잡혀온 유대인들로 인해 로마에 거주하는 유대인의 수가 증가하였다. 후에 이들은 자유인으로 해방되었다. 그 결과 로마에는 다수의 유대인 회당이 있었는데, 캄펜세스(Campenses) 회당, 아우구스텐세스(Augustenses) 회당, 아그리펜세스(Agrippenses) 회당, 서버렌세스(Suburenses) 회당, 볼룸넨세스(Volumnenses) 회당, 히브리(Hebrews) 회당, 감람나무(Oliver Tree) 회당 등이 대표적이다.[13] 아마도 이들 유대인들 가운데서 기독교인들이 생겨

---

13. 브루스, 『초대교회사』, 172.

나기 시작했을 것이고, 이 신앙운동과 관련하여 유대인 공동체에 소요가 있었던 것으로 보인다. 수에토니우스는 이 사건에 대해 증거한 것이다.

2. 타키투스의 기록: 로마의 화재

타키투스(Cornelius Tacitus, 55/56~117)는 로마의 역사가이자 원로원 귀족 출신으로서 황제 네르바(Nerva)에 의해 97년에는 최고행정관을 지내기까지 했다. 트라이아누스 황제의 친구이기도 했던 그는 플리니우스가 비두니아의 총독으로 임명된 직후 트라이아누스 황제에 의해 112~113년에 아시아지방의 총독을 역임했다. 타키투스는 수많은 인물들의 전기를 기록했는데, 정작 자신에 대해서는 특별한 기록을 남기지 않았다. 그래서 그의 생애를 헤아리는 데 어려움이 있다. 그는 출생지역도 불분명하고, 흔히 현재의 벨기에 지역의 재정담당관이었던 코넬리우스 타키투스(Conelius Tacitus)의 아들이라고 알려져 있지만 이 점도 분명치 않다.

타키투스는 주후 14년에서 68년까지 로마 제국의 역사를 열네 권의 책으로 기록한『역사』(Historiae)라는 대작을 남겼는데, 불행하게도 예수의 생애와 관련하여 중요한 시기인 29년에서 32년 어간의 역사는 소실되었다. 그러나 타키투스가 115~117년경에 쓴 것으로 판단되는『연대기』(Annals)[14]에서는 주후 64년에 발생한 로마에서의 화재와 기독교 박해에 대해 다음과 같은 중요한 기록을 남겨주고 있다.

14.『로마 제국의 연대기』(Annals of Imperial Rome)로 번역되기도 하는 이 책은 본래 16권으로 구성되어 있는데, 첫 6권의 책의 사본은 AD 850년경에 복사된 한 가지 사본만 남아 있고, 7권부터 10권까지는 분실되었다. 그리고 11권부터 16권까지의 역사는 11세기 경에 기록된 사본이 남아 있다.

네로는 소문을 막기 위하여 군중들이 그리스도인들(*Christiani*)이라고 부르는 일단의 무리들을 범인으로 지목한 후 아주 교묘하고도 잔악한 방법으로 이들을 고문하였다. '그리스도인들'이라는 이름은 로마황제 디베료(Tiberius)의 치세 때에 본디오 빌라도에게 처형당했던 크리스투스(Christus)라는 자로부터 붙여진 이름이다. 이 가공할 만한 미신은 한동안 잠잠했으나 곧 다시 일어나서 역병(疫病)의 근원지였던 유대 지방에서 뿐만 아니라 전 세계의 모든 악독하고 더러운 사상들이 집결되어 있던 로마 안에서 큰 세력을 얻게 되었다. 그래서 첫 번째로 스스로 그리스도인들이라고 고백했던 자들이 체포되었고, 이들의 자백에 따라 또한 수많은 자들이 유죄 판결을 받았는데, 이는 단순히 방화혐의 때문만이 아니라 이들을 향한 증오 때문이었다. 이들은 군중들의 조롱과 오락의 대상으로 처형되었다. 이들은 짐승들의 가죽으로 둘러 싸여져서 개들에 의해 갈갈이 찢겨지기도 하고, 십자가에 못 박히기도 하고, 혹은 밤에 불을 밝히기 위해 횃불 대신 불태워지기도 하였다. 네로는 이러한 구경거리를 위해 자기의 정원을 개방했으며, 또한 사유극장 안에서 이러한 창극을 연출하였고, 전차병으로 가장하거나 혹은 자기의 전차 안에 타고서 군중들 속으로 휩쓸리기도 하였다. 그런데 가장 극형을 받기에 족한 이들의 죄악에도 불구하고, 사람들은 동정심을 품기도 하였다. 왜냐하면 그리스도인들이 모든 시민들의 복리를 위해서가 아니라 한 인간의 야만성을 충족시키는 데에 희생되고 있다는 느낌이 생겼기 때문이었다.[15]

주후 115~117년경에 기록된 타키투스의 이러한 기록은 약 오십 년 전에

---

15. Annals, XV, 44, 2~5.

발생했던 로마의 화재사건과 네로 황제의 기독교 박해에 대한 중요한 기록으로 초기 그리스도인들의 신앙과 삶, 박해와 순교에 대해 증언한다. 여기서 로마의 화재사건이란 주후 64년 6월 18일에 발생하여 밤낮 칠 일간 계속된 화재 사건을 말하는데, 당시 로마의 열네 구역 중 세 개 지역이 전소되었고, 일곱 개 지역은 부분적으로 불탔다.[16] 아마도 이 사건이 치안(治安)의 문제로 보고되어있었던 데다가 타키투스가 이를 기록할 당시 기독교는 이미 상당한 지역으로 확대되어있었으므로 과거의 사료를 검토하여 이 기록을 남긴 것으로 추측된다. 타키투스가 기독교에 대해 경멸했던 것으로 보아 화재사건과 기독교인들에 대한 박해사건의 정보를 기독교인들로부터 얻은 것이 아니라 빌라도의 보고서와 같은 공문서로부터 얻었을 가능성이 높다.

타키투스는 당시의 소문에 의하면 네로가 대화재를 바라보면서 트로이의 함락을 노래했다고 기록했다.[17] 그러나 수에토니우스는 이 소문을 기정사실로 인정하고, 네로가 로마시를 방화했다고 기록한다.[18] 그런데 이 사건과 관련한 타키투스의 기록에서 흥미로운 점은 그리스도인들이 방화했다는 아무런 근거가 없다는 점을 암시한다는 점이다. 도리어 타키투스는 기독교에 대해 '해로운 미신'(*exitiabilis superstitio*; pernicious superstition)이라고 부정적으로 말하면서도, 네로에 의해 속죄양으로 희생되었음을 암시한다. 타키투스는 비록 네로를 싫어했으나 주로 궁정의 소문에 근거해 기록된 수에토니우스의 기록보다는 객관적인 증거를 제시한다. 역사가로서의 타키투스의 명성은 그의 친구인 플리니우스가 그에게 보낸 편지 속에

---

16. Edward T. Salmon, *A History of the Roman World, From 30 BC to AD 138* (London: Methuen & Co., 1975), 181.
17. *Annals*, XV, 39.
18. *Life of Nero*, 38.

부분적으로 나타나 있다.

> 후대사람들에게 정확한 기록을 남기기 위해 나의 삼촌의 죽음에 대한 증언을 보내달라는 부탁을 고맙게 생각합니다. … 만일 그의 죽음이 당신에 의해 기록된다면, 그에 대한 불멸의 명성이 남게 될 것을 저는 알고 있습니다.[19]

플리니우스의 이 편지와 비슷한 시기에 기록된 타키투스의 기록은 특히 예수님의 생애와 관련해 신약에 기록된 다섯 가지를 확인해준다. 첫째, 예수님의 공생애가 티베리우스 황제 치하에서 일어났다는 점(눅 3:1), 둘째, 그리스도가 처형당할 당시 본디오 빌라도가 로마의 총독이었다는 사실(마 27:2, 행 3:13, 13:28), 셋째, 그리스도가 죄인으로 처형되었다는 사실(눅 23:2), 넷째, 이 일이 유대지방에서 일어났다는 사실(막 11:16), 이 신앙운동이 예루살렘에서 로마로 퍼져갔다는 사실(행 1:4; 28:14)이다. 그래서 누가-행전의 지리적 단계, 곧 유대에서 시작된 그리스도의 사역(눅 2:4)이 바울의 로마에서의 사역(행 28:14)으로 종결되는 사실을 잘 보여준다. 이렇듯 타키투스의 기록은 그리스도의 실재성과 초기 기독교의 지리적 확장에 대한 성경의 기록을 뒷받침한다.

로마의 화재사건과 관련한 기록 외에도 타키투스는 초기 기독교와 연관된 기록을 남겼는데, 그것은 바울이 로마서를 기록했을 것으로 추정되는 주후 57년에 로마의 장군 아울루스 플라우티누스(Aulus Plautius)의 아내 폼포니아 그레치나(Pomponia Graecina)가 '외국으로부터 전해진 미신'을 신봉했다는 이유로 재판에 회부되었다는 기록이다. 아울루스 플라

---

19. *Epistles*, 6:16; Paul Barnett, 20.

우티누스는 주후 43년경 남부 브리틴(Britain)을 정복하고 로마의 영토로 귀속한 장군이었다. 이 장군의 부인은 십사 년 동안이나 상복과 같은 옷을 입고 당연시되던 그녀의 신분에 걸맞는 이들과의 사교를 피해 왔다는 이유에서 혐의를 받고 재판을 받았으나, 결국 그녀는 무죄판결을 받았다. 비록 그녀는 다른 이들과 적극적으로 교류하지 않았으나 주위의 사람들로부터 존경을 받았다. 폼포니아 그레치나가 추종했던 '외국으로부터 전해진 미신'은 기독교였을 것으로 추측한다. 이에 대해 피트만(H. Pitman)은 "방탄한 네로황제 시대에 살던 사람들의 입장에서 볼 때 절제와 금욕을 지향했던 그리스도인들의 고결한 생활이야말로 '영구적인 장송'(Perpetual mourning)의 모습으로 보였을 것이다"고 해석했다.[20]

3. 비두니아 지방 총독 플리니우스의 기록

플리니우스(Pliny, Gaius Plinius Caecilius Secundus, c. 62~113)는 주후 62년 현재의 밀라노에서 멀지 않은 코뭄(Comum)에서 지주의 아들로 태어났으나 그의 삼촌인 플리니우스 1세(Pliny the Elder)에 의해 양육되었다. 플리니우스 1세(Pliny the Elder)[21]와 구별하기 위해 플리니우스 2세(Pliny the Younger)라고도 불린다. 그는 열네 살 때 로마로 가서 로마 역사에서 가장 훌륭한 수사학자로 알려진 꾸인틸리안(Aristides Quintiliaus) 문하에서 공부하는 영예를 누렸다. 처음에는 수사학을 공부하고 문학에

---

20. 브루스, 『초대교회사』, 174.
21. 플리니우스 1세는 37권으로 구성된 기념비적인 『자연의 역사』(National History)라는 작품을 남겼던 인물로서 79년 8월에 있었던 베수비우스(Vesuvius) 화산의 폭발을 조사하러 갔다가 연기에 질식되어 사망했다. 그는 플리니우스 2세도 동행하기를 원했다. 하지만 플리니우스 2세는 숙부의 요청을 거절했고, 결국 목숨을 구할 수 있었다.

조예가 깊어 문필가로 활동했으나 크게 성공하지는 못했다. 후일에는 로마 제국의 행정관료로 활동하게 되었는데, 편지 쓰는 일을 즐겨했고 이 일에 만족했다고 한다. 그러다가 주후 100년에 행정관(Consul)에 임명되었고, 이후 세 번이나 트라이아누스 황제의 법률고문으로서 황제의 각료(*consilium principis*)를 지냈다. 특히 그는 트라이아누스의 황제 즉위식에서 황제를 찬양하는 연설을 할 만큼 황제의 총애를 받았고, 111년경에는 트라이아누스 황제에 의해 흑해 서해안 쪽에 있는 비두니아(Bithynia)와 본도 지방의 총독(*legatus propraetore*)으로 임명되었다. 그리고 113년 사망할 때까지 그곳에서 일했다.

플리니우스는 먼 여행을 해 보지 않은 인물인데, 그가 비두니아와 본도 지방의 총독으로 임명되어 로마를 떠나 에베소를 경유하여 임지인 비두니아에 도착한 날은 111년 9월 17일이었다.[22] 비두니아와 본도는 풍요한 대지, 해양자원이 풍부하여 로마 제국에서 상업적으로 중요한 지역이었다. 비두니아는 비두니아의 왕이었던 니코메데스 4세(Nicomedes IV)가 주전 75년에 그 영토를 로마 제국에 양도함으로 제국에 편입되었고, 약 십 년이 지난 주전 64년에 본도 역시 로마에 병합되어 제국의 통치하에 있게 되었다. 플리니우스가 비두니아에 총독으로 부임했을 때를 에드워드 기번(Edward Gibbon)은 '로마역사상 행복한 시기'(during a happy period of more than fourscore years, the public was conducted by the virtue and abilities of Nerva, Traianus, Hadrian, and the two Antonines)라고 명명했는데,[23] 이는 '기독교 시대의 제2기'에 해당하기도 한다.

---

22. Robert L. Wilken, *The Christians as the Romans Saw Them* (Yale Univ. Press, 1984), 1. 플리니우스는 군복무차 시리아를 여행한 일 외에는 이탈리아를 떠난 일이 없었다고 한다(R. L. Wilken, 4).

23. Edward Gibbon, *The History of the Decline and Fall of the Roman Empire*, 6 vols. (London: 1978).

플리니우스 2세는 서신으로 된 열 권의 서간집을 남겼는데, 이 일로 그는 서신의 사람(a man of letters)으로 불리기도 한다. 그가 남긴 현존하는 열 권의 서간집 가운데서 아홉 권은 플리니우스의 생애 동안 기록된 20~30편의 서간문으로 구성되어 있는데, 마지막 제10권은 플리니우스가 비두니아와 본도의 총독으로 재직하는 동안(111~112년) 트라이아누스 황제 (98~117)에게 보낸 육십 통의 서신들로 구성되어있다.[24] 따라서 그의 서신 제10권이 우리의 관심을 끄는데, 비록 기록된 장소에 대한 언급이 없어 유감이긴 하지만, 초기 그리스도인들의 생활과 신앙의 문제를 언급하고 있다는 점에서 주요한 의의를 지닌다.[25] 플리니우스는 타키투스보다 재능이나 다양성 면에서는 부족하지만, 역사기록의 신빙성이나 정확성에 있어서는 타키투스보다 신뢰를 받았다.[26] 플리니우스의 서신 제10권의 전문은 다음과 같다.

> 황제 폐하께(My Lord)! 저에게 어떠한 문제가 있든지 당신에게 여쭙는 것이 저의 습관입니다. 저의 우유부단과 무지를 보다 잘 지적해주시고 정정해주실 이가 폐하 외에 누가 있겠나이까! 저는 이제까지 그리스도인들의 재판에 참여해 본 일이 없습니다. 따라서 이들에 대한 수사

---

vol. 1, chap. 1, "Introduction."

24. 플리니우스의 서간문 원전은 R. A. B. Mynors, ed., *Epistularum libri decem* (Oxford, 1963), 영문번역본은 Betty Radice, *The Letters of the Younger Pliny* (NY: Penguin Books, 1963)가 대표적인 역본으로 알려져 있다.

25. 이 편지와 트라이아누스 황제의 답신에 대한 토론은 광범위하게 전개되었다. 특히 A. N. Sherwin-White, *The Letters of Pliny: A Historical and Social Commentary* (Oxford, 1966)는 최근의 중요한 문서이며, 보다 오래된 연구로는 E. G. Hardy, *Christianity and the Roman Government* (London, 1934)가 대표적이다.

26. 인드로 몬타넬리(김정하 역), 『로마 제국사』(까치, 1998), 354.

와 처벌을 어떻게 해야 하는지 그 전례들을 잘 알지 못합니다. 나이가 많은 자와 젊은 자들에 대해 차별을 두어야 하는지도 잘 알 수 없습니다. 또한 신앙을 그들이 포기했을 때, 그 죄를 사면해야 하는 것인지, 일단 기독교 신자였던 자들은 그 후 신앙을 포기해도 아무런 소용없이 처벌을 해야 되는지 아무 것도 알지 못하겠습니다. 단지 그리스도인임을 표명하는 그 자체로 처벌을 받게 되는지요? 아니면 그리스도인이라는 이름과 함께 수반되는 범죄 사실이 있을 때 처벌을 해야 되는지요?

이제까지는 그리스도인라는 죄목으로 체포당한 자들을 다음과 같이 처벌하였습니다. 피고들에게 우선 진실로 그리스도인이었는지 물어보았습니다. 만약 그들이 '예'라고 대답할 경우에는 그 형벌에 대해 경고한 후 두 번, 세 번까지 물어보았습니다. 만일 그래도 계속 고집하면 그들을 처형시키라고 명령했습니다. 왜냐하면 실제 그들의 죄의 성질이 어떠한 것인지 알 수 없지만, 이들의 고집과 꺾이지 않는 오만은 어쨌든 벌을 받아 마땅하다고 생각했기 때문입니다. 이들 가운데 로마 시민권자들은 제가 수도로 이송하도록 지시하였습니다.

그 후에는 우리들이 이미 경험하였듯이, 제가 이 문제를 취급했기 때문에 더 골치 아픈 문제가 생겼습니다. 즉 많은 사람들의 명단을 기록한 익명의 편지가 제게 보내져왔습니다. 발신인의 이름은 없었습니다. 이 명단 가운데 있는 몇몇 사람들은 자기들이 현재나 과거에나 그리스도인이 아니었다고 부정하였습니다. 이들은 저의 명령에 따라서 제신들의 이름을 불러 주문을 외우고, 제가 이를 위해 특별히 여러 신들의 조상(statues)들과 함께 준비해 두었던 당신의 초상 앞에 향을 피우고 포도주를 바쳐 경배하였습니다. 이들은 또한 그리스도라는 자를 저주하였습니다. 진실한 그리스도인들은 아무도 이러한 짓을 할 수 없다는 말을 전해 들었습니다. 그래서 제가 생각하기에는 제 말대로 경배한 자들을 석방하는 것이 마땅할 것 같습니다. 또한 어떤 자들은 자기들이 과거에는 그리스도인이었으나, 그 후 그 신앙을 버렸다고 말했습니다. 어떤 자들은 삼 년 전 혹은 그 이상, 이들 중 한 명은 이십 년 전에 이미 기독교를 떠났다고 주장하였습니다. 이들은 모두 당신의 초상과 신들의 조상에 경배하고, 그리스도를 저주하였습니다. 이들은 또한 자기들의 실수나 잘못이 있다면 겨우 아래와 같은 정도에 불과하다고 주장하였습니다. 즉 이들은 어떤 특정한 날을 정해놓고 해가 뜨기 전에 함께 모여, 그리스도를 하나님으로 찬양하는 곡조 없는 찬송을 부른다고 합니다. 그 후에는 함께 맹세를 나누는데, 이는 어떤 범죄를 범하도록 맹세하는 것이 아니라, 모든 절도, 강도, 간음, 약속의 파기, 인간들로부터 부탁을 받고 그 신의를 지키지 않는 행위 등을 범하지 않겠다는 약속이라고 합니다. 이들은 그 후에 모임을 계속하여, 일단 헤어졌다가 다시 모여 음식을 나누는데, 이는 특별한 것이 아니라 우리가 흔히 보는 평범한 종류의 것이었습니다. 이들은 주장하기를 제가 당신의 지시에 따라서 모든 사적 모임을 금하는 법령을 발한 뒤 그러한 모임마저도 중지했다고 합니다. 따라서 저는 소위 '집사들'(deacons)이라고 불린 두 명의 여자 노예들을 고문하여 좀 더 자세한 사정을 알아보는 것이 필요하다고 생각했습니다. 그러나 이들을 통해서도 우리의 상식을 초월하는 사악한 미신 외에 아무 것도 발견하지 못하였습니다.

따라서 이 문제에 관해 황제 폐하의 고견을 들을 때까지 더 이상의 심리를 중단하는 것이 옳다고 생각하였습니다. 제가 볼 때에는 너무나 많은 사람들이 혐의를 받고 있는 것을 고려해 볼 때, 반드시 황제 폐하께 알리는 것이 옳다고 생각되었습니다. 왜냐하면 모든 연령층과 남녀를 뛰어넘어 수많은 자들이 혐의를 받고 있고, 또한 이러한 추세는 계속될 것으로 보입니다. 이 전염성 강한 미신은 도시에만 퍼져 있는 것이 아니라, 농촌과 지방에도 침투해 있습니다. 그러나 이러한 사태는 곧 중지시키고 바로잡을 수 있다고 생각합니다. 어쨌든 사람들에게 버림을 받다시피 한 신전들에 다시 사람들이 찾아오고 있습니다. 또한 오랫동안 아무도 돌보지 않던 제사가 다시 드려지고 있습니다. 이제까지 아무도 사는 이 없던 제사용 짐승들을 위한 사료도 다시 많이 팔리고 있습니다. 이런 일들을 미루어 보건대 이 자들에게 기독교 신앙을 포기할 기회만 주어진다면 수많은 사람들이 교화될 수 있을 것이라고 생각됩니다.[27]

플리니우스는 총독으로 재임하는 동안 황제와 끊임없이 서신 왕래를 했는데, 모든 중요한 사안들을 황제와 의논하고 황제의 지시를 따르기 위함이었다. 아마도 그는 독자적으로 결정할 능력이 부족했던 사람이거나, 브루스(F. F. Bruce)의 설명처럼 전형적인 공무원상을 보여주는 사람이었던 것 같다.[28] 일례로 비두니아 지방에서 빈번하게 일어나는 화재사건을 방지하기 위해 의용소방대(collegium fabrorum)의 조직이 필요하다고 보고 이를 황제에게 제안한 일도 있었다. 거기서 그는 백오십 명 미만의 인구로 하되 이 본연의 일 외에는 다른 일에 관여하지 못하게 하며, 이 정도의 수를 감독하는 일은 어려운 일이 아니라고 보고하였다.[29] 그러나 황제는 '만일 사람들이 그 명칭이 무엇이든지, 그 이유가 무엇이든 간에 공통의 목적을 위해 모이다보면 쉽게 정치적인 조직(hetaeria; political club)으로 변할 수 있

---

27. *Epistles of Pliny*, X, 96. 이 본문의 영문번역본은 Stephen Benko, 1068~9, 혹은 Paul McKechnie, *The First Christian Centuries* (Apollos, 1996), 110~112를 참고할 것. 이와 관련된 전문은 특히 J. Stevenson, *A New Eusebius* (1957), 13~16을 참고하라.

28. 브루스, 『초대교회사』, 213.

29. *Epistle*, 10. 33.

다는 이유'로 이를 거절한 후, 소화 작업은 개개인에게 맡겨두는 것이 좋으며 가정에서 화재시를 대비하여 물 한 양동이와 펌프를 준비해두라고 지시하였다.[30] 이런 답변에서도 당시 그리스도인들의 집회가 얼마나 제한을 받았는가를 엿볼 수 있다.

어쨌든 플리니우스는 평생 그리스도인들과 직접 접촉해 본 일이 없다가 자신이 관할하는 비두니아 지방에서 기독교가 급속하게 전파되자 이 그리스도인들에 대한 처리 문제로 고심한 것 같고, 황제의 조언을 필요로 했던 것으로 보인다. 그런데 플리니우스의 편지는 다소 장황한데 반해, 황제의 답신은 간단했다. 그 내용은 다음과 같다.

> 나의 친애하는 세쿤두스(Secundus)여, 그대는 기독교라는 혐의로 당신에게 고소를 받은 자들의 문제를 처리하는데, 올바른 과정을 밟았습니다. 사실 어떻게 이들의 문제를 처리해야 하는지를 한 마디로 일반적인 결정을 내리기가 곤란합니다. 일부러 이들을 속속들이 찾아 색출해낼 필요는 없습니다. 그러나 이들이 만약 기소되어 유죄 판결을 받는다면 반드시 처벌해야 합니다. 누구든지 스스로 그리스도인임을 부정하고 이에 대한 근거로서 우리들의 신들의 이름을 불러 찬양한다면 이를 통해 용서를 받을 수 있습니다. 즉 과거에 그 자에 대해 어떤 의심이 있었던지 상관없이 용서해야 할 것입니다. 당신이 받은 바, 발신인의 이름조차 밝히지 않은 익명의 편지에 대해서는 아무런 신경을 쓸 필요가 없습니다. 이러한 행위는 매우 좋지 않은 선례를 남기는 것이며, 우리들이 사는 시대를 잘 알지 못하는 야만적인 행위입니다.[31]

---

30. *Epistle*, 10. 34.

31. *Epistles of Pliny*, X, 97.

이 편지는 그리스도인들이 무엇을 믿었으며 어떻게 살았는지를 보여주는 가장 오래된 비기독교권의 증언이라는 점에서 의의를 지닌다. 이 편지에서 우리의 관심을 끄는 것은 우선 비두니아 지방에서는 빈번한 일이었지만, 플리니우스는 그리스도인들을 심문하는 일(*cognitio*)에 관여한 바가 없었음을 보여준다. 또 그는 어린아이나 어른을 동일하게 취급해야 하는지, 신앙을 포기한 이들은 용서해주어야 하는지, 단지 신자라는 이름만으로도(*nomen isum*) 처벌할 충분한 근거가 되는지, 아니면 신자라는 사실과 함께 다른 범법행위가 있어야만(*flagitia cohaerentia nomini*) 처벌할 수 있는지 등을 묻는다. 그렇다면 이런 문제들을 플리니우스에게 고지해 준 사람은 누구였을까? 플리니우스는 단지 그리스도인들이 고발되었다(*Christiani deferebantur*)고 말한다. 여기서 플리니우스가 사용하는 *Christiani deferebantur*라는 말은 법률용어이고, 동사 *defero*는 '누구 누구를 반대하여 통보함'(inform against somebody)이란 뜻이다. 고발자가 누군지는 밝히지 않아 분명하지는 않지만, 타키투스의 경우와 같이, 아마도 유대인이거나 아니면 기독교의 확산으로 사업상 손실을 입은 상인 또는 사업가일 가능성이 높다.[32]

또한 플리니우스의 편지는 당시 비두니아 지방에서 일어난 기독교 운동에 대해 몇 가지 사실을 확인케 해준다. 우선 무엇보다 비두니아와 본도 지방에 기독교가 급속도로 확산되고 있었다는 점이다. 이 지방에 이미 그리스도인들이 있었다는 사실은 베드로전서를 통해서도 확인할 수 있다(벧전 1:1). 그러나 플리니우스가 총독으로 있을 당시에는 그리스도인의 수가 급증했고, 여자 노예를 포함해 모든 계층의 사람들에게 그리고 도시와 시골에서 빠르게 확산되었음을 알 수 있다. 뿐만 아니라 로마 시민권을 가진

---

32. Stephen Benko, *op. cit.*, 1070; Robert L. Wilken, 15.

그리스도인들을 재판하기 위해 로마로 보낸다는 언급은 기독교가 로마 시민들 사이에도 확산되었음을 입증한다. 이로 인해 이교의 신전들은 황폐화될 상황에까지 이르렀는데, 이는 신약성경의 증거를 확인해주는 것이기도 하다. 즉 기독교 복음의 전파로 은장색업자(銀匠色業者)들이 생계의 위협을 느끼기 시작했다고 한다(행 19:24ff). 뿐만 아니라 이교의 신전에서 제물로 사용될 짐승의 사료를 조달하는 업자들도 생계의 위협을 느끼기는 마찬가지였다.[33]

둘째로 플리니우스의 편지는 초기 기독교의 예배의식에 관한 정보를 제공해준다. 그리스도인들은 '어느 정해진 날(fixed day) 해뜨기 전'에 회집했고, 그리스도에게 영광을 돌리는 찬송과 성만찬을 시행했던 것으로 보인다. 이는 '안식 후 첫날에'(the first day of the week) 성찬을 행하기 위해 '떡을 떼려'(to break bread) 모였던 드로아에서의 집회와 비교될 수 있다. 플리니우스의 편지에서 언급하는 또 다른 집회는 같은 날 좀 더 후에 있었는데, 그들은 아가페 곧 애찬(fellowship meal)을 나누었다. 이들이 첫 모임에서 행했다고 하는 '맹세'라는(플리니우스는 *sacramentum*이라는 라틴어를 사용함) 말에는 오늘날의 성례전이라는 의미가 들어있다. 라틴어 '사크라멘툼'은 로마의 병사들이 군에 입대할 때 복종할 것을 맹세하는데 사용되거나 범죄조직에서 조직에 대해 맹세할 때 사용되었는데, 플리니우스는 이 맹세가 범죄행위를 위한 것이 아니라는 사실에 놀랐던 것 같다. 또한 그리스도인들의 모임에서 먹는 음식이 '평범하고 무해한 것'이라는 주장은 당시 그리스도인들에 대해 떠돌던 식인 풍습(ritual cannibalism)이나 근친상간을 행한다는 소문은 사실이 아니었음을 반증한다.

셋째로 플리니우스의 편지는 당시 그리스도인들이 예수를 하나님으로

---

33. P. Barnett, 18.

믿고 기도했다는 점을 보여준다. 그들은 예수를 거부하거나 저주하지 않았다(고전 12:3). 도리어 그들은 황제를 신격화하여 숭배하거나 다른 형상을 숭배하지도 않았다, 넷째로 그리스도인들의 문제를 처리하는 일을 지시하는 황제의 답신에서 법령이나 전례를 언급하지 않았다는 점이다. 플리니우스는 그리스도인이라는 고백만으로도 죄가 성립하는지 아니면 그리스도인이라는 점과 함께 불명예스러운 일이 수반될 때 죄가 되는지를 묻고 있으나 황제는 이 점에 대해 답하지 않았다. 즉 기독교에 대한 뚜렷한 제재 규정이 따로 있는 것이 아니며, 다만 치안상 문제가 될 때 처벌할 수 있다는 입장을 보였다는 것이다.

이상의 기록들에서 볼 때, 기독교는 비두니아와 본도 지방에서도 무시할 수 없는 세력으로 전파되고 있었음을 알 수 있다.

4. 탈루스의 기록

수에토니우스나 타키투스 혹은 플리니우스가 초기 기독교에 대해 말하기보다 훨씬 앞서 한 로마의 작가가 예수의 죽음과 관련해 한 가지 기록을 남겨주고 있는데, 그것은 로마에서 유대인의 추방이 있는지 약 삼 년이 지난 주후 52년 탈루스(Thallus)가 남긴 기록이다. 이 기록 역시 예수의 죽음에 대한 성경 밖의 기록으로서 중요한 의미가 있다. 탈루스는 디베료 황제 때의 노예출신으로서 트로이 전쟁 때부터 당시까지의 그리스 역사를 아시아와의 관계 속에서 기록하였다. 비록 그의 기록이 현존하지는 않지만, 주후 221년경 줄리어스 아프리카누스(Julius Africanus)의 인용을 통해 예수를 처형할 당시의 정황을 알 수 있다. 탈루스는 그의 역사서 제3권에서 예수가 십자가에 달리던 날 팔레스타인에 임한 초자연적인 암흑을 언급하면서 이것이 일식(solar eclipse)에 기인한 것이라고 설명했다. 하지만 보름

달에는 일식이 일어날 수 없다는 점에서 탈루스의 지적은 맞지 않다.[34] 그럼에도 불구하고 예수가 처형된 지 약 이십 년이 지난 후 예수의 죽음에 관한 이야기가 로마의 비기독교도들 사이에도 알려졌다는 사실은 특기할만하다.

5. 맺는 말

이상과 같은 비기독교적 자료를 통해 64~110년에 이미 비두니아 지방에 그리고 49~64년에 로마에 그리스도인이 있었다는 사실을 확인할 수 있다. 그것도 소수가 아니라 대단히 많은 수가 말이다. 플리니우스는 "모든 계층의 사람들에게와 남자와 여자의 구별이 없이, 도시에서 농촌에 이르기까지 편만하다"라고 했다. 로마의 경우 64년 대화재로 세 개 지역이 전소되었을 때 네로황제는 '기독교라는 한 집단'(class … called christians)을 희생양으로 삼았는데, 이 또한 상당한 수의 기독교인들이 로마에 있었음을 암시한다.[35] 비록 로마나 비두니아 지방의 기독교 연원에 대해서 정확히 알 수는 없지만, 그 시작은 분명 예수의 사역의 중심인 유다지방에서 비롯되었을 것이다. 이 작은 시작이 한 세대를 거치면서 당시의 전 세계로 확장된 것이다. 로마인들의 눈에 해로운 미신으로만 보였던 기독교는 사실상 무시할 수 없는 힘을 지니고 있었다.

---

34. 기독교 역사가인 Julinus Africanus(주후 221)는 예수가 십자가에 처형되었던 유월절은 춘분 후의 보름달에 해당함으로 Thallus의 주장이 옳지 않다고 지적했다. 브루스, 『초대교회 역사』, 173.

35. P. Barnett, 24.

제14장

몬타누스파(Montanism)의 거짓계시 운동

초기 기독교에서 예언의 문제는 중요한 관심사였다. 일반적으로 개혁교회는 계시와 관련된 예언의 은사는 종결되었다고 보지만, 조명의 차원에서 예언은 존재한다고 믿는다. 하지만 초기 기독교는 예언과 예언의 기능을 중시했다. 이는 꿈(dream)이나 환상(visions), 예언적 신탁(prophetic oracles) 또는 다른 유사한 형태로 나타났으며, 여기에는 사적인 예언도 포함되었다. 비록 예수께서 거짓 예언(자)의 출현을 경고했고(마 7:15~22), 사도 요한도 그의 독자들에게 유사한 경고를 했으나(요일 4:1~6), 베드로도 환상을 보았고(행 10:9~20, 11:1~12), 바울도 고린도 교인들과(고전 12~14) 데살로니가 교인들(살전 5:19~22) 가운데 있었던 예언적 활동을 인정했다. 때문에 예언활동은 1세기 말까지도 계속되었다고 하겠다.[1] 1세기 말~2세기 초에 기록된 것으로 알려진 디다케(*Didache*)는 예언활동을 포함한 목회

---

1. Cecil M. Robck, "Canon, Regulae fidei, and Continuing Revelation in the Early Church," *Church, word and Spirit*, James E. Bradley & Richard A. Muller ed., (Eeredmans, 1987), 67.

(prophetic ministry)의 정당성을 지지하기도 했다.² 안디옥의 이그나티우스는 2세기 초에 빌라델비아 교회 성도들에게 보낸 짧은 편지에서 자신도 예언했던 경험이 있다고 말하면서, 편지에 성령의 역사 가운데서 회중에게 큰 소리로 전달했던 두 가지 신탁에 대해 기록했다.³ 이그나티우스의 서신보다 약간 후기에 기록된 것으로 보이는 헤르마스(Hermas)의 『목자』(*The Shepherd of Hermas*)도 환상적인 내용을 많이 포함하고 있는데, 흥미로운 점은 이 책에 참된 예언과 거짓된 예언을 구분하는 지침이 제시되어있다는 점이다.⁴ 이 책은 로마에서 저술한 것으로 보이는데, 초기 교회의 경건생활에 지대한 영향을 끼쳐 이레네우스는 이 책을, 사도들의 기록(apostolic writings)과 동일시할 수 있는가의 문제가 정리되지 않았는데도, ἡ γραφή 혹은 *scriptura*라고 부르기까지 했다.⁵ 알렉산드리아의 클레멘스는 이 점을 그의 『잡록』(*Stromata*)에서 거듭 인용하였으며, 페페투아(Perpetua)의 환상도 헤르마스의 『목자』에서 큰 영향을 받은 것으로 알려져 있다.

이 외의 다른 교부들의 문헌에는 2세기까지 교회 공동체에서 예언활동이 있었음을 증거한다. 그런데 크로네(T. M. Crone)에 따르면, 교회에는 두 가지 예언적 전통이 있었는데, 하나는 유대교적 배경의 아포칼립티시즘(apocalypticism)이고, 다른 하나는 기독교의 전개과정에서 나타난 그리스화의 영향이다.⁶ 어쨌든 예언의 시원에 대해서는 이견이 있을 수 있으나 초기 기독교에서 예언은 반드시 부정적으로 정죄된 것이 아님은 분명

---

2. *Didache*, 10.7; 11.1-12.

3. Ignatius, *Phld.*, 7.1-2; W. R. Schoedel, *Ignatius of Antioch: A Commentary on the Letters of Ignatius of Antioch*, ed. H. Koester (Phila: Fortress, 1985), 205-6.

4. Cecil M. Robck, 68.

5. Irenaeus, *Against Heresies*, 4.20.2.

6. T. M. Crone, *Early Christian Prophecy: A Study of its Origin and Function* (Baltimore, 1973), 263.

하다. 오히려 예언은 일반적으로 용인됨은 물론 나아가 하나님의 임재에 대한 증거, 곧 '계속적 계시'(continuing revelation)로 받아들이기까지 했다. 그러다가 교회가 예언의 문제를 심각하게 고려하고 그 문제점을 간파하게 된 것은 몬타누스파의 거짓 예언을 겪고 난 이후부터였다.[7] 계시의 연속으로서의 예언은 하나님의 궁극적 로고스로서(as the ultimate logos of God, 요 1:1~4, 14, 히 1:1~4)서 그리스도를 반역하는 것이요, 순전한 사도적 신앙으로부터 이탈하는 것이며, 종결된 정경(closed canon)인 성경의 가치를 훼손하는 것임을 인식하게 되었다.[8] 이렇게 볼 때 몬타니스파의 거짓 예언은 초기 기독교에게 사적 예언이 갖는 위험성을 감지하게 하는 중요한 계기가 되었다고 할 수 있다. 그래서 여기서는 몬타니즘의 기원과 발전, 거짓계시 운동에 대해 정리하고자 한다.

1. 몬타누스 운동의 역사적 배경

2세기를 전후한 초대교회에는 몇 가지 이단운동이 일어났는데, 그 중에 대표적인 것이 몬타누스파(Montanist)였다. 교회사상의 모든 운동이 그러

---

[7] 초기 기독교에서의 예언의 문제에 대한 연구로는 A. Bittlinger, *Gifts and Graces: A Commentary on 1 Corinthians 12-14* (Eerdmans, 1968), E. E. Elliss, *Prophecy and Hermeneutic in Early Christianity* (Eerdmans, 1980), D. Gee, *Concerning Spiritual Gifts* (Radiant Books, 1980), D. Hill, *New Testament Prophecy* (Marshall, Morgan & Scott, 1979) 등이 있다.

[8] 초기 기독교의 몬타니즘과 같은 경우만이 아니라 20세기에 나타난 거짓 예언인 안식교, 몰몬교 등의 예언과 관련하여 '계시의 연속설'을 부인하는 입장의 대표적인 논저로는 W. J. Chantry, *Signs of the Apostle: Observations on Pentecostalism Old and New* (Banner of Truth Trust, 1976), R. L. Raymond, *What About Continuing Revelations and Miracles in the Presbyterian Churches Today? A Study of the Doctrine of the Sufficiency of the Scriptures* (Presbyterian and Reformed, 1977), B. B. Warfield, *Counterfeit Miracles* (Banner of Truth Trust, 1972) 등이 있다.

F. E. Vokes, "The Opposition to Montanism from Church and State in the Christian Empire," *SP* 4 (1961)

하듯이, 몬타누스 이단운동 역시 (인간적인 관점에서는) 시대적 상황, 곧 2세기 당시 교회의 현실에 대한 반작용으로서 일종의 종말론적이고 신비주의적인 교회 개혁의지에서 출발하였다.

초대교회는 예수님의 임박한 재림에 대한 기대 속에 살았으나, 당대에 재림은 이루어지지 않고 종말이 무한히 계속되는 역사 속에 중성화(Neutralisierung)가 되어가자, 교회는 차츰 현실 속에서 제도화 되어 갔다. 이로 인해 교회의 영적, 도덕적 강조가 약화되고, 사도시대에 있었던 성령의 은사에 대한 열망도 점차 사라져갔다. 또한 영적이고 카리스마적인 직분이 감독제의 교권적 형태로 대치되어가면서 교회의 퇴조와 함께 이전 시대부터 서서히 배태되어 왔던 공교회(公敎會)주의 혹은 보편교회적 성격(Catholicism)이 구체화되었다. 즉 선명한 모습은 비록 그 후기에 실체를 드러내지만, 종말과 재림에 대한 기대가 식어지자 눈에 보이는 교회를 신국화(神國化)하려는 일련의 사상적 발전이 전개되고 있었다. 이 과정은 특히 리용의 이레네우스(Irenaeus, c. 130~200), 카르타고의 키프리아누스(Cyprianus, c. 200~258)를 거쳐 아우구스티누스(Augustinus, 354~430)에게로 발전하였는데, 아우구스티누스는 종말을 고대하던 초기 교회의 사상을 교회실증주의(ecclesiastical positivism)로 대치하는 이런 사상적 계보의 최후단계가 되었다.

여하튼 점차 신국은 이미 제도로서 교회 안에 있다는 신념이 자리하면서 교회 안에는 종말에 대한 기대가 사라졌을 뿐만 아니라, 규율이 해이해지고 예배는 형식화되고 윤리의 표준이 세속화되는 경향이 나타나게 되었다. 이런 가운데 교회의 도덕적인 순결과 거룩한 생활, 엄격한 규율을 회복하기 원하는 사람들이 많이 나타나게 되었다. 몬타누스 운동(Montanism)은 바로 이러한 상황에서 일어났다. 이들은 교회의 속화(俗化)와 제도화에 반기를 들면서 성령의 은사를 강조하고 주님의 임박한 재림을 예언하며,

엄격한 금욕을 주장했다. 하지만 점차 이 운동은 당시 교회에 커다란 반향을 일으키는 이단운동으로 발전되어 갔다. 특히 종말에 대한 예언에 있어서 성경을 넘어서는 거짓계시 운동으로까지 발전했는데, 이는 1990년대 초 한국교회 일각에서 일어났던 시한부 종말운동처럼 당시 교회에 상당한 혼란을 초래하였다.

2. 거짓계시(僞經) 운동

이 운동의 창시자인 몬타누스(Montanus)에 대해서는 알려진 것이 별로 없다. 제롬에 의하면, 그는 소아시아의 프리기아(phrygia) 태생으로 키벨레(Cybele)라는 여신전에서 종사하다가 개종하여 새로 입교한 자였다.[9] 약간의 견해차가 있지만, 그는 172년경부터 자신이 성령에 의해 사로잡혀 있다고 주장하면서 예언활동을 시작하였다. 처음에는 소아시아의 프리기아(Phrygia) 지역에 제한되었으나 차츰 그 지역을 넓혀 갔다. 특히 그는 그리스도의 탄생과 함께 성부의 시대가 끝나고 성자의 시대가 시작되었으며, 오순절 이후부터는 성자의 시대도 막을 내리고 성령의 시대가 시작되었다고 주장하였다. 그리고 종말이 가까이 왔다는 원시 기독교 신앙을 강조하면서 자신이야말로 요한복음에서 약속한(요 15:26) 보혜사의 대언자(Mouthpiece)라고 주장하였다. 후일에는 자신이 보혜사라고 주장하면서 보혜사가 임한 것은 종말이 임박했음을 가리키는 것이라며, 프리기아에 있는 작은 마을인 페푸자(Pepuza)에 새 예루살렘이 세워질 것이라고 했다.[10]

---

9. P. Schaff, *History of the Christian Church*, vol II (Eerdmans, 1979), 418.

10. Eusebius, *Ecclesiastical History*, 5, 18, 2.

프르시킬라(Pris[cill]a)와 막시밀라(Maximilla)라는 두 여인이 여선지자로 몬타누스의 예언운동에 가담하였는데, 이들은 몬타누스를 추종하고 함께 예언활동을 하기 위해 가족을 버린 여인들로 매우 신비주의적인 인물이었다. 그 지방 감독들은 이 두 여인을 귀신에 사로잡힌(demon possessed) 여인들이라고 판단할 정도였다.[11] 몬타누스의 고향이자 이 운동의 발상지라고 할 수 있는 프리기아 지방은 이지적인 그리스 도시와는 달리 열정적이고 종교적인 특성을 지니고 있어서 잡다한 미신적인 신앙양태들의 발상지이기도 했다. 일단 임박한 종말에 대한 몬타누스주의자들의 거짓예언이 일어나자 삽시간에 한적하고 조용하던 촌락 페푸자는 대도시를 방불케하는 소위 '거룩한 도시'로 변모되었다. 호르트(F. J. A. Hort)는 그의 『니케아 후기시대의 교부들』(*The Ante-Nicene Fathers*)이란 책에서 몬타누스 운동의 성격과 특징을 다음과 같이 간명하게 기술하였다.

간단하게 말해서 이들의 특징은 다음과 같다. 첫째로 이미 약속된 보혜사로서의 성령, 곧 그 당시의 교회에 신적능력으로 존재하시는 성령에 대한 강한 믿음이며, 둘째로는 성령께서 황홀경에 빠진 선지자들과 여선지자들을 통해 초자연적인 방법으로 자기 자신을 계시하신다는 신앙이었다. 셋째로는 이들 선지자들의 특징적인 교훈을 기반으로 특히 엄격하고도 놀랄만한 그리스도인의 도덕과 치리의 표준을 반복적으로 가르쳤다는 것이다. 당시 교인수의 증가와 교회의 번성은 도덕적인 나태현상을 초래하였고, 이에 대해 엄격한 금지조항을 적용함으로써 이러한 경향을 방지하고자 했던 것도 결코 이상한 일이 아니었다. 이러한 몬타누스주의의 세 가지 특징 외에도 두 가지를 더 첨가할 수 있는

---

11. F. F. Bruce, *The Spreading Flame* (Eerdmans, 1973), 219.

데, 네 번째로는 감독들(bishops)에 대항하여 선지자들(prophets)을 내세우려는 경향이었다. 당시 새로이 성립된 감독제도가 기독교 공동체에 호의적으로 받아들여지고 있었는데, 몬타누스주의자들은 이 점을 영적 위험으로 단정하였던 것 같다. 다섯 번째로는 주님의 임박한 재림에 대한 열렬한 기대를 갖고 있었으며, 결과적으로 일상적인 인간사(ordinary human affairs)에 대해 무관심하였다.[12]

교회사에서 간헐적으로 나타났던 모든 메시아니즘, 유토피아 사상, 혹은 천년왕국운동, 종말론적 이단사상들은 많은 점에서 이러한 몬타누스 운동과 유사한 점들을 보인다. 특히 그들이 강조한 금욕생활은 신국의 도래를 위한 준비이자 이를 촉진하는 요소였는데, 몬타누스 운동도 이점에 있어서 동일했다. 즉 이들은 금식과 성적(性的)인 절제를 강조하면서 이를 그리스도의 재림을 위한 합당한 준비이자 환상적 계시를 받기 위한 조치라고 주장했다. 또한 신국에서는 장가나 시집가는 일이 없으며, 남녀 간의 성관계도 극복되기 때문에(참고, 마 22:30) 결혼은 가능한 피하고 독신생활을 할 것을 강조했다. 하지만 점차 결혼자체를 부인하고 재혼을 일종의 간음이라고 금지하는 데까지 나아갔다. 또 여자의 사치스런 의복도 금하고 처녀는 너울을 쓰도록 하였다. 다시 말하지만 이러한 금욕은 모두 임박한 종말에 적응하려는 노력이었으며, 현시대의 종말을 고하고 새로운 시대의 도래를 촉진하는 행위였다(참고, 고전 7:7 이하). 따라서 그들은 순교 또한 피하지 않고 오히려 순교에 대한 열망을 가지게 되었다. 그들에게 이 땅에서의 일시적인 삶을 연장하는 것은 아무런 의미가 없었기 때문이다.

이런 점에서 데키우스(Decius, 249~251) 황제에 의해 박해가 일어났을

---

12. F. J. A. Hort, *The Ante-Nicene Fathers* (1895), 100ff.

때, 알렉산드리아의 감독 디오니시우스(Deonysius)나 카르타고의 감독 키프리아누스(Cyprianus)가 말한 죽음이 무서워서가 아니라 교회건설을 위해 순교를 면해야 한다는 주장은 몬타누스 운동과는 거리가 먼 것이었다. 오히려 이들은 순교를 피하는 것은 세상과 타협하려는 '약한 자'의 간교일 뿐이라고 생각했다. 그래서 그들은 박해 때 변절했던 사람이 교회로 다시 돌아오는 것을 반대하였으며, 그들을 용납하는 교회 또한 강하게 비난하였다. 그와 더불어 몬타누스 운동은 교회의 교역자나 교사의 자격과 임명은 안수나 감독권(직)의 계승에 있는 것이 아니라, 성령이 직접 맡겨주는 것이라고 주장함으로써 당시 교회의 제도화와 교권화에 반발하였다.

하지만 몬타누스 운동은, 앞에서도 말했지만, 예언과 방언을 지나치게 강조함으로써 점차 기록된 성경의 범위를 넘어 거짓계시 운동으로 발전되어 갔다. 몬타누스는 자신을 보혜사의 대변인으로 생각했다. 그의 말에 의하면, 그의 예언은 독자적인 자기 이성이나 인격에 조금도 의존하지 않고 오직 성령에만 의존한 것이므로 당시 교회가 누릴 수 없는 새로운 계시이자, 성령의 시대를 여는 징조였다. 즉 그는 선지자들은 황홀경에서($K\alpha\tau'$ $\epsilon\chi\sigma\alpha\sigma\iota\nu$) 예언하고 성령은 악사가 파이프를 불듯이 선지자들을 불어 예언하게 한다는 아데나고라스(Athenagoras)의 설명을 답습한 것이었다.[13] 유세비우스는 이러한 몬타누스에 대하여 매우 소중한 정보를 제공하는데, 그의 기록에 의하면 몬타누스는 "영에 사로잡혀 황홀경에서 이상한 소리로 중얼거리며 지금까지 교회에서 통상적으로 해온 것과는 다른 모양으로 예언"했으며,[14] 또한 "두 여자를 세워 그들에게도 거짓 영을 부어 줌으로써

---

13. Leg, 7:9; J. N. D. 켈리, 『고대기독교 교리사』(한국 기독교문화연구소 출판부, 1980), 75.
14. Eusebius, 5, 16, 7.

자기와 같이 열광적으로 지껄이게 했다"[15] 여하튼 이들의 예언은 계시적 권위를 가졌고 정경 이상으로 인정되었다. 특히 172년에 종말이 오고 새 예루살렘이 페푸자에 임할 것이라고 했는데, 이는 "그날과 그때는 아무도 모르나니 하늘의 천사들도, 아들도 모르고 오직 아버지만 아시느니라"는 마태복음 24장 36절의 말씀을 명백하게 위배하는 거짓계시였다. 심지어 몬타누스는 "나는 천사도 아니고 대사도 아니다. 나는 바로 성부 하나님이시니라"라고 선언하였다.[16] 4세기의 알렉산드리아의 기록에 의하면, 그는 "나는 성부요 성자요 보혜사니라"라고 했다고 전한다.[17]

한편 몬타누스 운동은 그들이 제도화된 교회보다 '우수한 계시'[18]를 지녔고, 따라서 그들을 일반교회와 구별하는 독선적인 분파주의의 입장을 취했다. 곧 그들에게 일반교회는 하부구조였고, 그들의 교회는 하부구조를 초월한 상부구조로서 일반교회가 가진 복음보다 우월한 '충분한 복음'을 가지고 있다고 생각했다. 그리고 상부구조에 속한 그들이야말로 영적 엘리트라고 자부하였다.[19] 이와 같은 몬타누스 운동은 당시 많은 사람들에게 매력적으로 다가왔고,[20] 때문에 여러 지역으로 전파되어 170년경에는 로마에, 그리고 2세기 말에는 아프리카 지방에까지 급속히 전파되었다.

---

15. *Ibid*, 5, 16, 9.

16. Epiphanius, *Against Eighty Heresies*, 48, 11, 1.

17. Didynus, *De trinitate* III, 4, 1.

18. Tertullianus, *De Praescr*, 53 참고.

19. J. Kamphuis, *Signalen uit de kerkgeschiedenis*, Groningen, 1975 참고.

20. 이 운동에 가담하였던 비교적 알려진 사람들로는 Miltiades, Themiso, Proculus, Theodotus, 그리고 Alexander 등이 있다. Eusebius, 5.14.1; 5.16.8.

3. 거짓계시 운동의 사회·경제적 배경

몬타누스 운동이 당시 사람들에게 인기를 얻은 것은 한편으로 교회의 세속화와 제도화에 대한 반작용이기도 했지만, 다른 한편으로 당시 사회, 경제적 상황도 매우 중요하게 기여했다. 당시는 마르쿠스 아우렐리우스(Marcus Aurelius)가 황제로 있던 때였는데, 그리스도인들에 대해 잔인하게 탄압했고 더불어 사회적 빈곤도 극심한 때였다. 처참할 정도의 빈곤과 생존의 고통이 압도하였다. 이런 상황에서 임박한 종말에 대한 선포는 매력적일 수밖에 없었다. 굶주린 대중들은 이 땅에서 평안을 기대할 수 없으므로 몬타누스 운동이 말하는 소위 '충분한 복음'에서 도피처를 찾았다. 현실이 암담하고 참담할수록 새로운 세계, 곧 신국에 대한 기대가 강력하였던 것이다. 이는 묵시문학적 종말론과 그 사상적 계열을 고려해 볼 때 매우 설득력 있는 설명이다.

아우렐리우스 황제는 '권좌에 좌정한 시인'이라고 불릴 만큼 지성을 겸비한 황제요 시인이자 철학자였다. 그가 쓴 『명상록』(*Meditations*)은 후일 기독교 세계의 대표적인 경건서적으로 폭넓게 읽혔으며, 한국의 고등학교 교과서에서도 인용될 만큼 유명한 작품이자 고전이다. 하지만 그는 기독교에 대해서만큼은 포학하리만치 잔인한 황제였다. 그의 통치 하에서 교회가 배출한 가장 특출한 변증가였던 유스티누스(Justinus)가 처형되었으며(165년), 수많은 그리스도인들이 재산을 몰수당하고, 투옥되었고, 형장의 이슬로 사라져갔다. 그는 그리스도인들을 위험한 반란자요 국론을 분열시키는 자로 보았다. 로마 제국의 많은 통치자들이 고난과 죽음 앞에서도 용기와 신념을 굽히지 않은 그리스도인들을 일면 존경과 경의로 대하였으나, 아우렐리우스는 오히려 이를 변태적인 오만으로 간주하여 경멸하였고 처절하리만치 혹독하게 탄압했다. 더군다나 그가 황제로 통치하던 기간(161~180년)에 로마 제국에는 여러 가지 재화(災禍)가 발생했는데, 그는 이것을 그리스도인들의 탄압을 가중시키는 전거로 삼았다. 특히 166년은 로마의 역사가들이 액년(*anus calamitosus*)이라 칭할 정도로 로마 제국에 홍수가 발생했고, 또 다뉴브 국경으로부터 야만족이 침입하여 심각한 기근과 가난, 정치적 혼란을 겪은 해였다. 그런데 아우렐리우스 황제는 이것을 기독교의 유치한 미신 때문에 로마의 제신(諸神)들이 분노한 결과라고 보았다.

이와 같은 가난과 탄압은 그리스도인들로 하여금 새로운 세계의 도래를 갈망하게 하였다. 그런데 때마침 몬타누스 운동이 일어나 임박한 재림과 종말을 말하자 수많은 가난하고 핍절한 사람들이 이 운동에 매혹을 느껴 추종하게 된 것이다. '새 예루살렘'을 찾아 순례의 길을 가는 자들에게 한적한 촌락이었던 페푸자는 이 땅의 고통스러운 삶의 질곡에서 그들을 해방시켜줄 희망의 도시요 하나님 나라였다. 이러한 사실은 오늘날 우리에게 1,800년이라는 시간적 괴리가 있는데도 가슴 저미는 아픔으로 남는다. 더군다나 이들 공동체에 들어온 사람들이 재혼은 물론 결혼도 금하고 모든 소유와 가족관계를 떠나 엄격한 금욕생활을 하며 오직 신비한 영적 은사만 갈망했다는 점이 더욱 아픈 역사의 교훈으로 남는다. 하지만 이들은 처음부터 잘못된 거짓계시를 따랐다.

4. 테르툴리아누스와 몬타누스 운동

그런데 당대의 최고의 신학자이자 『이단논박』(*Against Heretics*)과 같은 글을 통해 이단 공격에 앞장섰던 이지적인 인물인 테르툴리아누스(Tertullianus, C. 160~220)조차 몬타누스 운동에 가담했었다. 그가 이 운동에 관여한 것은 201년 혹은 202년경으로 보이는데,[21] 이는 이 운동이 이미 북아프리카 지역을 비롯해 여러 지역으로 확산되었음은 물론 상당한 호소력을 지녔음을 확인케 해준다.

테르툴리아누스는 북아프리카의 카르타고 출신으로서 그의 생애 대부분을 여기서 보냈다. 그는 이교도들에 대항하여 기독교 신앙을 변증하는 한편, 이단들에 대항해 정통신학을 주장하는 여러 편의 저작을 남긴 인물이다. 기독교인에 대한 트라이아누스 황제의 부당한 판결을 지적하는 『변증』[22]과 『영혼의 증거에 관하여』(On the witness of the Soul), 『이단들의 취득시효』(Prescription against the Heretics)와 같은 그의 작품들을 볼 때, 그는 법률가이자 수사학적 교육을 받은 사람임에 틀림없다. 그만큼 그의 글들은 조직적이고 체계적인 지성과 탁월한 분석력, 그리고 예리한 통찰력을 보여준다. 그런데 이렇게 예리한 지성으로 모든 이단들을 강하게 공격한 그가 이단집단에 참여한 일은 충격적인 일이 아닐 수 없다. 이는 교회사에 남겨진 신비로운 일 가운데 하나이다.[23]

안타깝게도 테르툴리아누스는 자신이 몬타누스 운동에 가담한 이유에 대해 분명한 기록을 남겨주지 않는다. 하지만 이에 대해 몇 가지 가능한 대답을 찾아볼 수는 있다. 첫째, 몬타누스 운동과 테르툴리아누스의 신학의 유사성을 들 수 있다.[24] 이는 곤잘레스의 주장인데, 한스 폰 캄펜하우젠 (Hans Frhr. von Compenhausen) 역시 테르툴리아누스가 본래부터 환상적이고 황홀경적인 종교현상에 애착을 가지고 있었다고 하면서,[25] 몬타누

---

21. Schaff, 420.
22. *Aplology*, 1,2.
23. Justo L. Gonzalez, 『초대교회사』(은성, 1988), 130.
24. *Ibid.*
25. 캄펜하우젠, 『라틴 교부연구』(대한기독교 출판사, 1979), 43.

스 운동과 유사한 사상적 편린들을 지적한 바 있다. 당시 상황을 고려해 볼 때, 몬타누스 운동의 교회개혁 의지가 테르툴리아누스에게 공감을 준 것으로 판단된다. 즉 몬타누스 운동의 임박한 종말에 대한 주장이 당시 나태한 교회에 새로운 동력을 부여하고, 제도화되고 형식화된 교회의 개혁운동으로 이해되었을 것이다. 테르툴리아누스는 정통 교리와 생활에서 떠나지 않으려고 힘썼지만, 당시 교회의 세속화 현상을 강하게 비판했다는 점에서 그가 몬타누스 운동에 심정적으로 동조하고 있었음을 짐작할 수 있다.

둘째, 몬타누스 운동이 금욕을 강조하고 이 세상과 구별된 삶을 강조한 것이 테르툴리아누스로 하여금 이 운동에 가담하게 한 것일 수 있다. 테르툴리아누스는 금욕주의적 성향을 지닌 사람이었다. 그는 독신생활이 결혼생활보다 고상하다고 여겼고, 자기 아내에게 자기가 먼저 세상을 떠나도 과부로 지내달라고 부탁했다고 한다. 그는 재혼을 간음과 같은 것으로 보았다. 사실 몬타누스 운동의 재혼금지 주장은 테르툴리아누스의 영향에 기인한 것이다. 테르툴리아누스는 당시 교회가 조직과 제도에 의해 지배되고 있었기 때문에 보다 엄격한 훈련과 금욕적인 생활이 필요하다고 보았다. 그의 작품 중 금욕생활에 관한 논설(이는 몬타누스 운동에 심취했던 기간의 작품이다)은 당시 가톨릭교회의 세속적이고 해이한 형식주의를 비판하고 몬타누스 운동의 엄격한 금욕주의를 강변한 것이다. 이런 점에서 테르툴리아누스는 몬타누스 운동의 금욕과 엄격한 윤리에 매력을 느꼈였을 것이다.[26] 브루스는 "실제로 테르툴리아누스는 당시의 가톨릭교회(Catholic communion)와 관계를 끊고, 마침내 자기가 일컬었던 '성령의 사람들'(Men of the Spirit)과 완전히 합류하기 수년전부터 그의 저술들

---

26. Bruce, 220.

가운데 몬타누스파의 영향을 보여주고 있다"라고 부연하였다.[27]

셋째는 몬타누스 운동과 테르툴리아누스는 분리주의적 문화관에서 서로 비슷했다. 몬타누스 운동은 통합적이고 일원론적인 세계관(문화관)보다 이원론적인 세계관으로 심각하게 경도되어있었다. 따라서 그들은 기독교인의 성별된 삶을 악한 이 세상과 구별된 영역에서 찾았는데, 이는 그리스도와 세상을 반립(反立, Antithesis) 구조로 보았던 테르툴리아누스와 비슷했다고 볼 수 있다.

이 외에도 몬타누스 운동과 테르툴리아누스 사이에 유사한 점이 또 있다. 당시 교회는 나름대로 하나님을 따르며 그 뜻을 실현하기 위해 노력했지만, 세속화와 재림의 지연으로 인해 신앙이 냉랭해지고 교회의 불완전성이 급격히 드러나고 있었다. 교회로서는 해이해진 기강에 대한 적절한 대책이 필요했는데, 그 유일한 방법이 교회를 성령의 새로운 시대에 의해 대체될 잠정적 단계 혹은 중간적 단계로 보는 것이었다. 몬타누스 운동은 기성 교회와는 다른 엄격한 금욕과 세상과의 철저한 분리를 주장했는데, 이것을 성령의 새로운 시대의 특징으로 보았다. 그래서 테르툴리아누스는 몬타누스 운동에 동조적이었던 것으로 보인다. 테르툴리아누스는 종교를 네 단계로 보았는데, 첫째, 하나님에 대한 생득적(innate) 관념을 갖는 자연종교, 둘째, 구약의 율법적(legal) 종교, 셋째, 예수님의 지상생활 기간의 복음, 넷째, 보혜사의 계시, 곧 몬타누스 운동의 영적 종교였다.[28] 그는 당시 가톨릭교회를 성령에 의한 새로운 시대, 즉 넷째 단계를 준비하는 중간적 단계로 보았다.

테르툴리아누스는 그의 생애 말기에 몬타누스 운동에 실망하고 그 집

---

27. *Ibid.*

28. Schaff, *op. cit*, 422.

단을 떠나 몬타누스 운동과 가톨릭교회의 중간적 입장을 취하는 독자적인 분파를 만들었다. 아우구스티누스에 의하면, 그가 세상을 떠날 때 아프리카에 있던 그의 추종자들은 테르툴리아누스파(Tertullianists)라고 불렸는데, 5세기까지 계속되다가 결국 아우구스티누스의 감화와 활동에 의해 교회로 흡수되었다고 한다.[29]

이렇듯 테르툴리아누스가 한때 몬타누스 운동에 가담하여 그들의 입장을 변호했던 일은 2세기의 상황 및 몬타누스 운동의 성격과 테르툴리아누스의 사상을 이해하는 데 도움을 준다. 동시에 테르툴리아누스가, 필립 샤프의 말처럼, 비록 정통교리를 지키고 이에서 크게 벗어나지 않았다 할지라도 몬타누스 운동에 가담했던 일은 과오가 아닐 수 없다. 테르툴리아누스는 몬타누스 운동에 가담한 기간에도 교리적 오류에 대한 비판과 저술 활동을 계속하였는데, 『프락세아스에 대한 반론』(*Against Prasxeas*)이 대표적인 작품이다. 여기서 그는 기독론 논쟁에 있어 중요한 의미를 갖게 되는 '삼위일체'(Trinitas)라는 표현을 처음으로 사용했다.

5. 맺는 말: 역사로부터의 경고

몬타누스 운동의 예언, 곧 새 예루살렘의 도래는 이루어지지 않았으므로 그들이 주장한 새로운 예언(*neva prophetia*)으로 불리는 예언의 계속성(Continuance of prophecy)은 거짓계시로 판명되었다. 더군다나 180년을 전후하여 몬타누스와 두 여선지자가 세상을 떠났으나 이 운동은 소멸되지 않고 더 넓은 지역으로 확산되어갔다. 후일 교회가 이 집단을 이단으로 정죄하고 테르툴리아누스도 이들로부터 떠났으나 몬타누스 운동은 소

---

29. Augustine, *De Haeresibus*, 6; Schaff, 421 참고.

아시아 지방(여기서는 프리기아파[phrygians]라고 불리기도 했다)은 물론 갈라디아, 시실리아, 로마, 고울 그리고 북아프리카 지방에까지 확산되었다. 그러나 5세기를 지나면서 서서히 소멸되었다.[30] 그렇다고 이 운동이 완전히 종식된 것은 아니었다. 새로운 이름과 형식으로 몬타누스 운동은 교회사에서 계속 출현하였다. 가령 3세기의 노바티안(Novatianists)과 4세기의 도나티스트(Donatisis), 그리고 중세기의 요하킴 피오레(Joechim de Fiore, 1130~1202), 종교개혁기의 재침례파들(Anabaptists) 등이 부분적으로 몬타누스 운동의 일면을 계승하였다. 특별히 거짓계시 운동은 교회의 변혁기마다 항상 있어왔다.

교회는 하나님이 주신 계시에 근거한다(계 1:1). 그런데 고린도전서 4장 6절은 "기록한 말씀밖에 넘어 가지 말라"고 경고하며, 요한계시록 22장 18~19절에서는 "만일 누구든지 이것들 외에 더하면 하나님이 이 책에 기록된 재앙들을 그에게 더하실 터이요, 만일 누구든지 이 책의 예언의 말씀에서 제하여 버리면 하나님이 이 책에 기록된 생명나무와 및 거룩한 성에 참여함을 제하여 버리시리라"고 하여 기록된 계시의 가감을 금하고 있다. 특히 마태복음 24장 36절, 사도행전 1장 7절, 데살로니가후서 2장 1~3절 등에서는 재림과 종말에 대한 거짓계시와 거짓예언을 경고하고 있다. 이런 점에서 비록 몬타누스 운동이 2세기의 상황에서 몇 가지 긍정적인 기여를 했다고 할지라도 기록된 하나님의 말씀의 완전성과 충족성을 신뢰하지 않고 계시의 계속성(open canon)을 주장하고 거짓된 예언운동을 전개한 일을 큰 과오였다.

---

30. 카르타고에서는 테르툴리아누스의 영향과 그 추종자들에 의해서 '테르툴리아누스파'란 이름으로 5세기까지 계속되었고, 프리기아 지방에는 6세기까지 잔존하였다. 그러다가 유스티니아누스 황제(Justinianus, 527~565)가 530년과 532년 어간 몬타누스주의를 금하는 두 차례의 칙령을 발표함으로써 이 운동은 종식되었다.

그런데 이런 몬타누스 운동에 대해 알버트 뉴만(Albert Henrty Newman)은 매우 호의적으로 평가하면서 다음과 같이 말했다.

"몬타누스주의는 노스틱주의와 그 밖의 여러 이교사상의 영향을 받아 교회에 침투되고 있는 이질적 사상에 대한 반동이었다고 할 수 있다. 이 몬타누스파는 신앙보다는 지식을 강조하는 사상을 특히 반대하였으며, 교회의 규율이 해이해짐에 따라 그리스도인의 도덕이 문란해짐을 막으려 하였다. 또 교회의 세속화를 막아 보려고 노력하였고, 특히 교회내의 계급적 교권을 막아 보려고 하였다"

하지만 그는 몬타누스 운동의 긍정적 측면과 더불어 이들의 예언과 거짓계시 운동의 문제점을 정당하게 취급하지 못하고 있다. 필립샤프 역시 "몬타누스주의는 원래는 신앙으로부터 떠난 것이 아니다. 단지 초대교회의 실제적 도덕과 규율을 지나치게 병적으로 강조했을 따름이다. 그리고 이것은 노스틱의 합리주의와 가톨릭교회의 나태함에 대항하여 지나치게 초자연주의적이었고 퓨리탄적이었다"[31]라고 말함으로써 몬타누스 운동의 과도한 금욕사상, 윤리적 엄격성 등은 적절하게 지적했으나, 이보다 더욱 심각한 이단적 성격, 곧 이들의 거짓계시 운동에 대해서는 적절하게 지적하지 못했다.

교회사에서 나타난 모든 이단운동들은 부분적으로는 긍정적인 요소를 지니고 있다. 신자의 생활에서도 성결이나 구별된 사람, 윤리성 등을 강조

---

31. "For Montanism was not, originally, a departure from the faith, but a morbid overstraining of the practical moralith and discipline of the early church. It was an excessive super-naturalism and puritanism against Gnostic rationalism and Catholic laxity." Schaff, 417.

한다. 하지만 그들의 이단적 교리와 오도된 가르침을 간과해서는 안 된다. 거짓계시 운동은 교회사에서 볼 때, 항상 유혹적이었고 호기심을 끄는 것이었다. 또 이러한 거짓계시 운동은 역사의 변혁기나 교회가 세속화되고 영적 침체가 가중될 때 일어났다는 점에서 오늘날 한국교회에 값진 교훈을 주고 있다.

제3부

로마 제국의 종교정책과 기독교

제15장

로마 제국의 종교적 상황과 '종교의 자유'

초기 기독교가 당시 세계로 전파되는 과정에서 직면했던 중요한 문제는 두 가지였다. 하나는 로마 제국과의 정치적 문제, 곧 불법의 종교로서 기독교가 신교(信敎)의 자유를 획득하는 문제였다. 다른 하나는 이교(異敎)의 문제, 곧 다른 종교들과의 문제였다. 변증가들이 주로 활동했던 2세기 로마 제국은 어느 특정 종교가 주도적인 영향력을 행사한 것이 아니라 다양한 종교가 일정한 영향력을 공유했던 종교다원사회였다. 그런데 초기 기독교는 이런 상황에서도 종교의 자유를 누리지 못했다. 그렇다면 초기 기독교는 어떻게 대응했으며, 또 이교사상(paganism)에 대해 어떻게 이해했을까? 여기서는 초기 기독교의 확장 과정을 설명하는 한편, 불법의 종교로 간주되던 기독교회의 지식인들이 어떻게 종교의 자유를 주창하게 되었는지를 정리하고자 한다. 특히 2세기 대표적인 라틴 교부이자 '종교에의 관용'을 처음으로 언급한 테르툴리아누스를 중심으로 살펴보고자 한다. 이런 점들은 종교다원주의를 말하는 오늘의 한국교회에 좋은 가르침을 줄 것이다.

1. 초기 기독교의 확산

주후 30년경 예루살렘에서 비롯된 기독교 복음은 예루살렘을 모체로 팔레스타인과 소아시아, 그리고 유럽으로 확산되었다. 사도행전 2장을 보면, 예루살렘에서 첫 수세자는 삼천 명이었지만, 곧 오천 명(행 4:4), 그리고 나중에는 더 많은 이들이(행 6:1) 개종하여 교회 공동체의 일원이 되었다. 이후 기독교 복음은 바울을 비롯한 사도들과 무명의 전도자들(행 8:1)에 의해 안디옥, 에베소, 드로아, 빌립보, 아덴, 고린도 등으로 전파되었다. 베드로전서에서는 "바벨론에 있는 교회가 너희에게 문안하고"라는 말로 인사하는데, 이 바벨론을 계시록에서처럼 로마로 보는 학자들이 있는가 하면, 말 그대로 바벨론 지역으로 보는 학자들도 많다.

로마에 기독교가 소개된 것은 그 시기를 분명히 알 수는 없으나, 적어도 49년 이전인 것은 분명한 것으로 보인다. 하르낙에 따르면, 1세기 당시 로마 제국의 전체 인구는 약 오천만 명이었고, 그 중 로마시의 인구는 약 백만 명이었다고 한다. 한 도시의 인구가 백만 명을 넘어섰을 때가 1901년의 런던이었음을 감안할 경우, 당시 로마가 얼마나 거대한 도시였는지를 짐작할 수 있다. 그런데 이러한 도시에도 기독교 복음이 전파되어있었다. 로마서 1장 8절을 보면, 바울이 로마교회 성도들을 향해 "너희 믿음이 온 세상에 전파됨을 인하여 내 하나님께 감사한다"라고 말하는데, 이것은 로마에 있는 신앙공동체의 소문이 온 세계에 알려졌다는 것을 뜻한다. 흔히 로마서는 57년경에 기록된 것으로 보는데, 이는 네로가 즉위한지 불과 삼 년, 글라우디오의 칙령이 내려진지 팔 년만의 일이다. 그만큼 로마의 기독교는 경이롭게 성장했음을 알 수 있다.

2세기 초에 이미 로마 제국의 중요한 지역들에 기독교가 소개되었음을 보여주는 대표적인 두 가지 자료가 있는데, 그 중 하나는 110년경에 기록된 이그나티우스(Ignatius)의 서신이고, 다른 하나는 112년경에 기록된 플리니우스(Plinius)의 편지이다. 하르낙은 기독교가 로마 제국 전역으로 확산되어 3세기말에는 로마 제국의 총인구 오천만 명 중에서 적어도 칠백만 명이 그리스도인이었을 것으로 보고 있다.[1] 어떤 도시는 거의 모든 주민이 그리스도인이었고 제국의 서부지역보다는 동부지역의 교세가 강했다고 지적한다.

당시 기독교는 정치적으로나 사회적으로 매우 불리한 조건하에 있었다. 불법의 종교로 간주된 기독교는 종교의 자유를 누리지 못했고, 불법 집단인 교회 공동체는 정상적인 재산 취득이 불가능했다.[2] 적어도 256년 이전까지는 별도의 교회당을 소유할 수 없었다. 그럼에도 기독교는 신속하게 성장하여 2세기 초 플리니우스는 "미신(기독교)의 전염력은 도시들에만 미친 것이 아니라 이미 마을과 시골에까지 미치고 있다"라고 지적하면서 "이교의 신전들이 머잖아 황폐화될 것이다"라며 두려워했다.[3] 처음에 기독교 공동체는 비천한 계층의 사람들로 시작된 비도시적 운동이었다. 하지만 4세기 중엽에 이르러서는 도시적이고 반유대적이며 중산층이 주 계층인 종교로 변모되고 있었다. 이런 기독교의 확산과 선교 과정에서 대결해야 했던 것은 타종교와의 관계였다. 또한 불법의 종교로 간주되던 기독교에 있어서 '종교적 자유'는 시급한 요청이었다.

---

1. Adolf von Harnack, *Mission and Expansion of Christianity in the First Five Centuries* (New York, 1961), 946-955.
2. 헨리 채드윅, 『초대교회사』(크리스챤 다이제스트, 1999), 66.
3. Pliny, *Epistles X*, 96-97. 이와 관련된 전문은 J. Stevenson, *A New Eusebius* (1957), 13-16을 참고하라.

2. 종교다원적인 상황

기독교가 전파되던 1세기 당시 로마 제국에는 다양한 종교들이 있었다. 그러나 로마 제국은 모든 종교를 두 가지로 구분하였다. 즉 '합법적인 종교'(*religio licita*)와 '불법의 종교'(*religio illicita*)였다. 여기서 합법적인 종교란 황제숭배를 허용하는 종교였고, 황제숭배를 거부하는 종교는 불법의 종교로 간주되어 법의 보호를 받지 못했다. 그런데 당시 대부분의 종교는 이미 다신교(多神敎)였으므로 황제숭배가 문제시되지 않았다.

당시 영향력을 행사했던 종교로는 이집트의 대모신(代母神)인 이시스(Isis), 페르시아의 빛의 신인 미트라(Mithras), 아나톨리아 지방에서 유래한 아티스(Atis), 그리고 여신인 키벨레(Cybele) 등이었다. 중세시대 마돈나처럼 거룩한 아이를 품에 안고 젖을 먹이는 어머니 이시스 신상은 경건한 신비로움이 있어 대중적으로 숭배를 받고 있었다. 주전 1300년 페르시아에서 시작된 미트라교는 1세기 당시 소아시아와 로마 제국에 널리 퍼져 있었다. '별의 종교'(astral religion)인 미트라교는 동지(冬至) 때 '정복되지 않는 신'(*deus invinctus*) 축제를 벌였는데, 로마 제국이 기독교화되었을 때 이 축제가 성탄절로 변형되었다고 알려져 있다. 이 종교는 특히 군 장교들과 군인들에게 인기가 있었다.[4] 미트라교는 기독교의 성만찬과 비슷한 의식을 행했는데, 곧 거룩한 식사를 함께 나누고 사후의 영혼들이 일곱 혹성의 영들의 방해를 물리치고 은하수에 도달할 수 있는 길을 제시해 주는 것이었다. 키벨레교는 고대 브르기아의 여신(Goddess of Phrygia)으로서 '여신의 어머니'이자 비옥, 다산, 풍요 등 생산력(goddess of fertility)을 가져온다고 믿었다. 풍만한 젖가슴은 이 종교의 상징이 되기도 했는데, 에베

---

4. L. Patterson, *Mithraism and Christianity* (Cambridge, 1921), 40.

소가 이 종교의 중요한 거점이었다. 로마에 소개된 때는 주전 204년으로 알려져 있다.

이 외에도 마니(Mani, 216~277)로부터 시작된 마니교를 비롯해 다양한 신비종교들이 있었다. 특히 그리스-로마의 종교들은 그들의 삶의 일부이자 그 시대의 문화였다. 그리스-로마의 종교는 신인동형의 다신교(anthopomorphic polytheism)였는데, 이것을 대표하는 것이 올림푸스의 열두 신이다. 만신전(萬神殿)은 이 시대 다신교의 상징이었다. 바로 이런 다신교적 특징 때문에 하나의 신만을 섬긴다거나 다른 신을 배척하는 일은 없었다. 그래서 어떤 도시는 주피터를 숭배하면서 동시에 아무런 내적 충돌 없이 아폴로 신도 숭배할 수 있었다. 다양한 신들은 단지 이름만이 다른 동일한 신이거나, 최고의 신 휘하에 있는 지역신(地域神)이라는 가정 하에 상호수용성을 지니고 있었다.[5] 오히려 많은 신을 숭배할수록 그만큼 신에게 은총을 받는 기회가 많아진다는 것이 그들의 믿음이었다. 아테네에 '알지 못하는 신에게'라는 제단이 있었다는 점(행 17:16~23)이 이런 사실에 대한 좋은 예가 된다.

이 같은 다신교적 배경에서 종교인들에게 황제숭배 요구는 문제가 되

---

5. 이 시기 다신론은 본질적으로 특정한 지역 사람들에 이해 숭배되던 지역신(local deities)의 성격이 강했다. 예컨대 이시스교나 동방의 신비주의 종교들은 본래의 발상지로부터 로마 제국으로 전파되었으나, 그 숭배 의식에는 보편성이 결여되었다. 2세기의 이교도들은 이 지역 신들을 지방 총독에 비유하여 해석하기도 했다. 지방 총독이 제국의 모든 문제에 관여할 수 없는 황제를 위해 특정 지역을 다스리듯이, 지역 신들은 특정 지역을 망라하는 성격이 있었다. 이런 점에서 헨리 채드윅(Henry Chadwick)은 전 제국을 망라하는 보편적인 신, 곧 유일신론 같은 그 무엇이 일반적으로 받아들여졌다고 보았고, 3세기에 이르러 유일신론을 향한 노력은 태양숭배와 결합되었다고 해석했다. 후일 기독교가 로마 제국 내에서 성공을 거둔 것은 부분적으로는 보편종교에 대한 제국의 필요에 기독교회가 가장 잘 응답했기 때문이라고 설명한다. 로마 제국은 스스로와 동일시할 수 있는 보편종교를 필요로 했다는 것이다. 바로 이런 점 때문에 4세기 일부 그리스도인 저술가들은 '로마적'(Roman)이라는 말과 '그리스도교적'(Christian)이란 말을 동의어로 사용했다고 한다. 헨리 채드윅, 『초대교회사』, 83.

지 않았다. 그러나 그리스도인들에게만큼은 심각한 도전이었다. 1세기 당시 황제숭배는 통치자에 대한 경모(敬慕)의 차원 정도가 아니라, 신적 숭배의 대상으로까지 발전하였다. 율리우스 카이사르(Julius Caesar, BC 100~44)가 최초로 아우구스투스의 요청에 따라 신으로 숭배되었고, 로마의 원로원은 그를 공식적으로 신으로 공포하였다. 그리고 그에게 경의를 표하기 위해서 신전이 건립되었다. 이런 종교적 상황은 그리스도인들에게 고통스런 선택을 요구했다. 당시 그리스도인들에게 있어서 황제숭배는 황제를 종교적으로 어떻게 규정하느냐에 따라 좌우될 수 있었다. 즉 그리스인들은 살아 있거나 죽은 통치자에게 '신과 같은'(θεῖος, theios)이라는 단어를 사용하였는데, 이 말은 인간보다는 높지만 신과 동일하기에는 충분치 않다는 의미였다. 이에 상응하는 라틴어가 *divus*, 곧 '신격화된'이란 단어였다. 아우구스투스는 이 용어를 자신에 대한 용어로 허용했지만, 칼리굴라(Caligula, 37~41)는 진일보하여 자신을 신이라고 단정하고, '주와 신'(*dominus et deus*)으로 부르도록 요구하였다. 이렇게 되어 황제가 신으로 숭배되기 시작하였는데, 이 단어는 그리스도인들에게는 중요한 의미를 지닌 것이었다. '주'라는 의미의 *dominus*라는 단어는 흔히 노예가 주인을 호칭할 때 사용했으므로 그렇게 문제되지 않을 수 있었다. 하지만 *deus*라는 칭호만큼은 받아들일 수 없었다. 그리스도인들은 하나님 외에 그 누구에게도 *deus*라는 용어를 사용할 수 없었기 때문이다.

   종교문제에 있어서 로마 제국은 관용적인 정책을 폈지만, 제국의 지도자들이나 로마인들로서는 그리스도인들의 입장을 이해할 수 없었다. 그리스도인들은 만신들과 황제숭배를 거부했는데, 로마인들은 이것을 시민의 의무를 거부하는 비애국적인 행동으로 간주했다. 그리스도인들에 대한 이런 비난이 확대 재생산되면서 결국 근거 없는 오해로 기독교는 반사회적 집단으로 몰리게 되었다. 종교적으로 말하면, 다신교적 배경에서 그리스도인들은 신에게 제물을 바치지도 않고, 황제도 경모하지 않는 무신론자들 (ἄθεοι, atheoi)이라는 비난을 면할 수 없었다. 반면 기독교 공동체나 개인으로서는 로마 제국에 대해 적대적인 태도를 가질 하등의 이유가 없었다. 왜냐하면 사회질서가 유지되는 것이 기독교 선교에도 유익한 것이었고, 로마 제국이 복음의 확장을 위한 도구가 될 수 있었기 때문이다. 그러나 종교적인 문제는 기독교(회)와 로마 제국 간의 갈등의 원인이 되었다.

3. 기독교에 대한 박해와 변증

기독교에 대한 제국의 박해는 64년에 발생한 화재가 가져온 우연한 결과였다.[6] 네로는 자신이 방화의 혐의를 받을 만큼 인기를 잃게 되자, 그리스도인을 속죄양으로 삼기로 결심했는데, 이것이 정치적 박해의 시작이었다. 이로부터 약 오십 년 후에 이 사건을 기술한 타키투스(Cornelius Tacitus, 55/56~117)는 그리스도인들이 방화의 혐의를 받은 것은 부당하다는 점을 암시하고 있다.[7] 타키투스는 반사회적인 집단으로 간주된 그리스도인들이 받은 형벌에 대해서는 불만이 없었지만, 그리스도인들이 방화의 혐의를 받은 것은 정당하다고 보지 않았다. 로마 정부는 그리스도인들이 고결한 사람들이라고 인정하더라도, 로마의 옛 종교적 전통에 대해 적대적이며, 완고할 정도로 비타협적이라는 점에 대해 관용을 베풀 수 없다고 판단했다. 그래서 그리스도인이라는 이유(propter nomen ipsum)만으로도 처벌

---

6. 로마시 화재는 64년 6월 18일 발생하여 7주야(晝夜)간 계속되었는데, 당시 로마의 14개 구역 중 3개 지역이 전소되었고, 7개 지역은 부분적으로 불탔다. Edward T. Salmon, *A History of the Roman World, From 30BC to AD 138* (London: Methuen & Co., 1975), 181.

7. 이 점에 대한 보다 자세한 언급은, 이상규, "로마 역사가들은 초기 기독교를 어떻게 보았을까?,"「헤르메네이아 투데이」24호(2003. 가을호), 144-5를 참고할 것.

을 받게 되었다. 더군다나 로마 사회의 기근이나 홍수, 흉작, 야만족의 침입 등 재앙들은 그리스도인들의 '무신론'의 영향이며, 옛 신들을 분노케 한 결과라고 생각했다. 이에 대해 테르툴리아누스는 "만일 티베르(Tiber) 강이 범람하거나 나일강의 수위가 낮아져 농토를 적시지 못하거나, 하늘에서 비가 내리지 않거나, 지진, 기근, 전염병이 돌기만 하면, 사람들은 '그리스도인들을 사자에게 던지라'고 외친다"라고 말하기도 했다.[8] 이런 상황에서 기독교를 변증하는 교회 지도자들이 출현했는데, 이들을 호교론자(護敎論者) 또는 변증가라고 부른다. 테르툴리아누스도 그 중의 한 사람이었다.

변증가들은 기독교에 대한 물리적 탄압과 이단이나 이설(異說)이 대두하는 상황에서 바른 기독교 신앙을 진술함으로써 황제나 원로원 등 통치자들에게 그리스도인들의 무죄함을 변증하는 한편, 이교들과 다른 기독교 신앙을 체계적으로 소개하고자 했다. 특히 기독교회와 기독교도들에 대한 이교 사상가들의 이론적 공격에 직면하여 기독교 신앙을 변호하지 않으면 안 되었다. 그래서 변증가들은 기독교도들을 향한 공격들, 곧 무신론, 불법의 종교, 인육식(*homophagia*) 집단, 근친상간, 그리고 사회의 암적 존재라는 주장들에 대해 변명할 뿐만 아니라, 이교의 부도덕성과 문제점들을 공격하고 비판했다. 말하자면, 변증가들은 신앙의 수호를 위해 칼 대신 펜을 선택했던 것이다.

기독교 신앙을 변증하기 위한 작품들 가운데 가장 뛰어난 글을 남긴 사람은 테르툴리아누스(Quintus Septmius Florens Tertullianus, 160~220)였다. 2세기의 대표적인 라틴 교부였던 테르툴리아누스는 160년경 카르타고의 이교도 가정에서 출생하였다. 그는 문학, 수사학, 법률을 공부하고, 법률가로 활동하였다. 그의 교육적 배경은 그의 변증서들을 더욱 호소력 있

---

8. *Apologeticum*, 40. 1-2.

게 했다. 그는 신앙을 지키기 위해 고문과 처형을 감수하는 신자들에게 감명을 받고, 195년경 기독교로 개종하였다. 그리고 197년경부터 많은 변증서와 이단 배척서를 쓰기 시작했는데, 그의 해박한 언어, 철학, 수사학, 그리고 법률지식과 천부적인 날카로운 지성은 그의 변증서의 가치를 더해주었다. 히에로니무스(Eusebius Hieronymus)가 그를 가리켜 '작열하는 사람'(*vir ardens*)이라고 불렀을 만큼, 열정과 분노를 지녔던 인물이기도 했다.[9] 그는 그리스어로도 글을 썼으나 현재는 라틴어로 쓴 서른한 편의 글만이 현존하고 있는데, 그의 저서목록이 보여주듯이 그의 관심분야는 다양했다. 그 시대에는 아직 신학용어가 분명하게 개념화되지 못한 시기였으므로, 그가 사용한 용어를 신학적으로 설명하는 일은 용이하지 않다. 그는 바울이 그러했듯이, 당시 통용되던 용어를 차용(借用)하기도 했지만, 그가 조어(造語)한 단어들도 적지 않기 때문에 고대로부터 그의 글은 난해하다는 평가를 받아왔다. 그의 대표적인 저술은 『변증론』(*Apologeticum*)[10], 『우상숭배에 관하여』(*De Idololatria*)[11] 등인데, 이 작품을 통해 테르툴리아누스는 기독교인들이 오해받고 있는 범죄 사실에 대해 무죄할 뿐 아니라, 기독교는 일반인들이 납득할 수 있는 신앙이라는 점을 설명하고자 했다.

---

9. 캄펜하우젠(김광식역), 『라틴 교부연구』(대한 기독교출판사, 1979), 12.

10. 『변증서』(*Apologeticum*, 196)는 그 당시까지 나온 저술 중 가장 탁월한 저작으로 평가받고 있다. 이 책에서 그는 이교(異敎)의 미신행위를 공격하였고, 기독교에 대한 모함에 대해 해명하였다. 또 기독교인은 국가에 유익을 주는 자라고 변호하며 교회에 대한 관용을 호소하였다. 그는 법률가답게 기독교인에 대한 박해는 불법적이며 인권침해라고 단정했다. 신자들이 이 세상에서 우상숭배, 미신행위, 이교사상 등에 오염되지 않기 위해서는 이교 사회와 격리되어야 한다고 주장하였다.

11. 이 글에서는 우상숭배의 문제와 더불어 기독교인은 이교의식이 행해지는 결혼식이나 기타 사교적 모임에 참석할 수 있는가? 그리고 기독교인은 군복무나 공직생활을 할 수 있는가 하는 문제 등을 취급하였다. 이 글에서 테르툴리아누스는 기독교인의 군복무나 공직 취임을 반대하는 입장을 취했다.

4. 종교의 자유와 관용

테르툴리아누스는 특히 종교의 자유와 관용을 주창한 첫 번째 인물이라는 점에서 주요한 의의를 지닌다. 그는 『변증론』(*Apologeticum*)에서 "다른 주피터인 하나님을 섬기게 하라"(*Colat alius Deum, alius Iovem*)[12]고 했는데, 이 간결한 청원으로 그는 기독교 전통에서 종교적 관용을 주창한 초기 인물이 되었다.[13] 앞에서 언급했듯이, 2세기 로마 제국의 종교적 상황에서 기독교인들은 종교적 관용이 절실한 시기였다. 이런 상황에서 테르툴리아누스는 권좌에 앉은 로마의 지식층에게 기독교에 대한 관용을 호소하고, 기독교라는 종교의 신앙행위는 로마 정부에 해가 되지 않는다는 점을 확신시키고자 했다. 기독교인들은 아무런 범죄도 하지 않으며, 모든 옳은 명령에 순종하며, 세금을 내고 정치적 음모에도 끼어들지 않는다고 했다. 그는 "기독교는 인류의 원수가 아니라 단지 오류의 원수일 뿐이다"[14]고 변호했다. 또한 그는 종교적 관용은, 적어도 이론적으로 볼 때, 모든 사람이 공유한 이성적 원리에 합치된다고 주장하기도 했다.[15] 다시 말해 테르툴리아누스는 종교적 관용을 기독교 신학의 한 측면에 근거해 요구한 것이 아니라, 인간 본성에 근거해 청원한 것이다.

한편 테르툴리아누스를 비롯한 2~3세기 변증가들은 불법의 종교로 간주되던 기독교에 대해 자유, 곧 종교적 관용을 주창했지만, 종교적 관용

---

12. *Apologeticum* 24.5(132-33 LCL). 영어로 번역하면, "Let one man worship God, another Jove"이다.

13. Guy G. Stroumsa, *Barbarian Philosophy, The Relgiu Revolutin of Early Christianity* (Mohr Siebeck, 1999), 100.

14. *Apologeticum*, 37.10.

15. 이 원리를 스토아학파는 *koinai ennoiai*라고 불렀다.

의 기본적인 전제라 볼 수 있는 종교의 상대주의(relativism)는 받아들이지 않았다.[16] 즉 그들은 기독교의 절대성을 견지하면서 종교적 관용을 주장했던 것이다. 이것이 갖는 의미는 4세기에 드러났다. 즉 4세기 초 기독교가 합법적 종교(religio illicita)로 변모되어 공인을 받고 종교적 관용을 누리게 되자, 기독교는 그 이전 시대에 그토록 요구하던 '종교에 대한 관용'과는 달리 다른 종교에 대해 불관용을 드러냈다. 말하자면, 테르툴리아누스를 비롯한 초기 기독교 변증가들이 종교적 관용에 대해 이중적 태도를 보인 것은 처음부터 기독교에 내재한 특성, 곧 기독교의 유일성에 대한 확신 때문이었다. 그리고 이 점이 테르툴리아누스의 『우상숭배론』(De Idololatria)의 대전제가 된다.

2세기 당시 로마 사회는 종교다원적인 사회였다. 로마 제국의 종교적 다원현상에 대해 존 노스(John North)는 '여러 종교들의 시장'(a marketplace of religions)이라고 비유했는데, 이것은 적절한 표현이었다. 그리고 이 '시장'이 테르툴리아누스 사상의 사회학적 배경이 되기도 했다. 이 당시에 와서 고대사회에서는 처음으로 지역종교나 민족 종교에 매이지 않고 각자가 개인의 취향에 따라 종교를 선택할 수 있었다. 이제 더 이상 그 도시의 종교적 전통, 곧 '아버지의 법'(patrioi nomoi)에 따라 하나의 종교를 선택할 필요가 없게 된 것이다. 말하자면, 이제 모든 종교는 공개적인 경쟁관계 아래 놓이게 되었다.

이러한 종교다원화라는 새로운 상황에서 기독교는 당시의 다른 종교들과 경쟁해서 승리할 수 있는 장점이 있었다. 그것은 당시 다른 종교와는 달리 종교적 가르침을 통해 그들을 설복시킬 수 있는 능력이었다. 기독교 신앙에 대한 관용을 주장한 테르툴리아누스의 청원은 이런 맥락에서 이해

---

16. Guy G. Stroumsa, 101.

되어야 한다. 2세기 말 아프리카에서 기독교 지성인들은 이교도들에게 기독교도 '종교시장'에 허용되어야 한다고 주장했다. 테르툴리아누스는 그의 『변증서』 24장에서 특히 이점을 강하게 주장했다.

물론 타고난 논쟁자였던 테르툴리아누스에게 있어서 종교적 관용의 문제가 그의 주된 논점은 아니었다. 도리어 그는 이교나 유대교만이 아니라 이단적인 마르시온이나 발렌티누스, 그리고 그의 입장과 달리하는 기독교 그룹들, 예컨대 프락세아스(Praxeas)나 헤르모게네스(Hermogenes) 등에 대해서도 맹렬한 공격을 퍼부었는데, 이것이 그의 논쟁의 중심이었다. 테르툴리아누스에 있어서 이교는 우상숭배에 불과할 뿐 종교적 가치를 인정할 수 없었다. 기독교는 다른 전통적인 혹은 토착적인 종교들과는 대조적으로 로마의 종교를 경쟁의 대상이 되는 하나의 '다른'(just another) 종교로 간주하지 않고, '거짓된'(false) 종교로 간주했다. 테르툴리아누스에게도 로마의 종교는 종교라고 불리기조차 부당한 컬트(cult)요 사탄적인(demonic) 것에 지나지 않았다. 그래서 그는 그의 『변증서』 24장에서 기독교를 로마의 종교에 대한 반역집단이라고 비난하는 것은 부당하다고 말했는데, 이는 로마의 신들(gods)은 참신이 아니며, 따라서 로마의 종교는 진정한 종교일 수 없기 때문이었다. 그럼에도 불구하고 다른 모든 종교에 자유가 주어져 있는데 기독교에만 이 자유가 없다는 현실에 직면해서, 그는 기독교에게도 종교적 관용을 요구하게 된 것이었다. 다시 말해, '참된 신과 거짓된 신'(*de vera et falsa divinitate*)에 대한 테르툴리아누스의 관점이 기독교에 대한 관용을 주장하고 이를 청원하게 만든 근거라고 할 수 있다. 곧 우상숭배자들로 둘러싸인 상황에서 정작 참된 신인 하나님을 경배하는 기독교인만 종교의 자유를 누리지 못하는 것은 부당하다는 것이었다.[17]

---

17. Guy G. Stroumsa, 101.

테르툴리아누스에 의하면, 우상은 단순히 '거짓종교'로 정의될 것이 아니었다. 하나님의 눈으로 볼 때, 그것은 범죄였다. 그래서 우상, 곧 이교사상은 테르툴리아누스에게 있어서는 종교적인 불법이었고, 따라서 그것은 윤리적으로 비난받아 마땅한 것이었다. 그는 몬타니즘에 가담하기 전에 쓴 『우상숭배론』(De Idololatria)에서 두 가지 질문을 제기했다. 하나는 "우상의 본질이 무엇인가?"였고, 다른 하나는 "우상이 가득한 세상에서 살아가는 기독교인의 삶이 어떠해야 하는가?"였다. 이 두 가지 질문은 상호 관련이 있다. 왜냐하면 우상에 대한 정의나 범위가 우상에 대한 기독교인의 태도를 결정하기 때문이다. 테르툴리아누스는 이 세상에는 여러 가지 형태의 우상이 나타나거나 숨겨져 있다고 보았다. 그런데 기독교인은 '참된 종교의 세계'와 '우상의 세계'에 동시에 살 수 없으므로 이 세상에 대해 분리주의적 태도를 취할 수밖에 없다고 보았다. 또한 우상의 영역은 동시에 가이사의 영역이라고 보았기에, 그는 기독교인은 동시에 가이사의 군대와 하나님의 군대가 될 수 없다고 보았다. 하나는 '어두움의 병영'(castris tenebrarum)이고, 다른 하나는 '빛의 병영'(catris lucis)이었다.[18] 양자는 상호 수용적일 수 없는 적대적 관계에 있다. 이런 대립적 관계를 테르툴리아누스는 "예루살렘과 아테네가 무슨 상관이 있으며, 학당과 교회가 무슨 상관이 있는가?"(Quid ergo Athenis et Hierosolymis? Quid academiae et ecclesiae?)라는 비유로 말했다.[19] 그가 기독교인의 군복무를 반대한 것도 이런 이해에 근거한 것이었다. 즉 그는 군복무 문제를 우상숭배의 맥락에서 정죄했던 것이다. 심지어 군복무 문제뿐만 아니라 정무관(공무원)직, 연극관람, 격투기 관람, 이교신들의 이름으로 행해지는 보증과 계약서 체결 등도 모두 우

---

18. *De Idol.*, 19.2.

19. *De praescriptionibus haereticorum*, 7, 9.

상숭배 행위로 간주했다. 그래서 이런 현실로부터 분리되는 것이 이상적인 그리스도인의 삶의 방식으로 보았다. 결국 종교적인 다원사회에서 테르툴리아누스가 말하는 기독교의 자유는 우상숭배로부터의 자유이자, 기독교적 삶의 방식에 대한 공개적인 인정을 요구한 것이었다.

5. 종합과 결론

이상에서 우리는 초기 기독교가 로마 사회로 확산되는 과정에서 직면했던 두 가지 문제, 곧 불법의 종교로서 종교적 관용을 요구한 것과 타 종교 또는 그리스-로마 종교들에 대해 어떤 입장을 취해 왔는지를 테르툴리아누스를 중심으로 살펴보았다. 2세기 당시 로마 사회는 종교다원사회로서 이전과는 달리 지역이나 민족성과 관계없이 종교를 선택할 수 있는 소위 '종교 시장'이 형성되어있었다. 그러나 그런 상황에서도 유독 기독교만은 불법의 종교였다. 때문에 테르툴리아누스는 기독교에 대해서도 관용을 주장했던 것이다. 하지만 그렇다고 해서 기독교의 고유성을 포기한 것은 아니었다. 종교다원사회에서 흔히 종교적 상대주의에 빠지게 되지만, 테르툴리아누스는 상대주의를 수용하지는 않았다. 이런 점이 4세기 이후 교회사에서 그대로 나타나는데, 그것은 4세기 이전에 종교적 관용을 요청했던 기독교가 4세기 이후 합법적인 종교가 되고 나서는 다른 종교에 대해 불관용성을 보여주었다는 점이다. 이것을 스트롬사(Stroumsa)는 '종교적 관용에 대한 양면적 태도'(an ambivalent attitude to religious toleration)라고 부르면서, 이런 태도를 기독교가 지닌 고유한 것이라고 했다.[20] 이런 태도는, 테르툴리아누스의 『우상숭배론』에서 거듭 강조되듯이, 이교는 우상

---

20. Stroumsa, 101.

숭배에 지나지 않으며, 참된 종교일 수 없다는 확신에 근거한 것이었다.

스트롬사의 지적처럼, 초기 기독교는 신약성경에서와 마찬가지로(마 5:43-48, 10:34, 눅 6:27-33, 12:49-51) 평화 지향적(irenic)이면서도 동시에 공격적(eristic)인 양면성을 지니고 있었다.[21] 즉 유대인과 이방인, 이교 숭배자 모두에게 평화의 복음을 증거하면서도 정치적 혹은 종교적 대결을 피할 수 없었다. 하지만 이를 위해 칼보다는 펜의 힘을 의지했다. 필로나 바울과 마찬가지로, 초기 기독교 역시 이교나 신전을 물리적으로 공격하거나 모욕하지는 않았지만, 다신론적인 종교를 극히 낮게 평가했다. 이런 확신에서 기독교의 유일성을 고수했다.

또한 초기 기독교는, 당시의 종교적 상황에서 볼 때, 혁명적인 운동이었음에도 정치 이데올로기를 갖고 있지는 않았다. 그래서 초기 교회는 사회의 모든 구성원들을 복음으로 설복시키고자 노력하면서도 이 세상의 권력을 획득하는 것과는 무관했다. 이 점을 강하게 경고했던 이가 바로 테르툴리아누스였다. 왜냐하면 그는 세속권력의 추구가 우상숭배의 위험성을 안고 있다고 보았기 때문이다. 기독교가 세상의 권력을 획득하는 일에 무관심했음에도 이 비정치적이고 평화적인 공동체가 제국의 사회적-정치적 질서를 변혁시킬 수 있음을 최초로 인식한 인물이 다름 아닌 기독교회를 공격했던 켈수스(Celsus)였다.

---

21. Stroumsa, 10ff.

{ 제16장 }

초기 기독교 교회에서 '증거'와 '순교'

존 폭스의 『순교자 열전』의 서문을 썼던 윌리엄 블람리 무어(W. Bramley-Moore)는 "기독교 순교사는 실제로 기독교회의 역사 그 자체이다"라고 했다.[1] 최초의 순교자였던 스데반에서부터 오늘에 이르기까지 교회의 역사는 순교의 역사였다. 이것은 그리스도인들은 죽임을 당하고 고난 당하게 되리라는 주님의 말씀의 성취이기도 하다(마 23:34). 테르툴리아누스 또한 그의 변증서에서 순교자들의 피가 교회의 씨앗이라고 했다.

> 그러나 당신들은 계속해서 광적으로 … 우리를 죽이고, 고문하고, 정죄하며, 학대하고 있습니다. … 우리들이 당신들로 말미암아 더 많이 쓰러질수록 우리의 수는 더 증가하고 있습니다. 그리스도인들의 피는 씨앗입니다(*Semen est sanquis christianorum*).[2]

---

1. "The History of Christian martyrdom is, in fact, the history of Christianity itself." *The New Encyclopedia of Christian Martyrs* (John Hunt, 1984), IX.

2. Tertullianus, *Apology*, 50.

로마 제국 아래에서 생성된 기독교회와 그리스도인들은 그 시대의 가치로 볼 때는 이해할 수 없는 집단이었다. 기독교적인 삶의 방식은 로마의 생활풍속과 달랐고, 따라서 단지 '로마적이지 않다'는 이유만으로 박해받기 시작했다. 곧 그리스도인(nomen Christians)이란 단순한 이유만으로 박해받은 것에는 결국 그들이 보고 듣고 목격한 예수 그리스도에 대한 '증거'가 있었다고 할 수 있다. 그래서 이 글에서는 '증거'가 어떻게 순교라는 용어로 어의변화를 겪고, 또 '순교'가 무엇인지를 성경적, 역사적으로 논구하고자 한다. 그리고 초대교회에서 순교가 어떠했는지를 살펴보고자 한다.

일반적으로 순교란 '자기가 믿는 종교를 위하여 생명을 바치는 행동'[3] 혹은 '신앙을 위해 죽임을 당하는 일'로 정의된다. 『세계기독교백과사전』(World Christian Encyclopedia)에서는 "기독교 순교자란 복음을 증거하는 상황에서 인간의 적의의 결과로 명을 다하기 전에 자신의 생명을 잃은 그리스도인"이라고 정의하고 있다.[4] 한국교회는 교회사적 이해나 신학적 검토 없이 상식적 범주에서 순교를 이해하고 있지만, 이 용어에 대한 보다 정확한 이해와 '순교자' 칭호의 바른 수여를 위해서는 '순교'의 개념이나 용례에 대한 신학적 이해와 교회사적 용례에 대해 정리하는 것이 필요하다.

---

3. 이희승, 『국어대사전』(민중서림, 1981), 1738.

4. "A Christian Martyr is a believer in Christ who loses his or her life, prematurely, in a situation of *witness*, as a result of human hostility." David B. Barrett, George T. Kurian, and Todd M. Johnson eds., *World Christian Encyclopedia: A Comparative Study of Churches and Religions in the Modern World*, 2nd ed., 2 vols. (NY: Oxford University Press, 2001), 1:29.

1. 순교란 무엇인가?

1) 어원적 고찰

우리가 말하는 순교(殉敎, martyrdom)는 라틴어 '마르티리움'(*martyrium*)에서 왔고, 마르티리움에 해당하는 그리스어 마르튀리온(μαρτύριον)은 흔히 '순교'로 번역되지만, 본래의 의미는 '증언' 또는 '증거'였다. 이렇게 마르튀리온은 '증거' 혹은 '증인'을 의미하는 동시에 '순교'를 의미하는 것으로 이해되어 왔다.[5] 또 그리스어 마르튀스(μάρτυς)는 흔히 '순교자'로 번역하지만, 본래는 '증인'이라는 의미였다. 사도들은 예수 그리스도에 대한 신앙을 고백하고 이를 증거하다가 죽은 이들을 '증인'(μάρτυρός)이라고 표현했다(행 22:20, 딤전 6:13, 계 17:6). 그래서 마르튀리온은 '증거'와 '순교'를, 마르튀스는 '증인'과 '순교자'라는 의미를 동시에 지니는 것으로 이해한다. 왜냐하면 순교자들이 다 증거자들이었기 때문이다. 즉 '순교'라는 죽음은 '증거'라는 행위의 결과였다는 점에서 이렇게 이해했다고 할 수 있다. 그러나 교회사적으로 볼 때, '마르튀리온'이나 '마르튀스'는 신약성경에서는 '증거,' '증인'이라는 의미로 사용되었다가, 후에 '순교,' '순교자'라는 의미로 어의 변화가 일어난 것임을 알 수 있다.[6] 이런 변화를 추적하기 위해서는 정경 이후의 초기 교부들의 문헌을 고찰하는 것이 필요하다.

---

[5] μαρτ-에서 파생된 용어의 용례에 대한 자세한 기록은 Gerhard Kittel, Garhard Friedrich, ed., *Theological Dictionary of the New Testament*, vol. 4 (Eerdmans, 1974), 474-508을 참고할 것.

[6] μάρτυς는 '기억하고, 어떤 아는 것에 관하여 증언할 수 있는 사람'(one who remembers, who has knowledge of something by recollection, and who can thus tell about it)을 의미한다면, 동사 μαρτυρειν은 '증거하다'(to bear witness to something) 혹은 '증인이 되다'(to come forward as a witness)라는 뜻이며, μαρτυρία는 '증거를 행함', μαρτύριον는 '증거, 증언'을 가리킨다.

신약에서의 용례

칠십인역(LXX)에서는 마르튀스(μάρτυς)라는 단어가 예순 여회 나오는데, 이는 주로 히브리어 '에드'(עֵד)를 번역한 것으로서, 고소행위에 대한 증언(민 5:13), 거짓 증언에 대한 처벌(신 19:16)의 의미로 나타난다. 그러나 순교란 의미의 '마르튀리온'(μαρτύριον)에 해당하는 단어는 구약에는 없다. 반면 신약에서는 다양하게 사용되었는데, 특히 누가복음, 요한복음, 그리고 사도행전에서 가장 빈번하게 사용되었다. 이 용어는 본래 법적 개념으로서 재판석에서의 증언을 뜻하였다. 성경에서 그리스도를 '증거'(witness)한다는 것은 예수 그리스도에 대해 결정을 내려야 하는 청중들 앞에서 그리스도에 대해 '있는 그대로의 사실'을 객관적으로 진술하는 행위를 의미했다. 증거하는 사람, 곧 증인은 사실이나 진실을 눈으로 보거나 귀로 들은 사람을 일컫는다. 그러므로 증거한다는 의미는 실제 사실에 근거하여 있는 그대로의 진실을 선언하는 행위를 의미한다.

'μαρτ-'에서 파생된 이 용어의 용례를 다음의 몇 가지 본문에서 살펴볼 수 있다. "그가 증언하러 왔으니 곧 빛에 대하여 증언하고"(요 1:7, οὗτος ἦλθεν εἰς μαρτυρίαν ἵνα μαρτυρήσῃ περὶ τοῦ φωτός), 혹은 "진실로 진실로 네게 이르노니 우리는 아는 것을 말하고 본 것을 증언하노라(ὃ ἑωράκαμεν μαρτυροῦμεν)"(요 3:11), 또 "아버지가 아들을 세상의 구주로 보내신 것을 우리가 보았고 또 증언하노니(μαρτυροῦμεν)"(요일 4:14), 혹은 "내가 이를 위하여 태어났으며 이를 위하여 세상에 왔나니 곧 진리에 대하여 증언하려(μαρτυρήσω) 함이로라"(요 18:37) 등에서처럼, 동사로 사용된 이 용어는 자신이 목격한 것을 증언하는 의미로 사용되었다.

명사로 사용된 '마르튀스'(μάρτυς)의 경우에도 보고 들은 바에 대한 증인이라는 의미로 사용되었는데, 즉 "너희는 이 모든 일의 증인(μάρτυρες)이라"(눅 24:48), "이 예수를 하나님이 살리신지라 우리가 다 이 일에 증인

이로다(ἡμεῖς ἐσμεν μάρτυρες)"(행 2:32), 혹은 사도행전 22장 20절에서도 스데반에 대해 '너(당신)의 증인'(μάρτυρός σου)이라고 말한다.

명사 '마르튀리아'(μαρτυρία) 혹은 '마르튀리온'(μαρτύριον)의 경우도 의미는 동일하다. "유대인들이 예루살렘에서 제사장들과 레위인들을 요한에게 보내어 네가 누구냐 물을 때에 요한의 증언(μαρτυρία τοῦ Ἰωάννου)이 이러하니라"(요 1:19), 혹은 "이 일들을 증언하고 이 일들을 기록한 제자가 이 사람이라 우리는 그의 증언(ἡ μαρτυρία αὐτοῦ)이 참인 줄 아노라"(요 21:24)에서 볼 수 있듯이, '마르튀스'(μάρτυς)나 '마르튀리아'(μαρτυρία), 혹은 '마르튀리온'(μαρτύριον) 등은 증거자, 참관인, 목격자, 혹은 증인 등의 법률적 의미로 사용되었다. 신약성경에서 '마르튀스'는 기본적으로 십자가와 부활을 증거하는 사도들에게 적용되었다. 신약성경에서는 믿음 때문에 목숨을 잃은 자들에게 어떤 특수한 존칭을 부여하지 않았다. 단지 그들을 '증인'이라고 표현했을 따름이다. 이들은 그리스도의 진리를 증언했기 때문에 죽은 것이지, 죽었기 때문에 이들을 증인이라고 부른 것이 아니다. 즉 증인은 복음을 위해 목숨을 빼앗긴 이들에게 붙여진 특수한 칭호가 아니었다.

그런데 신약의 후기 문서인 요한계시록에서는 약간 다른 의미로 변화되는 조짐을 발견할 수 있다. 즉 '마르튀스'라는 단어가 단순한 '목격함'에서 '고난받음'이라는 의미로 어의가 변화되는 것이다. 가령 요한계시록 1장 5절을 보면, 예수님에 대해 '마르튀스'라는 용어를 사용해 '충성된 증인'(ὁ μάρτυς ὁ πιστός)이라고 부른 다음, 그는 "우리를 사랑하사 그의 피로 우리 죄에서 우리를 해방하시고"라고 말한다. 즉 고난당하신 예수님을 '충성된 증인'으로 말한다. 베드로전서 5장 1절에서도 베드로가 자신을 '그리스도의 고난의 증인'(μάρτυς τῶν τοῦ Χριστοῦ παθημάτων)으로 부른 바 있지만, 요한계시록에서는 고난받음이 더욱 강조된다. 요한계시록 2장 13

절에서도 믿음을 버리지 않고 죽임을 당한 안디바를 '나의 충성된 증인'(ὁ μάρτυς μου ὁ πιστός μου)이라고 부른다. 또한 요한계시록 17장 6절에서는 로마를 상징하는 바벨론에 대해 "이 여자가 성도들의 피와 예수의 증인들의 피(τοῦ αἵματος τῶν μαρτύρων Ἰησοῦ)에 취한지라"고 함으로써 증인의 증거를 피흘림과 관련하여 말한다. 이런 사례들은 '마르튀스'라는 단어가 피흘림의 증거, 곧 순교로 발전해가는 징후를 보여준다.

2. 교부문서에 나타난 순교의 개념

앞에서 '마르튀스' 혹은 '마르튀리온'이라는 단어가 신약성경에서는 '증거', '증인'이라는 의미로 사용되었다가, 후에 '순교', '순교자'라는 의미로 어의 변화가 일어났다고 지적했는데, 이런 변화를 보여주는 최초의 문서가 『폴리카르푸스의 순교기』이다.[7] 2세기를 대표하는 성자이자 순교자로 알려진 서머나의 폴리카르푸스는 156년경 순교했는데, 그의 순교기에는 'μαρτ-'라는 어간이 빈번히 사용되고 있다. 특히 2장 2절에서는 '마르튀스'가 '피의 증인', 곧 '순교자'라는 의미로 사용되었다.[8]

하나님의 뜻을 따라 일어난 모든 순교(τα μαρτύρια πάντα)는 복되

---

[7]. 폴리카르푸스의 순교기는 폴리카르푸스가 사망한 뒤 서머나교회 공동체가 프리기아 지방의 필로멜리움 공동체에 보낸 편지형식의 기록인데, 기록연대를 정확하게 알 수는 없다. 그러나 폴리카르푸스가 순교한 뒤 1년 이내에 기록된 것으로 간주하고 있다. 이 기록은 최초의 순교기라고 할 수 있는데, 기독교에 대한 변증적 의도와 함께 그리스도인들에게 순교자들을 기리며 순교자를 본받도록 하기 위한 의도에서 기록되었다. 폴리카르푸스의 순교기는 *The Martyrdom of Saint Polycarp, Bishop of Smyrna as told in the Letter of the Church of Philomelium* 는 LCC vol. 1, *Early Christian Fathers*, 149-157에 게재되어있다.

[8]. 폴리카르푸스(하성주역주), 『편지와 순교록』(분도출판사, 2000), 118.

고 고결합니다. 그러므로 우리는 더 경건해야 하고 모든 것에 대한 권능을 하나님께 돌려야 합니다. 누가 순교자들의 고결함과 인내, 주님께 대한 사랑에 경탄하지 않을 수 있겠습니까? 그들 가운데 몇 명은 육체의 조직이 채찍질로 갈기갈기 찢겨 몸속의 정맥과 동맥까지 드러나 보이는 고통을 견디어냈고, 구경꾼들마저도 그들을 불쌍히 여겨 탄식하였습니다.[9]

이 문맥에서 '마르튀리아'(μαρτυρία)는 피흘림의 증거, 곧 순교의 의미로 기술되었다. 신약정경 외에 가장 오래된 기독교 문서로 알려진 96년경에 기록된 로마의 『클레멘스 서신』(Epistula ad Corinthios)은 65개장으로 구성되어있는데, 5장에서 베드로와 바울이 로마에서 행한 '마르튀스'에 대해 언급하면서 이것을 죽음과 연결하여 말하긴 하지만, 여전히 '말-증언'의 의미로 사용한 것이지 아직 순교의 의미로 발전한 것이라 보기 어렵다. 클레멘스 서신보다 후기인 130~40년경 로마에서 기록된 것으로 추정되는 『헤르마스의 목자』(Pastor Hermae)에서는 순교자라는 말 대신 '고난받는 자들'(παθόντες)이란 용어를 사용한다. 이그나티우스(Ignatius of Antioch, 35~117?)는 죽음을 증거의 완성단계로 보는 경향이 있고, 그리스도를 위한 고난과 순교를 '그리스도를 본받음'의 최고의 이상으로 여겼다. 그러나 이같은 죽음에 대하여 '마르튀스'라는 단어를 사용하지는 않았다.[10] 이런 점에서 볼 때, 140년대까지도 로마에서 순교자라는 칭호가 사용되지 않은 것으로 보인다.[11] 그래서 바우마이스터는 순교자라는 칭호는 폴리카르푸스의

---

9. 위의 책, 129.

10. Craic J. Slane, *Bonhoeffer as Martyr* (Brazos Press, 2004), 44.

11. 폴리카루푸스, 119.

순교기가 기술되기 수십 년 사이에 소아시아에서 사용되기 시작하여 타 지역으로 발전되었을 가능성이 높다고 추정한다.[12]

'마르튀스'가 '증언'에서 '순교'라는 의미로 발전해가는 과정에는 이단이나 이단적 주장에 대한 반박이 기여했다는 주장도 있다. 가령 이그나티우스는 가현설론자들을 반박하는 과정에서 순교를 그리스도를 위한 고난의 증인으로 묘사하기 시작했다고 한다.[13] 즉 가현설(假現說, Docetism)은 그리스도께서 몸을 지니신 것을 부인하는 자들인데, 이들을 반박하기 위해 피 흘림의 증거를 통해 그리스도를 증거하였다고 말함으로써 육체가 겪는 고통을 강조하였다는 것이다. 실제로 이그나티우스나 폴리카르푸스는 예수님이 실제적으로 육체적인 죽임을 당했으며, 증인들(순교자들)도 예수님의 모범을 따라 피를 흘리고 실제로 죽임을 당하는 것이라고 말함으로써 가현설론자들을 논박했다.

또 할킹(F. Halkin)은 『폴리카르푸스의 순교기』에서 증언이 순교라는 개념으로 발전하게 되는 것은 몬타누스파의 광신적 경향에 대한 반박이라고 주장한다.[14] 몬타누스파의 사람들은 자발적인 순교를 강조하면서도 사실은 고문이나 고통을 이기지 못하고 배교함으로써 말과 행위가 일치하지 않았는데, 참된 증인(μάρτυς)은 그 증거하는 바를 행동으로 구체화해야 한다는 점에서, '말 증인'에서 '행위 증인', '피의 증인'(순교, 순교자)으로 발전하였다는 것이다.[15] 이로써 순교는 말(증거)과 행위의 일치를 의미하는 것으로서 개념화되었다. 그런데 여기서 순교는 이그나티우스의 편지나

---

12. Theodore Baumeister, *Die Anfänge*, 259.

13. 위의 책, 260.

14. F. Halkin, *Une nouvelle Passion*, 150-4.

15. 폴리카르푸스, 120.

『폴리카르푸스의 순교기』에서 보여주는 것처럼, '제자'(μαθητής) 개념과 '본받음'(μίμησις)의 개념을 결합한 것으로 이해되었다. 이 점을 보여주는 한 가지 예가 폴리카르푸스의 순교기 17장 3항이다. 즉 "우리는 … 주님의 제자들이며, 본받는 사람들인 순교자들을 진실로 사랑합니다. 우리도 그들의 (순교에) 동참하고 동료 제자가 될 수 있기를 바랍니다"가 그것이다. 즉 순교는 그리스도의 참된 제자의 길이며, 그리스도를 본받는 행위로 이해한 것이다. 이런 변화와 함께 '증거자'라는 의미보다는 순교 자체를 존중하게 되었다.

이상에서 논의한 바를 정리하면, '마르튀스'(μάρτυς)나 '마르튀리아'(μαρτυρία), 혹은 '마르튀리온'(μαρτύριον) 등의 용어는 본래는 증거(자)를 의미했으나, 140년경을 거치면서 피의 증거(자), 곧 순교(자)를 의미하는 어의변화를 가져왔다. 즉 순교(자)는 신앙을 고백하고 그 신앙의 증거 때문에 목숨을 바친 이들에 대한 칭호가 되었다. 그리고 이들 순교자들은 그리스도의 제자로서 그리스도를 본받은 자들로 간주되었다.

이런 어의변화의 과정에서 2세기 중엽부터 초기 기독교공동체에 사용된 새로운 용어가 있는데, 그것이 곧 '고백자'(告白者, confessor)이다. '고백자'(ὁμολόγος)란 그리스도에 대한 신앙과 증거 때문에 체포되어 고문과 형벌을 받았으나, 목숨을 잃지 않고 풀려난 이들에 대한 칭호였다. 이는 실제로 목숨을 잃은 피의 '증거자'(μάρτυς, μάρτυρες), 곧 '순교자'들과 구별하기 위한 것이었다.[16] 말씀을 증언하고도 죽지 못한 자들을 '고백자'로, 반면 피로써 증언한 자들을 '순교자'로 구분했다는 사실은 죽음 그 자체가 특수한 의미를 가지기 시작했다는 점을 의미한다.

'고백자'라는 용어는 특히 3세기 중반에 크게 대두되었는데, 이는 당시

---

16. Eusebius, *Ecclesiastical History* 5. 2. 2-5.

의 기독교 박해와 밀접한 관계가 있다. 249년에 데키우스(Decius)가 황제가 되는데, 이듬해인 250년부터 혹독한 박해가 시작되었다. 그가 재임하는 기간(249~251) 동안 이전 시기와는 다른 기독교 박해가 가해졌다. 기독교가 별로 전파되지 않았던 다뉴부(Danube) 지역 출신이었던 데키우스 황제는 제국의 번영은 옛 종교의 회복이라고 믿고, 제국의 전 지역에서 기독교를 탄압했다. 그는 이교신전에서 희생제물을 드린 자에게는 증명서(libelli)를 발부하고, 이 증명서가 없는 이들은 가차 없이 박해했다.[17] 물론 당시는 기독교 신자를 처형시키는 것이 목적이 아니었으므로 실제 순교자는 많지 않았다. 하지만 끝까지 신앙을 지킨 자들이 있었는데, 이들을 고백자로 부르게 된 것이다. '고백자'의 상대적 개념으로 고문이나 탄압을 못 이기고 신앙을 버린 이들을 '배교자'(apostat, lapsed)라고 불렀는데, 이 배교자 처리 문제가 노바티안 분파운동의 원인이 되었다. 초기 기독교공동체에서는 '고백자'들도 상당한 존경을 받았다.

3. 누가 순교자인가?

'말 증언', '행위 증언', '피 증언'

초기 기독교에서 순교자 혹은 고백자들은 상당한 영광을 누렸기 때문에 많은 사람들이 순교에 대해 열망했다. 이그나티우스의 경우에서처럼,

---

17. 현재까지 발견된 증명서로는 강우량이 적은 이집트에서 발견되었는데, 그 하나의 내용은 다음과 같다. "알락산더(Alexander) 섬에 사는 72세 가량의 오른쪽 눈썹 위에 흉터가 있는 사타부스(Satabus)의 아들 아우렐리우스 디오게네스(Aurelius Diogenes)가 알렉산더 섬의 희생제물 위원회에 제출함. 본인은 지금뿐 아니라 어느 때에라도 항시 귀하의 면전에서 희생제물을 바치고, 희생을 드리고 먹는 제 규칙에 따라 신들에게 희생을 바쳤습니다. 귀하께서 이것을 증명해보시기 바랍니다. 안녕히. 본인 아우렐리우스 디오게네스가 본증을 제출합니다. (관청의 글씨로) 나, 아울렐리우스 시루스(Aurelius Syrus)는 디오게네스가 우리와 함께 희생을 드렸던 것을 증명함."

순교는 '그리스도를 본받음'(imitatio Christi)의 절정으로 묘사되었다. 교회 공동체에서는 순교에 대한 지나친 열망 때문에 교회 지도자들이 자발적으로 순교하려는 이들에게 주의를 주기도 했다. 그 중에서도 광신적인 몬타니스트들이 특히 순교를 자청했다. 오늘의 천주교회의 시성(諡聖)이나 성일, 혹은 축일에서 보는 것처럼 순교자들에 대한 경외심은 숭배로 발전하였다. 때문에 순교자들에 대한 기록은 윤색되거나 과장되어 사실(fact)과 허구(fiction)를 구별하기가 어려운 경우가 있었다.[18]

이런 점 때문에 누가 순교자이며, 순교자라는 칭호를 얻기 위해서는 어떤 조건을 갖추어야 하는가하는 순교자 개념정리가 요구되었던 것은 당연한 일이었다. 이런 고민의 흔적이 『폴리카르푸스의 순교기』 제4장에 나타나 있는데, 이것은 당시 교회의 일반적 인식을 반영한 것으로 볼 수 있다. 『폴리카르푸스의 순교기』에서는 '순교자'를 다음과 같이 세 가지 조건으로 규정한다.[19]

> 첫째, 단지 '말 증인'이 아니라, 자신들의 증언으로 고통을 감수한 '행위 증인'만이 진정한 순교자이다.
>
> 둘째, 순교는 하나님의 뜻에 부합해야 한다. 즉 하나님의 뜻이 순교를 정당화해야 하며, 하나님의 뜻과 자신의 뜻은 구분되어야 한다. 진정한 순교자는 주님의 뜻에 따라 모든 것을 주님께 맡기는 자이다.
>
> 셋째, 순교를 피하는 것은 원칙적으로 가능하며 허용된다. 그러나 진정한 순교자는 자발적으로 순교하려 나서지도 않으며, 그렇다고 순교를 적극적으로 피하지도 않는다.

---

18. Craic J. Slane, 36.

19. 폴리카르푸스, 121-2.

초기 기독교는 박해의 체험을 통해 순교의 의미를 보편화했는데, 순교는 특히 두 가지 요건을 충족해야 하는 것으로 이해했다. 첫째는 그리스도에 대한 공적 증거 혹은 증언이고, 다른 하나는 그 증거를 확증하기 위해 임의로 받아들이는 죽음이다. 말하자면 순교는 무엇을 위해 생명을 버리는가와 관련된 것이다. 이상의 논의를 종합하여 볼 때, 초기 교회가 이해했던 순교자의 조건은 다음과 같았다.

첫째, 그 죽음이 자의적으로 받아들이는 죽음(voluntary acceptance of death)이어야 한다.
둘째, 그 죽음은 복음 증거와 직접적으로 관련되어야 한다.
셋째, 복음과 진리를 반대하는 개인이나 집단에 의한 죽음이어야 한다.

즉 순교는 진리를 증거하기 위해 세상에 오시고 십자가에 죽기까지 순종하신 그리스도의 모범을 따라 그리스도에 대해 공적으로 증거하고, 이를 확증하기 위해 주어진 죽음을 기꺼이 받아들이는 행위라고 할 수 있다. 한 사람의 죽음의 의미를 규정하기 위해서는 무엇 때문에 왜 죽었는가를 고찰해야 한다. 이런 점에서 아우구스티누스는 도나티스트와의 논쟁의 와중에서 기술한 시편 35편 23절, "나의 하나님, 나의 주여, 떨치고 깨셔서 나를 공판하시며 나의 송사를 다스리소서"를 주석하면서 "(죽음)이라는 형벌이 (사람을) 순교자로 만들지 않고, 그 (죽음의) 이유가 순교자를 만든다"(*Martyrem non facit poena, sed causa*)고 했다.[20]

---

20. "men are made martyrs not by the amount of their suffering, but by the cause in which they suffer" Augustine, *Letters*, 89.2; *New Catholic Encyclopedia*, 312. 루터는 이 말을 재세례파에 대해 비판하면서 사용한 일이 있다.

순교개념의 확대

처음에는 '피 흘림의 증거'를 '순교'로 간주했으나, 점차 순교의 개념이 확대되기 시작했다. 그 시기를 분명하게 말할 수는 없으나, 대략 3세기 초부터였던 것으로 판단된다. 알렉산드리아의 클레멘스는, 그리스도인들이 자신의 생활을 통해 그리스도를 증거하는 삶을 산다면, 그것은 순교와 동일한 것이라고 말했다. 오리게네스는 "말과 행위로 그리고 어떠한 방법으로든지 진리를 증거하는 이는 순교자라고 불릴 수 있다"라고 했고, 키프리아누스는 "한 순간에 고통을 당하는 이는 오직 한번 승리한다. 그러나 언제나 고통 중에 머물고 끊임없이 고통과 투쟁하는 이는 매일 새로운 순교의 관을 쓴다"라고 했다.[21] 말하자면 3세기를 거치면서 순교자는 피 흘림의 증거자일 뿐 아니라, 복음적 삶, 곧 청빈, 순종, 정절 등 세상과 구별된 삶을 통해 그리스도를 증거하는 행위도 순교로 간주하는 영적 순교 개념이 대두되었다. 특히 박해의 시대가 종결되고 기독교에게 자유가 주어짐으로 피 흘림의 순교의 가능성이 상대적으로 소멸되자, 이런 경향이 나타난 것으로 해석할 수 있다.

그래서 3세기 『사도전승』(*Traitio apostolica*)을 썼던 로마의 히폴리투스(Hippolytus, d. 236)와 3세기 중엽에 로마의 주교였던 코르넬리우스(Cornelius, d. 252)는 실제로 순교하지 않았으나 순교자로 불리기(顯揚)도 했다.[22] 이런 경우는 예외적인 경우였으므로 일반화된 경향은 아니었으나, 이후에는 순교자 칭호가 수도사들에게까지 확대되기도 했다. 그럼에도 불구하고 엄격한 의미에서 순교자는 항상 두 가지 요건, 곧 그리스도의 복음에 대한 공적인 증거와 그 증거로 인한 불가피한 죽음이라는 조건을 인정

---

21. Cyprianus, *Epistle*, 37.1.
22. B. S. Easton, *The Apostolic Tradition of Hippolytus* (Archon Books, 1934), 16.

받아야 했다. 이것은 이후의 교회사에서도 자연스럽게 받아들여졌다.

4. 초대교회에서의 순교

초기 기독교는 로마 제국 하에서 삼백 년간 박해받은 것으로 알려져 있다. 기독교는 첫 삼십여 년간 유대교에게 박해를 받았으나, 로마 제국에게서 물리적인 박해를 받지는 않았다. 그러다가 AD 64년을 경과하면서 로마 제국의 박해를 받기 시작했는데, 이 박해는 313년(동부 323년)까지 계속되었다. 물론 간헐적으로 자유의 기간이 있기도 했지만, 64년 네로의 박해로부터 250년 데키우스(Decius) 황제의 박해까지는 주로 지역적으로 산발적으로 일어났고, 정부의 박해정책에 근거하기보다는 비법률적인 폭력에 의해 일어났다. 그러나 250년 이후부터는 로마 제국의 정책에 의해 보다 광범위한 지역에서 박해가 행해졌다.

초기 순교자들

1, 2세기의 대표적인 순교자들로는 트라이아누스 황제 때(115년경) 순교한 안디옥의 이그나티우스(?~115), 피우스 황제(138~161) 때 순교한 폴리카르푸스(69?~155?), 아우렐리우스 황제 때 순교한 유스티누스 등이 있지만, 유세비우스는 그의 『팔레스타인의 순교자들』(The Martyrs of Palestine)에서 최초의 순교자는 프로코피우스(Procopius)라고 말한다. 그는 총독 앞에 끌려가 네로 황제에게 희생제물을 바치라고 강요받았으나, 이를 거절하자 "즉시 참수되었다" 그리고 곧 이어 팔레스타인에 있는 교회 감독들이 체포되었다. 그들은 처형의 위험에 직면했을 뿐만 아니라 총독의 고문 속에 신

앙을 버릴 것을 강요받았다.[23] 유세비우스는 그의 책 2장에서 안디옥에서 체포된 로마누스(Romanus)에 대해 이렇게 기록했다.

    심판관이 그에게 타오르는 불길 속에서 죽게 될 것을 통보하자, 그는 즐겁고도 만족스럽게 선고를 받아들이고 끌려 나갔다. 그는 기둥에 단단히 묶였고, 그 주변에 나무들이 쌓이기 시작했다. 그들은 불을 붙일 준비를 갖추고 황제의 명령만 기다렸다. 이 때 로마누스는 "불은 어디 있느냐?"고 외쳤다. 이렇게 말할 때 그는 또 다른 고문을 받기 위해 황제 앞으로 끌려갔다. 곧 그의 혀가 잘려 나갔다. 그러나 그는 불굴의 의지로 그의 당당함을 보여주었고, 하나님의 능력이 환란 중에서도 종교를 위해 신앙을 지키려는 이들과 함께 하신다는 사실을 보여주었다.[24]

이 책 8장에서는 가자(Gaza)의 다른 경배자와 함께 체포되어 막시미누스(Maximinus)에게 끌려간 용감한 발렌티나(Valentina)에 대한 기록도 있다. 심문관이 다른 그리스도인 여성을 야만적으로 고문할 때,

    그녀 앞에서 무자비하고 잔인하며 비인간적인 고문을 보고 참을 수 없어 그녀는 용기 있게 군중들 가운데서 외쳤다. "당신이 우리 자매를 얼마나 더 잔인하게 고문하려는가?" 이 말을 듣고 분노한 막시미누스는 그 여자를 즉시 체포하게 했다. 발렌티나는 군중들 앞으로 끌려갔다. 처음에는 그녀에게 희생제물을 드리도록 요구했다. 그녀가 거절하자 그녀를 강제로 제단 앞으로 끌고 갔다. 그녀는 힘껏 그 제단을 발로 걷

---

23. Rodney Stark, *The Rise of Christianity* (Harper Collins, 1997), 163.
24. Srark, 164-5.

어찼다. 그러자 제단은 불길과 함께 나동그라졌다. 이렇게 되자 심문관은 격분하고 야수처럼 변하여 그가 이전에 했던 고문과는 비교할 수 없을 정도의 고문을 시작했다.[25]

이상과 같은 초기 순교자들의 기록에서 보여주는 순교자들의 용감한 태도, 확고부동한 인내는 유세비우스에게 있어서 기독교적 덕성의 증거였다. 그러나 현대의 사회과학자들로서는 이해하기가 힘든 것이었다. 그들은 죽음 앞에서 담대함과 고문을 이기는 용기는 심리적 이상 현상, 곧 마조키즘(masochism)에 근거한 것으로 설명했다.[26] 특히 도날드 리들은 이들 순교자들은 고통을 사랑했고, 고문과 같은 고통을 통해 성적 희열을 느끼고 심지어는 죽음을 동경(*libido moriendi*)했다고 해석했다.[27]

순교자의 수

기독교가 제국에서 공인받기 이전까지 로마 제국 하에서 순교한 자의 수는 얼마나 될까? 고대사회는 통계에 무관심했기 때문에 이 점에 대해 정확하게 알 수는 없다. 그러나 대체적으로 학자들은 천명 이하였을 것으로 추산한다. 유세비우스가 예시하듯이, 소수의 그리스도인들은 잔인한 고문과 처형을 받아들이기도 했으나, 실제로는 많은 이들이 박해와 고문에 직면하여 신앙을 포기하기도 했다.[28] 비록 64년 이후 기독교에 대한 탄압이 시작되었지만, 데키우스(Decius) 황제의 조직적인 박해가 시작되기 이전

---

25. Stark, 165.
26. 이렇게 해석하는 대표적인 학자들로는 Donald W. Riddle, Karl Menninger, Theodore Reik, E. R. Dodds, Arthur D. Nock 등이다.
27. Donald W. Riddle, *The Martyrs: A Study in Social Control* (1931), 64.
28. *The Martyrs of Palestine* (1850 ed.).

까지 박해는 간헐적으로 이루어졌고, 그것도 로마법에 의한 것이라기보다는 폭도들에 의한 것이었다. 따라서 그 때까지는 기독교 박해가 심각하지 않았다. 초기 기독교에서의 박해와 순교에 대한 대표적인 연구가인 프렌드(W. H. C. Frend)에 의하면, 순교자 수는 '수천 명이 아니라 수백 명'에 지나지 않았다.[29]

타키투스(Cornelius Tacitus, 55/56~117)는 그의 『연대기』(Annals)에서 64년 네로 황제 치하에서 죽임을 당한 '막대한 수'(ingens multitudo)의 그리스도인에 대해 말하고 있으나, 다수의 학자들은 이것을 수학적인 개념으로 볼 수 없다고 지적한다. 가령, 마르타 소르디(Marta Sordi)는 이 말을 수백 명의 희생자가 있었음을 의미하는 것으로 해석하면서, 타키투스는 당시 일어난 기독교 탄압에 대한 심각한 분위기를 말하고자 했을 뿐이라고 해석했다.[30] 로드니 스타크도 이 견해에 동의했는데, 그는 박해가 일어났을 때, 실제로 박해한 경우는 놀라울 정도로 적었고, 체포된 이들도 감독들이나 지도적인 인물들이었다고 주장했다. 그래서 이들에 대한 정보를 파악할 수 있을 정도였다고 했다.[31] 오리게네스(Origenes, 185?~254)도 "전체 순교자 수는 적었고, 순교는 가끔 있어 온 일로서 열거하기도 쉬운 일"[32]이라고 말했다. 물론 이것은 데키우스 황제 이전의 상황을 말하는 것이다. 그가 켈수스 반박문을 기록했을 때가 248년이었음을 고려하면, 이 점을 이해할 수 있다.

데키우스 황제 치하에서도 박해가 그렇게 큰 것은 아니었는데, 이를 지

---

29. W. H. C. Frend, *Martyrdom and Persecution in the Early Church* (Baker, 1965), 413.
30. Marta Sordi, *The Christians and the Roman Empire* (University of Oklahoma Press, 1986), 31.
31. Stark, 180.
32. Origen, *Contra Celsum*, III, 8.

역적으로 검토해 보면, 우선 알렉산드리아의 디오니시우스(Dionysius)는 이집트의 도시들과 마을에서 '상당히 많은'(very many) 그리스도인들이 피살되었다고 말하지만, 정작 그는 단지 열일곱 명의 희생자들만 거명하고 있을 뿐이다.³³ 팔레스타인과 시리아에서는 오리게네스가 체포되었고, 감독인 알렉산더(Alexander)와 바빌라스(Babylas)가 처형되었다는 기록이 있을 뿐이다. 소아시아의 경우에도 겨우 십여 명의 희생자들이 있었다는 기록만이 남아 있다. 아프리카의 경우에는 키프리아누스의 서신과 그 외 다른 기록들이 카르타고에서의 상황에 대해 비교적 정확한 정보를 주고 있는데, 데키우스의 통치하에서 여러 가지 방법으로 희생된 열여덟 명의 순교자와 열일곱 명의 고백자 명단이 남아 있을 뿐이다.³⁴

순교자들에 대한 숭모

순교자들은 교회 공동체에 의해 상당한 칭송을 받았다. 순교자들에 대한 특별한 영예와 숭모를 보여주는 일례가 순교자들에 대한 기록인 『순교자 행전』(*Acts of Martyrs*), 『폴리카르푸스의 순교기』(*The Martyrdom of Polycarp*), 그리고 『페르페투아와 펠리시타스의 순교기』(*The Passion of St Perpetua and Felicity*) 등에 나타나 있는데, 이들의 용기 있는 증언, 불굴의 의지, 죽음 앞에서의 담대함은 신적 능력의 증거로 간주되었다. 따라서 순교기에는, 슬레인(Craic J. Slane)의 지적처럼, 상당한 과장이 불가피했다.³⁵ 순교자에 대한 교회 공동체의 경모는, 앞에서 지적했지만, 후일 순교자에 대한 숭배로 발전하게 되었다.

---

33. Albert Ehrhard, *Die Kirche der Märtyrer* (München, 1932), 66~8, Frend, 413.
34. Cyprianus, *Epistle*, 22. 2~3 (CSEL., iii. I, 534~5).
35. Craic J. Slane, 34.

순교(처형)는 개인적으로 행해지기도 했지만, 많은 군중들이 보는 앞에서 공개적으로 이루어지기도 했다. 이 역시 순교자들을 특별한 인물로 간주하게 하는 요인이 되었다. 때로는 오랜 준비기간을 거쳐 순교(처형)를 집행하는 경우도 있었다. 이럴 경우에도 순교 예정자는 특별한 관심과 존경을 받았다. 그 대표적인 경우가 2세기 중엽의 이그나티우스(Ignatius of Anthioch)의 순교였다. 트라이아누스 황제 치하에서 체포된 그는 안디옥에서 처형되지 않고 십여 명의 로마 군인들의 호송을 받으며 로마로 압송되었다. 그가 주요도시를 지나갈 때마다 그 지역 그리스도인들이 이그나티우스를 만날 수 있었고, 이그나티우스는 자유롭게 사람들을 만나거나 설교할 수 있었다. 이그나티우스는 로마로 가는 여정에서 자유롭게 편지를 보낼 수도 있었다. 그 결과로 현존하는 일곱 통의 서신은 초기 교회의 상황을 헤아리게 하는 소중한 문헌으로 남아 있고, 이 문서가 갖는 의의에 대해서도 다각적인 연구가 이루어져왔다.[36] 여기서 중요한 사실은 순교를 위한 영적, 심리적 준비가 있었다는 사실이다.

이그나티우스는 자신이 순교자로 기억되기를 기대하였고, 그것을 통해 그리스도의 고난에 참여한다고 믿었다. 그것이 제자의 길이자 그리스도를 본받음이라고 생각했다. 그래서 그가 두려워한 것은 원형 경기장에서의 죽음이 아니라 신자들의 노력으로 석방되지 않을까하는 염려였다. 그래서 그는 로마에 있는 성도들에게 자신의 순교의 길을 막지 말라고 호소하였다.

> 실로 저는 여러분의 사랑이 도리어 저에게 좋지 않는 일을 하게 될까 염려하고 있습니다. 물론 여러분에게 있어서 여러분의 목적을 이루

---

36. 이그나티우스의 서신에 대한 대표적인 연구로는 William R. Schoedel, *Ignatius of Antioch* (Fortress Prss, 1985)와 Robert Grant, *Ignatius of Antioch* (NJ: Nelson, 1966) 등이 있다.

는 일은 쉬운 일이겠지요. 그러나 나에게 있어서 하나님께로 향하는 승리를 이루는 일은 어려운 일입니다. 제발 하나님을 위해서 저의 피가 뿌려지도록 내버려 두십시오.[37]

특히 이그나티우스는 이렇게 말했다.

오히려 맹수들을 유인하여 그들이 저의 무덤이 되게 하십시오. 또한 제가 죽었을 때에 누구에게도 짐이 되지 않도록 맹수들이 제 몸의 어떤 부분도 남기는 일이 없게 해 주십시오. 그리하여 세상이 저의 몸을 볼 수 없게 될 때, 저는 참으로 예수 그리스도의 제자가 될 것입니다. 이런 과정을 거쳐 제가 하나님께 바치는 희생제물이 될 수 있도록 저를 위해 그리스도께 간구해 주십시오. 저는 베드로나 바울처럼 여러분에게 명령하지 않습니다. 그들은 사도들이지만 나는 죄수일 뿐이지요. 그들은 자유자였지만 저는 이 시간까지 노예일 뿐입니다. 내가 죽음의 고난을 통과하고 나면, 그 때 비로소 나는 예수 그리스도의 자유자가 될 것이고, 그리스도 안에서 다시 살게 될 것입니다. 묶인바 된 나는 더 이상 바랄 것이 없습니다. … 용서를 구하는 것은 나는 무엇이 진정한 경건인지 알고 있습니다. 이제 나는 제자가 되기를 시작하고 있습니다. 보이는 것이나 보이지 않는 것이나 그 어떤 것도 시기하여 방해하지 말기를 바랍니다.[38]

모든 신자들에게 순교자에 대한 특별한 존경이 나타나기 시작하는 것

---

37. *Epistle to the Romans*, 1946.
38. 이냐시오스(박미경 역주), 『일곱편지』(분도출판사, 2000), 87~89.

을 보여주는 대표적인 경우가 『폴리카르푸스의 순교기』이다. 폴리카르푸스는 156년 화형을 당했는데, 그의 죽음 이후 그의 유골은 그의 제자들에 의해 수습되었고, 순교기에서는 '그의 거룩한 육신'은 '금보다 더 값진 것'으로 간주되고 있다.[39] 이 순교기의 기록자는 "서머나의 그리스도인들은 매년마다 폴리카르푸스의 뼈가 묻혀 있는 곳에 모여 순교자의 생일을 큰 기쁨과 즐거움으로 축하했다"고 기록하고 있다. 그리고는 "축복된 폴리카르푸스는 … 예수 그리스도께 영광과 명예와 위엄과 왕권이 대대로 영원할지어다. 아멘"으로 끝맺고 있다.[40]

오늘 우리는 거의 대부분의 순교자들의 이름을 알고 있다. 당대의 사람들이 순교자들을 거룩한 인물로 기억해야 한다고 생각해서 저들에 대한 기록을 남겨주고 있기 때문이다.[41] 이 점은 순교자들이 특별한 영예를 누렸음을 보여준다. 순교자들은 앞으로 올 하나님의 나라에서 보상뿐 아니라 현세에서도 영광을 누렸다. 이그나티우스가 로마로 압송되는 과정에서 각 도시에서 그리스도인들의 영접을 받고 칭송을 받았듯이, 로마에서 순교당할 다른 사람들도 동일한 영예를 누렸다. 이런 점에 대해서는 아타나시우스의 『성 안토니우스의 생애』(*The Life of St. Antony*)에 잘 나타나 있다.

종합과 정리

이상에서 순교의 의미, 개념, 성경적 용례, 초대교회에서의 순교 이해 등에 대해 살펴보았다. 특히 여기서 전통적 입장의 순교, 순교자 개념을 제시했지만, 이 개념은 시대적 상황에 따라 다르게 표현될 여지가 있다는 점

---

39. 폴리카르푸스, 179.
40. 폴리카르푸스, 185.
41. Stark, 182.

도 고려되어야 한다. 오늘 한국의 현실에서나 대부분의 나라에서 가이사를 신으로 신격화하거나 숭배하도록 요구하지 않으며, 어느 특정 종교만을 신봉토록 요구하지도 않는다. 우리는 종교적 자유와 관용의 시대에 살고 있다. 그러나 그리스도인들이 그 믿는 바를 관철하려고 할 때, 박해가 없을 수 없다. 다만 박해의 양상이 달라졌을 뿐이다. 과거의 순교자들은 종교적 불관용의 상황에서 자기가 믿는 바를 증거하고 수호하기 위해 순교자의 길을 갔으나, 이제는 사회적 부조리와 대항하여 싸우다가 희생자 혹은 순교자의 길을 갈 수 있다. 정치범으로 죽은 본회퍼나 흑인해방운동을 위해 죽은 마틴 루터 킹의 경우가 그러하다. 이렇듯 오늘날에는 과거와 달리 다양한 형태의 희생자 혹은 순교자를 낼 수 있다. 따라서 순교 개념은 오늘의 상황에서 새롭게 정의될 수 있을 것이다.

제17장

초기 3세기 로마 제국 하에서의 박해와 순교

"순교자의 피는 실로 교회의 기초이다. 죽음으로서 우리는 이긴다. 우리가 목숨을 버리는 순간 우리는 승리하면서 앞으로 나아가게 된다"[1]라고 했던 2세기의 라틴 교부 테르툴리아누스의 관찰은 현실에 대한 인식이라기보다는 예언적 진술이었다. 지난 이천 년간의 기독교의 역사는 선교의 역사이자 순교의 역사였고, 그 피의 터 위에 복음은 확장되었다. 그래서 순교의 역사는 교회사만큼이나 긴 역사를 지니고 있다. 증거, 곧 선교와 순교는 불가분의 관계에 있었다는 사실은 역사적 경험이지만, 어원적으로도 그러하다. 즉 증인(witness)을 뜻하는 '마르튀스'(μάρτυς)는 동시에 순교(자)라는 의미를 지니고 있다.

스데반에서부터 오늘에 이르기까지, 기독교가 그 사회의 공인된 종교가 되기 이전에는 기독교적인 삶의 방식이 이 세상에는 '낯선 것'이었고, 그들의 가치와 상합할 수 없는 '전도된 가치'였다. 기독교의 가르침

---

1. Herbert B. Workman, *Persecution in the Early Church* (1906; rpt.: Oxford University Press, 1980), 143.

은, 당시 그리스-로마시대의 사회나 문화전통으로 볼 때, '야만인의 철학'(*barbaros philosophia*)으로서,[2] 당시의 가치나 사상, 윤리와 동행할 수 없었다. 결국 그것은 박해와 순교의 길을 갈 수밖에 없었다. 때문에 선교는 순교와 통한다.[3]

이 글에서는 기독교가 제국의 종교로 공인되기 전, 곧 4세기 초까지 로마 제국 하에서 있었던 기독교 박해와 순교에 대하여 정리하고자 한다. 또한 이런 박해의 상황에서 교회가 어떻게 반응하였으며, 박해 하에서 일어난 허다한 순교에 대해 고대사학자 혹은 사회학자들은 어떻게 평가하며 이해하고 있는지에 대해 살펴보고자 한다.

---

2. *barbaros philosophia*의 개념과 개념사에 대해서는 Guy G. Stroumsa, *Barbarian Philosophy* (Tübingen: Mohr Siebeck, 1999) 57ff를 참고할 것.

3. 스데반의 순교에서부터 초,중세, 그리고 16세기, 선교운동이 시작된 18세기 이후의 아시아, 아프리카와 남미 등 세계 도처에서 발생한 순교의 행렬은 오늘에 이르기까지 끊임없이 계속되고 있다. 시에라리온을 비롯한 서부 아프리카는 '선교사의 무덤'이라고 일컬어져 왔고, 짐 엘리어트(Jim Elliot)를 비롯한 아우카 작전에 참가했던 다섯 젊은이의 죽음은 1950년대 세계 기독교에 충격을 주기도 했다. 특히 회교국가와 공산권에서의 기독교 박해는 심각했다. 최근의 경우, 사우디아라비아 전역에서 활동하는 종교경찰 무타와인은 외국인 거주자를 포함해 모든 시민이 이슬람 규범을 철저하게 엄수하는지를 확인하는 것이므로 선교사들의 활동은 중요한 표적이 되어왔다. 1995년 12월 2일 무타와인이 한 가정 집회를 급습하고, 크리스마스 기도회로 모인 54명의 기독신자를 체포했는데, 이중 지도적 인물 일곱 사람은 가혹한 폭행과 고문을 당했고, 이들이 석방되었을 때 친구들이 그들을 알아볼 수 없을 정도였다고 한다. 지난 50여 년간의 북한에서의 기독교 탄압과 순교는 보다 심각하다. 북한에서의 헌신적인 활동으로 북한 당국으로부터 우호메달까지 받았던 노베르트 폴로첸은 2000년 12월 북한당국에 의해 추방되었는데, 그에 의하면 북한에서 그리스도인들은 생화학전 실험을 위한 인체실험으로 비인간적인 대우와 고문을 당하고 있다고 했다. 이들 그리스도인의 고난과 순교의 자취는 여전히 가려져 있다. 2002년 5월 필리핀 남부에서 이슬람 반군 단체인 '아부 사이야프'(Abu Sayyaf)에 인질로 납치되어 있던 미국인 선교사 부부, 마틴과 그레시어 번햄(Burnham)의 순교는 가장 최근의 일이다. 순교자들에 대한 기록이 충분하지는 않으나, 폴 마샬(Paul Marshall)의 『그들의 피가 부르짖는다』(*Their Blood Cries Out*)는 우리 시대에 전 세계적으로 일어나는 순교자들에 대한 소중한 기록으로, 선교의 험난한 길을 예시하고 있다.

1. 초기 3세기 동안의 정치적 환경

초기 기독교는 정치적으로나 사회적으로 매우 불리한 조건하에 있었다. 기독교는 불법의 종교로 간주되었고, 그리스도인은 사회의 암적 존재로 간주되었기에 선교는 곧 순교의 길이었다. 초기 그리스도인들에게는 어떤 체계화된 조직도 없었고, 집회의 자유를 누리지도 못했다. 그리스도인의 공동체가 정치적인 집단으로 오해되기도 했기 때문이다.

또 교회 공동체는 정상적인 재산의 취득이 불가능했기 때문에 교회당 건물을 소유하지 못했다. 교회 공동체의 집회소로 독립된 건물이 최초로 발견된 것은 256년 유프라데스강 상류지역에 위치한 두라-유로포스(Dura-Europos)에서였다. 말하자면 예루살렘에서 기독교회가 탄생한 이래 이백삼십여 년간 독립된 집회소로서의 예배당을 갖지 못했다. 따라서 초기 3세기 동안의 교회 공동체는 가정교회에 바탕을 둔 것이었다.

로마 제국에서의 기독교 박해에 대한 새로운 연구[4]는 이 분야의 연구에 빛을 던져 주고 있다. 가장 중요한 결실은 박해는 분명한 법률, 곧 성문법에 기초한 것이 아니었다는 주장이다. 예를 들어 비두니아 지방의 총독 플리니우스가 트라이아누스 황제에게 체포된 그리스도인들에 대해 처벌 여부를 질문한 사실로 미루어 보아 당시 기독교도들에 대한 처벌 규정이 불확실했음을 보여준다는 것이다. 그래서 적어도 2세기 초까지는 기독교에

---

4. 기독교 박해에 대한 최근의 중요한 연구로는 G. E. M. de ste Croix, "Why Were the Early Christians Persecuted?" *Studies in Ancient Society*, ed. by M. I. Finley (London and Boston: Routledge and Kegan Paul, 1974), 210~249이 있다. de ste Croix의 논문에 대한 논평인 A. N. Sherwin-White, "Why Were the Early Christians Persecuted? An Amenment?"(앞의 책, 250~5)와 Sherwin-White의 논평에 대한 de ste Croix의 응답인 "Why Were the Early Christians Persecuted? A Rejoinder"(256~262), 그리고 W. H. C. Frend, "The Failure of the Persecutions in the Roman Empire"(263-287)는 이 분야에 대한 귀중한 문헌이다.

대한 탄압이 단지 오해에 근거한 것이었다고 주장한다. 일반적으로 말해서 로마 제국에서 그리스도인들이 탄압받았던 가장 중요한 이유는 그리스도인들의 삶의 방식이 그 시대의 사람들과 현저하게 달랐기 때문이다. 말하자면 구별된 생활방식 때문이었다는 것이다. 이 점에 대해 테르툴리아누스는 그의 변증서(*Apology*)에서 "우리들은 다른 사람들과는 동떨어진 생활을 한다는 평을 듣고 있다"고 지적했다.

신약에서 그리스도인들을 묘사하는 단어 '하기오스'(ἅγιος)는 흔히 성도들(saints)로 번역되는데, 이 단어는 '다르다'는 어근에서 파생되었다. 자기들과는 다른 삶의 방식에 대해 로마인들은 의심의 눈초리로 보았고, 로마황제나 이교도들의 신들을 부인했던 그리스도인들은 무신론자이자 '인류의 적'으로 간주되었다. 황제숭배의 거부는 용서받을 수 없는 행위였기에 기독교는 공인받지 못한 '불법의 종교'였던 것이다. 그리스도인들의 구별된 삶의 방식은 황제숭배나 이교신전 참배의 거부와 같은 직접적으로 종교적인 것만이 아니었다. 사회생활에서도 그 차이점들이 드러났다. 가령 그리스도인들은 군인이나 공직에 취임하려 하지 않았다. 황제숭배 이데올로기로부터 자유할 수 없었기 때문이다. 연극 관람이나 검투사의 혈투도 그리스도인들이 동참하기 어려운 비윤리적 관행이었다. 테르툴리아누스는 신자들은 군인이 되어서는 안 된다고 했을 뿐만 아니라 심지어 교사가 되어서도 안 된다고 가르쳤을 정도였다. 이교의 신들의 신화가 담긴 교과서를 가르쳐야 했기 때문이다. 그래서 그리스도인들은 반사회적이라는 오해를 받게 되었고, 이런 점들이 박해의 부수적인 요인이 되었다.

초기 기독교 공동체에서 그리스도인 남여들의 회집, 거룩한 입맞춤 등은 성적 문란이라는 오해를 받았고, 성찬식은 식인의식(cannibalism)이라는 오해를 불러일으켰다. 이런 점들 또한 박해의 부수적인 요인이었다. 이런 불리한 상황에서도 기독교는 로마 제국의 모든 도시들로 급속하게 전파되었다.

2. 로마 제국 하에서의 박해와 순교

이제 구체적으로 기독교에 대한 박해와 순교에 대해 살펴보자.[5] 기독교회의 첫 순교자는 스데반이었다. 사도행전 7장에 기록되어 있는 그의 순교는 베드로나 요한의 투옥과 함께 초기 기독교 공동체가 유대교로부터 박해를 받았음을 보여준다. 예수를 따르는 무리들은 첫 삼십여 년간은 '나사렛 이단'(행 24:5)이라는 이름으로 유대교의 박해를 받았다. 이 때까지는 로마 제국으로부터 물리적인 박해를 받지 않았다. 그러다가 주후 64년을 경과하면서 기독교는 '우리의 주 그리고 신'(*dominus et deus noster*)이라고 불리던 황제숭배를 거절한다는 이유에서 불법의 종교로 간주되었고, 로마 제국의 박해를 받기 시작하였다. 이 박해는 313년(동부 323년)까지 계속되었다. 물론 간헐적인 자유의 기간도 있었다. 기독교에 대한 박해를 크게 두 시기로 나눈다면, 첫째, 64년 네로 황제의 박해에서 250년 데키우스(Decius) 황제의 박해 이전까지, 둘째, 데키우스 황제의 박해에서 313년 콘스탄티누스 황제 이전까지이다.

기독교가 첫 삼십 년간 정치적 박해를 받지 않았던 것은 로마 제국의 유대인 정책 때문이었다. 당시 기독교는 유대교와 동일시되었다. 초대 그리스도인들은 유대인들이었기에, 이들도 유대교의 한 분파로 보았다. 유대

---

5. 초기 3세기 동안의 박해, 특히 그 배경사에 대한 중요한 문헌으로는 다음과 같은 것들이 있다. Eusebius, *History of the Church*, viii, 9, W.H.C. Frend, *The Early church and Martyrdom and Persecution in the Early Church* (Oxford, 1965), H. Musurillo, *The Acts of the Christian Martyrs* (Oxford, 1972), A. Pietersma, *The Acts of Phileas* (Geneva, 1984), G.E.M de Ste Croix, "Why were the early Christians Persecuted?" *Past and Present* 26 (1963), 6~38, repented in M. I. Finley, *Studies in Ancient Society*.

인들도 그리스도인들을 그들의 이단적 분파로 간주하였다. 그래서 유대교가 기독교를 탄압한 반면, 로마 제국은 이것을 단지 유대교 내부의 문제로 인식했을 뿐이다(행 18:14~15). 그러나 바울의 이방인 전도로 이방인 사이에서 기독교 개종자가 증가함에 따라 기독교와 유대교간의 차이가 분명해지기 시작하는 한편,[6] 유대인들의 민족주의가 열기를 띠어감에 따라 기독교 신자들(특히 이방인)은 자기들과 유대인들의 독립운동 사이에 거리를 두고자 하였다. 그 결과 로마 당국은 기독교가 유대교와 다른 종교임을 인식하게 되었다.[7] 네로 시대의 기독교 탄압은 이런 새로운 자각에 기초했다.

1세기

그러나 직접적으로 박해의 시원이 된 것은 64년 6월 18일 로마시에서 발생한 대화재사건이었다. 화재는 키르쿠수 막시무스(Circus Maximus)의 남동쪽 구역에서 발생하여 강한 바람을 타고 전 지역으로 확대되었다. 일주일간 계속된 화재로 당시 로마의 14구역 중 세 개 지역이 전소되었고, 일곱 개 지역은 부분적으로 불탔다.[8] 이 화재가 황제의 의도적 방화였다는 의심이 확산되자, 네로(Nero, 54~68)는 화재를 모면한 로마시의 두 구역에 유대인과 그리스도인이 다수 거주함을 착안하여 그리스도인들에게 방화의 혐의를 씌워 기독교를 탄압하기 시작하였다. 물론 이 같은 조치에는 기

---

6. F. F. 브루스, 『신약에 나타난 복음의 변증』(생명의 말씀사, 1981), 89.

7. Toynbee는 로마정부가 기독교가 유대교와 다르다는 사실을 안 때가 AD 64년이라고 말하고, 다음과 같이 말한다. "In AD 64, … the Roman Imperial Government became aware that Christianity was something more than a new sect of Judaism." Anold Toynbee, *Hellenism, the History of Civilization* (Oxford Univ. Press, 1959), 213.

8. Salmon, Edward T., *A History of the Roman World, From 30 BC to AD 138* (London: Methuen & Co., 1075), 181. 역사가 타키투스는 그의 *Annales*, 15:38~41에서 이때의 화재사건의 피해상황에 대해 기록했다.

독교를 탄압함으로써 다수의 이교도들로부터 지지를 받을 수 있을 것이라는 정치적인 판단이 깔려 있었다. 왜냐하면 당시 기독교는, 앞에서 언급했듯이, 황제의 신격화나 황제 숭배를 거부했을 뿐만 아니라, 이교(異教) 사회와 일정한 거리를 두려고 했기 때문에, 반사회적 집단으로 매도되어있었다. 또 눈에 보이는 신을 숭배하지 않는다는 이유로 무신론자라는 공격까지 받고 있었는데, 여기에 64년 이후부터는 비밀집단의 정치적 결사체로 오인 받고 있기까지 했기 때문이다. 또한 네로의 부인 파파야(Pappaea)가 유대교에 동정적이었다는 점에서, 유대교의 이단이자 신흥 종교세력인 기독교에 대한 탄압은 충분히 정치적인 효과가 있었을 것이다.

이렇듯 방화의 혐의로 시작된 탄압은 점차 황제의 신격화에 대한 거부와 이교적 제전(祭典)에 동조하지 않는 반사회적 집단이라는 이유로 번져갔고, 곧 단순히 기독교 신자란 이유(*propter nomen ipsum*, 벧전 4:16)만으로 탄압을 받게 되었다. 따라서 점차 그리스도인이라는 자기 고백은 생존의 투쟁을 요구하게 되었다. 왜냐하면 그리스도인은 물리적 탄압, 구속, 체포, 처형, 재산몰수, 공민권 박탈 등의 탄압을 받아야 했기 때문이다.

역사가 타키투스(Tacitus)에 의하면, 최초의 기독교 박해로서 첫 순교자가 발생한 곳은 티베르(Tiber)강 너머에 있는 네로의 정원이었다고 한다.[9] 타키투스와 동시대 사람이었던 쥬베널(Juvenal)은 그의 책에서 기독교에 대한 박해를 두 번이나 언급했는데, 그는 그리스도인들을 산채로 불살랐다고 기록했다. 한편 기독교에 대한 박해와 이로 인한 순교를 가장 먼저 언급한 기독교권의 기록자는 사르디스(Sardis)의 감독(약 70년경)이었던 멜리토(Melito)였다. 그가 안토니우스(Antoninus)에게 보낸 편지글의

---

9. Walter W. Hyde, *Paganism to Christianity in the Roman Empire* (NY: Octagon Books, 1970), 169.

일부가 다행스럽게도 유세비우스에 의해 보존되었다.[10] 유세비우스 자신 또한 네로는 "신적 종교를 대적한 첫 황제였다"고 지적했다.[11]

유세비우스는 성경 밖의 인물로서 최초의 순교자를 프로코피우스(Procopius)였다고 말하는데, 이는 그의 『팔레스타인의 순교자들』(The Martyrs of Palestine) 제1장에서 그를 '순교자들 중의 첫 사람'이라고 기록한 것에서 알 수 있다.[12] 황제숭배를 거부하여 집정관 앞에 끌려온 프로코피우스는 황제 이름으로 제의(祭儀, libations)를 행하도록 요구받았으나, 이를 거부함으로써 즉각 처형되었다. 그리고 곧 이어 팔레스타인의 다른 감독이 체포되었는데, 그는 피부를 가르듯이 수없이 많은 채찍으로 맞고 고문당하여 손마디가 어긋나기까지 했으나, 꿋꿋이 참았다고 한다. 이 같은 고문은 단지 한 개인을 고문하는 것이 아니라 지도자를 배교케 함으로써 기독교 운동을 말살하기 위함이었다.

앞의 요세비우스의 책 2장에서는 안디옥에서 체포된 또 다른 순교자 로마누스(Romanus)에 대한 기록도 있다. 그는 심문관이 화형 당하게 될 것이라고 말했을 때, 두려워하지 않고 오히려 당당하면서도 기쁘게 이를 받아들였다. 그는 나무에 묶이고 주변에 나무 단이 쌓였을 때, "이제 나를 태울 불은 어디 있느냐?"라고 했을 만큼 당당했다. 이로 인해 그는 다시 고문을 당했는데, 혀가 잘리기까지 하는 더할 수 없는 고문을 당했으나, 그런 중에서도 함께 하시는 하나님의 현존을 보았다고 한다.[13]

---

10. *H. E.*, 4:26, 9.

11. *H. E.*, 2:25, 30.

12. Rodney Stark, *The Rise of Christianity* (Princeton University Press, 1996), 163.

13. *Ibid.*, 163~4.

2세기

1세기에 네로에서 시작되고 도미티아누스(재임기간 81~96년)를 거친 기독교 박해는 2세기에도 계속되었는데, 이 시기의 이그나티우스, 폴리카르푸스, 유스티누스 등의 순교는 매우 극적이었다. 이그나티우스(Ignatius of Anthioch)는 안디옥의 감독으로서, 그의 순교는 교회사 초기의 일이었다. 그의 체포에 대해서는 구체적으로 알려진 사실이 없으나, 대략 시리아에서 체포되어 110년경 십여 명의 로마 군인의 호송 아래 로마로 압송되어 유죄 판결을 받고, 노령의 나이(70세가 훨씬 넘었을 것으로 추정됨)에 처형당했다고 본다.[14] 그는 안디옥에서 소아시아 지방을 거쳐 로마로 압송되어 가던 중 일곱 통의 편지를 남겼는데,[15] 이 편지는 당시의 교회와 박해의 상황을 알려주는 귀중한 문서로 남아 있다. 이그나티우스는 자기 인생의 목적은 예수 그리스도의 고난을 본받는 것이라고 하였고, 그리스도를 본받는 일(imitation)의 최상은 순교이며, 이러한 순교를 통하여 진정한 제자가 된다고 믿었다. 그래서 그의 글에는 순교에 대한 열망으로 가득 차 있고,[16] 또 μαθητής 등과 같은 제자도(弟子徒)와 관련된 용어(discipleship

---

14. 이그나티우스의 체포와 처형의 시기에 대해서는 학자들 간에 이견이 있다. 그러나 대부분의 학자들은 유세비우스의 견해(Eusebius, *Hist. Eccl.* 3.21-22)에 따라 트라이아누스 황제 치하인 98-117년 어간에 순교한 것으로 본다. 특히 110년 설이 유력하다. Lightfoot, Harmer, and Holms, *The Apostolic Fathers*, 82. 이보다 후기로 보는 견해에 대해서는 Klaus-Gunther Essig, "Mutmassungen über den Anlass des Martyriums von Ignatius von Antiochien," *VC* 40 (1986), 105-117를 보라.

15. 이그나티우스가 남긴 7통의 편지들은, 서머나에서 기록한 마그네시아(Magnesia), 트랄레스(Tralles), 에베소 그리고 로마교회에 보낸 편지와 드로아에서 기록한 서머나(Smyrna), 빌라델비아 (Philadelpia) 교회와 폴리카르푸스에게 쓴 편지이다.

16. Ignatius, *Eph.*, 1.2.4. Rom., 4. 2. 4 등에서 이런 경향을 보이고 있다. 이러한 과도한 순교지향적인 열망과 추구에 대해 비판적 해석이 시도되었고, 그를 '신경질환적'(neurotic)으로 보는 견해도 있다. Lightfoot, Harmer, and Holms, *The Apostolic Fathers*, 81.

terminology)들이 많이 사용되었다.[17]

폴리카르푸스(Polycarp)의 순교에 대해서는 보다 자세한 기록이 남아 있다. 155년 2월 23일로 추정되는 날에 폴리카르푸스는 서머나 전체 시민의 10~20%에 달하는 약 이만여 명이 지켜보는 가운데 서머나의 스타디움에서 기독교 신자라는 이유로 처형을 당했다.[18] 폴리카르푸스가 순교당하는 155년까지만 해도 플리니우스(Pliny)에게 보낸 트라이아누스(Traianus, 98~117) 황제의 지시는 유효하였다. 즉 기독교 신자들을 구태여 색출하지는 않았지만, 일단 고발되어 로마의 신들에게 예배하지 않는 자는 반드시 처벌하도록 한 것이었다. 그래서 처음 폴리카르푸스는 체포를 피하려고 도피하였다. 그러나 은신처가 발견되어 발각되자 체포가 하나님의 뜻이라고 보고 피신을 거부하였다. 폴리카르푸스는 재판정에서 고문과 죽음을 당하기보다 개심하도록 충고를 받았다. 하지만 이 같이 불의하고 잔인한 세상에서 더는 살고 싶은 욕망이 없다고 거절하였다. 또한 그리스도를 저주하도록 요구받았을 때는 "내가 86년 동안 그를 섬겼으나 그는 나를 한 번도 저 버린 일이 없다. 그런데 내가 어떻게 나를 구원하신 나의 왕을 저주할 수 있겠는가?"라고 대답하였다. 이에 재판관이 그를 산채로 태워 죽이겠다고 위협하자 "재판관이 붙인 불은 순간적이지만, 지옥의 불은 영원하다"라고 대답하였다고 한다.

---

17. 다른 사도 교부들도 이런 용어를 사용하고 있으나 이그나티우스의 경우처럼 빈번하지 않다. 이그나티우스는 '제자'(μαθητής)나 이와 관련된 용어(μαθητεύω, μαθητεία)를 그의 서신에서 14회 사용하고 있다. 반면에 다른 속사도 교부들의 서신 전부에서 이와 관련된 용어는 겨우 10회에 지나지 않는다. Michael J. Wilkins, "The Interplay of Ministry, Martyrdom and Discileship in Ignatius of Antioch," *Worship, Theology and Ministry in the Early Church* (Sheffield Academic Press, 1992), 299.

18. 이 점에 대한 더 자세한 문헌은, Leonard L. Thompson, "The Martyrdom of Polycarp: Death in the Roman Games," *The Journal of Religion*, vol. 82, No. 1 (Jan, 2002), 27-52를 참고할 것.

그는 소위 로마의 혈전(Roman blood games)¹⁹이라고 불리는 제국의 행사기간 중에 처형되었는데, 이 행사는 우리의 상식과는 달리 복합적인 의미를 지니고 있었다. 맹수들의 싸움, 검투사들의 결투, 그리고 범죄자들의 처단 등으로 진행되는 이 행사를 지금은 '로마의 혈전'이라고 말하지만, 2세기 당시 로마에서 이것은 단순한 게임이자 스포츠에 지나지 않았다. 이 행사는 관중들에게 눈요기꺼리를 제공하는 것만이 아니라 사회적, 정치적, 종교적으로도 의미가 있는 행사였다. 제국의 고위 관리, 정치 지도자, 해외 지역 요인과 특권층이 같이 모여 상호 상견례를 나누며 얼굴을 맞대는 기회이자, 제국의 권위와 힘, 정의와 영광을 드높이는 기회이기도 했다. 동시에 이 행사는 거대한 로마 제국의 동질성을 확인하는 행사였다. 바로 이 날 검투사들의 피비린내 나는 격한 싸움 이후에 폴리카르푸스는 화형을 당했다.

유세비우스나 피오니우스(Pionius)가 기록한 것으로 보이는 『폴리카르푸스의 순교기』(Martyrdom of Polycarp)에 의하면, 폴리카르푸스가 자신이 그리스도인임을 고백했을 때 서머나 스타디움에서는 '통제할 수 없는 분노'가 빗발쳤고, 사자에게 먹혀 죽게 하라는 요구가 쇄도했다. 그러나 그 때는 이미 맹수의 싸움이 끝난 후였다. 그러자 이번에는 그를 산채로 불에 태우라고 요구했다.²⁰ 이렇듯 폴리카르푸스는 오전의 맹수들의 싸움, 오후의 검투사들의 결투와 같은 제국의 군사적 힘과 용감성, 인내심을 시위하는 그 혈전 사이에 다른 그리스도인들과 함께 처형되었던 것이다. 이것이 소위 로마의 법과 질서의 구현이었다.²¹ 이로써 로마 제국은 기독교회의 회원이

---

19. 로마의 혈전에 대한 자세한 문헌으로는 Paul Plass, *The Game of Death in Ancient Rome* (Univ. of Wiscansin Press, 1995)이 있다.

20. *Martyrdom of Polycarp*, 12. 2-3.

21. Leonard L. Thompson, 34.

되는 것은 제국의 법을 위반하는 범죄라는 사실을 명시하였고, 기독교라는 종파가 어떤 것인지 거의 알지 못했던 서머나인들에게 기독교란 비밀스런 종파는 불법적인 반로마적 미신(anti-Roman superstition)이라는 점을 분명히 했다. 따라서 이런 정황에서 선교는 순교일 수밖에 없었다.

이 시기 대표적인 박해자는 마르쿠스 아우렐리우스(Marcus Aurelius, 161~180)였다. 161년 황제가 된 그는 네로나 도미티아누스와는 달리 학식과 지성을 겸비한 스토아 철학자로서 자신의 수양을 위해 『명상록』(*Meditation*)을 남기기도 했다. 그는 그의 스승 프론토(Fronto)로부터 큰 영향을 받았으나, 그 역시 그 시대의 영향을 받아 미신을 버리지는 못했다. 그래서 그는 점술가들의 권고를 받아들여 신들에게 희생제물을 바치기도 했다. 그의 재위 기간에는 갖가지 재난들, 곧 야만족의 침입, 홍수, 기근, 전염병 등이 창궐했다. 그러자 아우렐리우스 황제는 로마의 재난은 그리스도인들이 제국의 신들을 분노케 한 결과로 보고, 기독교를 탄압하기 시작하였다. 그는 그리스도인들이 주를 위해서 기꺼이 목숨을 버리는 것을 무모한 고집(obstinacy), 혹은 변태적인 오만으로 보고 이를 더욱 증오하였다.[22] 이 시기의 기독교 탄압은 이전 시기보다 훨씬 심했다. 배교하지 않는 이들은 처형당했다. 열네 살짜리 소년 폰티쿠스(Ponticus), 리용의 감독이었던 구십 세의 포티누스(Pothinus)도 이때 처형당했다. 과부였던 펠리시타스(Felicitas)와 그의 일곱 아들의 순교는 눈물겹고 경이롭기까지 하다. 2세기 당시 유명한 변증가였던 유스티누스도 이 때(165년) 로마에서 순교했다. 유세비우스에 의하면, 이 당시 버가모(Pergamum)와 아프리카 지방에서도 순교자들이 있었고, 특히 177년 고울 지방에서는 사십팔 명의 그리스

---

22. 마르쿠스 아우렐리우스는 그의 『명상록』(*Meditation*)에서 그리스도인들에 대해 단 한번 언급하고 있는데, 그리스도인들을 고집불통의 사람들(obstinacy)로 언급한다(XI:3). Walter W. Hyde, 172.

도인들이 처형되었다고 했다.[23]

3세기

아우렐리우스 황제가 180년 사망한 뒤, 콤모두스(Commodus)가 황위를 계승하였다. 그는 황제의 근위대장과 왕비 사이에서 태어난 자식이었는데, 이때부터 로마 제국이 몰락하기 시작했다. 그가 기독교 박해를 금지하는 칙령을 내리지는 않았지만, 내적으로 반란과 외적으로 야만족의 침입이 있었기 때문에, 당시에는 기독교를 박해할 겨를이 없었다. 그러다가 193년 셉티무스 세베루스(Septimus Severus)가 황제가 되었는데, 그는 오히려 기독교 신자들에게 관용을 베풀었다. 그러나 202년에 사태가 급변하면서 기독교로 개종하는 행위를 형벌로 다스려 탄압하기 시작하였다. 이는 제국 내의 군부의 반란과 내란의 위험에 대해 황제가 제국의 종교적인 통일을 유지함으로써 이를 극복하고자 한 것에서 비롯되었다. 즉 세베루스 황제는 모든 국민들에게 소위 '정복되지 않는 태양'(*Sol inbictus*)을 예배하도록 명령하였고, 누구든지 태양이 지존(至尊)의 신임을 인정하게끔 하는 종교혼합정책을 추구한 것이다. 하지만 그리스도인들은 이러한 정책에 동조하지 않았다. 이에 기독교는 탄압을 받게 되었다. 이때 이레네우스가 순교했다는 전설이 있고, 오리게네스(Origenes)의 아버지를 비롯해 일단의 신자들이 알렉산드리아에서 학살당했다고도 한다.

203년경에는 몬타누스파에 속했던 페르페투아(Perpetua)와 펠리시타스(Felycitas)등 다섯 명이 순교하였다. 이들에 관한 순교 기록은 아마도 테르툴리아누스에 의해 기록된 것으로 보이는데, 『페르페투아와 펠리시타스의 순교기』(*Martyrdom of Saints Perpetua and Felicitas*)에 잘 나타나 있

---

23. Eusebius, *H. E.*, 4:16, 7-8.

다. 페르페투아는 상류층 여인으로서 임신 중에 체포되었고, 체포된 후 팔일 만에 출산하였다. 펠리시타스 등 다른 네 사람은 노예였다. 이들은 기독교로 개종함으로써 황제의 명령을 어겼다는 이유로 원형 경기장에서 처형되었다.[24] 분명한 이유는 알 수 없으나 이런 일이 있은 후 잠시 동안 박해가 중단되었다. 211년에는 카라칼라(Caracalla)가 황제가 되었고 북아프리카 지역에서만 제한된 박해가 있었다. 그 후 엘라가발루스(Elagabalus, 218~222)와 세베루스(Alexander Severus, 222~235)가 셉티무스 세베루스와 유사한 혼합주의 정책을 추구하였으나, 기독교에 대한 특별한 박해 없이 약 반세기 동안 평화가 진행되었다.

249년에는 데키우스(Decius, 249~251)가 황제가 되었다. 데키우스에게 있어서 가장 큰 관심사는 로마의 옛 명성을 회복하는 일이었다. 데키우스가 황제에 취임할 당시에는 야만족의 침입, 경제적 위기, 사회적 불안이 있었는데, 그는 이것이 로마의 옛날 신들을 저 버렸기 때문인 것으로 생각했다. 따라서 옛날의 신들을 다시 섬긴다면, 로마의 영화도 되찾을 수 있을 것으로 보았다. 이 같은 데키우스의 종교정책에 따라 옛 신들에 대한 숭배를 거부하는 것은 반역에 해당하는 것이 되었다. 데키우스는 한 제국 안에는 하나의 종교만을 허용하고 이로써 제국의 안보를 도모하고자 했다. 그래서 그는 기독교 신자들을 처벌할 뿐만 아니라, 그들의 배교를 강요함으로써 기독교라는 종교 자체를 멸절하려고 했다.

이로써 250년에 기독교에 대한 혹독한 박해가 시작되었다. 하지만 이전과는 달리 황제의 목적은 순교자가 아니라 배교자를 만드는 것이었다. 황제는 그리스도인들을 살해하는 대신 협박, 고문, 회유하여 변절케 하고 이교(paganism)를 부흥시키고자 하였다. 이 같은 데키우스의 종교정책에

---

24. 자세한 기록은 곤잘레스, 141-2를 참고할 것.

관한 칙령이 현존하지는 않으나, 제국 전체에서 로마의 옛 신들에 대한 숭배를 의무화한 것은 분명하다. 제국의 모든 사람은 옛 신들에게 제물을 바치고 숭배하도록 요구받았다. 이에 응하는 자는 증명서(*libelli*, certificate of exemption from persecution)를 발부받았고, 이 증명서가 없는 자들은 범죄자로 간주되었다. 이러한 상황에서 그리스도인들은 순응하기도 했으나, 일부는 이를 거부하고 투옥되었다. 그리고 그들 중 일부는 회유와 탄압으로 변절자가 되기도 했다. 어떤 사람은 위조 증명서를 매입하기도 했다는 기록을 보면, 당시 그리스도인이 직면했던 고난을 헤아릴 수 있다.

이 시기에는 그리스도인들을 처형하는 것이 목적이 아니었으므로 실제 순교자 수는 많지 않았으나, 기독교에 대한 탄압은 국부적이거나 간헐적인 것이 아니라 조직적이고 전국적인 것이었다. 신앙을 끝까지 지킨 이들은 대부분 순교하였다. 순교는 하지 않았으나 신앙을 끝까지 지킨 이들도 있었는데, 이들을 '고백자'(Confessor)라고 불렀다. 이에 반해 신들과 황제에게 제물을 바친 자들은 '배교자'(Apostat, lapsed)라고 불렸다. 이 같은 박해는 251년 데키우스가 야만 고트족과의 전투에서 사망함으로써 일시적으로 중단되었다.

4세기 초

그러나 4세기에 접어들면서 최후이자 가장 비극적인 박해가 발생하였다. 284년 디오클레티아누스가 황제가 되었는데, 그는 자신을 포함해 네 명의 황제들로 하여금 로마 제국을 분할 통치하는 정책을 수립하였다. 이것은 제국내의 황위 계승을 둘러싼 권력 투쟁을 막고 권력이양을 순조롭게 하기 위한 것이었다. 그래서 동방에서는 디로클레티아누스 자신이, 서방에서는 막시미아누스(Maximianus)가 통치했는데, 이들은 '아우구스투스'(Augustus, '황제'라는 뜻)로 불렸고, 그 휘하에 '시저'(Caesar, 副帝, 보좌황제)라고 불리는 두 황제를 두었는데, 디오클레티아누스 아래에는 갈레리우스(Galerius)가, 막시미아누스 아래에는 콘스탄티누스 클로루스(Constantinus Chlorus)가 있었다.

이들 가운데 기독교에 대해 적개심을 가졌던 사람은 갈레리우스였다. 이방신(異邦神, Cybele) 숭배자였던 그의 어머니가 그에게 박해를 종용한 것으로 알려져 있다. 문제는 295년에 제기되었는데, 몇몇 그리스도인들이 군 입대를 거부하거나 병역을 이탈하려 했다는 이유로 처형된 것이었다. 이 때 갈레리우스는 신자들의 병역에 대한 태도를 심각한 위협으로 간주하고, 디오클레티아누스에게 군부에서 그리스도인들의 축출을 종용하였다. 그런데 디오클레티아누스는 그리스도인들의 축출만을 명했으나, 어떤 지역에서는 배교가 강요되었을 뿐만 아니라 상당한 그리스도인들을 처형하기도 했다. 갈레리우스는 디오클레티아누스를 설복하여 303년 2월 23일자로 그리스도인들을 모든 관직과 공직에서 축출하고, 기독교 관련 건물과 서적을 파괴하도록 명하는 새로운 칙령을 반포하였다. 이때로부터 십 년간 박해가 계속되었다. 게다가 이런 상황에서 황궁에 두 차례의 화재가 발생했는데, 갈레리우스는 이것을 그리스도인들의 소행으로 보아 기독교에 대해 보다 강력하고 대대적인 탄압을 하기 시작했다. 경전은 불살라졌고 그리스도인들은 처형되었다.

한편 당시 제국 내에는 반란의 기미도 있었는데, 디오클레티아누스는 그리스도인들이 반란을 꾀한다고 보고 초대 교회사에서 가장 잔인하고도 혹심한 박해와 탄압을 시작하였다. 극한 고문과 잔인한 처형이 뒤 따랐고, 심지어는 모든 성경 사본을 불살라 버리려 했다. 이로 인해 어떤 성직자는 성경을 넘겨주기도 했다.

이에 비해 서방지역에서는 동방지역에서만큼 박해가 심하지는 않았다. 물론 막시미아누스 다이아도 그리스도인들의 신체를 절단하고 채석장에 보내고 처형하기도 했다. 하지만 갈레리우스가 중병에 걸린 것이 기독교 탄압에 대한 하나님의 심판이라고 믿었던 그리스도인들의 말을 들었기 때문인지 311년 4월 30일에 돌연 칙령을 내려 기독교 탄압을 중단하였다. 갈레리우스는 5일 후 사망하였는데, 이에 대해 기독교 역사가 락탄티우스(Lactantius)는 갈레리우스의 회개가 너무 늦었다고 흥미롭게 기록하기도 했다.

그런데 이런 탄압의 와중에서 기독교 박해의 종식을 가져올 거대한 정치적 변혁이 예비되고 있었다. 그것은 다름 아닌 콘스탄티누스의 개종이었다. 서방지역의 실권자였던 콘스탄티누스는 312년 막센티우스와의 결전을 앞두고, "이것으로 정복하리라"(In hoc signo vinces)는 글과 함께 십자가 환상을 보았다고 한다. 이것은 황실 역사가이자 『콘스탄티누스의 생애』라는 책을 썼던 유세비우스의 기록이지만, 이 일로 이교숭배자였던 그가 기독교로 개종하였고,[25] 또한 서방에서 권력을 장악한 뒤 지금의 이탈리아 밀라노

---

25. 콘스탄티누스의 개종에 대해서는 상반된 견해가 상존한다. 그가 진정으로 기독교로 개종했는가? 개종했다면 그때는 언제인가? 콘스탄티누스는 자신을 '감독 중의 감독'이라고 하였으나, 그는 임종 전까지 세례 받지 않았고, 개종 후에도 이교도들의 제전에 참석하였다는 점 등을 이유로 그의 개종의 순전성을 의심하기도 한다. 따라서 그의 기독교 공인은 정치적 행위였다고 지적한다. 콘스탄티누스의 개종의 동기는 흔히 3가지로 설명되어 왔다. 첫째는 312년 밀비안 전투를 앞두고 십자가 환상과 In hoc signo vinces 환상을 보고 종교적 충격을 받고 개종했다는 주장이다. 이 사건 이후 전투에 임하여 대승리를 거둔 것은 이교주의에 대항하여 열정적으로 싸웠음을 보여주고, 이것은 그가 기독교로 개종하였음을 뒷받침해준다고 주장한다(지동식 편역, 『로마 제국과 기독교』, 한국신학연구소, 1980, 355). 둘째는 보다 순수한 종교적 동기로 보는 입장인데, 사르디스의 유나피우스의 주장에 의하면, 콘스탄티누스는 자신의 처자를 죽게 했는데, 이 일에 대하여 죄책감을 가진 그는 속죄의 필요성을 느껴 기독교로 개종했다고 한다. 콘스탄티누스는 항상 죄책감을 지녔는데, 궁정출입을 하던 스페인 출신 로마인이 황제에게 기독교를 믿으면 과거의 모든 죄가 사함 받고 고통으로부터 벗어날 수 있다고 설득했기 때문이라고 한다(T. D. Barnes, 417). 셋째는 정치적인 동기인데, 기독교에로의 개종이 종교적 열정에서가 아니라 기독교라는 종교를 통해 자신의 정치적 기반을 확고히 하고자 하는 정략적 이유에서였다는 것이다. 유나피우스는 콘스탄티누스의 사생활이 부도덕했고 도덕적으로 방종했다고 지적했다. 독일의 역사가 불크하르트(Jacob Burckhardt, 1818-1897)

에서 313년 칙령을 내려 기독교를 공인하게 되었다. 이 당시 제국의 기독교 인구는 약 10%에 지나지 않았다. 귀족이나 군인 신분의 그리스도인들은 거의 없었다.[26] 물론 동방지역에서는 기독교가 십여 년 더 불법의 종교로 취급받았으나, 이제 박해의 시기는 지나갔다.

이렇듯 4세기를 거치면서 기독교는 명실상부한 국가종교, 소위 콘스탄티누스적 기독교(Constantinian Christianity)로 변질되고, 또한 나그네 공동체가 안주공동체로 현세적인 가치를 추구하게 되었다. 이런 역사의 질곡에서 순교의 행진은 잠시 멈추지만, 곧 중세의 그늘에서 바른 신앙을 회복하기 위한 또 다른 '선한 싸움'이 시작된다.

그런데 기독교가 합법적인 종교로 공인을 얻기 전까지 로마 제국 하에서 복음을 위해 순교한 이들은 얼마나 될까? 이 점에 대해서는 정확한 통계는 없지만, 로드니 스타크(Rodney Stark)에 따르면, 천 명을 넘지 않을 것이라고 한다.[27] 그럼에도 이들의 굳건한 믿음과 확신, 불굴의 투쟁과 신앙은 동료 그리스도인들에게 힘과 용기와 격려가 되었을 뿐만 아니라, 이교도들에게조차 감동을 불러일으켰다. 이런 순교자들의 신앙과 삶, 확신에 찬 죽음은 또 하나의 증거로서 기독교의 생명력을 보여주었다.

는 콘스탄티누스의 전기를 쓴 유세비우스는 역사가로서 비판의식도 없이 무조건 찬사만 늘어놓았기 때문에 콘스탄티누스의 참된 모습을 찾아볼 수 없게 만들었다고 비판하고, "콘스탄티누스는 사실상 그의 전 생애를 통해 한 번도 기독교도라고 가정하거나 뚜렷하게 주장한 일이 없었다. 그는 죽는 날까지 자신의 자유로운 개인적 신념만을 뚜렷하게 밝혔다"고 했다(K. M. Setten, 108). 그는 콘스탄티누스는 기독교를 이용하여 자신의 목적을 달성하려했을 뿐 본질적으로 비종교적인 정치가였다고 지적했다. 이런 주장에 엘리스테어 키(Alistair Kee)도 동의한다. 그는 『콘스탄티누스 대 그리스도』(Constantine versus Christ)에서 "콘스탄티누스는 그리스도인이 아니었으며, 단지 제국을 위해 전략적으로 기독교를 이용했을 뿐이다"라고 했다 (이승식 역, 『콘스탄티누스 대 그리스도』(한국신학연구소, 1988, 10-11).

26. Norman H. Baynes, *Constantine the Great and the Christian Church* (Oxford: Oxford Univ. Press, 1931), 4.

27. Stark, 164.

3. 변증과 변호

이제 우리의 관심사는 초기 3세기 동안 선교와 순교의 현장에서 그리스도인들이 취했던 길은 무엇이었는가 하는 점이다. 그리스도인들이 복음을 증거하면서도 자신들이 당한 수난과 환란, 그리고 핍박을 어떻게 이겨 나갔을까? 한 마디로 말하면, 그들은 칼을 택하기보다는 펜을 택했다. 그들은 격렬한 비난과 박해 중에서도 무력으로 대항하거나 싸우지 않고, 비폭력과 무저항의 평화주의(pacifism)의 길을 택했고, 도리어 끝까지 참는 인내를 택했다.[28] 라틴어로 문필활동을 했던 라틴 교부들은 이런 인내를 파티엔티아(*patientia*)라고 불렀다. 영어의 페이션스(patience)가 이 라틴어에서 기원하였지만, 이 어의를 충분하게 반영하지는 못한다. 이들이 취했던 인내는 우리 말 성경에서는 '길이 참음'으로 번역했는데, 이렇듯 확고부동한 의지로 참고 이겨내는 것을 '파티엔티아'라고 했다.

그리스도인들은 박해자들에게나 무고한 도전자들, 의롭지 못한 자들에게 무력으로 대항하지 않고 펜을 택해 자신의 정당성을 변증하기 시작했다. 그래서 하드리아누스 황제 때로부터 2세기 말까지 기독교 신앙을 변증하는 글을 많이 남겼다. 흔히 변증가 혹은 호교론자(護敎論者)라고 불리는 이들 가운데 최초의 사람은 하드리아누스 황제에게 변증문을 썼던 꾸아두라투스(Quadratus)였다.[29]

---

28. 초기 기독교 평화주의 전통에 대해서는 다양한 문헌이 있다. 특히 Martin Hengel, *Victory over Violence* (London: SPCK, 1970), G. H. C. Macgregor, *The New Testament Basis of Pacifism* (London: The Fellowship of Reconciliation, 1958), Ronald Sider, *Christ and Violence* (Lion Pblishing, 1980), Klaus Wengst, *Pax Romana and the Peace of Jesus Christ* (Phila: Fortress Press, 1986) 등을 보라.

29. 변증가란 이교나 유대교에 대항하여 기독교의 신앙과 생활을 변호하는 글을 썼던 교부들로서 꾸아드라투스(Quadratus), 아리스티데스(Aristides), 유스티누스(Justinus), 타티아누스

2세기 중반의 가장 중요한 변증가로는 유스티누스(Justinus, 125~163)가 있다. 그는 사마리아 출신으로서 철학자이자 초기 변증가 중에 가장 위대한 인물이었다. 그는 기독교로 개종하여 위대한 변증가가 되었는데, 후일 순교자의 길을 갔기에 그를 가리켜 교회는 '순교자 유스티누스'(Justinus Martyr)이라고 불렀다. 그가 여러 작품들에서 유리피데스, 크세노폰, 플라톤 등을 인용하는 것을 볼 때, 그리스 철학에 대해 상당한 식견과 박식함을 가졌음을 알 수 있다. 유세비우스가 유스티누스에 대하여 "이 시대에 활약한 사람들 중에 가장 뛰어난 인물이며, 그는 철학자로 자처하면서 하나님의 진리를 전파하였고, 또 자신의 저술을 통해 신앙을 위해 싸웠다"고 한 평가[30]한 것은 과장이 아니었다.

유스티누스가 안토니우스와 그의 두 양아들에게 쓴 세 종류의 변증서가 있는데,『제1변증서』(*The First Apology*, 대변증서),『제2변증서』(*The Second Apology*, 소변증서), 그리고『트리포와의 대화』(*Dialogue with Tripho*)가 그것이다. 그 외에도『이단에 대하여』,『말시온에 대하여』가 있으나 현존치 않고 있다. 155년경에 저술된『제1변증서』는 변증적 목적 외에도 2세기 당시의 성례전 시행(sacramental practice)에 대한 정보를 주는 귀중한 문서이

(Tatianus), 아데나고라스(Athengoras), 오리게네스(Origenes), 키프리아누스(Cyprianus) 등이 있고, 미니키우스 펠릭스(Minucius Felix), 테르툴리아누스(Tertullianus), 오리게네스(Origenes), 키프리아누스(Cyprianus) 등도 자신의 저서를 통해 기독교 신앙을 변호하였다. 그 외에도 디오그네투스(Diognetus)에게 편지를 쓴 무명의 저자, 고위관리들에게 편지를 쓴 무명의 변증가들도 있었다. 이들은 한편으로는 그리스도인들의 무죄를 변증하고, 다른 한편으로는 기독교 신앙을 소개하고 전도할 목적으로 기독교의 가치와 진리성, 고유성을 소개하고자 했다. 이 목적으로 이들 변증가들은 기독교도들을 향한 공격, 곧 무신론, 불법의 종교, 인육식(*homophagia*, ritual cannibalism), 근친상간, 사회적 암적 존재라는 주장에 대해 변명할 뿐만 아니라, 이교의 부도덕성과 문제점들을 공격하고 비판했던 것이다.

30. Eusebius, *H.E.*, IV,13

다.³¹ 『트리포와의 대화』는 가장 긴 작품으로서 유대인들에게 그리스도인의 신앙을 설명할 목적으로 쓴 글이다. 유대인으로서 그리스도인이 아닌 트리포와 담론하는 형식으로 쓴 이 글에서 유스티누스는 구약을 인용하여 우의적(寓意的) 혹은 유형론적(類型論的) 해석을 시도하면서 기독교의 우월성을 강조하였다. 이로써 그는 기독교의 정당성을 호소하는 한편, 그리스도인이라는 사실만으로 박해하는 것은 부당하며, 국가는 불확실한 근거로 그리스도인을 처벌해서는 안 된다고 지적하였다. 그는 앞서 언급한 바처럼 163년 아우렐리우스 황제 치하에서 순교하였다.

기독교를 변증하기 위해 쓴 작품 가운데 가장 탁월한 글은 2세기 말 카르타고의 테르툴리아누스(Tertullianus)에 의해 기록된 작품이다. 이 작품은 로마 총독에게 바쳐진 글이었다. 이들 변증가들의 요지는, 기독교는 오해되고 있으며, 따라서 그리스도인들에 대한 혐의나 단죄 또한 오해에 기인한 것으로 그들은 무죄이며, 기독교 신앙은 반사회적이거나 비밀결사가 아니라 누구나 납득할 수 있는 신앙이라는 점을 변호하는 것이었다. 물론 이 변증문서가 진정으로 황제나 원로원 혹은 총독들에게 보내졌는지, 아니 그것의 진정한 목적이 정치 지도자에게 보내는 것이었는지에 대해서는 최근 학자들의 견해가 엇갈리고 있다. 일부 학자들은 이 문서가 황제나 고위 관리들에게 기독교에 대해 관용을 베풀어 주도록 청원하는 글이 아니라, 선교적인 작품으로 보는 경향이 있다.³² 다시 말하면 변증 작품은 이방세계에 대한 기독교의 사명을 어떻게 이해했는지를 보여주는 문서일 뿐이라는 것이다. 이렇게 주장하는 근거로는 변증가들의 변증서가 실제로 황제에게 전달되었거나 황제가 이 문서를 보았다는 증거가 없고, 또 설사 전달되

---

31. James E. Bradley & Richard A. Muller, *Church History* (Eerdmans, 1995), 7.
32. James E. Bradley & Richard A. Muller, *Church History* (Eerdmans, 1995), 6.

었다 해도 아무런 영향을 주지 못했다는 점을 지적한다. 이 같은 주장들의 타당성 여부와 관계없이, 변증서들이 당시 교회의 자기 확립과 신앙수호에 상당한 영향을 끼쳤던 것만큼은 부인할 수 없다.

4. 남은 문제들 - 순교, 어떻게 볼 것인가?

초기 기독교의 선교와 확장, 그리고 로마 제국 하에서의 박해와 순교는 많은 이들의 관심을 끌었고, 후기 기독교회의 삶과 신앙에 규범적 원리나 모범으로 논의되어왔다. 로마 제국 하의 이교적, 불관용적 상황 가운데서도 그리스도인들은 고유한 가치를 지키려고 자기희생과 순교의 길을 거부하지 않았다.

그런데 최근의 사회과학자들은 그들의 순교행위에 대해 부정적으로 해석하거나 그 의미를 약화시킴으로써 순교의 동기나 목적을 오도하거나 왜곡하는 경향이 있다. 이런 해석의 대표적인 경우가 순교에 대한 병리심리학적 해석이다. 다시 말해 격렬한 수난에 직면했던 초기 그리스도인들의 고난과 순교를 마조키즘(Masochism)에 뿌리를 둔 인내였다고 해석하는 것이다.[33] 이것은 처절한 박해와 순교를 다른 식으로는 이해할 수 없기 때문에 병리심리학적 증상으로 해석하려는 시도인 것 같다. 그래서 당시 순교자들은 고통을 사랑했고, 또 고통당함으로써 도리어 성적인 쾌락을 맛보았기 때문에 박해자들을 문제시하지 않았다고 믿을 수밖에 없다고 주장했다.[34] 가령 시카고 대학교 신학부의 셜리 케이스(Shirley J. Case)의 지도 아

---

33. 이런 입장을 취하는 학자들로는 Donald W. Riddle, Karl Menninger, Theodore Reik, E. R. Dodds, Arthur D. Nock 등이다. Stark, 165-7.
34. Stark, 165.

래 학위논문을 쓴 도날드 리들(Donald W. Riddle)은 그의 책 『순교자들』(The Martyrs: A Study in Social Control)에서 '병적인 순교에의 열망의 한 요소는 고통에 대한 비정상적인 향유'이며, 이것은 '마조키즘의 현저한 증거'라는 불경스런 주장을 했다.[35] 이들 사회과학자들은 어떻게 이성적인 인간이 눈에 보이지 않는 초월적인 실재를 위해 그런 고통스러운 박해와 수난, 그리고 처절한 죽음에 용기 있게 응할 수 있는가라는 질문에서 출발한다. 그리고선 그것은 도저히 이해할 수 없는 것이므로 소위 '과학적'이라는 이름 하에 순교자들의 진정한 동기를 곡해한다. 도즈(E. R. Dodds)와 노크(A. D. Nock) 또한 순교는 당시 넓게 퍼져 있던 일종의 '죽음에의 동경'(a death wish) 풍조에 영합한 것이라고 주장하는데,[36] 도즈의 경우는 '이 세기들에는 상당히 많은 사람들이 의식적으로나 무의식적으로나 죽음을 사랑했다.'고 했고,[37] 게이저(Gager)는 이 견해에 동조하면서 이교도였던 세네카가 그의 편지글에서 "많은 사람을 사로잡고 있는 감정, 그것은 죽음에의 그리움(libido moriendi)이었다"고 한 사실을 덧붙였다.

리들(D. W. Riddle)은 앞에서 언급한 그의 저서에서 순교의 현상을 상호 대립적인 집단에 대한 충성심의 갈등이라는 측면에서 이해했고, 기독교 공동체가 장래의 신앙고백자들의 태도와 행동을 효과적으로 통제했다고 주장했다. 즉 장차 올 시대에서 구체적인 보상들을 약속하고, 신앙을 부인하는 이들에게는 제재의 위협을 가하고, 투옥되어 있는 자들에게는 공동체적 지원과 존경을 표하고, 순교자들의 신앙을 신앙의 영웅으로 영광화하고, 로마의 행정관들에게 대답할 내용을 미리 연습케 했다고 주장했다. 이

---

35. Donald W. Riddle, *The Martyrs: A Study in Social Control* (Chicago: Chicago University Press, 1931), 64.

36. Nock, *Conversion* (Oxford, 1933).

37. *Christian and Pagan in an Age of Anxiety* (NY, 1965), 135.

런 일 때문에 자발적 순교(voluntary martyrdom)의 현상이 일상화되어 교권당국에 의해 제지를 받아야 할 정도였다고 주장한다. 하지만 이러한 해석들이야말로 기독교에 대한 사회학적 접근과 연구가 지닌 한계를 스스로 노출하고 있을 뿐이다. 이미 캐롤라인 오시에크(Carolyn Osiek)가 지적하였지만, 사회과학이론들은 현대의 산물로 이를 이용하는 사람들과 1세기 사람들 사이의 시간적 차이를 고려하지 않고, 우리가 1세기 사람들과 동일한 개념을 공유하고 있다고 가정하는 것은 커다란 오류가 아닐 수 없다. 또 신약성경과 고대 기독교 관련 문서들이 오늘의 사회학자들이 추구하는 정보를 제공하기 위해 기록되지 않았다는 사실도 간과하고 있다.[38]

---

38. 캐롤라인 오시에크(김경진 역), 『신약의 사회적 상황』(기독교문서선교회, 1996), 14.

제18장

초기 교회가 본 군복무와 전쟁

1. 평화, 평화주의

서구의 경우, 평화사상 혹은 평화운동은 근원적으로 기독교 사상에서 시원(始原)하였고, 기독교적 전통에서 발전하였다. '화평케 하는 자는 복이 있나니'에서 화평케 하는 자(peacemaker)란 라틴어 *pacifici*인데, 이 말은 넓은 의미로는 평화를 위해 일하고 투쟁이나 피 흘림, 폭력, 그리고 전쟁을 없애기 위해 싸우는 이들을 뜻하지만, 좁은 의미로는 군복무를 반대하는 이들을 뜻했다. 그런데 이 같은 비폭력 혹은 반전(反戰)의 개념을 예수님의 가르침에 근거하여 주창하는 이들을 기독교 평화주의자(christian pacifists)라고 부른다. 평화는 초기 기독교 공동체가 추구하던 중요한 가치였다. 그런데 이 평화의 문제는 단지 비전상태로서의 평화라는 개념에서가 아니라 보다 구체적으로 군복무와 관련된 주제였다. 여기에 비폭력, 비전, 반전을 추구하는 정신을 평화주의(pacifism)라고 말하는데, 이 pacifism이란 단어는 1904년에 출판된 옥스퍼드 사전(*The Complete Oxford Dictionary*)에도 나오지 않을 만큼 새로운 용어였다. 이 단어는 1982년에서야 비로소 옥스퍼드 사전에 실리게 된다.

평화는 인류가 추구해 온 가장 고상한 가치였지만, 동시에 지상에서 실현하기 힘든 가장 난해한 과제였다. 인류는 거듭된 전쟁과 폭력, 인명살상과 상실, 자연의 파괴와 같은 엄청난 재난을 경험했다. 특히 제1차 세계대전과 같은 대규모의 국제적인 전쟁을 경험한 이후 서구에서는 반전운동과 반전사상이 일어났고, 평화에 대한 학문적 연구가 시작되었다. 이런 배경에서 1920년대 이후 서구사회에서 신약의 가르침과 초기 기독교 교부들의 군복무 반대 혹은 평화사상이 주목받기 시작했다. 이 같은 평화에 대한 관심이 소위 평화학(Peaceology) 연구를 촉진시켰을 뿐만 아니라, 평화학을 학제간 연구의 주제로 삼기도 했다. 제2차 세계대전 이후 세계평화에 대한 갈망은 국제연합, UN과 같은 국제기구를 창립하게 만들었다. 세계교회협의회(WCC) 또한 평화에 대한 염원에서 발의된 교회협의체였다. 서구학계에서도 평화에 대한 연구가 상당히 발전하였고, 수많은 연구물들이 출판되었으며, 주요 대학에서는 평화연구소나 유관 기관, 기구들을 창립하였다. 이러한 과정에서 초기 기독교회의 가르침이 논의의 중요한 시원이 되었다.

2. 초기 기독교는 평화주의 공동체였는가?

그렇다면 초기 기독교 지도자들, 곧 초기 교부들은 폭력이나 군복무, 그리고 전쟁 등 무력행위에 대해 어떻게 생각했을까?[1] 일반적으로 초기 기독교는 평화지향적인 교회였다는 점에 의견이 일치한다. 초기 기독

---

1. 이 점에 대한 포괄적 연구로는 Roland H. Bainton, *Christian Attitudes Toward War and Peace* (Abingdon, 1960), Geeorge Kertesz, *Chtristians War and Peace, A Historical Survey from the first Century to 1985* (Broughton Press, 1989), 武祐一郎, 『キリスト敎非戰平和主義』(キリスト敎圖書出版社, 1985), 오만규, 『초기 기독교와 로마군대』(한국신학연구소, 1999) 등이 있다.

교 공동체가 군복무를 반대하고 비폭력 평화주의를 지향했음은 하르낙(Harnack), 캐둑스(Cadoux), 헤링(Heering), 헐스버그(Hershberger), 그리고 폴 램지(Paul Ramsey)[2] 등의 연구를 통해 분명히 제시되었다.

폴리카르푸스(155년경)는 빌립보인들에게 악에게 대항하지 말라는 베드로의 말씀(벧전 2:23)에 순복하라고 했고, 180년경 변증가 아데나고라스도 이와 동일한 취지의 기록을 남겼다. 분명한 증거는 174년 테르툴리아누스가 그리스도인들은 군복무를 할 수 없다는 보다 강력한 권면 속에 나타나 있다. 군인이 신자가 되었을 경우 즉각적으로 군복무를 그만두던지, 순교자가 될 각오를 해야 한다고 보았다. 실지로 신자가 된 이들은 군복무를 포기했다고 한다.

2세기 후반 이교도 켈수스(Celsus)는 기독교도를 비판하면서 비전(非戰)은 제국의 멸망을 가져올 것이라고 기독교의 군복무 반대와 평화주의적 입장을 비판했다. 하지만 그의 비판과는 달리 당시에도 군복무를 하는 그리스도인들은 있었다.[3] 이로 보건대, 비록 일부 그리스도인들이 군복무를 하긴 했으나 전체적으로 그리스도인들은 군복무를 반대했음을 알 수 있다. 258년에 순교한 키프리아누스는 "사람을 죽이는 살인은 범죄로 간

---

2. Paul Ramsey, *War and Christian Conscience: How Shall Modern War be Conducted Justly* (Duke University Press, 1961).

3. 베인톤은 켈수스가 공격했던 173년 당시 마르쿠스 아우렐리우스 휘하의 소위 천둥군단(Thundering Legion)에 그리스도인들이 있었다는 증거를 지적한다(Bainton, 68). 또 테르툴리아누스도 『변증서』에서 군복무 중인 그리스도인들이 있었음을 공표한 일이 있다. 그러나 이것은 그리스도인들의 군복무의 정당성이나 부당성을 논하려는 의도에서 한 말이 아니었다. 도리어 그리스도인들이 시민적 의무나 국가적 책임을 분담하지 않으려 한다는 비난에 답하여 군복무 중인 그리스도인들에 대해 언급했던 것이다. 이런 점은 순교자 유스티누스에게서도 발견된다. 유스티누스는 그리스도인들은 사회적 책임을 기피한다는 켈수스의 비난을 의식하면서 그리스도인들도 시민적 책임을 수행하고 있다는 점을 지적하면서 군복무중인 그리스도인들에 대해 언급하였을 뿐이다. Justine Martyr, *1 Apology*, 12. 17.

주되지만, 국가라는 이름으로 행하는 살인(즉 전쟁)은 용기로 간주된다"라고 비판하기도 했다. 4세기 역사가 유세비우스 역시 그리스도인들이 군복무를 거부했던 사례를 소개하는데, 가령 막시밀리안(Maximilian)이라는 스물한 살의 누미디아 출신의 청년은 군복무를 거절한 이유로 295년 3월 12일 사형에 처해졌다.

기독교가 군복무를 반대한 것은 그것이 전쟁의 수단이 된다는 이유에서였다. 물론 이와 관련해서는 여전히 끝나지 않는 상반된 견해가 있다. 즉 당시 기독교가 군복무를 반대한 것은 비폭력 평화주의 전통 때문이 아니라, 군복무 중 당연히 제기될 수 있는 우상숭배의 위험성과 박해자인 로마 제국에 대한 혐오감 때문이라는 주장도 있다. 또 어떤 이들은 초기 그리스도인들의 반전 의지는 종말론에 근거한다고도 주장한다.[4] 하지만 이 같은 이견들이 있음에도 초기 기독교는 반전, 평화주의 이상을 지녔다는 사실은 부인할 수 없다

그런데 이러한 비전, 반전 전통과는 달리 콘스탄티누스의 개종(312년)과 공인(313) 이후 기독교는 제국의 종교가 되면서 커다란 변화를 겪게 된다. 먼저 반전, 평화사상이 약화되기 시작했다. 350년경 아타나시우스는 "살인은 허용되지 않는다. 그러나 전쟁에서 적군을 죽이는 일은 합법적이며, 칭송받을 일이다"라고 했을 정도로 반전 평화주의 전통에서 이탈했다. 그로부터 25년 이후 암브로시우스 역시 "야만인들에 대항하여 고향을 지키고, 가정에서 약자를 방어하고, 약탈자로부터 자국인을 구하는 싸움은 의로운 행위"라고 보았다. 이런 과정을 거쳐 아우구스티누스(354~430)에 와서는 그리스도인의 참전권은 의로운 전쟁론이라는 개념 하에 조직적으로 정당화되었다. 더군다나 기독교는 380년 국가종교가 되었고, 급기야

---

4. Bainton, 67.

416년에 이르러서는 기독교의 비저항적 태도가 완전히 전위되었다. 곧 황제는 모든 군인들이 그리스도인이 되어야 한다고 공표한 것이었다. 이렇듯 불과 1세기만에 기독교의 입장은 완전히 변화되었다. 이것을 헤링은 기독교의 타락(fall)이라고 불렀다.

그 후 16세기에 종교개혁과 함께 재세례파를 통해 평화사상이 다시 일어나기 시작했다. 313년 이전으로 돌아가는 복귀(restitutio)를 개혁의 이념으로 여겼던 재세례파에서는 콘스탄티누스 이전의 초대교회의 비폭력, 비전사상이 제자적 삶의 당연한 태도로 간주되었고, 이것이 오늘날 평화운동의 기독교적 전통이 되었다. 북미나 유럽의 경우, 특히 '평화를 지향하는 교회들'(Historic Peace Churches)은 평화연구를 보다 근원적으로 이념-사상적 혹은 종교적 측면에서 연구하여, 비폭력(non-violence), 화해(reconciliation), 원한을 갚지 않음(un-retaliation), 기독교적 사랑(Christian love) 등을 실천함으로써 세계평화를 지향하는 여러 운동을 전개해왔는데, 이런 일련의 운동이 오늘의 절대적 평화주의(absoluter Pazifismus) 사상의 연원이 되었다.

3. 초기 3세기 동안의 역사적 상황

군복무나 전쟁 등의 문제가 처음부터 기독교회의 관심사로 대두된 것은 아니었다. 따라서 2세기 중엽까지는 그리스도인의 군복무를 허용할 것인가 혹은 그리스도인이 제국의 전쟁에 참여하는 것이 정당한가 하는 문제에 대해서는 초기 교부들이 직접적으로 언급한 일이 없다. 로마 제국이 영토를 확장하고 제국의 힘을 발휘할 때, 대부분의 군인들이나 모병들은 제국의 국경지대에 한정되었는데, 이 당시 그리스도인들은 도시 중심 지역, 주로 지중해 근방의 지역에 한정되어있었다. 이 당시에는 강제징집도 거의 요구되지 않았다. 유대인(Jews)이나 노예들(slaves), 그리고 노예로부터 해방된 이들(freedmen)은 징집에서도 제외되었는데, 이들 세 그룹의 사람들이 초기 그리스도인 공동체의 다수를 점했다.[5] 더군다나 초기 그리스도인들은 비록 이 세상에 살고 있으나 이 세상에 속한 자가 아니라는 확신 때문에 사회생활에 깊이 관여하지 않는 경향이 지배적이기도 했다. 따라서 초대교회에서는 군복무의 타당성에 대한 논의 자체가 제기되지 않았다. 루이스 스위프트(Louis Swift)는 이렇게 말했다. "첫 2세기 동안에는 군복무 문제와 씨름해야 할 절박한 이유가 없었다. 하나의 집단으로서 그리스도인들은 실제적으로 정부기관을 유지하거나 명령할 책임이 없었다. 그리스도인들의 국가에 대한 의무는 크게 말해서 법을 지키고 그저 평화롭게 사는 것이었다"[6]

그러나 2세기 후반기에 와서 상황은 달라졌다. 즉 170년대에 와서 군복무하는 그리스도인들이 있었다는 증거가 나타나기 시작하고, 이때로부터 교부들의 문서 속에 군복무와 전쟁에의 참여에 대한 언급이 나오기 시작한다.[7] 흥미로운 사실은 군복무하는 그리스도인의 수가 증가해 가면 갈수록 군복무를 반대하는 교부들의 가르침도 많아진다는 사실이다. 정확하게 말해서 173년 이전에는 그리스도인으로서 군인(Christian soldier)이 있었다는 증거가 없다.[8] 그러나 점차 그리스도인이 로마 제국의 군인으로 복무하는 이들이 점차 많아지게 된다.

그럼에도 당시 그리스도인의 군복무에 대해서는 부정적이었는데, 여

---

5. Kertesz, 8.

6. Louis J. Swift, *The Early Fathers on War and Military Service* (Wilmington, 1983), 26.

7. Bainton, 67, Kertesz, 9.

8. Kertesz, 8.

기에는 두 가지 이유가 있다. 첫째는 군인들의 생활방식이 의롭지 못하다는 것이었다. 즉 세례요한이 군인들에게 "사람에게 강포하지 말며, 무소(誣訴)하지 말고 받는 요(料)를 족한 줄로 알라"(눅 3:14)고 책망하는 말씀 속에 암시되듯이, 군인들의 생활방식에 대해 부정적으로 생각하는 견해가 있었다. 또 다른 이유로는 군인들은 이교의 종교적 행사나 군인의 서약 등 우상숭배적 관행(idolatrous practices)을 해야 한다고 보았기 때문이다. 그래서 강제징병제가 아닌 시대에서 그리스도인으로서 군복무는 권장되지 않았고, 이런 점에서 당시 군대 안에 그리스도인의 수가 증가했다는 것은 군복무중에 기독교신자로 개종하는 경우가 많았기 때문이라고 할 수 있다.

그렇다면 군복무중에 개종한 그리스도인들은 어떤 태도를 취했을까? 이 점에 대해서도 알 수 있는 증거는 거의 없다. 그러나 바울은 "형제들아 각각 부르심을 받은 그대로 하나님과 함께 거하라"(in whatever state each was called, there let him remain with God, 고전 7:24)고 한 것을 근거로, 그리스도인 군인으로서 계속 복무하도록 허용된 것으로 보는 견해가 지배적이다. 더군다나 당시에는 전쟁이 없던 평화로운 시기였기 때문에 군인들은 경찰로서의 기능을 감당했을 뿐, 변방의 군인들과 달리 인명 살상에 가담하지 않았다. 이런 점에서 그리스도인으로서 도덕적인 문제에 직면하지 않아도 되었다는 점도 군복무를 계속했을 것이라는 근거로 제시된다.

앞서 언급한 바처럼, 170년대를 거치면서 군복무중인 그리스도인의 수가 증가하기 시작하지만, 그 숫자에 대해서도 정확히 알 수 있는 정보는 전혀 없다. 그래서 미미한 숫자에 불과했다는 주장과 상당한 수의 그리스도인이 군복무를 했다는 상반된 주장이 상존한다. 하지만 어쨌든 군복무하는 그리스도인의 수가 증가했다는 점은 분명하다. 이런 변화에 영향을 준 것은 이민족의 침입에 따른 강제징집과 3세기 중엽에 와서 크게 개선된 군복무 환경, 그리고 이교적 행사에 불참이 허용되었다는 것 등이라 하겠다.

250년 데키우스(Decius) 황제 치하에서의 박해 기간에 두 사람의 그리스도인인 군인이 순교했다는 증거가 키프리아누스의 글 속에 남아 있다.[9] 3세기 중반을 지나면서 군대 안에 그리스도인이 증가한 것은 분명하다. 이 점을 보여주는 구체적인 예가 303~4년 대박해가 있기 이전에 갈레리우스 황제가 그의 부대에서 그리스도인들을 제거하려 했던 사건이다. 자료를 가지고 말할 수는 없으나, 4세기 초에는 더 많은 그리스도인들이 군대 안에 있었던 것이 분명하다. 그러면서 점차 교회는 그리스도인의 군복무와 전쟁에 참여하는 것에 대해 말하지 않으면 안 되는 상황으로 발전해갔다. 그래서 2세기 말부터 교부들은 군복무와 전쟁, 그리고 평화에 대해 가르치기 시작하는데 이런 변화의 중심에 서 있었던 인물이 2세기 말과 3세기 초에 활동했던 테르툴리아누스였다.

4. 테르툴리아누스의 평화사상

테르툴리아누스(Quintus Septmius Florens Tertullianus, c.160~c.220)는 군복무를 반대하고 평화주의적인 입장을 보인 가장 대표적인 인물로서, 이 점에 대해 가장 분명한 태도를 취했다.[10] 북아프리카의 카르타고 출신인 테르툴리아누스는 2세기 대표적인 라틴 교부로서 197년 경부터 많은 변증서와 이단 배척서를 썼다. 특히 그의 해박한 언어 능력, 철학과 수사학, 그리고 법률에 대한 이해와 더불어 천부적인 날카로운 지

---

9. Bainton, 68.

10. John Driver, *How Christians Made Peace with War* (Herald Press, 1988), 39; Bainton, 73.

성은 그의 변증서의 가치를 더해 주었다. 그는 197년경부터 224년까지 약 이십여 년에 걸쳐 집필활동을 했는데, 그리스어로도 글을 썼으나 현재는 라틴어로 쓴 서른한 편의 글이 현존하고 있다. 그의 저서목록을 보면, 그의 관심의 폭이 얼마나 넓었는지를 알 수 있다.

그의 저작 중에서 그리스도인의 군복무와 전쟁에 대해 부분적으로라도 언급하는 책으로는, 『변증서』(Apologeticum), 『영혼의 증거에 대하여』(De testimonio animae), 『스카폴라에게』(Ad Scapulam), 『유대인 반박론』(Adversus Iudaeos), 『마르시온 반박서』(Adversus Marcionem libriv), 『육체의 부활』(De resurrectione carnis), 『우상숭배론』(De Idololatria), 『화관론』(De corona militis), 『외투에 관하여』(De pallio), 『박해시의 도주에 대하여』(De fuga in persecutione), 『인내론』(De patientia) 등 열한 권에 달한다. 이 책들에는 군복무에 대한 반대와 비전, 평화주의적인 견해가 단편적으로 드러나 있지만, 『변증서』와 『우상숭배론』에서는 보다 구체적으로 그의 견해를 드러낸다. 그러나 『변증서』는 이교도들에게 기독교 신앙을 변호하는 것이 주된 목적이므로 그리스도교의 비폭력적 특성을 말하면서도 동시에 그리스도인들이 국가적 의무에 소홀하다는 비판에 유의하면서 신자의 군복무를 인정하기도 한다. 그리스도인의 군복무에 대한 문제를 취급한 저작은 『화관론』인데, 이 글은 그가 몬타누스 이단으로 전향한 이후에 쓴 글이다. 말하자면 『변증서』보다 늦게 기록된 책이다.

테르툴리아누스의 초기 저작이라고 볼 수 있는, 197년경에 쓰인 『변증서』는 이교의 불신과 로마 제국의 물리적인 박해, 그리고 이교 철학자들의 기독교 비판에 대항하여 기독교 신앙을 변호하려는 의도에서 저술된 책인데, 당시 이 책을 능가할만한 변증서가 없다는 평가를 받고 있다. 또한 이 책은 곧 그리스어로 번역되기도 했는데, 이는 후기에조차 라틴어로 된 초기 문헌이 그리스어로 번역된 경우가 극히 드물다는 점을 고려해 볼 때, 당

시 이 책이 미친 영향력이 상당했음을 짐작해볼 수 있다.[11]

테르툴리아누스는 이교도들의 기독교 비판, 특히 켈수스(Celsus)의 비판을 의식하며 이 책을 썼다. 켈수스는 그리스도인들은 제국의 안위나 안보에는 관심이 없다며, "만일 모든 사람들이 당신(그리스도인을 의미함)들처럼 행동한다면, 왕을 철저한 고독과 황폐 속에 몰아넣은 것을 막을 길이 없을 것이며, 제국을 무례하고 가장 무법한 야만인들의 손에 넘겨주는 결과를 가져오고 말 것이다"라고 그리스도인들의 군복무 반대와 비전 사상을 공격했다. 이 점에 대해 테르툴리아누스는 "우리는 당신들이 살고 있는 모든 곳, 곧 도시와 섬들, 성과 마을들, 시장과 군부대에도 참여하고 있다"라고 했다.[12] 또한 그리스도인들은 황제를 위해 기도하고, 제국을 수호하는 군대의 승리를 기원한다고 말하면서, 그리스도인들은 일반적으로 좋은 시민으로서 제국에 저항한다는 어떤 비난도 옳지 않다고 말한다. 나아가 그리스도인들은 남을 죽이기보다는 기꺼이 자신이 죽고자 하는 이들(rather be killed than kill)이라고 했다. 이런 진술에서 볼 수 있듯이, 테르툴리아누스는 그리스도인의 군복무를 인정하면서 동시에 평화주의적 관점을 보여주었다.

그런데 그의 후기 저술들, 곧 『우상숭배론』과 『화관론』에서는 『변증서』와는 상반된 견해를 보인다. 즉 군복무는 그리스도인들에게 적절치 못한 행위라고 말하는 것이다. 특히 『화관론』에서 이 점을 심각하게 취급한다. 그가 『화관론』에서 말하는 '화관'(Chaplet)이란 순교한 병사의 월계관에서 그 이름이 연유된 것인데, 황제가 즉위하면서 병사들에게 하사한 선물을 받을 때 월계관 쓰기를 거절한 병사가 순교한 것에 대한 기록이 이 책

---

11. 캄펜하우젠, 20.
12. Harnack, *Militia Christi*, 75. *Apologeticum*, 37.4.

을 저술한 동기였다. 그러나 그 사건이 언제 어디서 발생했는지에 대해서는 분명히 알 수 없다. 테르툴리아누스는 월계관을 쓰는 것을 우상숭배로 보았는데, 이를 거절한 군인에 대해 이렇게 기록한다.

> 황제 폐하의 하사금이 병사들의 막사에서 분배되고 있을 때, 월계관을 쓴 병사들이 가까이 오고 있었다. 그들 가운데 금방 눈에 띄는 한 고상한 병사가 포함되어있었다. 두 주인을 섬길 수 있다고 생각하는 다른 동료병사들보다도 더 굳건한, 오히려 하나님의 병사라고 불러야 좋을 이 병사의 머리에는 아무 것도 쓰지 않고 그 대신 월계관을 손에 들고 있었다. 이에 따라 모든 사람들이 멀리서부터 손가락질을 하면서 야유를 퍼붓는가 하면, 가까이 다가와 그를 향하여 이를 갈았다. 웅성대는 소리는 군단 지휘관에게까지 들렸고, 곧 그 병사는 대열로부터 불려나갔다. 그러자 즉각 지휘관은 "어찌하여 그대의 복장은 그렇게 다른가?"라고 병사에게 물었다. 그 병사는 다른 병사들처럼 월계관을 쓸 자유가 없다고 말했다. 지휘관이 그 이유가 무엇이냐고 묻자 그 병사는 자신이 '그리스도인'이라고 대답했다.[13]

이 책에서 테르툴리아누스는 군복무 문제를 집중적으로 거론하면서, 군복무를 복음의 이름으로 정죄했다. 이것은 당시 그리스도인들이 군에서 복무하고 있거나 징집 이후 기독교로 개종한 군복무자들이 있었음을 암시한다.[14] 테르툴리아누스가 활동했던 북아프리카에서 그리스도인들이 군복무를 받아들였다는 증거와 거부했다는 증거가 동시에 나타난다. 그리스도

---

13. 알버트 마린 편, 『전쟁과 그리스도인의 양심』(성광문화사, 1982), 45-6.
14. *De Corona Militis*, XI.

인들이 군복무에 가담하고 있었다고 증언한 테르툴리아누스 자신도 개종한 많은 그리스도인들이 군에서 빠져 나왔다고 주장한 바 있다.[15]

테르툴리아누스가 군복무를 반대한 것은 두 가지 이유에서였다. 즉 우상숭배와 피 흘림을 피할 수 없다는 이유 때문이었다. 만일 이 두 가지를 피할 수 있다면, 양심의 채찍을 맞지 않고 군복무를 할 수 있다고 말했다. 하지만 이것은 앞서 말한 두 가지 기피 이유에 대한 논리적 주장일 뿐, 사실 당시의 군복무에서 이 두 가지를 피할 수는 없었다. 그래서 테르툴리아누스는 군복무를 분명하게 반대했던 것이다.[16]

당시 로마 제국은 이교적 관습과 종교, 황제 숭배라는 제국의 이데올로기를 지니고 있었고, 군복무자는 현실적으로 이와 관련된 국가의식이나 종교 관행들을 거절할 수 없었다. 따라서 군복무의 허용은 우상숭배를 받아들이는 것으로 이해했다. 특히 군복무 중에 강요받게 될 이교 사원 경비, 금지된 음식의 음용, 서약(soldier's oath), 깃발, 시신(屍身) 화장, 그리고 군 내부의 각종 비도덕적 의식과 관행 등은 그리스도인들이 동참할 수 없는 것들이라고 보았다.

또한 당시 '군인의 서약'이라는 것도 있었는데, 이는 도망하지 않을 것, 상관의 명령에 대해 복종할 것, 제국을 위해 목숨을 바칠 것 등을 그 내용으로 하고 있었다.[17] 물론 그 내용도 문제가 되겠지만, 근본적인 문제는 서약 자체를 부당한 것으로 간주한 것이다. 테르툴리아누스는 "우리가 하나님에 대한 서약 외에 인간에 대한 서약을 합법적으로 추가시킬 수 있는가? 또 그리스도인들이 그리스도와 언약을 맺은 후 다른 주인과 언약을 맺을

---

15. Ibid. Bainton, 70.

16. Swift, 26.

17. 오만규, 『초기 기독교와 로마군대』 (한국신학연구소, 1999), 48.

수 있는가?"[18]라고 반문하면서 이의 부당성을 지적했다.

또한 군인들은 깃발에 대한 서약, 곧 군기(軍旗) 수호서약도 강요받았는데, 일제 치하에서 경험했듯이, 국가지상주의적 체제 하에서 국기(國旗) 혹은 군기는 국가 혹은 부대를 대표하는 신성한 그 무엇으로 간주되었다. 그래서 깃발은 병영 막사의 성소(*adiculum*)에 정중히 보관되었다.[19] 이렇듯 깃발에 대한 경모와 서약은 그리스도인들이 받아들일 수 없는 이교적 관행이었다. 결국 테르툴리아누스는 이교적 관습과 우상숭배 때문에 군복무를 반대했던 것이다.

그런데 테르툴리아누스가 군복무를 반대한 다른 이유도 있다. 그것은 살상, 곧 피 흘림의 가능성이었다. 그는 피를 흘리지 말아야 한다고 가르치면서, "주님께서 검을 사용하는 자는 검으로 망할 것이라고 하였는데도, 그리스도인들이 검으로 무장하는 것이 합당한 일인가?"라고 반문했다.

> 법정에 호소하는 일조차 합당히 여기지 않는 평화의 아들들이 전투에 참여해야 하는가? 자기 자신에 대한 타인의 악행에 대해서도 앙갚음을 하지 않는 자들이 다른 이들에게 쇠고랑을 채우고 감금시키고 처형하는 일을 할 수 있는가?[20]

이렇듯 테르툴리아누스는 예수님의 가르침은 비폭력적이라는 이해에 기초해 칼로 행사되는 폭력이나 전쟁을 반대했다. 그는 그리스도인은 어디서나 그리스도인일 뿐이라고 말했고, 죄를 지어야 할 어떤 불가피성도 인

---

18. *De Corona Militis*, 11.2.
19. Alfred von Domaszewski, "Die Religion des Romichen Heetes," *Westdeutschen Zeeitschrift für Geschichte und Kunst* 14(1895), 40-45. 오만규, 49에서 중인
20. *De Corona Militis*, 11.2.

정할 수 없다는 입장을 분명히 했다. 그래서 군이라는 특수한 상황도 인정하지 않았으며, 그 안에서 진행되는 우상숭배와 피 흘림의 위험 때문에 군복무를 반대했던 것이다. 이 같은 그의 단호한 입장은 "나는 나의 모든 힘을 다하여 군복무를 배척한다"('*Omni ope expulero militiam*')[21]라는 말 속에 잘 나타난다.

이상에서 테르툴리아누스에 대해 두 가지를 정리할 필요가 있는데, 첫째는 테르툴리아누스가 『변증서』에서는 그리스도인들 중에 군복무를 하는 자들이 산재해 있다고 말하면서 그것을 부정적으로 말하지 않았는데, 왜 『화관론』에서는 군복무를 엄하게 금하고 있는지에 관한 것이다. 여기서 우리가 간과해서는 안 될 것은 『변증서』는 이교도들에게 기독교 신앙을 변호하려고 작성된 것인 반면, 『화관론』은 그리스도인 독자들을 대상으로 그들의 신앙을 독려하려는 의도에서 기록되었다는 점이다. 즉 『변증서』에서는 이교도들에게 변증적인 목적에서 그리스도인들도 그 사회의 일원으로 모든 영역에서 활동하고 있다는 점을 말하기 위해 그리스도인 병사의 군복무를 언급한 것이라면, 『화관론』에서는 그리스도인 병사들의 신앙 양심에 호소하여 모든 타협을 거부하도록 요구하기 위해서 군복무 반대를 언급했다는 점이다.[22]

둘째, 테르툴리아누스가 그리스도인의 군복무를 엄격하게 반대한 진정한 이유가 무엇인가 하는 점이다. 즉 그것은 우상숭배의 위험 때문인가, 아니면 평화주의적 관심 때문인가, 그것도 아니면 양자 모두를 포함하는가 하는 것이다. 저명한 고대 교회사가인 캄펜하우젠은 테르툴리아누스는 "군인들의 살해나 유혈을 중요한 문제로 생각하지 않았다"고 해석하면서,

---

21. *De Corona Militis*, 11.6.

22. 오만규, 55.

테르툴리아누스가 염려한 것은 우상숭배의 위험성이었다고 지적했다. 그래서 그는 "이것은 군대의 엄격한 규율과 또 군대의 일상생활과 군대 의식에 있어서 이교가 차지하고 있는 영향력을 고려해 볼 때, 불가피한 것으로 보인다"고 해석했다.[23] 테르툴리아누스의 『우상숭배론』은, 제목이 암시하는 바처럼, 우상숭배 문제를 집중적으로 논의한 것으로, 군복무 문제도 이런 맥락에서 정죄하고 있다. 테르툴리아누스가 우상숭배를 심각한 문제로 인식했던 것은, 그가 간음, 살인과 함께 우상숭배를 용서받을 수 없는 세 가지 죄로 규정한 사실에서도 알 수 있다.[24]

그러나 테르툴리아누스가 우상숭배의 위험성을 심각하게 고려한 점은 분명하지만, 동시에 비폭력에 대한 의지 역시 중시되었다는 사실을 간과해서도 안 된다. 테르툴리아누스는 피 흘림을 반대하며, "그리스도가 베드로에게 칼을 버리라고 말씀함으로써 모든 군인의 무장을 해제하셨다"라고도 언급했는데, 이런 점에서 테르툴리아누스의 입장에는 그리스도의 모범에 기초한 반폭력적인 반전사상도 있었음을 부인할 수는 없다. 즉 테르툴리아누스에게는 우상숭배만이 아니라 평화에 대한 기대도 함께 있었다고 보아야 한다.

사실 테르툴리아누스는 그의 『우상숭배론』에서도 구체적인 반전사상을 보여주는데, 이에 관한 해석의 문제는 이 책의 저술시기와 밀접하게 관련된다. 일반적으로 이 책은 하르낙의 견해에 따라 그가 몬타니즘으로 기울기 이전인 198년에서 203년 어간에 쓴 것으로 해석하는데, 이 책에서 테르툴리아누스는 "그리스도인들이 군복무를 할 수 있는가? 군복무를 계속하면서 신앙생활을 할 수 있는가?"하는 문제를 제기하였다. 이 점에 대해

---

23. Campenhousen, 163. 오만규 56에서 중인.

24. *De pudicitia*, XII.

그는 이렇게 말한다.

> 하나님의 서약(*Sacramentum*)과 인간의 서약 사이에, 그리스도의 군기(軍旗)와 마귀의 군기 사이에, 빛의 병영과 어둠의 병영 사이에는 일치점이 없다. 한 영혼이 하나님과 가이사 두 주인을 섬길 수 없다.[25]

그리고 "무장을 할 수 있지 않는가?"라고 주장하는 그리스도인들의 주장을 반박하면서 이렇게 말한다.

> 그런데 모세가 지팡이를 들고 다녔고, 아론이 군사용 벨트를 착용했고, 세례요한이 가죽 혁대를 차고 다녔으며, 눈의 아들 여호수아는 군대를 지휘했고, 구약의 백성들은 전쟁을 수행했다고 주장한다. 그러나 그렇다고 그리스도인들이 전쟁을 할 수 있는가? 안 된다. 평화시대의 군인이라 할지라도 주님께서 치워버린 그 칼 없이 어떻게 군인 노릇할 수 있는가? 비록 세례요한을 찾아온 군인들이 그의 가르침을 받았고, 또 어떤 백부장이 신앙을 갖기도 했지만, 그러나 후에 주님께서 베드로의 칼을 버리라고 말씀함으로써 모든 군인의 무장도 해제하셨다.[26]

5. 맺는 말

결국 테르툴리아누스는 우상숭배와 폭력의 반대라는 측면에서 군복무

---

25. *De Idololatria*, 19.2.
26. *De Idololatria*, 19.3.

를 반대하고 적극적으로 평화주의적 이상을 강조한 교부였다고 평가할 수 있다. 테르툴리아누스는 군사주의(militarism)에 대한 반대를 윤리적 행위라고 믿었다. 이는 인간은 하나님의 창조에 있어서 독특한 위치를 점할 뿐 아니라 하나님의 형상으로 피조되었다는 사실, 곧 인간 생명의 소중함에 기초했다.[27] 살아 있는 것 중에서 가장 미천한 인간일지라도, 죽어 있는 가장 위대한 자보다 더 소중하다는 것이 테르툴리아누스의 믿음이었다.[28] 테르툴리아누스가 주피터의 이름으로 행해지는 로마에서의 혈투(bloody games)를 반대했던 것도 이런 인간 생명의 소중함에 기초한다. 그는 폭력이나 전쟁은 생명의 파괴 혹은 동일한 인간에 대한 살상이기 때문에 군복무를 반대했고, 비전(非戰)과 반전(反戰)의 평화주의적 이상을 가졌다. 그래서 그는 어떤 인간이든 사람을 살해하는 것은 하나님을 대항한 마귀가 이끌어가는 범죄(devil-inspired crime)라고 보았다. 그리고 이런 이유에서 그리스도인들은 낙태와 사형 제도를 반대해야 한다고 보았다. 또한 그리스도인들이 이런 폭력을 반대하기에 고난을 받을 것임도 알고 있었다. 그러나 그 고난은 진리와 영생에 참여하는 이들이 감내해야만 하는 고난이라고 생각했다.[29]

---

27. Roberts and Donaldson ed., *The Anti-Nicene Fathers*, vol. III (Charles Scribner's Sons, 1899), 213-5, *De anima*, 33.

28. Roberts and Donaldson, 41-2, *Apologeticum*, 28:3, 30:1.

29. Roberts and Donaldson, 54-5. *Apologeticum*, 50:1-2.

제4부
초기 기독교의 기독론 논쟁

{ 제19장 }

니케아 회의와 기독론 논쟁

1. 교리논쟁과 교회회의

교회사를 보면, 그 시대를 대표하는 신학적 논쟁이 항상 있어왔다. 그런 논쟁들을 통해 교리가 형성되고 신학이 확립되었다. 말하자면, 교리논쟁은 교회의 자기 정체성 확립을 위한 과정이었다. 초기 기독교에서 가장 중요한 논쟁이 '기독론'이었다면, 중세교회에서 가장 중요한 논쟁은 '교회론'이었고, 종교개혁기 때 가장 중요한 관심은 '구원론'이었다. 즉 초기 기독교에서는 신앙의 대상이 논쟁의 중심이었다면, 중세 때는 신앙의 제도가 논쟁의 중심이었고, 종교개혁기에는 신앙의 주체(내가 어떻게 구원을 얻을 것인가?)가 논쟁의 중심이었다. 여기서는 초기 기독교, 즉 초대교회에서 중요한 신학논쟁이자 교리적 발전이었던 기독론 논쟁의 자취를 정리해두고자 한다.

오늘 우리가 초대교회라고 말하는 2세기 후반에서 5세기에 이르는 기간에서 가장 중요한 신학적 논쟁은 삼위일체(三位一體) 논쟁과 기독론 논쟁이었는데, 전자는 예수 그리스도와 성령은 본질상 하나님과 동일하신

분인가 아닌가를 둘러싼 논쟁이었고, 후자는 예수 그리스도는 신성과 인성, 곧 양성을 지니셨는가, 그리고 양성을 지니셨다면 그 양성은 어떤 관계로 존재하는가 하는 논쟁이었다. 이 같은 논쟁들은 4세기 초에 시작된 교회회의를 통해 정리되었는데, 당시에는 교회의 분열을 초래할 정도로 심각하게 대립되었다. 이때 소집된 세계 교회회의들을 에큐메니컬 회의(Ecumenical Councils)라고 말한다. 5세기까지 진행된 가장 대표적인 교회회의로는, 제1차 325년 니케아 회의, 제2차 381년 콘스탄티노플 회의, 제3차 431년 에베소 회의, 제4차 451년 칼세돈 회의가 있다. 물론 이후 제5차 교회회의로 불리는 553년의 콘스탄티노플 회의, 제6차 교회회의로 불리는 681년의 콘스탄티노플 회의가 있지만, 처음 네 번의 교회회의만큼 기독교 교리형성에서 중요한 회의로 간주되지는 않는다.

교회사에서는 총 21번의 세계교회회의(Ecumenical councils)가 있었는데, 그 중 8회가 초대교회에서 모였던 회의였다.[1] 이 중에서도 처음 4차의 교회회의를 두고 교황 그레고리우스(Gregorius I, 590~604)는 네 권의 복음서에 비유했고, 세빌레의 이시도르(Isidore of Seville)는 낙원에 있는 4대 강에 비유하기도 했다.[2] 그러면 이제 4세기에 진행된 최초의 교회회의였던 니케아 회의와 이 회의에서 중요한 논쟁이었던 기독론 논쟁에 대해서 살펴보기로 하자.

2. 니케아 회의

우리가 니케아 회의(Council of Nicea, 325)라고 부르는 교회회의는

---

1. Norbert Brox, *A History of the Early Church*, (The Continuum Pub., 1995), 149.
2. Norbert Brox, 150.

325년 5월 20일부터 7월 25일까지 약 두 달간 개최된 회의인데, 콘스탄티누스 대제에 의해 소집되었다. 이 회의는 알렉산드리아에서 전개된 아리우스(Arius)와 알렉산더(Alexander)와의 논쟁을 해결하기 위한 목적에서 개최되었는데, 예수님은 본질상 하나님과 동일하신가, 아니면 유사하신가 하는 문제가 논쟁점이었다. 이 회의의 참석자 수에 대해서도 일치된 기록이 없다. 유세비우스는 250명으로 기록하지만, 아타나시우스의 기록에는 318명으로 되어 있는데, 이 수는 아브라함의 하인 수와 동일(창 14:14)하다는 점에서 의도적인 계수라는 의심을 받는다. 이 회의에 참석한 이들은 지역적인 한계 때문에 대부분 동방교회의 인물들이었고, 서방교회 감독은 단지 다섯 명만 참석했다. 이 회의에서 아리우스의 교리를 이단으로 정죄하고, 아타나시우스의 교리를 정통 교리로 확인하는 니케아 신조를 제정하였다.

논쟁의 발단: 아리우스와 알렉산더

예수 그리스도는 하나님과 동등한가 아니면 유사할 따름인가 하는 논쟁은 갑작스럽게 대두된 것이 아니었다. 사모사타의 바울(Paul of Samosata)과 사벨리우스 같은 이들에 이어 유스티누스, 알렉산드리아의 클레멘스, 오리게네스 등 여러 학자들에 의해 제기된 하나님의 본질에 대한 논의가 여러 경로로 암암리에 전개되어 왔지만, 삼백여 년간 계속되던 박해로 드러나지 않고 있었을 뿐이다. 그러다가 박해가 종식된 4세기 초부터 심각한 논쟁으로 발전하게 된 것이다. 정치적으로는 콘스탄티누스가 서부를, 리시니어스가 동부를 통치하고 있을 때였는데, 논쟁의 시발점은 알렉산드리아에서 일어났다. 당시 동방교회에서는 주로 교리논쟁이 일어났는데 반해, 서방교회에서는 교회의 정통성이나 법적 전통(法統)이 주된 논쟁점이었다. 이로 보건대 동방이 좀 더 철학적이었다면, 서방은 행정적이고 법적이었다고 할 수 있다. 이는 아무래도 로마법 전통의 영향을 받은 것으로 보이는데, 이 전통이 서구와 독일과 일본, 그리고 오늘의 한국에까지 영향을 주고 있다.

알렉산드리아에서의 논쟁은 알렉산드리아 교회의 장로인 아리우스(Arius, 256~336)에 의해 대두되었다. 아리우스는 안디옥 학파인 루시안(Lucian)의 제자였으며, 성경석의에 통달했고 도덕적이고 경건한 성품의 소유자로 알려진 인물로서, 금욕적 수행으로 많은 추종자를 얻고 있었다. 그는 알렉산드리아의 감독이었던 알렉산더(Alexander)와 여러 가지 점에서 견해를 달리하며 논쟁을 벌였는데, 특히 하나님의 말씀(Logos, the Word of God)이 하나님(God)과 함께 영원할 수 있는가 하는 문제가 주된 논쟁점이었다. 아리우스는 말씀이 성부와 함께 영원히 존재하지 않는다고 주장했다. 즉 말씀의 신성을 부인하면서, 말씀은 하나님이 아니라 모든 피조물 가운데 가장 으뜸 되는 존재라고 주장했다. 이런 주장은 "그(말씀)가 존재하지 않았던 때가 있었다"(There was when he was not)는 말로 명확하게 정리되었다.

아리우스는 318년경부터 그리스도의 신성을 부인하는 주장을 폈는데, 이것이 그의 기독론의 핵심이었다. 물론 그는 말씀의 선재(先在)에 관해서는 인정했다. 그러나 그것은 말씀이 이 세상의 어떤 피조물보다 먼저 하나님에 의해 창조되었다고 보는 견해였다. 즉 아리우스는 예수 그리스도는 하나님과 동등하지 않으며, 다만 최초의 피조물일 뿐이라고 주장한 것이었다. 여기서부터 그는 그리스도의 신성은 하나님의 신성과 동일하지 않고 다만 유사할 뿐이라는 주장을 전개하기 시작하였고, 이 주장을 뒷받침하는 성경구절들을 거침없이 인용하였다. 결국 안디옥 학파로서 니코메디아의 감독이었던 유세비우스(Eusebius)조차 그의 견해를 지지하였다.

이 같은 아리우스의 이단적인 기독론은 안디옥의 루시안에서 왔고, 루시안은 사모사타 바울의 기독론을 계승한 것이었다. 이런 계보를 정리하면 다음의 표와 같다.

사모사타 바울 (Paul of Samosata)	안디옥의 루시안 (Lucian of Anthioch)	아리우스 (Arius)
예수의 신성을 부인했고, 안디옥의 루시안에게 영향을 줌.	성부가 성자를 낳았으며, 성자는 처음에는 존재하지 않다가 창조함을 받았다고 주장. 아리우스에게 영향을 주었고, 312년 안디옥에서 사망함.	루시안의 원리에 찬동하고 오리게네스의 영향도 받았다. 성자는 성부의 본질과 동일하지 않고 유사하다고 함.

그러나 알렉산드리아의 감독이었던 알렉산더는 이런 견해에 동의할 수 없었다. 알렉산더는 313년에서 328년까지 감독으로 재임했는데, 말씀은 성부와 함께 영원히 존재하며, 신성을 지니므로 성부와 동일하다고 주장했다. 즉 그는 삼위(三位) 하나님의 통일성(unity)을 언급한 것이다. 그러나 아리우스는 이를 반박하고 예수가 하나님의 아들(son)이라면, 낳은 때가 있었을 것이며, 낳기 전에는 존재하지 않았을 것이라고 주장하였다. 즉 예수는 존재하기 시작한 때가 있으므로 영원한 존재가 아니며, 따라서 그는 성부 하나님과 동일 본질을 지닌 하나님일 수가 없고 유사할 뿐이라는 소위 '유사본질론'(*homoiousios*, ὁμοιουσιος)을 주장하였다. 아리우스는 자기가 신뢰하는 친구인 니코메디아(Nicomedia)의 유세비우스(Eusebius, d. 342년경)에게 보낸 편지에서 "아들과 아버지가 함께 영원하다"(The Son is co-eternal with the Father)고 말하는 알렉산더 감독의 주장을 비판하며, 예수님은 피조물로서 영원한 존재가 아니라고 했다.

이런 견해차에는 지역적 상황도 어느 정도 영향을 미쳤다고 할 수 있다. 왜냐하면 당시 안디옥과 알렉산드리아는 신학적 접근방법과 강조점에서 상당한 차이를 보여주었기 때문이다. 양자는 서로를 이단적 경향이 있는 것으로 의심하고 있었다. 아리우스는 참 하나님이신 아버지와 피조된 아들을 구분하며, 하나님의 유일성을 강조하기 위해 예수님의 신성(神性)을 부정한 것이었다. 따라서 그는 아들은 참 하나님(ὁ θεός)이 아니요 아버지로부터 피조된 존재이며, 육신을 입을 때에도 인간의 영혼대신 신적 이성인 로고스(logos)를 가졌음으로 완전한 인성(人性)을 소유한 것도 아니라고 주장했다.

이러한 아리우스의 주장은 아버지와 아들의 구별을 모호하게 하는 사벨리우스(Sabellius) 이단을 경계하며, 아버지로부터 구분되는 아들의 특성을 나타내기 위한 시도였다고 할 수 있다. 이런 아리우스에게 알렉산더가 말하는 하나님의 통일성은 사벨리우스주의(Sabellianism)라고 생각될 수밖에 없었다. 그래서 그는 아버지도 아들도 하나님이라 할 경우에 다신교로 전락할 위험이 있다고 보았고, 결국 아들의 신성을 부인하게 된 것이었다. 하지만 결과적으로 아리우스는 자기 스스로 또 다른 이단설을 주장하게 되었다.

그런데 이런 주장은 당시 알렉산드리아에서도 설득력 있게 받아들여졌다. 왜냐하면 이미 오리게네스 같은 교부가 성자는 그 본질에 있어서는 아니더라도 그 위격과 기능에 있어서는 성부에게 종속된다는 소위 '종속설'(subordination)을 가르친 적이 있었기 때문이다. 심지어 오리게네스는 성자의 존재가 성부의 의지에 좌우된다고 하여, 성자를 '피조물'이라고 부르기까지 했다. 아리우스는 한 걸음 더 나아가 오리게네스보다 더 분명하게 문자적 의미에서 성자는 피조된 존재라고 주장하였다. 오리게네스는 성자는 영원 전부터 성자로 존재한다고 말한 반면, 아리우스는 이를 부정하면서 성자는 "존재하지 않았던 때가 있었다"고 주장했고, 결국 성자를 최

초의 피조물로 격하시켰다.[3]

교회의 대처

이런 아리우스주의자들의 견해에 대항하여 알렉산드리아의 감독 알렉산더는 성부와 성자는 본질(*ousia*)과 영원성에 있어서 동일하다고 선언하는 동일본질론(*homoousios*, ὁμοούσιος)을 주장하고, 321년 알렉산드리아 지방대회(교회회의)를 소집했다. 이 회의에서 알렉산더는 논란을 정리하고, 이단설을 주창하는 아리우스를 장로직에서 박탈하고, 그를 지지하는 애굽의 감독들을 면직하였다.

하지만 이런 조치로 문제가 해결되지는 않았다. 당시 아리우스는 알렉산드리아 내에서도 상당한 지지를 받고 있었고, 동방의 많은 교회 지도자들도 안디옥 학파를 지지하고 있어 그 영향력이 상당했기 때문이다. 특히 박식한 역사가인 팔레스타인 지역에 있는 가이샤라의 유세비우스(Eusebius), 비시니아의 황제의 주둔도시이기도 했던 니코메디아의 감독 유세비우스 같은 영향력 있는 이들까지도 아리우스를 지지하였다. 결국 논쟁은 알렉산드리아에 국한되지 않고 동방의 여러 지역으로 확산되었다. 동방지역 감독들은 이 문제로 양분되어 대립이 고조되었다. 급기야 동방 기독교권이 분열될 위기에까지 이르게 되었다.

니케아 회의

서방에서 312년 밀비안 전투를 통해 권력을 확보한 콘스탄티누스는 323년에는 리시니어스를 격파하고 동방지역까지 석권하여 명실상부한 제국의 황제로 통치하기 시작했다. 그러나 동방지역에서 교리논쟁이 심각하

---

3. F. F. Bruce,『초대교회 역사』(기독교문서선교회, 1986), 388.

게 전개되자, 다시 제국의 분열을 우려하게 되었다. 그 위협은 서방에서 제기되었던 도나티스주의자들(Donatists)의 그것과 비견될 수 있었다. 그래서 콘스탄티누스는 직접 교회문제에 개입해 양자 간의 화해를 모색하기로 하고, 아리우스와 알렉산더에게 편지를 보내 중재하기로 했다. 그러나 해결의 실마리를 제시하지는 못했다. 종교적 신념은 중재하기가 가장 어려운 난제라는 것이 교회사가 보여주는 진실이다. 결국 황제는 제국회의를 소집하여 이 문제를 해결하고자 했다. 이런 결단은 황제의 교회문제 고문인 스페인 코르도바(Cordova)의 감독 호시우스(Hosius)의 조언에 의한 것으로 알려져 있다.

처음에는 325년 부활절 이후 아나톨리안 고원지대인 앙키라에서 교회회의를 소집하기로 하고, 호시우스에게 중재와 조사 임무를 맡겨 알렉산드리아로 파송했다. 알렉산드리아에 온 호시우스는 알렉산더를 지지하고 아리우스를 비판했다. 그리고 시리아의 안디옥으로 가서 아리우스를 지지했던 가이샤라의 유세비우스를 조사하고, 안디옥에서 개최된 공의회에서 유세비우스를 파문했다. 그런 뒤 앙키라에서 모이기로 예정된 전체 교회회의에서 유세비우스 파문 비준안을 상정했다. 이런 호시우스의 조치가 편파적이라는 비난이 일자 보고를 받은 황제는 자신이 직접 공의회를 주재해야겠다고 생각하고, 325년 5월 20일 소아시아 서북부 비두니아의 니케아(Nicaea)에서 최초의 전체 교회회의를 소집하였다. 이곳은 니코메디아에서 가까운 곳이었다. 이 때 황제 단독으로 교회를 소집했는가 아니면 교황의 명의와 함께 소집했는가에 대해서는 이견이 있다. 황제는 친서를 보내 감독들의 참석을 독려하였으나, 니케아 인근지역 외에 다른 아시아나 시리아, 팔레스타인, 이집트, 그리스, 트라키아(Thrace, 그리스 마게도니아 동북부 지역의 옛 이름) 지역 등에서 참석하는 것은 현실적으로 어려운 일이었다.

이 회의에는 220~250명 내외의 주교 혹은 감독들이 참석했는데, 거의 대부분이 그리스 주교들이었다. 서방에서 온 이는 코르도바의 호시우스(Hosius of Cordova), 카르타고의 세실리안(Cecilian of Carthage), 칼라브리아의 마크(Mark of Calabria), 디존의 니카시우스(Nicasius of Dijon), 스트리돈의 돈누스(Donnus of Stridon in Pannonia) 등 다섯 명에 불과했다. 그리고 로마의 감독(교황) 실베스테르(Silvester)는 직접 참석하지 않고 두 대리인을 파송했는데, 그들이 로마의 성직자인 빅토르(Victor)와 빈센티우스(Vincentius)였다. 이 회의에 참석한 동방의 저명한 인물로는 알렉산드리아의 알렉산더(Alexander of Alexandria), 안디옥의 유스타티우스(Eustathius of Antioch), 예루살렘의 마카리우스(Macarius of Jerusalem), 니코메디아의 유세비우스(Eusebius of Nicomedia), 가이샤라의 유세비우스(Eusebius of Caesarea), 그리고 미라의 니콜라스(Nicholas of Myra) 등이었다. 이 외에도 이 회의에 알렉산드리아의 집사 아타나시우스(Athanasius of Alexandria)가 참석했는데, 이 회의는 그에게 도전과 투쟁, 찬사와 영광, 그리고 수난의 전조가 되었다. 그는 이미 『하나님의 말씀의 성육신에 관하여』(*On the Incarnation of the Divine Word*)라는 뛰어난 작품을 남긴 신학자로 인정받고 있었다.[4]

이 회의에 참석한 이들 중 일부분은 박해 하에서 수난의 상흔(傷痕)을 지닌 이들이었다. 그런데 시련의 때가 가신지 불과 몇 년이 못 되어 황제의 융숭한 대접을 받으며 회의에 참석하게 된 것이다. 이 회의는 황제의 별장에서 개최되었는데, 당시로 볼 때 최초의 전체 교회회의였다. 또한 산

---

[4] 로마사학자였던 에드워드 기번(Edward Gibbon)은 아타나시우스는 "학식에 있어서는 가이샤라의 유세비우스에 비해 훨씬 떨어졌고, 웅변에 있어서도 그레고리우스나 바실리우스(카파도키아의 신학자들) 만큼 유창하지 않았지만, 설득력에 있어서는 누구보다 뛰어났다"고 평가하고, 법학과 점복술에도 뛰어났다고 평가했다. 특히 정통교리를 수호하려는 열정에 있어서는 자신의 신변의 안전도 생각하지 않을 만큼 대담했는데, 가히 경탄할만한 것이었다고 평가했다. 에드워드 기번(강석승 역), 『로마 제국쇠망사』(동서문화사, 2007), 316.

재한 교회들로부터 대표가 모인 회의였다는 점에서 그리스어 오이큐메네(*oikumene*)를 따라 에큐메니컬 회의라고 불리게 되었다.

니케아 회의는 325년 5월 20일 콘스탄티누스 황제의 엄숙한 개회사로 시작되었다. 황제는 주교들에게 일치와 평화를 도모하도록 요청하였다. 또 가이샤랴의 유세비우스에게 내려진 책벌에 대해 유감을 표시하고, 그에 대한 전폭적인 지지를 표명했다. 황제가 유세비우스를 옹호했다고 해서 아리우스를 지지하는 것은 아니었다라고 헨리 채드윅은 지적한다.[5]

이 회의에서 변절자들을 다시 교회로 받아들이는 문제와 그 절차, 장로와 감독의 선출과 안수 등에 대한 논의가 있었지만, 가장 중요한 의제는 아리우스 논쟁을 해결하는 것이었다. 아리우스는 감독이 아니었으므로 회의에 참석할 수 없었으나, 니코메디아의 유세비우스가 아리우스의 입장을 대변하며 아리우스주의자들의 견해를 내놓았다. 이에 알렉산더는 아리우스주의야말로 기독교 신앙의 핵심을 위협하는 이단으로 간주하고 그 부당성을 주장했다.

그러나 라틴어 사용권인 서방에서 온 감독들은 이 문제에 대해 심각한 반응을 보이지 않았다. 아마도 이들은 이 문제를 오리게네스의 추종자들인 동방교회 내의 국부적인 논쟁 정도로 가볍게 인식하고 있었던 것 같다. 이들은 서방 신학자인 테르툴리아누스가 주장했던 '한 본질의 세 위격'(three persons and one substance)이라는 해명에 만족하고 있었다. 니케아 회의에 참석한 다수의 사람들은 어느 한 쪽에 가담하지는 않았으나, 이제 겨우 신앙의 자유를 누리게 된 상황에서 교회가 분열되는 것에 대해서는 우려하였다.

위대한 역사가 유세비우스는 아리우스쪽으로 기운듯한 인상을 주기도

---

5. 헨리 채드윅, 『초대교회사』(크리스챤다이제스트, 1999), 153.

했으나, 교회의 일치와 연합이라는 점에서 중도적 입장에서 타협점을 모색했던 대표적인 인물이었다. 반면에 니코메디아의 감독 유세비우스는 자신의 주장을 명료하게 설명한다면, 사람들로부터 상당한 지지를 얻을 것으로 확신했다. 그래서 그는 이 회의에서 "그리스도는 피조물이요 영원성이 없는 최고 존재로서, … 하나님과 예수의 본질은 비슷하나(Homoiousios, like or similar substance) 동질(同質, Homoousios, one or same substance)은 아니다"라고 주장했다. 그러나 그의 설명을 들은 참석자들은 정반대의 반응을 보였다. 말씀, 곧 성자(聖子)의 위치가 아무리 높다 하더라도 피조물에 지나지 않는다는 주장은 감독들로부터 격렬한 반대를 불러 일으켰고, '신성모독', '이단'이라는 비난을 들으며 발언을 마치지도 못한 채 단상에서 내려와야 했다.

반면에 알렉산더는 예수님의 신성(神性)을 주장하고, 그리스도는 하나님과 인간 사이의 유일한 중보자(仲保者)이신데, 화목케 하는 직분을 감당하기 위해서는 그가 참 하나님(vere Deus)이며 동시에 참 사람(vere homo)이어야만 하고, 예수님이 하나님과 동질이 아니시라면 아들을 믿어 구원을 받는다는 것이 불가능할 수밖에 없다는 논리를 전개하였다. 논쟁의 핵심은 하나님과 예수님은 그 본질이 동일한가(homoousios, ὁμοουσιος) 아니면 유사한가(homoiousios, ὁμοιουσιος)의 문제였다.[6] 호모우시오스와 호모이우시오스, 곧 이오타(ι)의 있고 없음의 차이였다. 에드워드 기번(Edward Gibbon)은 그의 『로마 제국 쇠망사』에서 이 때 기독교 신자들은 겨우 점 하나를 사이에 두고 싸웠다고 비웃었다.

결국 이 회의에서 성자는 성부와 동일한 하나의 본질이라는 사실을 확인하고, 아리우스에 대한 반대의사를 분명하게 정리했다. 이 때 채택된 신

---

6. ὁμο는 동일(Same)을, οὐσια는 본질(nature, substance, being)을 의미한다.

조가 니케아 신조였다. 이 신조에서는 "그리스도는 하나님으로부터의 하나님(God of God)이시오, 본질(*ousia*)과 위격(*hypostasis*)은 동일하다"고 정리했다. 만일 아리우스파가 주장하는 대로 아들이 '만들어졌다'(made)고 하면, 아들은 그를 만든 자와는 다른 존재로 질적인 차이를 가질 수밖에 없게 된다. 따라서 아래의 니케아 신경에서는 아들을 '하나님으로부터 출생하심(begotten)'으로써 아버지와 '동질'(consubstantial)이라고 고백했다.[7]

> 우리는 보이는 것과 보이지 않는 모든 것을 창조하신 전능하신 아버지 유일하신 하나님을 믿는다. 또한 한 분 주 예수 그리스도를 믿으니, 이는 아버지로부터 나셨고, 즉 아버지의 본질(*ousia*)로부터 나신, 하나님으로부터의 하나님이시오, 빛으로부터의 빛이시요, 참 하나님으로부터의 참 하나님으로서 출생하시되 만들어지지는 아니하셨고, 아버지와 동일본질(*homousios*)이시다. 하늘에 있는 것이나 땅에 있는 것이나 모든 것이 다 그를 통하여 만들어졌다. 그는 우리 인간들을 위하여, 그리고 우리의 구원을 위하여 내려오시고 성육신하시고 사람이 되셨다. 그는 고난을 받으시고 사흘 만에 다시 살아나시어 하늘에 오르셨고, 산 자와

---

7. 니케아신조 영역본은 다음과 같다. "We believe in one God the Father Almighty, Maker of all things visible and invisible; and in one Lord Jesus Christ, the only begotten of the Father, that is, of the substance [ek tes ousias] of the Father, God of God, light of light, true God of true God, begotten not made, of the same substance with the Father [homoousion to patri], through whom all things were made both in heaven and on earth; who for us men and our salvation descended, was incarnate, and was made man, suffered and rose again the third day, ascended into heaven and cometh to judge the living and the dead. And in the Holy Ghost. Those who say: There was a time when He was not, and He was not before He was begotten; and that He was made our of nothing (ex ouk onton); or who maintain that He is of another hypostasis or another substance [than the Father], or that the Son of God is created, or mutable, or subject to change, [them] the Catholic Church anathematizes."

죽은 자를 심판하시기 위하여 오신다. 또한 성신을 믿는다.

그러나 다음과 같이 말하는 자들, 곧 그는 계시지 않은 때가 있었다, 혹은 그가 나시기 전에는 그는 계시지 아니하시었다, 혹은 그는 무로부터 생겨나셨다고 말하거나, 또는 하나님의 아들은 어떤 다른 존재나 본질로부터 되었다거나, 창조되었다거나, 변할 수 있다거나, 달라질 수 있다거나 주장하는 자들을 보편적이요 사도적 교회는 정죄한다.

이 때 채택된 신조 말미의 '아나데마'(저주)는 성자가 형이상학적으로나 도덕적으로 성부보다 열등하며 피조되었다는 주장을 단죄했다. 뜻밖에도 이 회의에서 220명의 주교들 가운데 218명이 니케아 신조에 서명했다. 만장일치에 가까운 결과였다. 니케아 신경 후반에서 아리우스주의자들을 배격하는 교회의 입장을 분명하게 말하려는 의도가 보이지만, 신앙고백문서, 곧 신경에 저주문을 포함한 것은 콘스탄티누스 시대가 남긴 불행한 선례였다고 브루스(F. F. Bruce)는 적절하게 지적한다. 이 고백문에 서명을 거부한 리비아계의 두 감독은 아리우스와 함께 파문을 받았다. 그러나 이 두 감독이 서명을 거부한 것은 신조의 내용 때문이 아니라 자기들의 교구를 알렉산드리아 교구의 관할 하에 둔 교회법 제6조 때문이었던 것으로 헨리 채드윅은 이해했다.[8]

이 신경에서 '성부와 동일한 본질'이라는 *homoousios*라는 용어는 상당한 논란을 불러 일으켰다. 이 용어는 성경에 없는 표현일 뿐만 아니라 이 이전에 그리스도가 하나님으로부터 나왔다는 것을 표현하기 위해 이단으로 간주되던 사모사타의 바울이 사용했던 용어였기 때문이다. 유세비우스의 기록에 의하면, 이 용어는 콘스탄티누스가 제안하였고, 이 제안에 대해 아리

---

8. 헨리 채드윅, 153~4.

우스주의자들이 강한 거부의사를 보이자, 반아리우스적인 감독들은 이 용어야말로 아리우스주의를 배격할 수 있는 효과적인 표현이라고 보아 이 용어를 고집한 것이라고 한다.

앞에서 언급했지만, 니케아 회의에서는 다른 의안들도 처리했다. 특히 부활절의 날짜 문제와 함께 한 가지 흥미로운 결의를 했는데, 그것은 로마, 안디옥, 그리고 알렉산드리아를 예부터의 관습을 좇아 가장 중요한 세 교구로 인정한 것이었다. 이후 이 도시의 감독들에게는 '총대주교'(Patriarch)라는 칭호가 주어졌다. 여기에는 당시 부상하는 로마교회의 권위를 견제하려는 의도가 있었던 것으로 보인다.

3. 그 이후의 발전

아타나시우스

니케아 회의에서 아리우스주의자들이 제기한 문제가 모두 일단락된 것은 아니었다. 교회회의의 결정사항은 정통교회의 공식 입장이 무엇인가를 말해주었을 뿐, 문제를 해소하지는 못했다. 이 점 역시 교회사에서 항상 노출되는 사실이다. 사실 알렉산더의 생전에는 아리우스의 이단설을 효과적으로 논파(論破)하지 못한 점이 없지 않았다. 어떤 점에서 더 큰 영향력을 행사하며 아리우스에 대항했던 이는 알렉산더를 이어 감독이 된 아타나시우스(Athanasius, c. 295~373)였다. 그에 의해 알렉산드리아 신학이 확립되고, 아리우스주의 논쟁에 효과적으로 대처할 수 있게 되었다. 아타나시우스의 그리스어 이름 Athanasios는 '불멸의 사람'이란 뜻인데, 그는 295년경 이집트에서 불신자 가정에서 출생했다. 부모는 그의 신앙생활을 반대했으나, 결국 그는 기독교 신자가 되었고, 319년 알렉산더에 의해 집사로 임명되었다. 325년에는 알렉산더의 수행원으로 니케아 회의에 참석했다.

그리고 알렉산더가 328년 4월 사망하자 그의 후임으로 34세의 나이에 알렉산드리아의 감독이 되었다. 이때부터 그는 자신의 교회를 보호하고 이단과 분파를 완전히 뿌리뽑고자 했다.

그가 감독에 선출된 후 아리우스파의 니코메디아의 유세비우스도 감독에 복귀하였다. 유세비우스는 이제 진정한 적은 알렉산더가 아니라 아타나시우스라고 보았고, 그를 넘어뜨리려고 하였다. 그래서 그는 아리우스로 하여금 문제의 핵심을 모호하게 하는 신조를 제출케 했다. 신학 지식이 없는 황제는 이를 좋게 보고 아리우스(Arius)를 다시 받아들이라고 아타나시우스에게 명했으나, 아타나시우스는 이를 거절했다. 황제는 교회의 통일을 가로막는 자가 아리우스가 아니라 아타나시우스라고 보았고, 아타나시우스는 황제의 요구를 거절한 일로 황제와의 관계가 불편하게 되었다. 알렉산드리아에서 부두 노동자들이 반란을 일으켰을 때, 아타나시우스는 모함을 받아 335년 축출되어 귀양을 가게 되었다. 이것은 황제와의 불화에서 비롯된 결과였다.

그러나 이 일이 오히려 아타나시우스에게는 전화위복이 되었다. 그는 로마로 가는 길에 서방교회 지도자들을 만나 삼위일체교리에 관해 의견의 일치를 보게 되었다. 337년 그는 귀양에서 풀려나 알렉산드리아로 귀환했지만, 여전히 콘스탄티누스 황제와는 불편한 관계에 있었다. 그래서 그는 그곳을 떠나 사막으로 갔는데, 거기서 안토니우스의 제자들을 만나 교제하게 되었다. 아타나시우스는 여기서 『안토니우스의 전기』를 썼다. 이처럼 그는 정통교리를 지키기 위해 다섯 차례의 귀양과 도피, 고난의 길을 갔다. 그런 고난과 역경 속에서도 그는 여러 권의 저서를 남겼는데,[9] 대부분은 니케아 공의회의 신앙고백을 수호하는 내용이었는데, 명료한 문체와 간결한

---

9. 그의 저작에 대해서는, 함세웅, "아타나시우스(2)," 『사목』 제107집(1986. 9), 66~78을 참고할 것.

표현으로 명성을 얻었다.

니케아 회의 이후의 아리우스주의자들

앞에서도 말했듯이, 니케아 회의는 교리논쟁을 종식시키지 못했다. 이것은 황제의 종교정책과도 무관하지 않았다. 사실 황제의 관심은 제국의 통일이었지 바른 교리를 세우는 것이 아니었다. 따라서 아리우스주의에 대해 일관된 입장을 취하지 않았다. 이에 반해 교회에서 면직된 아리우스는 각처로 다니며 자기의 학설을 유포하여 동조자를 모았을 뿐 아니라, 니코메디아의 감독 유세비우스(Eusebius)와 합세함으로써 이단적 기독론의 기세는 더욱 힘을 얻어 그리스어를 쓰는 동방교회에까지 그 세력을 확대해 갔다. 정치적인 상황에서도 아리우스주의자들이 활개를 쳤는데 이를 두고 제롬은 "전 세계가 깊은 잠에서 깨어나니 자기가 아리우스주의자가 되어 있었다"고 한탄했다. 교회의 공식 교리, 곧 니케아 신조에는 변함이 없었으나, 실제 교회들에서는 아타나시우스의 정통교리보다 아리우스주의가 더 큰 세력을 확보했다고 볼 수 있다.

필립 샤프는 아타나시우스와 아리우스주의를 선명하게 대비시켜 주는데, 곧 아리우스주의는 '이신론적이고 합리주의적'인데 반해, 아타나시우스주의는 '유신론적이고 초자연주의적'이라는 것, 또한 아리우스주의는 '인간 이성'에서 발전된 것인데 반해, 아타나시우스주의는 '신적 계시'에 기초하고 있다는 것이었다. 또한 그는 "아리우스주의는 세속적 정치권력과 관련되어있고 황제교황적 원리(imperiopapal principle)에 기초하고 있어 교회를 핍박하고, 제국으로부터 독립되어 있는 교회의 고유한 영역을 부인한다. 그러나 정통파는 신앙의 순수성과 관련되어있다"라고 했다.[10]

---

10. P. Schaff, *History of the Christian Church*, III, 634ff.

제20장

니케아 회의 이후의 기독론 논쟁

1. 니케아 회의 이후의 논쟁

예수 그리스도는 그 본질에 있어서 아버지인 하나님과 동일하다는 교리는 니케아 회의를 통해 확증되었다. 콘스탄티누스가 살아있는 동안 니케아 신조는 이렇다 할 문제제기를 받지 않은 채 신앙의 표준으로 남아 있었다. 그러나 콘스탄티누스가 337년 5월 22일에 사망했다. 널리 알려진 대로 그는 사망 직전에 니코메디아의 감독 유세비우스에게 세례를 받았다. 그는 세례 후에는 회개할 기회가 단 한 번뿐이라는 잘못된 가르침을 신봉했기 때문에, 임종 직전에 세례를 받은 것이었다. 그가 임종할 때는 세례 지원자가 입는 흰색의 긴 옷을 입고 있었으며, 숨을 거둔 뒤 콘스탄티노플에 있는 사도들의 교회에 묻혔다. 그가 죽은 후 제국은 유혈참극이 있었는데, 그 후 콘스탄티누스의 세 아들들, 콘스탄티우스와 콘스탄티누스 2세, 그리고 막내인 콘스탄스에 의해 분할되었다. 하지만 이들 형제들의 관계는 평화롭지 못했다. 그래서 340년에는 콘스탄티누스 2세와 콘스탄스 사이에 전쟁이 일어났고, 여기서 콘스탄티누스 2세가 전사함으로써 콘스탄스가 서방의 유일한 통치자가 되었다. 그러나 그도 350년에 갈리아에서 반란자 마그넨티우스(Magentius)에게 살해되었다.

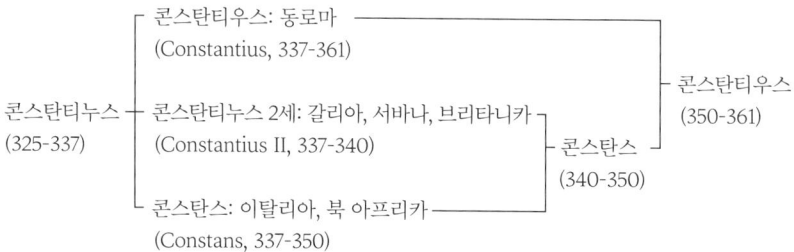

이러한 정치적 혼란이 교회정치에도 직접적인 영향을 끼쳤다. 콘스탄티누스는 아리우스파의 지지자였고, 아타나시우스를 유배시키기도 했다. 그의 아들들도 이런 입장을 계승했다. 하지만 콘스탄티누스의 사후 상당한 혼란이 일어나면서 교리문제는 복잡한 양상으로 발전해갔다. 동서방교회 간의 대립도 교리문제에 큰 영향을 주었지만, 콘스탄티노플, 안디옥, 알렉산드리아 간의 정치적 대립도 교리문제에 영향을 주었다.

325년 니케아 회의는 로마와 알렉산드리아, 안디옥의 감독들을 다른 지역의 감독과 구별하여 대감독(patriarchs)이라는 호칭을 수여하기로 하였고, 381년에는 콘스탄티노플의 감독에게도 대감독의 칭호를 부여하였다. 이들 네 개 지역의 대감독들은 자기 세력과 영향력을 확대하기 위해 상호경쟁하였다. 대체적으로 알렉산드리아와 로마가 서로 지지하는 경향이 있었고, 안디옥은 콘스탄티노플과 상호 우호적이었다. 안디옥은 알렉산드리아와 동방지역에서 오랫동안 경쟁적 관계였는데, 자기들이 동방에서 지도적 위치를 누리지 못할 바에야 나일강변의 숙적보다 새로운 수도인 콘스탄티노플을 지지하려는 입장이었다. 반면에 알렉산드리아는 새롭게 등장한 동방지역의 수도 콘스탄티노플에 대해 질투를 느끼지 않을 수 없었다. 로마도 '동방의 새로마'인 콘스탄티노플을 경계했다. 이런 정치적인 이해관계가 교리논쟁에도 영향을 끼쳤다.

비록 아리우스는 337년에 사망했지만, 아리우스주의는 쇠퇴하지 않고 오히려 상당한 지지를 얻으며 확산되어 갔다. 이런 와중에 다섯 번이나 귀양과 도피생활을 하던 아타나시우스도 373년에 사망했다.[1] 360~370년대 동방에서는 몇 가지 새로운 형태의 기독론이 쟁점으로 부상했는데, 이런 교리적인 논쟁이 381년 콘스탄티노플에서 에큐메니컬 회의를 열게 되었던 요인이다.

상식적인 이야기지만, 초대교회에서 에큐메니컬 회의는 오늘의 에큐메니컬 회의와 두 가지 점에서 근본적으로 다르다. 첫째, 초대교회회의의 근본적인 목적은 연합(unity)이 아니라 진리(truth)의 변호와 확립이었다. 즉 연합은 진리의 기초 위에서 확립되어야 했지, 진리가 연합의 결과는 아니었다.[2] 초대교회에서는 논쟁을 해결하려고 에큐메니컬 회의가 개최되었지만, 그것은 연합이 목적이 아니라 오류에 대항한 진리의 확립이었다. 초대교회 회의의 두 번째 관심사는 근본적으로 교회(the church)가 아니라 신앙(the faith)이었다. 교리논쟁은 조직적으로는 교회에 어려움을 주었지만, 신학적으로는 교회의 존립과 성장을 뒷받침했다.[3]

---

1. 니케아 공의회 이후의 아리우스 논쟁에 대해서는 채드윅, 『초대교회사』 (크리스챤 다이제스트, 1999), 156-170을 참고할 것.

2. 이 점에 대해서는 R. John Rushdoony, *The Foundations of Social Order* (Thoburn Press, 1978), 19-20을 참고할 것.

3. Rushdoony, R. J., *The Foundations of the Social Order* (Virginia: Thoburn Press, 1978), 19-20.

2. 마케도니우스와 아폴리나리스

　니케아 회의 이후 제기된 논쟁은 성령도 하나님과 일체인가 하는 것이었다. 이 문제는 '성령훼방파'로 불리는 콘스탄티노플의 마케도니우스(Macedonius)에 의해 제기되었다. 이들은 성부와 성자의 동일본질을 주장하되 성령의 신성은 부인했다. 곧 몇 개의 성경구절과 325년의 니케아 신조에서 "우리는 성령을 믿는다"고 진술한 것을 근거로 성령을 신적 인격으로 이해하지 않고, 에너지나 능력, 도덕적 감화력 등 물질적인 것으로 이해한 것이었다. 다시 말해 이들은 성령의 유사본질을 주장하면서 성령은 피조물에 지나지 않는다고 했다. 이들을 마케도니안파(Macedonian, πνευματομαχος)라고 하는데, 정통신학자들은 이들을 정통신학자들과 싸우는 자들이라는 뜻에서 프뉴마토마키(*pneumatomachi*)라고 불렀다.

　360년대에 제기된 또 다른 문제는 아타나시우스의 오랜 친구이자 지지자였던 시리아 라오디게아의 아폴리나리스(Apollinaris)에 의해 제기되었다. 310년경 라오디게아에서 출생한 그는 라오디게아 장로였고, 360년에 감독이 되었다. 한 때 '니케아 기독론의 열렬한 지지자'였던 그는 신앙이 깊고 학식이 있는 인물로서, 예수의 신성문제에 대해 최초로 학설을 제기한 인물이었다. 그는 390년까지 살았던 것으로 알려진다.

　아폴리나리스는 아리우스주의에 극단적으로 반대한 나머지 그리스도의 인성이 아주 중요한 점에서 다른 이들의 인성과 다르다고 주장했다. 그는 그리스도가 진정한 중보자가 되기 위해서는 참 하나님인 동시에 참 사람이어야 한다고 주장했으나, 그리스도의 완전한 인성을 인정할 경우 제기될 위험을 경계하려 하였다. 즉 그리스도께서 우리와 똑같이 인간이 되셨다면, 그의 무죄성은 보장될 수 없고, 따라서 그의 속죄 사역도 보증될 수 없을 것으로 생각했던 것이다. 또한 한 인격체 안에 신성과 인성이 똑

같이 존재할 경우, 변하기 쉽고 죄짓기 쉬운 인간의 의지가 하나님의 의지와 조화될 수 없을 것이라고 생각했다. 그래서 아폴리나리스는 그리스도의 인성에 있어서 '로고스'를 대입함으로써 구세주로서의 자격을 부여하고 의지의 통일을 이루려고 하였다. 그러나 이것이 결과적으로 그리스도의 진정한 인성을 부인하는 꼴이 되었다. 좀 더 설명하자면, 아폴리나리스는 아리스토텔레스의 방법에 따라 인간을 몸(Body), 영혼(Soul) 그리고 이성(Rational mind)으로 구분한 뒤, 인간이 되신 그리스도는 인간의 영혼 대신 로고스가 그 자리를 차지함으로써 우리와 다른 죄 없는 인간이 되셨다고 주장하였다. 이것은 알렉산드리아의 로고스 기독론의 영향이라고 할 수 있는데, 이런 그의 주장을 아폴리나리스주의(Apollinarianism)라고 말한다.

이렇듯 아폴리나리스는 아리우스주의를 극단적으로 거부하다가 그리스도의 인성은 완전한 인성이 아니라고 주장함으로써, 결국 아리우스주의 기독론을 계승하는 결과가 되고 말았다. 또는 안디옥 학파의 양성론(dyophysitism)을 반대하는 입장에서 출발했으나, 결과적으로는 그리스도의 인성을 약화시킴으로써 단성론(monophysitism)으로 인도하게 되고 말았다. 나시안주스의 그레고리우스(Gregory of Nazianzus)에 따르면, 이 같은 아폴리나리스의 이단적인 주장은 주후 약 352년경부터 시작되었다고 한다. 아폴리나리스의 주장은 격랑을 일으켰고, 그 격랑의 파도는 아타나시우스가 죽은 후 동방교회에 거세게 몰아쳤다.

아폴리나리스는 그리스도의 두 가지 품성에 대한 최초의 진술을 시도했다는 점에서 교리사에서 중요한 위치를 점한다. 그의 명쾌한 진술과 정연한 논리는 반박하기 어려웠지만, 안디옥에서 이단설을 주장하는 아폴리나리스의 제자인 비탈리스(Vitalis)에 대항해 에피파니우스(Epiphanius)는 그리스도의 구원사역에서 완전한 인성은 필수적이라고 반박하였다. 후

일 아폴리나리스주의는 정죄되었다.[4]

3. 카파도키아의 교부들(Cappadocians)

이상과 같은 두 가지 이단적 주장에 대항해 싸우면서 정통교리를 확립한 이들이 카파도키아의 교부들이었다. 카파도키아의 교부들이란 그리스어를 사용하는 카파도키아의 세 명의 학자를 의미하는데, 가이샤라의 바실리우스(Basilius, Basil of Caesarea, 330~379),[5] 그의 친구 나지안주스의 그레고리우스(Gregorius Nazianzenos, Gregory of Nazianzus, 330~389),[6] 그리고 그의 동생인 닛사의 그레고리우스(Gregorius

---

[4] 그리스도의 인성을 제한하는 아폴리나리스의 이단설은 다마수스(Damasus) 교황에 의해 로마 종교회의(377)에서 정죄되었고, 알렉산드리아 종교회의(378)와 안디옥 종교회의(379)에서 각각 재확인되었다. 381년에 열린 콘스탄티노플 회의에서 아폴리나리스의 주장은 이단설로 정죄되었고, 451년 10월 8일에 칼세돈에서 열린 제4차 세계종교회의에서 교회의 전통적인 기독론을 명확하게 진술하였다. 즉 "우리 주 예수 그리스도는 … 신성에 있어서는 성부와 동질이시고, 인성에 있어서는 우리와 꼭 같은 동질이시며, 모든 면에서 우리와 같으시나 죄는 없으시다(consubstantial with the Father in Godhead, and the same consubstantial with us in manhood, like us in all things except sin)"는 신조를 채택함으로써 그리스도께서 진정한 인간이심을 확인하였다.

[5] 그리스어 이름은 '왕 같은 자'라는 의미의 Basileios로 330년경 가이샤라의 부유한 기독교 가정에서 출생하였다. 364년 출생지인 소아시아의 가이샤라에서 장로가 되었고 370년에는 카파도키아의 대주교좌인 가이샤라 감독이 되었다. 유능한 행정가이기도 했던 그는 삼위일체를 논하는데 사용된 용어들에 정확한 의미를 부여함으로써 콘스탄티노플 회의를 위한 길을 닦았다. 그는 삼위일체를 위해 인정된 문구, 즉 한 본질(substance, *ousia*)과 삼위(three persons, *hypostasis*)라는 용어를 확정시킨 최초의 인물이었다. 373년 아타나시우스가 세상을 떠나자 바실리우스는 동방에서 정통신앙의 수호자로서 독보적인 위치를 차지하였다. 379년 사망하였다.

[6] 나시안주스의 감독의 아들로 출생한 그는 라틴어로는 Gregorius Nazianzenus라고 불린다. 아덴에서 수학하였는데, 이곳에서 바실리우스를 만났다. 콘스탄티노플에서 2년간 니케아 정통신앙에 근거한 설교를 통해 정통신앙을 확산시켰다. 그의 노력으로 콘스탄티노플에서 니케아 신앙이 최종적인 승리를 거둘 수 있는 토대가 구축되었다. 389(390)년경 사망하였다.

Nyssenos, Gregory of Nyssa, 335~395)[7]를 말한다. 이들은 오리게네스의 제자들로서 로마의 속령인 카파도키아, 곧 현재의 터키의 한 지방 출신인데, 이들은 동방교회의 전통을 형성한 신학자들이었다. 이들은 삼위일체론과 성령론을 정립하는데 위대한 공헌을 했으며, 교회의 정통교리를 주장하고 아폴리나리스를 비판하였다.

카파도키아 학파는 그리스도뿐 아니라 성령도 하나님과 동등한 동일 본질을 지닌 분이라고 강조하면서, 성부, 성자, 성령은 그 위치에 있어서도 동등하다고 주장하였다. 결국 삼위는 하나의 본질(μία οὐσία)을 지녔으나, 세 존재양태(Τρεῖς ὑποστασεῖs)로 나뉜다고 하면서 새로운 용어인 μία οὐσία와 Τρεῖς ὑποστασεῖs를 사용하여 삼위일체 교리를 정립하였다.[8] 따라서 성부는 영원히 스스로 계신 분, 성자는 영원히 태어나신 분, 성령은 영원히 나오신 분으로 이해하며, 성령도 다른 두 위(성부, 성자)처럼 우리의 예배와 기도를 받으시고, 우리의 신앙의 대상이 되신다고 이해하였다. 이들은 성령의 인격성을 강조하고, 성령의 성부와 성자와의 동질성을 주장하였다.

세 명의 카파도키아 교부들은 라틴어의 '본질'(substantia)과 동등한 의미의 그리스어로 '우시아'(οὐσία)를 신학적인 용어로 정착시켰고, '삼위'에 가장 가까운 그리스어로는 '세 얼굴'(three persona)이 있었지만, 이 용어는 사벨리우스파에게 더 인기 있는 단어였기 때문에 이보다 더 강한 의미를 나타내는 '세 위격'(휘포스타시스, ὑποστασεῖs)을 사용하였다. 니케아

---

[7]. 335년경 출생한 그는 라틴어로는 Gregorius Nyssenus라고 불린다. 수사학자이기도 했는데, 3사람의 카파도키아인 중 가장 지적인 사람이었다. 닛사의 감독이었으며 395년경 사망하였다.

[8]. *Ousia*, *Physis*, *Hypostasis*, *Prosopon* 등의 용어에 대한 설명은 "The Procession of the Holy Spirit, An Oriental Orthodox Perspective" (Orientale Lumen II, 호주 시드니, 2003. 7) 학회에서 발표된 논문 참고.

회의에서는 '우시아'와 위격을 나타내는 '휘포스타시스'가 동의어로 사용되었다. 아타나시우스도 이 두 용어를 구분하지 않고 사용했다. 즉 οὐσία와 ὑποστάσεις에 대하여 다같이 *substantia*라는 말로 번역해왔다. 하지만 라틴어도 알고 있던 아타나시우스는 후에는 *substantia*는 οὐσία에만 대응하여 사용하였고, ὑποστάσεις에 대해서는 *persona*라는 말을 사용하도록 설득했다.

이에 반해 카파도키아 교부들은 이 둘 사이를 구별하여, '우시아'는 일반개념으로 신성 본질을 나타내는 말로, '휘포스타시스'는 삼위 하나님의 위격을 나타내는 말로 사용하였다. 이렇게 해서 이들은 '한 우시아의 세 휘포스타스'라는 용어로 삼위일체를 설명했던 것이다. 그래서 삼위일체를 학술적으로 "본체는 하나시나 위격은 셋이다"(*Una substantia, tres prsonae*)라고 말하는 것이다. 이에 따라 그들은 삼위일체에서 각 위격의 사역을 구분하여 논하기도 했다.

또한 성령의 나오심에 관한 논의에서 카파도키아 교부들은 성령이 성부로부터 나오신다(*qui ex Patre procedit*)는 것은 강조했으나, '성자로부터도'(*filioque*) 나오신다고는 해석하지 않았다. 라틴어 *filioque*는 '아들'이란 의미의 *filio*와 '함께'라는 의미의 *que*의 합성어로서 '그리고 아들'이란 의미이다. 이후 카파도키아 교부들의 이런 해석이 동방교회 성령론의 전통이 되었고, 그래서 동방교회는 성령의 나오심에 대하여 "성령은 성자를 통하여 성부에게서 나온다"고 이해하였다. 이에 반해 서방교회는 니케아 신조의 "성령은 성부에게서 나오시며 성부와 성자와 더불어 같은 경배와 영광을 받으신다"라는 말에서 "성령은 성부와 성자에게서 나오신다"(*Qui ex Patre filioque procedit*)는 것으로 이해하였다. 서방에서 '필리오케'를 첨가했을 때, 그들은 그것을 '확대'로서가 아니라 다만 '해석'으로 이해하였다. 그러나 동방에서는 그것을 신조의 '변조'라고 하여 서방에게 이단의 덫을 씌웠다. 콘스탄티노플 회의에서 불분명했던 이 문제가 후일 동서교회의 분열

(1054)을 낳는 가장 중요한 원인이 되었다.

4. 콘스탄티노플 회의

니케아 신조를 신봉하는 이들을 끊임없이 탄압했던 동로마 제국의 황제 발렌스(364~378)가 378년 8월 아드리아노플에서 고투족과 전투를 벌이다가 전사했다. 그리고 그 뒤를 이어 니케아 신조 신봉자인 데오도시우스(Theodosius)가 서방에서 부임해 옴에 따라 기독교의 상황은 크게 변화되었다. 데오도시우스는 381년 5월에서 7월까지 콘스탄티노플에서 제2차 에큐메니컬 회의를 소집했다. 그는 콘스탄티누스 이래로 동로마에서 처음으로 니케아 신앙을 지지하는 황제였다. 그는 니케아 회의에서 확정된 교리를 고수하고자 했고, 아리우스주의에 대해 단호한 입장을 취했다. 데오도시우스 황제는 381년 11월 24일 콘스탄티노플에 들어오면서 콘스탄티노플의 대감독 데모필루스(Demophilus)에게 니케아 신조를 따르든가 콘스탄티노플을 떠나든가 양자를 결정하라고 요구했다. 이와 같은 배경에서 콘스탄티노플 회의가 개최되었다. 주된 의안은 아폴리나리스주의와 마케도니아주의의 처리 및 권징문제였다. 개회당시 이 회의에는 186명이 참석했는데, 로마에서는 단 한사람의 대표자도 참석하지 않았고, 알렉산드리아의 디모테오(Timothy)는 마지못해 늦게 도착했다.

이 회의에서 마케도니아파와 아폴리나리스주의는 이단으로 정죄되었고, 성령의 성부와의 동일 본질론이 정통교리로 확정되었다. 콘스탄티노플 회의는 동방에서 니케아 신앙의 최종적인 승리를 의미했다. 즉 동서방교회에 걸쳐 기독교권에서 325년부터 381년에 이르는 오랜 싸움에서 드디어 니케아 신앙이 천명되는 것이었다. 데오도시우스 황제는 콘스탄티노플에서 아리우스주의 감독들을 추방함으로써 이것을 분명히했고, 381년 법령을 발표하여 니케아 신앙을 따르지 않을 경우, 이단으로 규정하고 처벌할 것이라고 규정하였다.[9] 이 외에도 중요한 교회법 조항이 합의되었는데, 가령 콘스탄티노플이 '새로마'이기 때문에 콘스탄티노플 주교는 로마 다음의 서열을 갖는다는 것이었다.[10] 그러나 이 결정은 로마와 알렉산드리아 지역으로부터 불만을 초래하였다. 로마는 콘스탄티노플의 부상하는 영향력에 경계를 표했고, 알렉산드리아는 제국의 제2의 도시로 자부해왔기 때문에 콘스탄티노플의 부상을 받아들이려 하지 않았다. 어떻든 콘스탄티노플 회의는 니케아 신조를 재확인했는데, 이 때 경정된 신조는 다음과 같다.

우리는 한 분이신 하나님, 곧 전능하사 천지와 보이는 그리고 보이지 않는 모든 만물을 지으신 하나님 아버지를 믿으며, 또한 한 분이신 주 예수 그리스도, 곧 하나님의 독생자로 태초에 하나님 아버지께로 나셨고 빛으로부터 온 빛이시며, 참 하나님에게서 온 참 하나님이시며, 태어나셨으나 지음 받지 않았으며, 아버지와 동일 본질이신 그 분을 믿는다. 그 분으로 말미암아 만물이 지어졌다. 우리와 우리의 구원을 위해 하늘로부터 내려오사 성령으로 말미암아 동정녀 마리아에게서 태어나셔서 사람이 되셨다.

우리를 위하여 본디오 빌라도에게 고난을 받으사 십자가에 달리시

---

9. 초대교회만 아니라 그 이후에도 삼위일체를 믿느냐, 믿지 않느냐가 정통과 이단을 구분하는 척도였다. 작성연대와 저자에 대하여 여전히 불분명한 아타나시우스 신조에서는 다음과 같이 말한다. "누구든지 구원을 얻으려면 무엇보다도 먼저 가톨릭 신앙을 가져야 한다. 누구든지 이 신앙을 전체적으로 모독하고 믿지 않으면 영원토록 멸망한다" 그리고 전통적인 삼위일체 교리를 다 설명한 후 "이것이 가톨릭 신앙인데, 이것을 성실하게 참으로 분명하게 믿지 않고는 구원을 얻을 수 없다"(*Haec est fides catholica: quam nisi quisque fidelite firmiterque crediderit, salvus esse non poterit*).

10. 채드윅, 177.

어 장사되었다가 성경대로 사흘 만에 다시 살아나셔서 하늘에 오르시고, 아버지의 우편에 앉아 계시다가 산자와 죽은 자를 심판하려고 영광 중에 오시리라. 그 분의 나라는 무궁하리라. 또한 주님이시며 생명의 공급자이신 성령을 믿는다. 그 분은 성부에게서 나오시고 성부와 성자와 함께 경배와 영광을 받으신다. 그분은 선지자들을 통해 말씀하셨다. 또 하나의 거룩한 보편적인 사도적인 교회를 믿는다. 우리의 죄의 씻음을 위한 하나의 세례를 고백하며 죽은 자의 부활과 영원히 살 것을 믿는다. 아멘.[11]

이 신조는 니케아 신조와 독립된 별개의 신조가 아니라 니케아 신조를 재확인한 것이라고 할 수 있다. 따라서 니케아 신조를 토대로 작성되었으며 결과적으로 니케아 신조의 내용을 그대로 포함했다. 다만 니케아 신조에서보다 성령에 대한 언급이 확대되었고, 니케아 신조에 포함되었던 두

---

11. 그리스어로 작성된 이 신조의 문자적 영역본은 다음과 같다. 괄호 안은 서방교회 예전에서 수정되거나 첨가된 것으로 현재 이 번역본이 사용되고 있다. "We believe (I believe) in one God, the Father Almighty, maker of heaven and earth, and of all things visible and invisible. And in one Lord Jesus Christ, the only begotten Son of God, and born of the Father before all ages. (God of God) light of light, true God of true God. Begotten not made, consubstantial to the Father, by whom all things were made. Who for us men and for our salvation came down from heaven. And was incarnate of the Holy Ghost and of the Virgin Mary and was made man; was crucified also for us under Pontius Pilate, suffered and was buried; and the third day rose again according to the Scriptures. And ascended into heaven, sits at the right hand of the Father, and shall come again with glory to judge the living and the dead, of whose Kingdom there shall be no end. And (I believe) in the Holy Ghost, the Lord and Giver of life, who proceeds from the Father (and the Son), who together with the Father and the Son is to be adored and glorified, who spoke by the Prophets. And one holy, catholic, and apostolic Church. We confess (I confess) one baptism for the remission of sins. And we look for (I look for) the resurrection of the dead and the life of the world to come. Amen."

표현('of the substance of the Father'과 'God of God')과 저주의 선언 ('anathemas')이 삭제되었다. 또 열 개의 절(clause)이 삽입되었고, 단어의 배열을 달리한 곳은 다섯 군데뿐이다.

그래서 니케아 신조와 콘스탄티노플 신조를 구분하지 않고, '니케아-콘스탄티노플 신조'라고 부르기도 한다. 이 신조는 마케도니안파와 아폴리나리스주의 외에도 특히 두 이단설을 배격했는데, 그것은 사벨리우스의 단신론과 유노미니안주의이다. 사벨리우스(Sabellius)의 단신론 (Monarchianism)은 성부, 성자, 성령의 구별을 명시함으로써 위격을 무시하고 각 위의 개체성을 제거한 입장이고, 유노미니안주의(Eunominians)는 성부와 성자의 본성을 구분하여 성부와 성자가 다른 본성을 가진다는 입장이었다.

5. 그 후의 발전

삼위일체론이 현대적인 의미로 정립된 것은 아우구스티누스에 의해서라고 할 수 있다. 아우구스티누스는 셋의 하나(oneness in three)와 하나 안의 셋(three in one)이라는 개념을 신학적으로 정립하여 삼위일체교리의 확립에 기여하였다. 아우구스티누스의 대표적인 작품인 『삼위일체론』(*De Trinitate*)은 삼위일체교리의 결정판이라고 할 수 있다.[12]

---

12. 삼위일체교리는 항상 논란의 중심에 있었다. 셋이란 수와 하나란 수가 동시에 하나가 되고 동시에 셋이 될 수 있는가? 이 이해할 수 없는 문제를 해결하기 위하여 일부에서는 유대교의 유일신론의 교리에 힘입어 삼위일체론을 부인하고, 성부와 성자와 성령을 다 같이 신적인 존재로 인정하되 삼자간에는 존재론적으로나 시간적으로나 능력면에서 차이를 인정하려는 주장을 제기하였다. 그 주장에 의하면, 성자는 성부에게서 나셨으므로 성부보다는 시간적으로 늦게 존재하였고, 나서서 성장했기 때문에 유아시절에는 성부보다 능력면에서 열등했다는 점을 인정해야 한다고 했다. 또 성령은 성부와 성자에게서 나왔다고 했으므로 성부와 성자는 성령의 존재 근원이 되므로 성령보다 우월하다고 했다. 이들은 성부, 성자, 성령은 하나의 신

그는 서방의 전통을 계승하면서 특유한 비유를 통해 이를 설명했다. 즉 마음(기억)과 지식(이해)과 의지(사랑)가 나뉘지만, 인간의 인격이 하나이듯이 삼위의 관계도 그러하다고 가르쳤다. 또 그는 이 마음과 지식과 의지의 삼위일체는 하나님의 형상을 반영하는 속사람이라고 했다. 또한 알렉산드리아 전통의 학자들이 성령이 성부로부터 성자를 통하여 나오신다고 가르친 것에 반하여, 성령이 성부와 성자로부터 나오신다고 가르쳤다. 5세기경 고을 남부지역에서 라틴어로 기록된 아타나시우스 신조는 성령의 이중 나오심(流出)을 포함한다.

적 공동체를 형성하지만, 거기에는 등급이 있고, 주종관계가 있다고 주장했다. 이러한 주장을 군주론 혹은 군주신론(Monarchianism)이라고도 한다. 데오도투스, 사벨리우스(양태론), 노에투스, 에피고누스, 클레오메네스(성부수난설) 등이 이러한 견해의 대표적인 인물들이었다. 16세기에는 성부 하나님의 절대권만을 강조하고 성자와 성령의 신성을 부인한 세르베투스, 소시누스가 있었고, 17세기 이후 영국을 중심으로 일어난 유니테리안, 19세기 미국에서 일어난 여호와의 증인들이 교회의 정통적 삼위일체론을 부인하는 집단들이다.

제21장

칼케돈 회의의 기독론과
그 이후의 논쟁

예수 그리스도가 하나님과 동일하시다는 점과 하나님 아버지와 그리스도와의 관계를 규명하는 것이 삼위일체에 관한 논의였는데, 일단 콘스탄티노플 회의의 결정으로 아리우스 논쟁은 종결되었다. 하지만 이것으로 모든 논의가 종결된 것은 아니었다. 아니 이제 새로운 시각에서 그리스도에 대한 논의, 곧 기독론 논쟁이 제기되었다. 그것은 예수 그리스도가 하나님과 동일 본질이며 하나님과 동일하게 영원하신 분이라면, 그의 하나님 되심(神性)과 사람 되심(人性)의 관계는 어떠한가 하는 새로운 논의가 제기되었다. 말하자면, 어떻게 한 인격체이신 그리스도에게 신성과 인성이라는 양성이 존재하며, 조화를 이룰 수 있는가 하는 문제였다.

중세 이전의 신학자들은 기독론에 있어서 그리스도의 사역이나 기능보다는 그의 인격에 대한 존재론적인 논의에 더 관심을 두고 있었다. 그런 점에서 예수 그리스도에게 있는 양성의 동시성을 규명하는 것이 심각한 현안이었다. "말씀이 육신이 되었다"(요 1:14)는 것이 의미하는 바는 무엇인가? 이와 관련하여 양성의 존재 방식에 대한 다양한 견해가 있었는데, 이를 둘러싼 논의가 4세기 후반과 5세기 전반(350~450)에 중요한 관심사로 대두되었다.

1. 이단적 기독론의 대두

그리스도는 하나의 인격에 신성과 인성 양성을 가지신 분인데, 양성 중 어느 한쪽으로 치우치면, 그리스도를 오직 신으로, 혹은 오직 인간으로 말하여 일성론 혹은 단성론에 빠지게 되고, 반대로 양성을 지나치게 강조하면, 양성을 독립적으로 인식하여 그리스도를 두 인격으로 말하는 오류를 범하게 된다. 이에 관해 당시 세 가지 잘못된 기독론이 제기되었는데, 그 첫 경우가 아폴리나리스주의였다.

아폴리나리스(Apollinaris)

안디옥에서 남서부쪽으로 224km쯤 떨어진 시리아 라오디게아의 감독인 아폴리나리스(Apollinaris, 310~390)는 양성관계에 대해 이견을 제기한 첫 인물이었다. 그는 아타나시우스의 오랜 친구이자 지지자로서, 아리우스주의에 대해 강하게 반대한 나머지 그리스도의 인성이 다른 사람의 인성과 다르다고 주장했다. 특히 요한복음 3장 13절, "하늘에서 내려온 자 곧 인자 외에는 하늘에 올라간 자가 없다"는 말씀과 고린도전서 1장 47절, "첫 사람은 땅에서 났으니 흙에 속한 자이거니와 둘째 사람은 하늘에서 나셨다"는 말씀에 근거하여 인성의 선재성(先在性)을 강조하고, 하나님의 말씀, 곧 로고스가 예수 안에 있는 인간의 혼과 영혼을 대체했기 때문에 육신은 단지 예수님이 소유한 인간적인 요소일 뿐이라고 했다. 즉 물리적인 인간의 몸을 조절하고 인도하는 그리스도는 육신이 되신 말씀이지 인간이 되신 말씀은 아니었다.

이런 식으로 아폴리나리스는 그리스도의 위격의 단일성을 강조했다.

이것을 제프리 빙햄(Jeffrey Bingham)은 '말씀-육신형 기독론'(Word-flesh Christology)이라고 불렀다.[1] 결과적으로 아폴리나리스는 그리스도의 온전한 인성을 부인하게 되었다. 다시 말해 그리스도의 위격의 단일성을 위해 그리스도의 인성을 희생시킨 것이었다. 이런 그의 주장은 381년 콘스탄티노플 회의에서 부인되었고, 교회로부터 반론에 직면했다. 즉 당시 정통교회는 "만일 하나님의 말씀인 로고스가 인간 본성의 영과 혼을 대체했다면, 인간이 어떻게 온전한 구원을 받을 수 있겠는가?"라 반문하면서 아폴리나리스의 가르침은 그리스도의 참 사람이심을 부인하는 가현설에 가까운 이단적 주장으로 보고 배격했던 것이다. 아폴리나리스주의에 대해서는 이미 앞에서 언급했기 때문에 여기서 길게 말할 필요는 없을 것이다.

네스토리우스(Nestorius)

안디옥 학파에 속하는 네스토리우스(Nestorius, c. 381~451)는 뛰어난 설교가로서, 428년에 황제에 의해 콘스탄티노플의 감독(428~431)에 임명되었다. 이로써 제국의 수도는 그의 주장이 광포될 수 있는 환경을 마련해 주었다. 아폴리나리스가 그리스도 인격의 단일성을 주장했다면, 네스토리우스는 인성과 신성의 구분, 혹은 양성의 온전성을 강조하였다. 그러나 지나치게 양성의 독립성을 강조하다보니, 결국 그리스도가 마치 두 인격을 지닌 것처럼 말하게 되었다. 즉 네스토리우스는 신성과 인성의 온전성을 위해 인격의 단일성을 희생시킨 것이었다. 이 같은 네스토리우스의 입장은 그의 스승인 안디옥 학파의 데오도르(Theodore of Mopsuestia, c. 350~428)에서 시작되었다. 그는 그리스도가 사람이라고 강조하고, 하나님이 인간 그리스도 안에 거하였다 하여 그리스도 안에 두 인격이 있다고 말

---

1. Jeffrey Bingham, *Pocket History of the Church* (IVP, 2002), 제2장 참고.

했다. 말하자면, 신인 양성의 구별에 중점을 두고, 양성의 합치는 처음부터 완전한 것이 아니라는 입장이었는데, 이런 점이 네스토리우스에게 영향을 주었다.

이 때 문제가 된 것은 데오토코스(θεοτόκος)라는 용어였다. 콘스탄티노플의 장로였던 아나스타시우스(Anastasius)는 설교 중에 마리아를 가리켜 하나님을 낳은 이, 곧 신모(神母, θεοτόκος)라고 불렀는데, 이것은 당시 일반적인 인식이었다. 그러나 네스토리우스는 인간 마리아에게서 난 것은 인간이고 신성이 아니기 때문에 마리아는 θεοτόκος가 아니라, '인간 예수 그리스도를 낳은 어머니', 곧 크리스토코스(Χρίστοκος)라고 했다. 그는 마리아에게서 난 자를 처음에는 단순한 인간으로 보았고, 다음에는 하나님이신 말씀을 별도로 생각하여 예수 그리스도의 양성을 두 인격으로 보았다.

당시의 상황에서 네스토리우스의 주장은 일견 일리가 있었다. 당시에는 교회에서 독신주의를 강조한 결과 성모 마리아의 영원한 동정녀설이 대두되었고, 또한 그런 마리아를 영화롭게 하기 위하여 θεοτόκος라는 칭호가 사용되었다. 이에 대해 네스토리우스는 마리아는 단순히 인간 예수의 어머니일 뿐 예수님의 신성의 어머니가 아니라고 주장하였다. 말하자면, 인간 그리스도는 하나님이 아니라 하나님을 지닌 자(θεόφορος)일 뿐이라고 본 것이었다.

이런 네스토리우스의 주장은 일성론자(一性論者, Monophysites)들을 대항하는 과정에서 그리스도의 두 본성, 인성과 신성을 각각 지나치게 강조한 나머지 마치 그리스도가 두 인격을 가지고 있는 듯한 교의로 나타나게 되었다. 안디옥 학파는 그리스도의 신성과 인성의 관계를 설명하면서 신자의 마음속에 내주하시는 그리스도의 경우와 같이 예수님의 신성은 인간 예수의 몸을 성소(聖所)로 삼아 내주하는 것이라고 하였다. 로고스는 그리스도의 육체를 거처로 채용한 것뿐이므로, 로고스와 육체, 곧 신성과 인성은 혼동될 수 없는 별개의 성으로 이해되었다. 따라서 그리스도의 양성은 진정한 결합을 통해 인격의 통일을 이룬 것이 아니라, 조화된 의지의 일치를 통해 도덕적으로 결합된 것뿐이라고 보았다. 이로써 예수는 두 본성을 지닌 두 인격(Two persons in two natures)이라는 주장이 탄생되었다.

그러나 네스토리우스의 이런 주장은 곧 정죄를 받았다. 물론 그가 정죄를 받은 것은 교리보다는 정치적 이유 때문이라고 말하는 이도 있다. 즉 안디옥 학파를 대표하는 네스토리우스에 대해 알렉산드리아 학파를 대표하는 시릴(Cyril, 376~444)이 격하게 그를 공격했다는 것이다. 네스토리우스에 대한 시릴의 비판은 428년 말부터 시작되었다. 시릴은 412년부터 알렉산드리아의 감독이었는데, 신인 양성의 물리적인 결합을 강조하였다. 시릴은 양성이 그리스도 안에서 결합된 후 사실상(*de facto*) 하나의 성(μία Φύσις), 즉 신인적(神人的) 성만을 지니게 되었다고 보았다. 그는 작열하는 석탄에서 불과 석탄이 하나를 이루는 것과 마찬가지로 신성과 인성도 그리스도 안에서 결합된다고 비유하였다. 즉 그리스도의 신성은 선재하며, 인성을 입은 후에도 손상되거나 변화되지 않는다는 것이다. 그래서 두 성품의 결합을 통해 신적인 동시에 인간적인 오직 하나의 성(性)만이 있을 뿐이라고 보았다. 그런데 시릴의 지지자들은 시릴이 말하는 μία Φύσις를 ὑποστασις로 이해하였다. 이 말은 Φύσις를 신성과 인성을 지칭하는 말로 사용하지 않고, 그리스도의 ὑποστασις, 곧 인격으로 이해했다는 점이다.[2]

그러나 신학적인 이유 외에도 네스토리우스에 대한 시릴의 공격은 정치적인 성격도 강했다. 즉 알렉산드리아 감독으로서 콘스탄티노플 감독에게 교권적인 적대감을 갖고 있었던 것이다. 428년경 네 명의 알렉산드리아인이 콘스탄티노플로 피신했고, 시릴의 부당한 처사를 황제 데오도시우

---

2. 김영재, 『기독교교리사 강의』 (합동신학대학원대학교 출판부, 2006), 92.

스 2세(Theodosius, II)에게 고발했을 때, 황제는 이 사건처리를 콘스탄티노플의 감독인 네스토리우스에게 위임하였다. 이 때 시릴은 자신의 강력한 경쟁자가 자신의 문제에 대해 처리하는 것에 불만을 품고, 네스토리우스를 공격하기 시작했던 것이다. 이렇듯 당시 서방은 로마교회를 중심으로 통일되어있었으나, 동방은 콘스탄티노플, 알렉산드리아, 안디옥 등이 상호 대립하고 있었다.

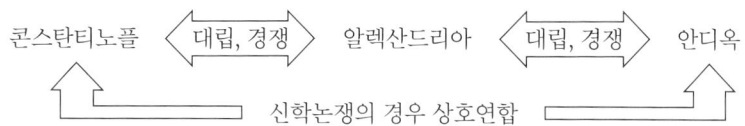

이런 상황에서 네스토리우스에 대한 시릴의 공격은 정치적 성격이 강할 수밖에 없었다. 사실 네스토리우스가 어느 정도로 이단설을 주장했는지에 대해서는 불분명하다.[3] 결국 431년 네스토리우스를 지지하던 황제 데오도시우스 2세에 의해 에베소에서 교회회의가 소집되었다. 시릴은 해로로 에베소에 도착하여 네스토리우스를 지지하는 시리아 대표들이 도착하기 전에 불법으로 네스토리우스를 파문하고, 그를 '새 유다'로 규정했다. 그리고 열두 개 항의 정죄문을 채택하였다.[4] 이는 네스토리우스가 도착하기 삼일 전인 431년 6월 22일의 일이었다. 이미 시릴은 이보다 일 년 앞선 430년에 자신의 지지자들을 규합하여 로마회의에서 네스토리우스를 정죄한 바 있었다.

---

3. 네스토리우스의 주장에 대한 원자료는 현존하지 않는다. 동로마 제국의 데오도시우스 2세는 435년 네스토리우스의 저서를 불태웠고(F. Loofs, *Nestorius and His Place in the History of Christian Doctrine*, 3), 네스토리우스에 대한 정보는 그의 비판자였던 시릴에 의해 기술된 것이 대부분이기 때문에, 네스토리우스의 실제 사상을 헤아리는 데 어려움이 있다.

4. 이 정죄문에 대한 자세한 논평은 R. A. Rushdoony, *The Foundations of Social Order* (Thoburn Press, 1978), 48-59를 참고할 것.

뒤늦게 도착한 안디옥의 감독 요한과 그 일행은 별도의 회의를 열어 네스토리우스를 정죄한 회의의 결정을 무효로 선언하고, 이번에는 시릴을 이단으로 정죄하였다. 그러나 마지막으로 로마의 대표들이 도착하여 시릴을 지지하였다. 이 같은 일련의 사태에는 권모술수와 정치적 음모가 다분히 관련되어있었다. 미국의 교회사가인 윌리스톤 워커(Williston Walker)는 이를 '교회 역사상 가장 구역질나는 대결의 한 양상'이라고 평했다.

이러한 회의 결과에 실망한 황제는 네스토리우스와 시릴을 모두 감금하고, 두 파의 대표를 선출하여 문제를 해결하려고 하였으나 실패하였다. 후일 네스토리우스는 감독직을 떠나 자기의 수도원으로 돌아갔고, 시릴도 석방되어 알렉산드리아로 돌아갔다. 시릴은 433년 감독직에 복직되었으나, 네스토리우스는 435년 아라비아로 유배되었고, 440년경 사망하였다.[5] 불법적이었던 에베소 회의는 제3차 세계교회회의로 간주되고 있다.

유티커스(Eutyches)

기독론 논쟁은 아직 분명한 해결을 보지 못했고 여전히 토론이 계속되었다. 이런 가운데서 제기된 또 다른 견해가 유티커스(Eutyches, 378~454)에 의해 전개된 유티커스주의(Eutychianism)였다. 5세기 중엽 알렉산드리아의 시릴파 가운데 한 사람인 유티커스는 콘스탄티노플에 있는 수도원의 원장이었다. 그는 알렉산드리아파의 신학을 대변하는 인물로서 시릴의 기독론을 지지했던 단성론자(單性論者)였다. 그는 네스토리우스의 반대자로

---

5. 네스토리우스 사망 후 네스토리우스의 지지자들은 시리아와 페르시아에서 네스토리안 교회를 세웠고, 동양선교를 추진하여 635년에는 중국에 경교(景敎)라는 이름으로 전파되었다. 그 후 약 200년간 중국에서 전파되었다. 이 기간에 경교가 신라에까지 전파되었다고 알려져 있고, 대부분의 교회사가들이 이 점을 지지하고 있다. 지금도 네스토리안들은 메소포타미아와 알메니아에서 이슬람교도의 박해 하에서도 잔존하고 있다.

서 시릴의 견해를 발전시켰는데, 그리스도는 양성을 가지셨으나 두 성이 합일한 후 인성은 신성에 흡수되었다고 주장했다. 즉 양성의 혼합을 주장했다. 마치 비가 바다에 떨어지면 바닷물에 흡수되듯이 인성은 신성에 의해 완전히 흡수되었다는 것이다. 그래서 그리스도의 인성의 완전성은 폐기되었고, 실제로 인성은 존재하지 않는다고 하였다. 사실 이런 점을 우려했던 것이 네스토리우스의 생각이었다. 유티커스는 성육신 이후 그리스도는 오직 한 품성만을 가지게 되었다고 하였다. 그래서 그리스도의 몸은 우리와 본질적으로 동일하지 않다(non consubstantial)고 본 것이다.

이렇게 시작된 논쟁을 유티커스 논쟁이라고 하는데, 이는 448~451년까지 계속되었다. 이때는 시릴은 죽고(444) 없었다. 448년에 모인 도릴래움(Dorylaeum)이라는 콘스탄티노플 지방대회에서 유티커스의 단성론은 그리스도의 양성을 혼합한 이단으로 정죄되었다. 그러나 알렉산드리아의 총대주교였던 디오스쿠루스(Dioscurus, 444~451)는 이 논쟁에서 이기는 것이 알렉산드리아의 세력을 펴는 데 유리하다고 보고 유티커스를 지원하였다. 그리고 황제 데오도시우스 2세를 설득하여 449년 8월에 에베소에서 교회회의를 소집하였다. 디오스쿠루스가 의장이 된 이 회의에는 135명의 대표가 참석했는데, 욕설과 폭력이 난무하였고 반대자들을 협박하였다. 이 회의에서는 예수 그리스도 안에 있는 두 품성의 조화를 주장하기 위해 그리스도의 인성은 우리와 다르다고 주장하는 유티커스의 단성론을 정통으로 결정하고, "그리스도에게 두 품성이 있다고 주장하는 자는 둘로 쪼개라"고 위협하였다. 그러나 이 회의는 전체교회의 지지를 받지는 못했다. 로마감독 레오 1세는 이 회의에 대한 보고를 받고 이 회의를 '강도회의'(*Latrocinium*)라고 부르며 회의의 합법성을 부인하였다.

2. 칼케돈 회의와 기독론의 확립(451)

로마감독 레오 1세는 황제에게 다시 교회회의를 소집할 것을 제안하였다. 그런데 데오도시우스 2세는 450년 7월 낙마사고로 사망했고, 후계자 마르시안(Marcian, 450~457) 황제가 451년 칼케돈(Chalcedon)에서 제4차 교회회의를 소집했다. 데오도시우스 황제의 사위이기도 했던 마르시안은 그리스도의 양성을 주장하는 로마감독 레오(440~461)의 입장을 지지하고 콘스탄티노플에서 그리 멀지 않은 칼케돈에 있는 순교자 이름을 딴 성 유페미아(St. Euphemia) 교회당에서 회의를 개최하였다. 가장 규모가 큰 교회회의였던 이 회의에는 약 육백 명의 감독들이 참석하였고, 교회역사상 가장 중요한 회의 중 하나로 인정되고 있다.[6] 이 회의에서는 소위 '강도회의'를 주도했던 디오스크루스를 정죄, 추방하고 그리스도를 설명하는 새로운 신앙고백서를 채택했다. 즉 문제시된 아폴리나리스, 네스토리우스, 시릴 등 세 사람의 기독론을 거부하고, 교회가 받아들일 수 있는 정통교리를 확립한 것이다. 그것이 '칼케돈 신조'이다.

그러므로 거룩한 교부들을 따라 우리 모두는 한 분이요 동일하신 우리 주 예수 그리스도를 고백하며, 신성에 있어서도 완전하시고 인성에 있어서도 완전하시며, 참으로 하나님이시고, 참으로 사람이시며, 이성이 있는 영혼과 그리고 육체로 구성되시었고, 신성에 있어서는 아버지와 동일본질이시며(*homoousion to patri*), 인성에 있어서는 모든 면에서 우리와 동일본질이시되 죄는 없으시다. 그 분은 신성에 있어서는 만세 전에 아버지에게서 나시었고, 인성에 있어서는 이 마지막 날에 우리와 우

---

6. R. A. Rushdoony, 63.

리의 구원을 위하여 하나님의 어머니이신(*theotokos*) 동정녀 마리아에게서 나신 것을 믿는다. 그리고 한 분이시고 동일하신 그리스도, 아들, 주, 독생자는 두 성품으로 구성하시되, 혼합되지도 않고, 변화되지도 않으시며, 분리되지도 않고, 분할되지도 않으시며, 연합으로 인하여 양성의 차이가 결코 제거되지 아니하고, 오히려 각 성의 특성이 그대로 보존되어 있어 한 품격(one person)과 한 본질(one substance)안에 결합되어 있음을 믿는다. 그리하여 두 품격으로 분리되지 않고 한 분이시오, 동일하신 아들, 독생자, 하나님의 말씀, 주 예수 그리스도이심을 믿는다. 이는 처음부터 선지자들이 선언한 바이며, 주 예수 그리스도께서 우리들에게 가르치신 바이며, 거룩한 교부들이 우리에게 가르친 바이며, 교부들이 우리에게 전수한 신조에서도 그렇게 가르친다.

니케아 신조가 있음에도 불구하고 또 다른 신조를 작성하는 것에 주저하는 이도 있었으나, 이 신조를 제정함으로써 오늘 우리가 믿는 기독론을 확립하게 되었다. 이런 점에서 이 신조는 니케아 신조만큼 중요하다. 이 신조의 내용을 간단하게 정리하면 다음과 같다.

1. 그리스도는 완전한 신성과 완전한 인성을 가지신 것을 고백한다.
2. 한 인격체인 그리스도 안에 양성이 존재한다.
3. 이 양성은 혼합이 없고(ἀσυγχύτως, without confusion), 변함이 없고(ἀτρέπτως, without change), 분리가 없고(ἀχωρίστως, without separation), 분할이 없다(ἀδιαιρέτως, without division).

* 처음 두 항은 반유티커스(Contra Eutyches), 나머지 두 항은 반네스토리우스(Contra Nestorius)적이다.

이로써 그리스도는 본질상 하나님과 동일하고 또한 인간이 되심에 있어서 우리와 동일하다고 하는 그리스도의 양성교리를 정통교리로 확정했다.

정리하면, 아리우스에 대항하여 예수는 진정한 하나님이심을 확인하였고, 아폴리나리스에 대항하여 예수는 진정한 인간임을 확인하였고, 유티커스에 대항하여 예수의 신인 양성이 연합했을 때 제3의 본질로 변화되지 않았음을 확인하였고, 네스토리우스에 대항하여 신인양성은 분리되거나 분열되지 않았음을 확인한 것이었다.[7] 그러나 어떻게 신성과 인성이 한 위격 속에서 연합될 수 있는가 하는 문제는 칼케돈 회의에서도 완전히 해결된 것은 아니었다. 여기에는 인간의 논리나 언어의 한계로는 설명할 수 없는 신비로움이 있다. 그럼에도 불구하고 성경의 가르침을 가장 잘 해명했다고 볼 수 있다. 칼케돈 신경의 중요성은 진리의 경계를 확정했다는 점이다. 마치 신앙의 바른 울타리를 확정했다고 볼 수 있다. 이때부터 이 신앙고백서는 로마 가톨릭이나 개신교 혹은 그리스 정교회의 정통적인 기독론으로 자리하게 되었다.

이런 점에서 칼케돈에서 모인 제4차 에큐메니컬 회의는 정통교리의 표준(touchstone of orthodoxy)이 되었으며, 그것이 신학에 끼친 영향은 결정적이었다. 예컨대 우리는 이 신조에 대한 칼빈의 신뢰를 떠나서는 칼빈을 이해할 수 없다.[8] 러쉬두니는 칼케돈 회의가 철학과 정치에 끼친 영향 또한 과소평가해서는 안 된다고 주장한다. 또한 서구문화는 칼케돈 회의의

---

7. 어떤 점에서 칼케돈 회의에서는 안디옥 학파적 요소와 알렉산드리아 학파적 요소가 합쳐졌다고 볼 수도 있다. 즉 안디옥 학파에서 말하는 두 본성의 나뉨과 알렉산드리아 학파에서 말하는 두 본성의 통일성(unity)을 조화시킨 것이다. 그래서 알렉산드리아 학파의 시릴의 주장처럼, 두 본성으로부터(of two natures) 한 인격체가 되었다기보다 안디옥 학파의 주장에 포함된 두 본성 안에서(in two natures) 한 인격체로 통일을 이루고 있다(*Communicatio idiomatum*)고 고백하게 된 것이다.

8. R. A. Rushdoony, 67.

산물이며, 교회와 국가에서의 위기는 칼케돈 신앙으로부터의 이탈을 반영하고 있다고 주장한다. 그에 의하면, 칼케돈 회의는 무엇보다도 기독교 신앙을 그리스적 혹은 이교적 자연 및 존재론으로부터 예리하게 분리시켰고, 기독교 신앙을 다른 종교나 철학과 함께 취급할 수 없음을 분명히 했다고 말한다. 즉 자연적인 것(natural)을 신적인 것 혹은 초자연적인 것으로 높일 수 없다는 점을 보여준 것이다. 양자 간의 가교란 오직 계시와 그리스도의 성육신뿐이다. 둘째로, 칼케돈 신앙은 신적인 것과 인간적인 것의 혼합을 거부함으로써 신적인 본질과 인간적인 본질을 연합하려는 이교적 신비주의 경향에 대항하는 표준적인 입장을 확립했다고 평가하기도 한다.[9]

3. 그 이후의 논쟁

물론 칼케돈 신조가 모든 그리스도인들의 지지를 받은 것은 아니다. 근동의 일부 신자들은 신성과 인성이 예수 그리스도 안에서 한 위격을 이루었음을 부인하고, 신성과 인성으로 구별되지 않는 하나의 본질만을 소유하고 있다는 주장을 포기하지 않았다. 이런 단성론자들은 결국 그리스 정교회로부터 분리하였고, 이들이 현재 이집트에서 가장 큰 세력인 콥틱(Coptic) 기독교를 형성하고 있다. 에디오피아와 인도 남부에도 이런 단성론자들(monophysites)의 교회가 있다.

단성론 논쟁과 제5차 교회회의(553)
이 점에 대해 좀 더 설명해보자. 시릴의 동료들은 칼케돈 회의가 네스

---

9. 위의 책. 67쪽 이하에는 칼케돈 신앙이 철학과 정치 영역에 끼친 영향에 대해 더 자세하게 논의하고 있다.

토리우스파 곧 안디옥파의 주장을 완전하게 거부하지 못했다고 생각했다. 그들은 칼케돈 회의의 결정에도 불구하고 그리스도의 두 본성은 성육신 때 하나로 결합했다고 믿는 단성론자들이었다. 이집트 시리아 팔레스타인 등은 단성론에 대한 지지가 높은 지역이었다. 그런데 527년 황제가 된 저스티니안(Justinian, 재위기간: 527~565)[10]은 게르만 민족으로부터 제국의 서편을 회복하려는 원대한 계획을 가지고 교회에 대한 지도력을 행사해야 한다고 보아 칼케돈 신앙을 강요하였다. 서방교회는 이의 없이 이를 수용했고, 동방의 정통교회도 이를 받아들였다. 그러나 단성론자들은 심하게 반발했다. 당시 단성론자들의 영향력도 무시할 수 없는 형편이었다. 그래서 그들의 지지를 끌어내기 위해 저스티니안 황제는 이전 세기 안디옥의 저명했던 세 명의 신학자들의 저서를 거부했다. 이것이 소위 '삼장'(Three Chapters)이라는 논쟁을 가져오게 되는 출발이 되었다.[11]

553년 5월에 저스티니안 황제는 콘스탄티노플에서 제5차 에큐메니컬 회의를 소집했다. 이 회의에서는 네리토리우스를 반대하기 위해 '삼장'을 정죄했고, 칼케돈 회의의 결정사항을 시릴의 입장에 맞추어 읽게 했다. 이것은 알렉산드리아 학파를 달래기 위한 조처였다. 이 결정을 받아들이지 않는 이들은 박해를 받았다. 그러나 이러한 조처가 단성론자들을 만족시키지는 못했다. 결과적으로 이들은 별도의 교회를 형성했는데, 앞에서 지적

---

10. 저스티니안 황제는 위대한 황제로 알려져 있다. 그의 대표적인 치적으로 간주되는 것은 야만족의 지배하에 들어간 서방과 반달족의 수중에 들어간 아프리카를 재정복하려는 군사적 노력이 성공을 거둔 점이다. 그래서 그의 통치기간(527-565)에 제국의 영토는 수리아, 팔레스타인, 소아시아, 그리스, 발칸지역들, 이탈리아, 스페인 남부 이집트를 포함한 북아프리카 지역까지 광활했다. 그러나 그 이후 비잔틴 제국은 점차 영토가 축소되었다. 콘스탄티노플의 성 소피아 성당을 비롯하여 성세르기우 성당, 성바쿠스 성당, 이레네 성당 등을 건축한 점 또한 그의 치적으로 일컬어진다. 체계적인 법률을 편찬한 점도 그가 남긴 업적이다.

11. Harry Boer, *A Short History of the Early Church* (Eerdmans, 1976), 173.

했듯이, 대표적인 경우가 이집트의 콥틱교회였다. 시리아에서는 광신적 단성론자인 야콥 바라다이우스(Jacob Baradaeus)의 영향력으로 그의 이름을 딴 야콥 교회라는 별도의 교회를 형성했다.

단일의지 논쟁과 제6차 교회회의(680)

단성론 논쟁이 기독론 논쟁의 종결은 아니었다. 이를 보여주는 한 가지 예가 7세기에 대두되었는데, 그것은 그리스도에게는 '하나의 의지'(a will)가 있는가 아니면 '두 개의 의지'(the two wills)가 있는가 하는 논쟁이었다. 이 논쟁은 그리스도께서 두 본성을 지니셨지만, 단일 '행위' 혹은 신적인 단일 의지만을 지니신다는 주장에서 시작되었다. 이는 7세기에 페르시아와 아랍의 연이은 공격으로 어려움에 처한 황제가 일종의 반체제 세력인 단성론자들을 끌어들이기 위해 조심스럽게 제기한 문제였다. 황제 헤라클리우스(Heraclius, 재위기간: 610~641)는 638년에 명백한 단성론의 입장에서 그리스도는 오직 한 가지 의지만을 갖는다고 말하고 그 이상의 토론을 금지시켰다.

이에 당시 교황 호노리우스(Honorius I, 625~638)도 별 생각 없이 이 '단의론적'(單意論的, Monotheletic) 교리를 받아들였지만,[12] 정통 칼케돈 신앙을 받아들이는 이들은 이런 타협안을 인정할 수 없었다. 결국 이 토론은 심각한 논쟁으로 발전했고, 사회적 불안을 가중시켰다. 이에 648년에 당시 황제 콘스탄스(Constans II)가 재차 토론 금지령을 내렸다. 그럼에도 불구하고 649년 로마는 단성론을 반대하는 칼케돈 결정을 지지하며, 그리스도는 하나님의 의지와 사람의 의지, 곧 두 의지를 가지신 분이라고 선언했다. 이런 논쟁의 와중에서 이슬람교의 정복이 확대되어 중요한 단성론자

---

12. 헨리 채드윅, 『초대교회사』 (크리스챤 다이제스트, 1999), 246.

들의 지역인 이집트, 시리아, 팔레스타인이 이슬람교의 수중에 들어갔다. 예루살렘(637), 안디옥(638) 이집트와 알렉산드리아(641)가 함락되었고, 콘스탄티노플도 위협 당하고 있었다. 이런 상황에서 동로마 제국의 황제는 로마의 도움이 필요했고, 결국 로마와의 의견 일치가 요구되었다. 그래서 황제 콘스탄티누스 4세(Constantine IV)는 680년과 681년 콘스탄티노플에서 제6차 에큐메니컬 회의를 소집하고 로마교회의 입장을 받아들였다. 즉 "그리스도는 두 의지를 지니셨고, 그의 인간적 의지는 그의 신적인 그리고 전능한 의지에 종속된다"고 선언했다. 이 점에 대한 성경적 근거로는 "내가 하늘에서 내려온 것은 내 뜻을 행하려 함이 아니요, 나를 보내신 아버지의 뜻을 행하려함이니라"(요 4:34, 6:38, 39)가 제시되었다.

이 회의는 칼케돈 회의 입장에 따라 단의론을 정죄하는 결정을 했고, 이 결정으로 그리스도의 두 본성에 관한 오랜 교리적 혹은 신학적 토론이 종결되었다. 결과적으로 동방에서 일어난 오랜 기독론 논쟁은 로마의 입장을 받아들임으로써 종결된 것이다.

성화상 논쟁과 제7차 교회회의

기독론 논쟁은 예기치 못한 또 다른 논쟁을 초래했다. 성화상 논쟁(聖畵像論爭, Iconoclastic dispute)이 그것이었다. 717년 황제가 된 레오 3세(Leo III)는 교회의 영적 상태에 관심을 가지게 되었고, 과거의 저스티니안처럼 교회에도 영향력을 행사하고자 했다. 그래서 그는 726년 성상예배를 금지시키고, 성상철거령을 내렸다. 하나님의 형상을 볼 수 없다고 믿었던 유대교나 이슬람교에서는 성상을 엄격하게 금지했지만, 당시교회는 성화상을 받아들이고 있었다.

연원적으로 볼 때, 교황 그레고리우스 1세(Gregorius I, 590~604)가 교회에서 성상 사용을 공식적으로 인정하기 했으나, 성상은 숭배되어서는 안

된다고 했다.[13] 그러나 8세기 당시는 성상에 입을 맞추거나 기도하는 일이 행해졌고, 미신적인 분위기에 둘러싸여 경배되기도 했다. 그래서 이슬람교도들은 기독교도를 우상숭배자들이라고 비웃었다.

'이콘'(Icons)은 초상, 곧 화상(畵像) 또는 조상(彫像)을 뜻한다. 그리고 성화는 달걀의 노른 자위와 흰 자위, 아교질 따위를 매제(媒劑)에 풀어서 수채안료를 만들어 그림을 그리는 화법으로 그렸는데, 이것을 '템포라'(Tempora) 화법이라고 말한다. 나무 조각이나 성당의 벽이나 천정에 예수 그리스도, 성모 마리아, 성인(聖人), 혹은 성녀(聖女)의 모상을 채색하거나 판화를 제작하기도 했는데, 이는 모두 그 시대의 관행이었다. 또 조각상을 제작하여 숭배의 대상으로 삼고, 예배하기도 했다. 그런데 황제가 이런 행위를 금지시켰고, 이렇게 촉발된 논쟁은 726년부터 842년까지 약 백년간 계속되었다.

황제 레오 3세(717~741)에 이어 그의 아들 콘스탄티누스 5세(741~775), 그리고 레오 4세(775~780) 역시 성상을 반대했고, 성상철거를 주장했다. 하지만 서방교회는 이런 조치에 반대했다. 이에 반해 동방교회는 찬성했다. 서방교회를 대표하는 교황 그레고리우스 3세(Gregorius III, 재임기간 731~741)는 731년 성상반대자를 파문하였고, 황제의 조치에 반기를 들었다. 이렇게 되자 황제는 이탈리아 남부와 시실리를 로마 교구(교황치하)에서 콘스탄티노플 교구로 옮기려고 하였다. 그러나 교황은 황제에게 강력하게 항의하며 반대하고 불복하였다. 이것이 '성화상 파괴 논쟁'(Iconoclastic Dispute) 으로 알려진 대논쟁의 시작이었다. 당시 성상을 찬성했던 이들은 예수 그리스도가 실제로 사람이었다면 볼 수 있는 모

---

13. Loraine Boettner, *Roman Catholicism* (The Presbyterian and Reformed Pub. Co., 1972), 283.

습으로 표현될 수 있다고 주장했다. 성상을 만들 수 없다면, 예수가 인간이 되었다는 점도 부정하는 것이라고 주장했다. 이들은 물질적인 것으로 물질이 아닌 하나님과 그의 구원사역을 표현할 수 있다고 했다.

반면에 성상을 반대하는 이들은 예수는 인간이었을 뿐만 아니라 하나님이시기 때문에 보이는 인간의 모습으로 표현한다는 것은 신성을 인성에서 분리시키는 것이라고 보았다. 이런 점에서 예수의 인성이 신성 속에 흡수되었다고 믿는 단성론자들이 성상을 강하게 반대했음을 알 수 있다. 이들은 성상은 이방 신상을 취하는 것이 되고, 성경은 어떤 형식의 상을 만드는 것도 반대한다(출 20:4, 레 26:1, 신 4:16~19)고 지적했다. 결국 이 문제 또한 기독론 논쟁의 연장이었다.

다수의 동방교회가 단성론을 지지했기 때문에 성화상 예배를 반대했지만, 서방교회는 성상에 대해 호의적이었다. 그래서 약 백 년 동안 동방교회는 서방교회와의 관계가 소원해졌다. 논쟁이 심화되자 황제 콘스탄티누스 6세(재위기간: 780~797, 사실은 그가 어렸으므로 그의 어머니 이레네 Irene가 주도했지만)는 787년 니케아에 있는 성소피아교회당에서 성상문제 해결을 위한 종교회의를 소집했다. 이 회의를 가리켜 제7차 에큐메니컬 회의라고 부른다.

이 회의에서 성상은 숭배(*latreia*, adoration)할 것은 아니지만, 존경(*proskynrsis*, reverence)할 수 있다고 결정하고 성상파괴론자들을 정죄했다. 존경과 숭배가 동일하게 번역되는 오류를 남겼지만, 사실상 성상숭배를 인정한 것이었다.[14] 흔히 그랬듯이, 성상옹호론자들은 예배(숭배)는 성상에게 하는 것이 아니라 성상으로 대표되는 그 대상에게 드리는 것이라고 강조

---

14. Rushdoony, 153.

하면서 성상숭배를 지지했다.[15] 정통적인 개신교회에서는 동방지역에서 개최된 에큐메니컬 회의를 정통성 있는 회의로 받아들이지만, 787년의 제7차 회의는 받아들이지 않는다.

이렇게 하여 325년 니케아 회의 이후 460년간 전개되어 왔던 기독론 논쟁이 종식되었다.[16] 일곱 번의 회의가 모두 황제에 의해 소집되었고, 신학논쟁도 다 동방교회에서 시작되었으며, 그 회의도 다 동방지역에서 개최되었다. 그러나 중대한 결정은 동방교회의 입장이 아니라 서방교회의 입장으로 결정되었다는 점이 흥미롭다. 기독론 논쟁도 니케아(325년 제1차)에서 시작되어 니케아(787년 제7차)에서 종결되었다.

---

15. 중세신학자 아퀴나스는 성상은 글을 읽지 못하는 미사자들을 가르치며 듣는 것보다 보는 것에 의해 더 깊게 경건한 감정(pious feelings)에 빠지게 된다는 이유로 성상 사용을 지지하고 옹호했다. R. Boettner, 283.

16. 사실 성화상 논쟁이 완전히 소멸된 것은 아니었다. 황제 레오 5세 때인 813년 성상파괴론자들이 권력을 잡은 후부터 842년 2월 19일까지 제2차 성상파괴운동이 일어나기도 했다. 성상파괴론자들은 공의회(815)에서 성상 사용을 다시 금지시켰고, 842년 황제 테오필루스가 사망할 때까지 성상파괴를 주도했다. 843년 그의 미망인은 최종적으로 성상숭배를 회복시켰으며, 동방정교회는 지금도 이 사건을 정교회의 축일로 기념한다.

{ 제22장 }

아우구스티누스는 어떤 교부였을까?

1. 아우구스티누스의 신학적 위치

아우구스티누스(Aurelius Augustinus of Hippo, 354~430)[1]는 신약성경 이후 종교개혁까지의 기독교 사상사에서 가장 탁월한 인물로서, 흔히 그를 은총의 박사(*Doctor gratiae*)라 부른다. 그는 라틴 기독교 신학을 체계화함으로써 중세 천 년의 사상적 기틀을 마련했고, 종교개혁의 이념적 원류를 제공했다. 그래서 그는 서양 기독교 전통에서 중세의 토마스 아퀴나스(Thomas Aqunas, 1225~1274)와 쌍벽을 이루는 인물로 평가된다.

그는 고대의 마지막 사상가였으며, 최초의 중세 철학자이자 신학자였다. 그래서 그를 보통 고대의 종결점, 혹은 고대의 종합이라고 부르는데,

---

1. 쉽게 접할 수 있는 아우구스티누스에 대한 전기적 연구로는 노만 가이슬러(박일민역), 『작품으로 살펴본 어거스틴 사상』(성광문화사,1994), 게리 윌스(Garry Wills), 『성 아우구스티누스』(푸른 숲, 2005); 이석우, 『아우구스티누스』(민음사, 1995); Peter Brown, *Augustine of Hippo* (NY: Dorset Press, 1967), James J. O'Donnell, Augustine, sinner & Saint (London: Piofile Books, 2005) 등이 있다.

그만큼 그에 의해 고대의 동, 서방의 신학이 종합되었다고 할 수 있다. 그의 작품은 플라톤주의를 기독교세계관의 골격으로 사용하는 기독교 사상가들의 모델이라고 할 수 있다. 종교개혁자들의 사상에서 강조되었던 많은 신학들은 아우구스티누스 사상에 기초한다. 그래서 20세기의 저명한 독일의 교부학자인 알타너(B. Altaner)는 그에 대해 다음과 같이 평가했다.

> 위대한 주교 아우구스티누스는 테르툴리아누스의 창조적 정열, 오리게네스의 영적 풍부함, 키푸리아누스의 교회적 의식, 아리스토텔레스의 예리한 논리를 플라톤의 높은 이상주의와 사변에 결합시킨 분이다. 그리고 라틴인의 실용적 감각을 그리스인의 영적 유연성에 일치시켰다. 그는 교부시대의 가장 위대한 철학가이며, 전 교회의 가장 주요하고도 영향력 있는 신학자이다.[2]

아우구스티누스는 많은 사상들 중 신앙과 이성의 관계, 악의 문제, 하나님의 은총론과 예정론, 삼위일체론 등에 특히 많은 관심을 보였다. 그러나 아우구스티누스의 교회관과 성례관은 중세 기독교, 곧 로마 가톨릭교회 교리의 발전에 한 몫을 하였다. 이에 반해 그의 국가관에는 위험한 유산도 내포하고 있었는데, 즉 이단과의 투쟁 과정에서 국가권력의 구속력과 강제력을 교회에 적용코자 한 것이었다. 그는 '정의에 근거한 경우' 국가권력을 통해 이단을 억제할 수 있다고 보았고, 이단 박멸에 있어서 국가권력의 무력행사를 정당화하는 이론을 주장했다. 이를 *Compelle intrare*라고 한다. 성경의 근거로는 누가복음 14장 23절, "주인이 종에게 이르되 길과 산울가로

---

2. 한국교부학연구회, 『내가 사랑한 교부들』(분도출판사, 2005), 218-9.

나가서 사람을 강권하여 데려다가 내 집을 채우라"를 제시하였다.[3] 여기서 아우구스티누스는 두 개의 동사, 즉 '*coge intrare*'('들어오라고 강제하라', 아프리카 텍스트)와 '*compelle intrare*'('들어오라고 강요하라', Vulgate)를 사용하면서 억압의 이론을 발전시켰다.[4] 이것을 보면, 아우구스티누스가 활동했던 5세기에는 교회와 국가가 분리되지 않았음을 알 수 있다. 콘스탄티누스의 기독교 공인 이후, 황제는 교회와 신앙 문제에 대한 사법권을 행사했고, 공의회를 소집하여 정통과 이단 시비를 가리기도 했다. 나아가 이단자들에 대해 벌금, 재산몰수, 고문, 사형 등의 형벌을 가하는 것을 정당한 것으로 인식했다. 도나티스트들조차 이단을 반대하는 법과 강제력에 도전하지 않았다. 단지 이런 법이 자기들의 집단에 적용되는 것을 반대했을 뿐이다. 즉 그들은 교회 규율문제(권징의 문제)에 있어서만 정통 신앙과 달랐고, 그 결과로 분리주의적인 자기들의 집단이 이단이 될 수 없다고 인식했을 뿐이다. 이렇듯 아우구스티누스의 입장은 종교적 관용이 인정되지 못한 시대에서 발현된 억압의 이론이었지만, 이것이 후세에 위험한 유산이 되고 말았다. 특히 그 위험은 중세기에 나타났다. 즉 중세에 이 이론이 잘못 적용되어 이단자 색출과 종교재판의 이론적 근거가 되었다. 이 근거로 후일 루터는 농민전쟁 당시 농민들에 대한 탄압을 지지했고, 칼빈도 세르베투스 처형을 묵인했던 것이다.

아우구스티누스의 생애와 저술, 그리고 신학은 서구와 기독교의 역사 및 사상사에 엄청난 영향을 끼쳤고, 그가 남긴 정신적 유산은 오늘에 이르기까지 부단히 계속되고 있다.

---

3. 파두아의 마르실리우스(Marsilius of Padua, c. 1275-1342)는 콘질리아 운동의 한 인물로서 중세시대 가장 주목할 만한 저서 중의 하나인 『평화의 수호자』(*Defender of the Peace*)라는 책을 썼는데, 그는 이 책에서 종교적인 문제에 대해 강제권을 사용하는 것에 부정적인 입장을 취했다.

4. 게리 윌스, 186.

2. 아우구스티누스의 생애(354~430)

젊은 시절

아우구스티누스는 354년 11월 13일 북아프리카 누미디아(Numidia)의 타가스테(Tagaste)에서 패트리키우스(Patricius)와 모니카(Monica)의 아들로 출생했다. 그가 출생한 곳은 현재의 알제리 수카하라스(Souk Ahras)라는 곳이다.[5] 이곳은 지중해에서 내륙으로 약 96km 떨어진 곳으로서 근처의 메제르다 산맥을 경계로 바다와는 완전히 격리된 산간지역이었다. 아우구스티누스가 출생할 당시 누미디아는 로마 제국의 일부였고, 종교적으로는 가톨릭의 영향 하에 있었다. 그러나 그의 어머니가 소녀였을 당시 이곳은 도나티스트의 영향 아래 있었다. 그래서 초대교회사가인 프렌드(W. H. C. Frend)는 아우구스티누스의 어머니 모니카(Monica)가 어릴 때 도니티스트의 영향 아래서 양육되었다고 주장한다.[6]

아우구스티누스는 누미디안(Numidian)으로 흑인이었다. 좀 더 정확하게 말하면, 그는 흑갈색(Black Brown) 피부였다는 점이 고고학적으로 밝혀졌다. 그가 태어난 곳은 수 세기 전 카르타고 제국의 일부분이었다. 그러나 카르타고가 로마에 패배한 후, 이 지역의 문화와 언어는 로마화되었다.

아우구스티누스의 아버지 패트리키우스(Patricius)는 로마시대의 행정구인 '쿠리아'의 지방관리로서 그리스도인이 아니었으며, 아우구스티누스

---

5. Peter Brown, *Augustine of Hippo* (London: Faber & Faber, 1968), 19.
6. 모니카가 도나티스트의 영향 아래 성장했다는 근거로는, 그의 이름이 다른 도나티스트들처럼 베르베르어로 되어있었다는 점, 순교자의 성유물에 대한 헌신 등이 지적되고 있다. 또 아우구스티누스가 자기 나라의 언어 베르베르어를 배운 일이 없었음에도 불구하고, 아들의 이름을 '신께서 보내신 사람'이라는 의미의 '아데오다투스'(Adeodatus)라고 명명한 것도 베르베르의 관습을 따른 것이라고 지적한다. 게리 윌스, 27-8.

에게 별로 영향을 미치지 못했다. 그러나 그의 어머니 모니카는 독실한 그리스도인이었으며, 아우구스티누스의 생애에 (심지어 그가 기독교를 거절하고 있는 동안에도) 중요한 역할을 하였다. 아우구스티누스는 타가스테에서 우리나라의 초등학교에 해당하는 교육을 받은 뒤, 열두 살 때인 366년 마다우라(Madaura)로 갔다. 이곳은 타가스테에서 직선거리로 26km 떨어진 곳이었다. 그는 이곳 문법학교에서 370년까지 수학하였는데, 우리나라 식으로 말하면 중등교육에 해당했다. 그러나 이 시기에는 그의 증거에서 언급하듯이 성실하게 공부하지 않았고, 특히 그리스어를 기피하였는데, 이 점이 후일 그의 생애에 장애가 되었다. 그는 이후 다시 고향으로 돌아가 지내다가(370~371), 16세 때인 371년에 카르타고로 갔다. 이것은 그의 생애 중요한 전환점이 되었다. 이때부터 아우구스티누스는 계속하여 한 가지 죄 혹은 다른 죄를 추구하였다. 카르타고에 온지 얼마 안 된, 즉 열여섯 살 또는 열일곱 살의 나이에 그는 한 여성과 동거하기 시작하였고, 곧 아들을 낳았다. 그렇다고 해서 그가 분별없이 성적으로 방탕했다고 볼 수는 없다. 그의 증언에서 고백하듯이, 그는 한 여인과 동거한 십오 년(371~385) 동안 "오로지 한 여자와만 살았고(*unam habebam*), 그녀의 침대에 정절을 지켰다"

바로 그때 그는 마니교라는 종교 또는 철학체계와 관계를 맺기 시작하였다. 마니교는 두 개의 원리들, 즉 빛과 어두움, 하나님과 물질이 영원하다고 주장하였는데, 이것이 아우구스티누스의 지성에 호소력 있게 다가왔다. 왜냐하면 아우구스티누스가 볼 때, 마니교는 악의 문제에 있어서 어머니의 종교인 기독교보다 합리적인 해답을 제공하는 것처럼 보였기 때문이다. 마니교가 기독교만큼 도덕성을 요구하지 않았기 때문에, 마니교에 빠진 아우구스티누스는 9년 간 마니교도로서 쾌락을 즐기면서 살아갔다. 그가 마니교에 귀의한 때는 19세, 즉 373년 키케로의 『호르텐시우스』

(*Hortensius*)를 읽은 이후라고 볼 수 있다. 이 책을 읽고 아우구스티누스는 '지혜에 대한 사랑'(철학)에 빠졌다. 이제 세상 것들에 대한 애정은 시들해지고 진리에 대한 열정으로 불탔으나 생활비를 스스로 조달해야 했던 그로서는 유학생활을 중단하고 고향인 타가스테로 돌아와 수사학 학교를 열었다(373). 그리고 이듬해에 다시 카르타고로 가서 9년 동안 수사학을 가르쳤다.

아우구스티누스가 마니교에 대하여 심각한 회의를 가졌던 것은 20대 후반이었다. 특별히 마니교 지도자들이 자신이 가진 질문에 해답을 제시하지 못하는 무능함에 아우구스티누스는 실망하였다. 383년 아우구스티누스는 자신의 연인 및 아들과 함께 지중해를 가로질러 로마로 갔고, 그곳에서 수사학을 가르쳤다. 거기서 한 때 아카데미아 학파의 회의주의에 빠지기도 했다. 384년에 아우구스티누스는 좀 더 안정된 대표변사 자리를 찾아 로마를 떠나 밀라노로 갔다. 이곳에서 밀라노 황실학교의 수사학 교수로 초빙되었다.

그러나 무엇보다 그곳에서 그는 밀라노의 감독 암브로시우스 (Ambrosius, 340~397)와 교분을 나누게 되었다. 이것이 그의 생애의 큰 전환점이 되었다고도 하며, 암브로시우스가 기독교에 대한 아우구스티누스의 반대가 신앙의 오해에서 비롯되었음을 깨닫게 해 주었다고도 한다. 알리스터 맥그라스(Alister E. McGrath)[7] 등 다수의 학자들이 이런 점을 강조하지만, 사실 암브로시우스의 영향력은 미비했다는 것이 최근 학자들의 견해이다. 아우구스티누스는 자신이 개종하기 전에 암브로시우스가 그 어떤 안내도 해주지 않았던 것에 대해 '잔인한 일'이라고 했다.[8] 게리 윌스

---

7. 알리스터 맥그라스, *Christian Theology, An Introduction* (『역사속의 신학』, 대한기독교서회), 34.
8. 게리 윌스, 91.

에 의하면, 아우구스티누스는 밀라노를 떠난 이후 암브로시우스와 서신 교환을 한 일이 없고, 아우구스티누스는 방대한 저술을 남겼지만, 단 한 권의 책도 암브로시우스에게 헌정한 일이 없었다고 한다.[9]

지적인 방황과 회심

아우구스티누스는 마니교(Manichaeism)에 심취했고, 잠시 회의주의에 빠져 있었다. 하지만 회의주의를 경험한 이후, 그는 얼마 동안 신플라톤주의자인 플로티누스(Plotinus, 250~269)를 포함해 '플라톤주의자들'의 작품들을 연구하였다. 신플라톤주의에 대한 아우구스티누스의 연구는 그가 그리스도인이 되는 것을 막고 있던 지적 장애물들을 제거하도록 도와주었다. 다시 말해 신플라톤주의의 도움으로 아우구스티누스는 회의주의에서 벗어날 수 있었고, 마니교의 물질주의에서 벗어나 영적 실재에 대한 확신을 얻을 수 있었다. 플라톤주의자들은 아우구스티누스에게 한 가지 사실, 즉 존재하기 위해서 하나님께 의존해야만 하는 이 세계에 어떻게 악이 존재할 수 있는가를 가르쳐 주었다. 아우구스티누스는 여기서 자신의 여러 가지 지적, 도덕적 그리고 영적 장애물들이 벗겨짐을 발견하였다. 이후 그는 386년에 로마 교외의 한 마을에서 기독교 역사에서 가장 극적인 회심을 경험하였는데, 이 점은 그의 『고백록』 제8권에 기록되어있다. "들고 읽으라(*tolle, lege*), 들고 읽으라"는 한 음성을 듣고 아우구스티누스는 성경을 읽기 시작하였다.

나는 성경책을 잡고 펴서 나의 시선이 닿는 첫 구절을 조용히 읽었다(롬 13:14). "방탕과 술 취하지 말고 음란과 호색하지 말며 쟁투와 시

---

9. 게리 윌스, 91.

기하지 말고 오직 주 예수 그리스도로 옷 입고 정욕을 위하여 육신의 일을 도모하지 말라." 나는 더 읽고 싶지 않았고, 그렇게 할 필요도 없었다. 왜냐하면 눈 깜짝할 사이에 내가 그 문장의 끝에 이르자 마치 그것은 나의 마음 안에 넘쳐 들어오는 신앙의 빛 같았으며, 의심의 모든 어두움은 사라졌다.(『고백록』 8, 12)

그 후 아우구스티누스는 내연의 처와 헤어졌다. 그녀는 아들 아데오다투스를 아우구스티누스에게 남겨두고 북아프리카로 돌아갔다. 아우구스티누스의 개종에서 암브로시우스의 영향력이 미비했다면 아우구스티누스는 누구의 영향을 받았을까? 게리 윌스는 암브로시우스의 뒤를 이어 주교가 된 심플리키아누스(Simplicianus)의 영향을 받았다고 주장한다. 게리 윌스의 의하면, 심플리키아누스는 네 가지 방식으로 아우구스티누스에게 영향을 미쳤는데, 이는 아우구스티누스가 그를 '아버지'라고 불렀던 사실에서 확인할 수 있다.[10]

회심한 아우구스티누스는 387년 4월 24일 밀라노에서 암브로시우스에게 세례를 받았고, 아들 아데오다투스와 어머니 모니카와 함께 북아프리카로 돌아가기로 결심했다. 아우구스티누스와 모니카는 로마로 가는 항구 오스티아에서 놀라운 비전을 함께 나누었다. 이 때는 모니카가 387년 56세의 일기로 세상을 떠나기 얼마 전이었다. 아우구스티누스는 북아프리카로 돌아갔으나, 그곳에서 아들 아데오다투스가 세상을 떠났다.

회심 후 수년 동안 아우구스티누스는 철학, 신학, 그리고 성경을 연구하고 『회의주의자들에 대항하여』, 『행복한 삶에 대하여』, 그리고 『독백』을 포함해 여러 권의 단편들을 저술하였다. 점점 더 종교 소명에 헌신한 아우

---

10. 게리 윌스, 94.

구스티누스는 391년, 곧 그의 나이 37세 때 안수를 받았다. 수도원을 세워 (391) 수도생활, 곧 공동생활(ein gemeinsames Leben)을 지향하기도 했던 그는 발레리우스(Valerius)의 뒤를 이어 397년 히포의 주교로 임명되었다.

이제 그는 잘 무장된 기독교 신학의 옹호자가 되었다. 그는 이교와 철학의 오류를 반박하고, 한때 자신이 몸담기도 했던 마니교의 이단성을 공격하고, 펠라기우스주의자들과 도나티스트들의 이설과 오류를 배격하며, 보편교회의 신학을 정립해갔다. 그는 286명의 가톨릭 감독들과 229명의 도나티스트 감독들이 모였던 411년의 카르타고 회담(colloquium)에서 백여 년간 지속되어 왔던 분파주의적인 도나티스트들의 교회분열을 종식시켰다.

서고트족의 지도자 알라릭(Alaric)이 410년 로마를 점령한 사건은 서방세계에 커다란 충격을 주었다. 히에로니무스는 그 충격을 "세계의 점령자 로마가 포로가 되었다"고 표현했다. 이 같이 지상 나라의 패망을 눈앞에 두고 아우구스티누스는 논쟁과 변호를 통해 기독교 신앙을 변호하며, 기독교 신학체계를 확립하며 노후의 삶을 엮어갔다. 그는 기독교가 로마제국에서 공인된 후 41년이 지난 354년에 출생하여 76년의 생애를 살다가 430년 8월 28일 히포에서 사망하였다. 이 때는 반달족에 의해 히포가 점령된 후, 저들의 포로가 된지 삼 개월만이었고, 서로마가 멸망하기 36년 전이었다.

3. 아우구스티누스의 저술과 사상[11]

아우구스티누스의 작품들은 다양하고, 그 양도 매우 많다. 물론 수작도

---

11. 아우구스티누스의 생애와 사상 전반에 관한 가장 중요한 작품으로는 Allan D. Fitzgerald ed., *Augustine Through the Ages* (Eerdmans, 1999)가 있다. 이 책에서는 아우구스티누스의 견해와 사상과 설교, 편지를 포함한 저작 목록이 수록되어있다.

많지만 무엇보다 그의 다작이 놀라울 정도이다. 아우구스티누스의 사망 직후인 431~439년에 『아우구스티누스 전기』를 쓴 포시디우스는 아우구스티누스가 지은 1,030개에 이르는 저서명들을 열거했다. 아우구스티누스 자신이 말년이라고 할 수 있는 427년경에 쓴 『재고론』(Retractationes, Retract)에서는 427년까지 저술한 93개의 저서목록을 열거했는데, 여기에는 오백여 편의 강론(설교)들과 217개의 서간들이 제외되어있다. 뿐만 아니라 아우구스티누스는 평생 약 팔천 회 설교한 것으로 알려져 있는데, 현재는 오백여 편의 설교만 남아 있다. 아우구스티누스의 저서들은 교부문헌의 최대 총서인 『미뉴(J. P. Migne) 라틴어 문집』 32~47권에 수록되어있다. 이를 500쪽의 책으로 환산한다면, 수백 권의 분량이 될 만큼 방대한 양이다. 1600년 전의 필사본이 오늘에까지 전해 내려오고 있다는 사실도 놀랍지만, 그만큼 이 작품들의 가치와 중요성을 역설적으로 확인시켜주는 것이라 할 수 있다.

아우구스티누스는 고대 로마의 풍자작가로서 『메니페아의 풍자』(Saturae Menippeae), 『인간과 신의 역사』(Antiquitates rerum humanarum et divinarum) 등을 썼던 인물이자 박학다식했던 바로(Marcus Terentius Varro)를 가리켜, "그토록 책을 많이 읽으면서도 그가 글을 쓸 시간을 가졌다는 것은 놀라운 일이다. 그가 글을 하도 많이 써서 그것을 다 읽을 수 있는 사람이 별로 없어 보인다"라고 했는데, 사실 그것은 자기 자신을 두고 한 이야기와 다를 바 없었다. 물론 아우구스티누스가 모든 작품을 자신이 다 기록한 것은 아니었다. 그가 구술한 것을 속기사가 기록한 것도 많았는데, 가끔 교대로 일하는 속기사들이 밤늦도록 일한 경우도 많았다고 한다. 특히 일주일에 여러 편씩 한 설교들은 자신이 직접 속기한 것도 있지만, 속기사들에 의해 속기로 기록된 것도 많았다.

아우구스티누스가 취급한 주제들은 자아 인식에서 시작하여 존재, 진리, 사랑, 하나님 인식의 가능성, 인간의 본성, 영원성, 시간, 자유, 역사, 섭리, 정의, 행복, 평화 등 철학적인 분야는 물론 기독교 신학 전반을 포함한다는 점에서 그의 사상의 깊이와 넓이를 헤아릴 수 있다. 삼위일체에 대한 길고 영향력 있는 연구서뿐만 아니라, 세 그룹, 곧 마니교(386~395), 도나투스파, 그리고 펠라기우스파와 논쟁하는 과정에서 이들을 반박하는 수많은 작품들을 남겼다. 아우구스티누스의 작품을 유형별로 분류하면 다음과 같다.

A 자서전적 저술 (『고백록』, 270여 통의 편지 등)
B. 성경주석(『기독교교리해설』을 비롯한 신구약 주석 및 해설적 작품)
C. 변증론적 저술(『신국론』, 『삼위일체론』 등)
D. 교리논쟁적 저술(Manichism, Donatists, Pelagians 등에 대한 비판적 저술)
E. 경건문학적 저술(금욕적 생활에 관한 저술 등)[12]

*이 중 중요 저술들은 <부록>에 소개해 두었다.

이상의 작품들 중 아우구스티누스의 생애와 사상을 이해하는 길잡이가 되는 작품으로는 『고백록』과 『신국론』을 들 수 있다.

『고백록』(*Confessiones*, 397년)
아우구스티누스는 주후 397년에 많은 사람들이 그의 가장 위대한 작품으로 간주하는 한 권의 책, *Confessiones*를 집필했는데, 이 때는 사제가 된지 육 년이 지난 시기였다. 이 책은 흔히 영어 Confessions로 번역되어 『고

---

12. 대표적인 경우가 400년에 집필한 수도규칙인데, 이 규칙서의 원래 이름은 『하나님의 종들을 위한 규칙』(*Regula ad servos Dei*)이었다. 흔히 이를 『아우구스티누스 규칙』이라고 부른다.

백록』혹은『참회록』이라고 번역해왔다. 그러나 이 번역은 아우구스티누스가 의도했던 하나의 신학체계를 직관한 원래의 의미를 드러내주지 못한 것으로 지적되어왔다. 아우구스티누스 당시 *Confessiones*라는 의미는 죄의 고백, 하나님에 대한 찬양, 신앙의 선언 등을 의미하는 보다 포괄적인 개념을 지닌 단어였다. 이 컨페시오(*confessio*)라는 말의 의미영역을 가장 잘 드러내는 용어로는 '증언하다'(testimony)가 있다.[13] 이는 '참회'나 '죄의 고백,' 혹은 '범죄의 고백'을 의미하는 현대 영어의 confession과는 거리가 멀다. 아우구스티누스는 이 책을 통해 하나님에 대한 믿음을 증언하고 있다. 이런 점에서『고백록』이라는 번역 보다는『증언』(*The Testimony*)이라는 번역이 더 적절하다는 주장도 있다. 따라서 비록 우리의 오랜 관습에 익숙한 현실을 고려하여『고백록』으로 칭할지라도 원전의 의미를 고려해야 할 것이다.

이 책은 그가 세례 받은 지 십이 년 만에 쓴 책으로서, 387년 이전의 아우구스티누스의 삶에 관하여 세부적인 생활을 기록하고 있다. 하지만 이 책은 하나의 자서전으로 보기 어렵다. 왜냐하면 이 책은 다른 자서전처럼 자기 잘못을 낱낱이 고백하는 데 목적이 있는 것이 아니라, 오히려 그것을 통하여 하나님의 위대하심과 은혜와 선하심에 대해 감사하고 찬양하는 데 목적이 있기 때문이다. 여기서 아우구스티누스는 두 가지 의미에서 '증거'라는 말을 사용하였다. 하나는 자신이 죄인이라는 사실을 인식한다는 의미였고, 다른 하나는 죄에서 자신을 구해주신 하나님을 영화롭게 해야 한다는 의미에서였다.

이 책은 전체 13권으로 구성되어있는데, 9권까지는 출생에서 387년에 회심하기까지의 생애가 기록되어있고, 제10권은 400년으로 건너뛰어 변

---

13. 게리 윌스, 10.

화된 자신의 자화상을 기술했다. 그 이후의 책들은 그의 영혼이 당한 고통과 활동을 기술하면서 자신의 영혼이 영원하신 하나님께 더 나아가고자 하는 바를 증거한다. 마지막 13권은 하나님께 찬송과 영광을 돌리는 긴 기도로 구성되어있다.

『신국론』(*De Civitas Dei*, 413-427)

413년과 427년 사이에 기록된 『신국론』은 풍부한 자료, 주제의 위대성, 조직적인 배열, 일관된 철학적 입장 등으로 주목을 받는 아우구스티누스의 대표적인 저술이라고 할 수 있다. 그가 이 책을 저술하게 된 사건은 410년에 있었던 비지고스(Visigoths)의 왕 알라릭에 의한 로마의 약탈이었다. 로마 제국의 비그리스도인들은 로마의 재난이 로마가 이전 종교인 이교(異敎)를 버리고 기독교로 전환하였기 때문이라고 비난하였다. 아우구스티누스는 그러한 비난에 답하기 위하여 『신국론』 집필하기 시작하였다. 그러나 아우구스티누스는 그 책을 집필하는 도중, 기독교 역사철학을 포함해 광범위한 다른 주제들을 논하기 시작하였다. 『신국론』의 첫 10권에는 이교도들의 비난에 대한 아우구스티누스의 답변뿐만 아니라 고대 로마 제국에 관한 상당히 중요한 정보가 포함되어있다. 가장 흥미 있는 구절은 그 작품 후반부(11권에서 22권까지)에 나타난다. 이곳에서 아우구스티누스는 연구의 중심주제인 세상에서의 두 도성, 혹은 두 사회의 존재, 곧 신의 도성과 인간의 도성으로 돌아간다. 두 도성은 인간의 역사를 통하여 공존할 것이다. 하지만 마지막 심판과 인간의 역사의 종말에 두 도성은 결국 분리되어, 각자의 고유한 최종 목적지인 하늘나라와 지옥을 분배받을 것이라고 하였다.

4. 아우구스티누스의 신학

아우구스티누스의 신학사상을 간명하게 헤아리는 방법은 그의 신학적 논쟁과 관련하여 이해하는 방식이다. 그의 신학은 마니교, 도나티스트, 펠라기우스파와의 논쟁을 통해 확립되고 구체적으로 표명되었기 때문이다. 즉 창조론과 자유의지론은 마니교와의 논쟁을 통해서, 교회론과 성찬론은 도나티스트와의 논쟁을 통해서, 예정론과 은총론은 펠라기우스파와의 논쟁을 통해 선명하게 드러났다.

마니교와의 논쟁(386~395)

마니교와의 개인적인 만남은 두 가지 중요한 문제들, 즉 악의 문제와 의지의 자유, 그리고 신앙과 이성의 관계[14]에 대하여 고찰하도록 해주었다. 이 집단과의 논쟁을 통해 아우구스티누스는 창조론과 자유의지론을 피력하였다.

1) 창조론

기독교는 모든 실체는 참된 한 분 하나님에 의하여 창조되었다고 가르친다. 선하신 하나님께서 만물을 지으셨다면 왜 악이 존재하는가? 마니교는 영지주의적 이원론으로 창조를 이해하기 때문에 우주와 역사를 빛과 어두움, 선과 악, 영과 육의 대립적인 관계로 본다. 창조 때부터 선만 만

---

14. 마니교는 신앙을 문화인과 지성인의 가치 없는 활동이라고 보았다. 그래서 그들은 신앙에 대하여는 가르치지 않았다. 그들은 사람이 이성으로 알 수 있는 것만을 신뢰하였다. 그러나 아우구스티누스는 신앙이 이성보다 열등하지 않다고 보았고, 참된 신앙은 결코 이성과 대립되지 않는다고 보았다. 신앙은 모든 인식의 활동에서 없어서는 안 될 필수적인 단계이다. 아우구스티누스는 그 점을 오늘날에 널리 알려진 "나는 알기 위하여 믿는다"(*Credo ut intelligam*)는 말로 표현하였다. 모든 지식은 신앙에서 시작한다.

들어진 것이 아니라 악도 만들어졌다고 강조한다. 즉 마니교는 우주와 역사가 열등신에 의해 창조되었기에 선과 악이 처음부터 공존했다는 영지주의적 창조론과 상통한다. 그러나 아우구스티누스는 일원론(monism)에 입각하여, 하나님은 선하시고 그가 창조하신 만물은 선하다고 주장한다. 그렇다면 악은 어디서 왔는가? 아우구스티누스는 악은 피조물들이 자신들의 자유의지를 잘못 사용하여 고차원의 선에서 저차원의 선으로 떨어졌기 때문에 존재하게 되었다고 주장한다. 다시 말하면, 악은 선의 부패(privation), 결핍(lackness), 상실(absence), 오염(corruption)이라는 것이다. 그래서 아우구스티누스는 악마라고 할지라도 본성에 있어서는 선하며, 다만 선한 본성이 악하게 타락하고 부패한 것이라고 설명했다.

2) 자유의지론

마니교와의 논쟁에서 의지의 자유에 관한 문제는 중요한 논제였다. 마니교는 영원부터 영원까지 선과 악의 싸움으로 역사가 이미 정해져 있다고 믿는 결정론 혹은 운명론이다. 이에 대해 아우구스티누스는 이들의 결정론을 비판하고 자유의지의 역할의 중요성을 말한다. 아우구스티누스는 그의 저서 『자유의지론』(*De Libero Arbitrio*, 395)에서 하나님은 인간을 인격체로 창조하셨으며, 인간은 의지의 자유가 없는 존재가 아니라고 주장한다. 그러나 하나님이 부여하신 의지가 자유롭지만 항상 선한 것은 아니라(*semper est autem in nobis voluntas libera sed non est autem bona*)고 해석한다. 자유의지는 선을 택할 수도, 악을 택할 수도, 죄를 지을 수도, 죄를 안 지을 수도 있는 중도적 선(intermediate good)이다. 따라서 아우구스티누스는 자유의지의 잘못된 선택으로 악이 세상에 들어온 것으로 해석한다. 에덴동산에서 아담은 죄지을 가능성(*posse peccare*)과 죄를 짓지 않을 가능성(*posse non peccare*)을 함께 지닌, 의지의 자유를 지닌 존재였다. 그러나 인간이 타락한 이후 죄를 안 지을 가능성을 상실하고 죄짓는 가능성만 남게 되었다. 다시 말해 자유가 있다면 그것은 죄짓는 자유이다. 그래서 이것을 '갇혀진 자유의지'(*liberum arbitrium captivatum*, captive free will)라고 부른다. 일반적으로 아우구스티누스의 자유의지론은 루터의 '노예의지론'(*servum arbitrium*)보다 덜 결정론(운명론)적이라고 알려져 있다.

도나투스파와의 논쟁(395~410)

도나티시즘은 약 312년 북아프리카에서 발생하였다. 로마의 황제였던 디오클레티아누스는 기독교 박해 기간(303~395)에 성경을 불사르거나 정부에 반납하도록 강요하였는데, 일부 기독교 지도자들은 자신들의 생명을 보존하기 위하여 성경을 불태우거나 사본들을 정부에 반납함으로써 배교자들(*traditores*)이 되었다. 그런데 배교한 전력이 있는 압툰가의 펠릭스(Felix of Aptunga)가 캐실리아누스(Caecilianus)를 카르타고의 감독으로 안수하였는데, 일군의 사람들은 이를 무효로 선언하고, 맨사리우스(Mansarius)를 새 감독으로 옹립하였다. 이들은 배교자들의 성직이나 감독직을 박탈해야 한다고 보았다. 하지만 맨사리우스는 곧 사망하고, 도나투스(Donatus)가 감독직을 계승했는데, 이 도나투스의 이름을 따라 도나투스파라고 부르게 되었다. 도나투스파들은 결국 분열을 야기시켜 북아프리카에서 두 개의 대등하고 경쟁적인 교회들을 발전시켰다.

아우구스티누스는 자신이 감독으로 있는 히포가 주로 도나투스주의자들의 거점이였기 때문에 교회분파 문제에 관여하게 되었다. 아우구스티누스가 이들과 논쟁하게 되었을 때는 도나티스트 운동이 시작된 지 팔십 년이 지난 후였다. 합리적으로 이 문제를 해결하려는 아우구스티누스의 첫 시도가 실패하자, 아우구스티누스는 정치적 및 교권적 싸움에 개입하게 되었다. 그 싸움은 결국 도나투스파를 정죄하고, 궁극적으로는 그것을 소멸시키는 데 기여하였다. 도나티시즘과 아우구스티누스의 논쟁은 로마 가톨릭과 개신교와의 논쟁에서 핵심이 되어온 교회와 성례의 본질에 관한 이론을 발견하도록 만들어 주었다.

3) 교회론

도나티스트들은 완전주의적인 교회관을 주창하였고, 교회는 성결한 무리들만 모이는 공동체로 이해하여 죄인들은 그 공동체의 일원이 될 수 없다고 보았다. 그러나 아우구스티누스는 교회 속에는 보이는 교회와 보이지 않는 교회가 있고, 알곡과 가라지도 함께 있다고 보았다. 인간은 누구도 감히 누구를 최후심판 이전에 정죄하거나 심판할 수 없다고 보았다. 이렇듯 아우구스티누스는 연합과 일치, 곧 보편성(catholicity)을 강조하였다.

4) 성찬론(Doctrine of Sacraments)

도나티스트들은 배교한 바 있는 성직자가 베푸는 성례는 무의미하다고 보아 이들의 성례를 반대하였으나, 아우구스티누스는 설사 배교했던 성직자라도 그들이 베푼 성례는 유효하다고 강조했다. 성례가 효력을 가지는 것은 성례를 베푸는 사람에 의해서(*per homines*)가 아니다. 성례행위 자체(*per se*)가 효력을 발생하게 한다(*ex opere operato*). 다시 말해 참 목자는 그리스도이시므로 그리스도의 이름으로 행해지는 성례는 교회 안에서나 교회 밖에서, 성직자가 흠이 있거나 없거나 상관없이 타당성을 지닌다. 성례에 대하여 아우구스티누스는 이렇게 말한 바 있다. "우리 주 예수 그리스도는 '수적으로는 매우 적고, 실행하기는 매우 쉽고, 의미에 있어서는 매우 탁월한'(*Sacramentis numero paucissimis, observatione facillimis, significatione praestantissimis*) 성례들을 통하여 한 무리의 백성들을 강하게 결합시킨다"[15]

펠라기우스파와의 논쟁(410~430)

펠라기우스주의는 펠라기우스(Pelagious)라 부르는 한 영국(혹은 아일랜드) 수도사의 견해에서 유래하였다. 처음에 펠라기우스는 로마로 갔고, 그 후에 지중해 전역을 여행하면서 자기의 주장을 광포하였다. 펠라기우스는 아담의 죄는 단지 아담 자신에게만 영향을 미치고 인류 전체에는 아무 영향도 주지 않는다고 주장하여 원죄를 부인하였다. 즉 펠라기우스에 따르면, 유아들은 죄의 성향을 갖고 태어나지 않으며, 무죄하게 태어난다고 하였다. 따라서 유아세례의 부당성을 주장하였다. 그러나 아우구스티누스는 아담의 원죄가 유전함을 강조하고, 모든 인간이 죄의 성향을 지니고 태어나며, 타락한 인간의 본성은 그로 하여금 죄를 지을 소지를 심어준다는 성경의 가르침을 들어 이 주장을 반박하였다. 그는 모든 인간은 죄성을 지니고 출생하기에 유아세례를 받아야 한다고 주장함으로써 기독교 사상 최초의 유아세례 제안자(innovator)가 되었다. 이들과의 논쟁에서 아우구스티누스는 자신의 예정론과 은총론을 제시하였다.

5) 예정론

본성의 부패와 타락으로 말미암아 자유의지도 갇혀진 자유의지 상태이므로 하나님의 선택, 곧 예정에 의해 인간은 구원을 얻게 되며, 예정된 자를 하나님은 끝까지 보존하신다는 사실을 강조했다. 물론 아우구스티누스는 이중예정을 말하지는 않았다. 소위 이중예정(double predestination), 즉 어떤 자는 구원 받을 자로, 어떤 자는 멸망 받을 자로 예정되었다는 이

---

15. Augustine, *EP*, 54.

론은 칼빈이 발전시켰다. 또 아우구스티누스는 "우리 없이 우리를 만드신 하나님은 우리 없이 우리를 구원하시지 않을 것이다"(*Qui fecit nos sine nobis, non salvabit nos sine nobis*)라고 하였는데, 이 진술은 상당한 논란을 불러일으켰다. 왜냐하면 이것이 어떤 면에서는 선행과 공로사상을 말하는 것일 수도 있고, 또 다른 면에서는 예정과 은총 안에서 인간의 자유의지의 참여와 선행적 역할을 말하는 것일 수도 있기 때문이다.

6) 은총론

펠라기우스주의자들은 원죄를 부인하므로 타락 이후에도 자유의지의 본성은 유효하고, 그 자유의지의 선택에 의해 구원이 시작된다고 주장하였다. 다시 말해 펠라기우스주의는 인간의 구원이 거룩한 은혜, 즉 하나님의 선물임을 부인하였다. 결국 펠라기우스주의는 인간이 스스로를 구원하거나 적어도 하나님과 협력하여 자신의 구원에 영향을 미칠 수 있다고 주장하였다. 그러나 아우구스티누스는 인간의 의지에 미치는 죄의 영향을 세 가지 주요 단계로 구분하였다.

그는 이것을 세 가지 라틴어 구절로 요약하였는데, 즉 *Posse non peccare*(죄를 안 지을 수 있다)는 죄를 안 지을 수 있었던 타락 이전의 아담의 상태를 묘사하고, *Non Posse non peccare*(죄를 안지을 수 없다)는 죄를 짓지 않을 수 없는 타락 후의 모든 인간의 상태를 묘사하고, *Non posse peccare*(죄를 지을 수 없다)는 죄를 지을 수 없는 하늘에 있는 구속받은 사람들의 상태를 묘사한다.

펠라기우스주의자들은 또 은총을 받은 성도는 이 세상에서도 온전한 성화와 완전한 자유(*Non posse peccare, impossibility to sin*)를 얻는다고 믿었다. 그러나 아우구스티누스는 하나님의 은총이 임할 때, 죄를 안 지을 가능성이 회복되고 갇혀진 자유의지가 해방되어 자유를 누리지만, 역시 범죄 가능성이 있고, 인간의 욕망이 죽는 날까지 남아 있기에 완전한 성화와 완전한 자유는 이 세상에서는 불가능하고 오직 천국에서만 이루어진다고 보았다. 이 세상에서는 오직 그리스도만이 죄를 지을 수 없고(범죄 불가능, *Non posse peccare*), 그 만이 죄와 상관없으며, 죄에서 완전히 자유하셨다.

5. 변증가 아우구스티누스

이상에서 언급한 주제 외의 다른 많은 주제들에 대한 아우구스티누스의 논제들도 중요한 의미가 있다. 예를 들면, 회의주의에 반대한 그의 주장들은, 회의주의의 오류를 논박할 수 있는 적절한 출발점이 된다. 아우구스티누스에게 있어서 회의주의자는 스스로 모순된다. 회의주의자는 인간은 아무것도 알 수 없다고 주장하면서도, 인간은 아무것도 알 수 없다는 사실을 안다고 주장한다. 심지어 가장 급진적인 회의주의자도 자기 자신이 존재한다는 사실은 안다고 주장한다. 그러나 아우구스티누스는 "나는 의심한다. 고로 존재한다"(*Dubito ergo sum*)라고 했다. 만일 내가 의심한다면, 따라서 나는 존재한다. 만일 회의주의자가 존재하지 않는다면, 그는 의심할 수 없었을 것이다. 그리고 만일 내가 존재한다는 사실을 내가 안다면, 회의주의(인간은 아무것도 알 수 없다는 견해)는 거짓임에 틀림없다.

아우구스티누스의 기독교 플라톤주의는 플라톤의 철학이 기독교 세계관과 인생관의 발전을 위한 기초로 사용될 수 있다고 믿는 사상가들에게 살아있는 자료로 남아 있다. 인식론에 있어서 아우구스티누스는 일종의 합리주의자였다. 인간의 지성이 감각을 통해서 느낄 수 없는 것들을 알 수 있음을 믿는다고 단언했기 때문이다. 그는 우리의 감각을 통하여 우리가 아는 물리적인 세계는 단지 우리의 지성을 통해서만 알 수 있는 더 이상적인 세계의 불완전한 복사라고 믿었다. 완전한 형상의 세계에는 영원하고 변치 않는 본질들이 존재한다. 그러나 플라톤과 달리 아우구스티누스는 그 형상들이 하나님과 독립적으로 존재한다고 보지는 않았다. 오히려 영원한 형상들은 하나님의 지성 속에 하나님의 영원한 사상들로 존재한다고 보았다.

아우구스티누스의 초기 사상에는 플라톤주의의 경향이 보이기도 하지만, 그의 사상에는 보편주의(Catholicism)가 깊이 깔려 있다. 이런 사상적인 경향성은 이레네우스, 키프리아누스, 암브로시우스를 거쳐 아우구스티누스에게로 전수되었고, 아우구스티누스의 신학을 통해 중세로 연결되는 라틴신학의 주된 흐름이 되었다. 이런 보편주의는 도나티스트와의 논쟁을 통해 구체화되었다. 아우구스티누스는 특히 은혜의 교리를 통해 개신교 신학에 더할 수 없는 영향을 주었고, 그것이 16세기 종교개혁의 발판이 되었다.

<부록> 아우구스티누스의 작품들

* 아래의 목록자료는 Allan D. Fitzgerald ed., *Augustine Through the Ages, An Encyclopedia*에 기초하였음.

라틴어 제목	영문 제목	기록연대
Contra Academicos	Against the Skeptics	386.11- 387. 3
Contra Adimantum Manichei discipulum	Against Adimantus, a Disciple of Mani	394
Adnotationes in Job	Comments on Job	399
Contra adversarium legis et prophetarum	Against Adversaries of the Law and the Prophets	419/420
De adulterinis conjugiis	On Adulterous Marriages	419/420
De agone Christiano	On the Christian Struggle	396
De anima et eius origine	On the Soul and Its Origin	419/420
De animae quantitate	On the Greatness of the Soul	387/388
De baptismo	On Baptism	400/401
De beata vita	On the Happy Life	386.11- 387.3
De bono conjugali	On the Good of Marriage	401
De bone viduitatis	On the Good of Widowhood	414
Breviculus conlationis cum Danatistis	A Summary of the Meeting with the Donatists	411. 6
De catechizandis rudibus	On the Instruction of Beginners	399
Ad catholicos fratres	To Catholic Members of the Church	402/405
Confessiones	Confessions	397/401
Conlatio cum Maximino Arianorum episcopo	Debate with Maximus, an Arian Bishop	427/428
De consensu Evangelistarum	On Agreement among the Evangelists	399/400
De continentia	On Continence	418/420

De correctione Donatistarum(et. 185)	On the Correction of the Donatists(Letter 185)	417
De correptione et gratia	On Admonition and Grace	426/427
Ad Cresconium grammaticum partis Donati	To Cresconius, a Donatist Grammarian	405/406
De cura pro mortuis gerenda	On the Care of the Dead	422
De dialectica	On Dialectic	387
De disciplina Christiana	On Christians Discipline	398
De diversis quaestionibus octoginta tribus	On Eighty-Three Varied Questions	388/396
De divinatione daemonum	On the Divination of Demons	406
De doctrina Christiana	On Chrustian Teaching	396;426/427
Contra Donatistas	Against the Donatists	411
De duabus animabus	On the Two Souls	392/393
De octo Dulcitii quaestionibus	On Eight Questiones, from Dulcitius	424
Enarrariones in Psalmos	Explanations of the Psalms	392/422
Enchiridion ad Laurentium de fide spe et caritate	A Hamdbook on Faith, Hope, and Love	421/422
Epistulae see table Epistulae (pp.299-305)	Letters	386/430
In epistulam Joannis ad Parthos tractatus	Tractates on the First Letter of John	406/407
Contra epistulam Manichaei quam vocant fundamenti	Against the "Foundation Letter" of the Manichees	397
Contra epistulam Parmeniani	Against the Letter of Parmenian	400
Contra duas epistulas Pelagianorum	Against Two Letters of the Pelagians	421

Epistulae ad Romanos inchoata expositio	Unfinished Commentary on the Letter to the Romans	394/395
De excidio urbis Romae	On the Sack of the City of Rome	411
Expositio Epistulae ad Galatas	Commentary on the Letter to the Galatians	394/395
Expositio quarundam propositionum ex epistula Apostoli ad Romanos	Commentary on Statements in the Letter to the Romans	394/395
Contra Faustum Manicheum	Against Faustus, a Manichee	397/399
Contra Felicem Manicheum	Against Felix, a Manichee	404. 12. 7/12
De fide et operibus	On faith and Works	413
De fide et symbolo	On Faith abd the Creed	393. 10. 8
De fide rerum invisibilium	On Faith in the Unseen	400
Contra Gaudentium	Against Gaudentius	419
De gestis Pelagii	On the Edds of Pelagius	416 말 혹은 417
De Genesi ad litteram	On the Literal Interpretation of Genesis	401/415
De Genesi ad litteram imperfectus liber	On the Literal Interpretation of Genesis, an Unfinished Book	393/394; 426/427
De Genesi adversus Manicheos	On Genesis, against the Manichees	388/389
De grammatica	On Grammar	386/387
De gty of the ratia et libero arbitrio	On Grace and Free Will	426/427
De gratia Christi et de peccato originali	On the Grace of Christ and Original Sin	418
De gratia Testamenti Novi(ep.140)	On the Grace of the New Testament(Letter 140)	412
De haeresibus	On Heresies	428

De immortalitate animae	On the Immortality of the Soul	387
Ad inquisitiones Januarii(ep.54-55)	Responses to Januarius(Letters 54-55)	400
In Johannis evangelium tractatus	Tractates on the Gospel of John	406/421?
Adversus Judaeos	Against the Jews	428/429
Contra Julianum	Aganst Julian	421/422
De libero arbitrio	On Free Will	387/388-395
Contra litteras Petiliani	Against the Letters of Petilinus	400/403
Locutionum in Heptateuchum	Saying in the Heptateuch	419/420
De magistro	On the Teacher	389
Contra Maximminum Arianum	Against Maximinus, an Arian	427/428
Ce mendacio	On Lying	394/395
Contra mendacium	Against Lying	420
De moribus ecclesiae catholicae et de moribus Manichaeorum	On the Catholic and the Manichean Ways of Life	387/388
De musica	On Music	387/391
De natura boni	On the Nature of the Good	399
De natura et gratia	On Nature and Grace	415 봄
De nuptiis et concupiscentia	On Marriage and Concupiscence	419/421
De opere monachorum	On the Work of Monks	401
De ordine	On Order	386.11- 387.3
De origine animae(ep.166)	On the Origin of the Soul(Letter 166)	415
De peccatorum meritis et remissione et de baptismo parvulorum	On the Merits and Forgiveness of Sins and on Infant Baptism	411
De perfectione justitiae hominis	On the Perfection of Human Righteousness	415

De dono perseverantiae	On the Gift of Perseverance	428/429
De praedestinatione sanctorum	On the Predestination of the Saints	428/429
De praesentia Dei(ep.187)	On the Presence of God(Letter 187)	417
Contra Priscillianistas	Against the Priscillianists	415
Psalmus contra partem Donati	Psalm against the Donatists	393/394
Quaestiones in Heptateuchum	Questions on the Heptateuch	419/420
Quaestiones Evabgeliorum	Questions on the Gospels	399/400
Quaestiones XVI in Matthaeum	Sixteen Questions on Matthew	399-400
Quaestiones expositae contra paganos VI(ep.102)	Six Questions against Pagans	408/409
De octo quaestionibus ex Veteri Testamento	On Eight Questions from the Old Testament	419
Regula: Objurgatio(=ep.211,1-4)	The Rule: A Rebuke	397/99
Regula:Ordo monasterii	The Rule: Monastic Order	397/399
Retractationes	Reconsiderations	426/427
De rhetorica	On Rhetoric	387
contra Secundinum Manicheum	Against Secundinus, a Manichee	399
De sententia Jacobi(ep.167)	On a Verse in James(Letter 167)	415
Sermones See table Sermones(pp.774-89)	Sermons	392/430
Contra sermonem Arianorum	Against an Arian Sermin	419
Sermo ad Caesriensis ecclesiae plebem	A Sermon to People of the Church of Caesariensis	418
De sermone Domini in monte	On the Lord's Sermon on the Mount	393/395
Ad simplicianum	To Simplicianus	396/398
Soliloquia	The soliloquies	386.11- 387.3

Speculum	The Mirror	427
De spiritu et littera	On the Spirit and the Letter	412
De symbolo ad catechumenos	On the Creed, to Catechumens	425
De Trinitate	The Trinity	399-422/426
De unico baptismo contra Petilianum	On the /one Baptism against Petilian	410/411 겨울
De utilitate jejunii	On the Advantage of Fasting	408
De vera religione	On True Religion	390/391
Versus in mensa	A Table Verse	?
Versus de s. Nabore	Verses on St.Nabor	?
De videndo Deo(ep.147)	On Seeing God(Letter 147)	413
De sancta virginitate	On Holy Virginity	401

이 책에 수록된 각 장의 「헤르메네이아 투데이」 게재본은 다음과 같다.

제1장. 바울공동체의 사람들: 27호(2004, 여름호), 130-139.
제2장. 노예제도와 기독교: 19호(2002. 여름), 59-65.
제3장. 초기 그리스도인들은 어떤 신분의 사람들이었을까?: 20호(2002 가을호), 75-81.
제4장. 초기 그리스도인들은 어디서 모였을까?: 22호(2003, 봄호), 60-69.
제5장. 초기 교회에서의 간호와 치유사역: 25호(2003, 가을호), 141-150.
제6장. 사도교부들의 가르침과 그 의의: 36호(2006. 가을), 36-45.
제7장. 교회의 교사들: 49호(2010년 봄), 229-246.
제8장. '다른 전통'과 이단들: 45호(2009. 2), 203-220.

제9장. 헬라 로마의 종교적 상황: 34호(2006. 봄), 42-56.
제10장. 로마 제국에서의 기독교의 확장: 23호(2003. 여름), 142-153.
제11장. 초기 기독교에서의 복음의 변증: 44호(2008. 가을), 209-226.
제12장. 요세푸스는 초기 기독교를 어떻게 이해했을까?: 26호(2004, 봄), 119-129.
제13장. 로마 역사가들은 초기 기독교를 어떻게 보았을까?: 24호(2003, 가을호), 141-150.
제14장. 초기 기독교공동체에서의 거짓계시 운동: 28호(2004. 가을호), 114-122.

제15장. 로마 제국의 종교적 상황과 '종교의 자유': 32호(2005, 가을호), 51-61.
제16장. 초기 기독교회에서 '증거'와 '순교': 29호(2005. 겨울), 60-70.
제17장. 초기 3세기 로마 제국 하에서의 박해와 순교: 29호(2005. 겨울), 60-70.
제18장. 초기 교회가 본 군복무와 전쟁: 35호(2006. 여름), 38-51.

제19장. 니케야 회의와 기독론 논쟁: 46호(2009, 봄), 171-185.
제20장. 니케야 회의 이후의 기독론 논쟁: 47호(2009, 여름), 217-228.
제21장. 칼케돈 회의의 기독론과 그 이후의 논쟁: 48호(2009, 가을), 197-213.
제22장. 아우구스티누스, 그는 어떤 교부였을까?: 37호(2006. 겨울), 29-42.